인생의 발견

THEODORE
ZELDIN

인생의
발견

우리 삶을 가치 있고
위대하게 만드는 28가지 질문

시어도어 젤딘 지음 · 문희경 옮김

THE
HIDDEN
PLEASURES
OF
LIFE

어크로스

| 일러두기 |

* 이 책의 외래어 표기는 국립국어원의 '외래어표기법 및 표기 용례'를 따랐다. 인명 등 표기 세칙
  이 명시되어있지 않은 경우에는 통용되는 표기에 따랐다.
* 독자의 이해를 돕기 위해 역자가 보충 설명을 추가한 부분은 본문에서 '〔〕' 안에 표기했다.

디어드리 윌슨에게

삶의 숨겨진 기쁨으로 향하는
첫걸음

권리를 쟁취하라! 저항하라! 주위를 둘러싼 공포를 무시하고 마음껏 즐기면서 행복하게 살아라! 돈을 벌고 열심히 일하고 권력을 쟁취하라! 주름살을 감춰라!

냉혹한 세상에서 우리를 지킬 무기라고는 고작 이런 말뿐일까? 인류는 더 이상 이런 고리타분한 무기가 처음 고안된 시대의 모습이 아니다. 오늘날 우리는 과거 어느 때보다 많이 안다. 그리고 우리가 기억하는 이상으로 무수히 좌절해왔다. 이제 우리는 한때 아름다움과 희망만 발산하는 듯 보였지만 결국 타락해버린 이상에 연연하지 않을 수 있다. 그래서 나는 개인의 관점에서 인간의 역사를 돌아보면서 숨겨졌거나 말로 표현되지 않았거나 인류의 기억에서 지워진 이상을 찾아보기로 했다.

이 책의 각 장은 우선 다양한 시대와 문명에 속한 개인이 인간이라면 누구나 결정해야 할 중대한 선택 앞에서 나름의 방식으로 대처하는 이야기로 시작한다. 이어서 지금이라면 어떻게 다르게 대응할 수 있고, 과거에는 어떤 기회가 주어지지 않았으며, 그동안 어떤 새로운 기회가 생겼는지에 관한 질문으로 논의를 이어간다.

이 책에서 소개하는 사람들은 우리가 본받아야 할 위인들이 아니다. 내가 이들을 선택한 이유는 이들이 남달리 솔직하게 개인적인 증언을 남겨놓았기 때문이다. 때로는 (비밀을 숨기는 데 신경을 많이 쓰는) 생존 인물보다 (사적인 비밀이 밝혀진) 죽은 사람에 관해 알아보는 편이 수월하다. 다른 한편으로는 이들의 증언이 인류가 앞으로 무엇을 시도할 수 있는지에 관해 뜻밖의 영감을 주었기 때문이다. 나는 이들의 이야기를 접하고는 우리의 삶에 무엇이 포함될 수 있는지에 새롭게 눈뜨고, 이제껏 내가 무엇을 놓쳤는지 깨닫고 인간 존재와 인간이 스스로 붙인 꼬리표를 구별하게 되었다. 역사는 비단 과거에 무슨 일이 일어났고, 왜 그 일이 일어났는지에 관한 기록만이 아니다. 역사가 우리의 상상력을 자극한다는 사실이 중요하다.

이 책에서는 우선 개인이 무력감이나 소외감에 빠지고 자신의 진정한 가치를 인정받지 못한다고 느끼거나 문명의 제도가 몸에 맞지 않아 좌절한 순간에 그전에는 아무도 시도한 적이 없는 선택을 내리는 과정을 살펴본다. 그리고 돈과 편견, 가식과 오해로 세워진 장벽 너머 아무도 걸어가지 않은 길을 탐색할 것이다. 이어서 두 사람이 처음 만날 때 무슨 일이 벌어지는지를 알아보고 커플couple의 의미를 확장해본다. 사랑에 빠지거나 이별하거나 함께 사는 두 사람만이 아니라 시간이나 장소의 물리적 한계를 넘어서 서로 짝 지워진 '영혼의 동반자' 개념을 커플의 정의에 넣을 것이다. 호기심은 육체적 욕구만큼이나 강렬하고 지속적인 욕구를 끌어낼 수 있다. 생각idea은 자기나 타인에 관한 환상에서 출발하지만 오래 지속되는 유대 관계를 형성할 수 있다(1~7장).

다음으로 국가든 종교든 큰 집단에 속한 사람들을 만나볼 것이다(8~16장). 집단이 애초의 모습과 전혀 다른 지금에 이르기까지의 역사를 들여다볼수록 오늘날 요지부동으로 보이는 집단의 장벽이 생각만큼 공고하지 않다는 생각이 든다. 집단이 스스로를 차별화하기 위해 사용하는 은유와 내부의 갈등을 은폐하거나 이미 폐기된 이상으로부터 시선을 돌리기 위해 내거는 구호를 들춰보면 무수한 불확실성이 드러난다. 인간이 극단적인 충성심에 사로잡혀 폭력을 자행하고, 후회하면서도 자꾸 잊어버리는 것은 과연 불가피한 속성일까? 우리가 이런 어리석음을 조롱하면서도 그런 행동을 미연에 방지하지 못하는 이유는 무엇일까? 남녀 관계의 역사에서는 우리를 무력하게 만드는 관습을 어떻게 서서히 소멸시킬지에 관한 조언을 구하고자 한다(17~19장).

다음으로는 인간이 깨어 있는 시간의 대부분을 지루하고 하찮고 남에게 굽실거리기까지 해야 하는 일을 하면서 보내는 이유는 무엇이고, 새로운 세대를 위해 가치 있고 삶의 질을 향상시키는 직업이 늘어나지 않은 이유는 무엇이며, 가정보다 직장에 환멸과 배신과 중상모략이 많은 이유가 무엇이냐는 까다로운 문제를 살펴볼 것이다(20~25장).

나는 기업과 정부의 내부로 들어가 보고 그들이 얼마나 바꾸기 어려운지, 또 얼마나 변화할 수 있는지도 알았다. '비즈니스business'란 원래 불안, 고충, 참견하기 좋아함, 어려움을 뜻하는 말이었다. 따라서 나는 비즈니스가 다시 새로운 의미를 획득할 가능성을 알아보고 좀 더 흥미로운 철학을 살펴보겠다. 기술과 의학은 끊임없는 실험과 '연구개발'을 통해 성공해왔다. 마찬가지로 직업과 기업이 어떻게 기존의 관행을 유지하면서도 나름의 실험실을 만들어 소규모로 새로운 혁신을 시도하면서 더 큰 야망을 실현할 수 있을지 제시할 것이다.

끝으로 시간의 경과를 성찰하는 방법을 소개한다(26~28장). 노화의 과정과 죽음의 전망을 좀 더 명확히 살펴볼 것이다.

인간의 에너지가 애초에 어떻게 성적 관계와 상업적 관계와 대화하는 관계로 각기 다르게 분화할 수 있었을까? 사람들이 직접 만나 친밀한 대화를 나누다 보면 삶에 만연한 불신과 오해가 불식될 때도 많다. 그러나 시시하거나 두서없거나 혼잣말이거나 아름다움이 빠진 새소리와 같은 중얼거림으로 똑같은 말만 끝없이 되풀이하면서 그 자리를 맴도는 대화도 많다.

한 권의 책은 독자에게 맞는 리듬으로 저자와 등장인물들과의 무언의 대화로 독자를 초대한다. 이 책은 읽다가 도중에 덮지 못할 만큼 흥미진진하지는 않지만 한 장이 끝날 때마다 잠시 사색하면서 책의 내용에 관해 자기만의 대화를 시작하게 해준다. 나는 독자들이 내가 모르는 다른 무엇을 보고 이해할 수 있는지 알고 싶다. 그래서 이제껏 아무도 꺼내지 않은 이야기를 새롭게 시작한다면 더욱 풍요로운 미래를 그릴 수 있을 것이다.

토머스 에디슨은 실험실 앞에 이런 경고문을 내걸었다. "인간은 생각하는 수고를 피하기 위해 모든 편법을 동원한다." 여기에 누군가 이런 재치 있는 답변을 달았다. "글쎄요, 에디슨 씨가 대신 결론을 내주는데 뭐하러 생각해야 합니까?"

나는 생각을 사교활동으로 여기고 싶다. 각기 다른 영역의 생각과 사람들을 통합하는 과정은 생각을 확장하고 새로운 사실을 발견하는 데 중요하다. 저마다 다른 개인들 사이에서, 양립 불가능해 보이는 견해들 사이에서, 과거와 현재 사이에서 의외의 연결고리를 발견하는 것은 삶의 숨겨진 기쁨으로 향하는 여정의 첫걸음이다. 때로는 세상을 밝고 선명한 색으로만 보지 말고 뜻밖의 공통점으로 경계가 모호한 암갈색으로 보는 것도 도움이 된다.

차례

1장
/
우리 시대의 위대한 모험은 무엇일까

인류의 위대한 모험은 나머지 인류와 다른 길을 간 소수의 단호한 사람들의 몫이었다. 역사는 호기심으로 세상에 저항한 이들의 기록이다.

1859년에 이란 술타나바드〔아라크의 옛 이름〕에 사는 스물세 살의 청년이 집을 나섰다. 결혼하라는 부모의 성화에 청년은 이른 나이에 가정에 안주하면 "평생 한곳에 살면서 세상을 알지 못할 것"이라고 대꾸했다. 그는 여름 옷 차림으로 빵 세 덩어리만 챙겨서 무작정 북쪽으로 발길을 옮겼다. 그리고 러시아 땅에 이르렀다. 그렇게 18년 동안 계속 걸어서 유럽 대부분의 국가를 둘러보고 멀리 미국과 일본, 중국, 인도, 이집트까지 여행했다. 메카 순례길에도 아홉 번이나 올랐다. 그는 일기에 "세상에 무지보다 더 큰 장애는 없다"라고 썼다.

　　그렇게 멀리까지 여행한 사람이 그 혼자만은 아니겠지만 하지 사이야흐Hajj Sayyah처럼 낯선 곳의 말을 배워 통역으로 숙식을 해결하면서 여행한 사람은 드물 것이다. 돈도 없고 추천서도 없고 든든한 후원자도 없이 사이야흐는 세상을 떠돌며 많은 유명 인사를 만났다. 러시아의 차르, 로마 교황, 그리스와 벨기에의 왕, 비스마르크, 가리발디를 알현하고 율리시스 그랜트 미국 대통령을 만났다. 그는 이란인 최초로 미국 시민권을 받기도 했다. 그는 점잖고 정중하고 가식 없는 태도만으로도 무엇을 성취할 수 있는지 보여준 인물이다.

　　그는 어디를 가든 환영받았으나 나폴리에서 꼭 한 번 매를 맞은 적이 있다. 그리고 꼭 한 번 나폴리의 오스만 영사에게서 "저자는 이란 사람인데 어찌 믿을 수 있겠는가?"라는 말로 수모를 당한 적이 있다. 하지만 그 영사조차 나중에 사이야흐를 알고 나서는 사과했다. 사이야흐는 나폴리의 소매치기들과도 친구가 되어 신참 소매치기를 훈련시키는 합숙소에서 공짜로 잠자리를 얻었다. 그는 아무 유감 없이 이렇게 자문했다. "사람의 삶이 어떻게 이렇게 극단적으로 다를 수 있을까? 어떤 사람은 저리 비열하고 또 어떤 사람은 어찌 저리 고결할 수 있을까?"

18년간의 여행이 가르쳐준 것

사이야흐는 지칠 줄 모르는 호기심으로 가는 도시마다 박물관과 학교, 도서관, 교회, 공장, 식물원, 동물원, 감옥, 극장을 둘러보았다. 사람들이 그에게 누구냐고 물으면 "나는 신의 창조물이요, 이 도시의 이방인이외다"라고 했다. 그가 좋아하는 속담은 "재산과 행선지와 종교는 비밀에 부쳐라"였다. 그는 평범한 사람이 실은 얼마나 비범한지 발견하는 데서 즐거움을 찾았다. "내가 왕이었다면 세상을 제대로 보지 못했을 것이다. 왕은 가난한 사람들과 섞여 살 수 없지 않은가. 왕은 백성들에게 자신의 모습을 보여주는 데 목적이 있지만 가난한 사람은 타인을 있는 그대로 볼 뿐이다. 가난한 사람은 걸리적거리는 것 없이 마음대로 돌아다닌다. 아무도 그들을 보지 않지만 그들은 모든 것을 보고 모든 사람을 본다."

사람들은 사이야흐를 좋아해서 집으로 초대하거나 극장이나 소풍에 데려갔다. 그가 그들에게 보여준 호기심에 대한 화답이었다. 그렇다고 그가 모든 것을 좋게만 생각한 것은 아니다. 벨기에 왕을 만났을 때는 무기 제조업자들을 거침없이 비난했다. 가난하고 억압받는 사람들의 불평도 기록했다. 그러나 파리에서는 이렇게 적었다. "이곳 사람들은 자유롭다. 하고 싶은 말을 자유롭게 한다. 아무도 남의 일에 참견하지 않는다. (……) 슬픔은 수명을 단축시킨다. 이들에게는 슬픔이 없으니 영원히 죽지 않으리라."

마침내 이란으로 돌아간 그는 새로운 정치적 모험에 뛰어들어 인류의 불행을 해결할 방법을 찾아보기로 했다. 그는 "나처럼 가난하고 불행하고 무지한 민중이, 인간은 물론 짐승도 받아서는 안 될 고난과 잔학행위에 시달리는 현실"에 저항하는 운동에 뛰어들었다. 이 운동은 1905년에 발발한 이란혁명의 발단이 되었다. 그는 세상을 바꾸고자 비밀결사에 가담했다가 투옥되기도 하고 지방으로 추방되기도 했다. 한때는 신변의 위협을 느끼고 5개월 동안 미국 대사관으로 피신하기도 했다. 이란혁명이 끝난 후 지혜롭고 겸손한 인품이 널리 알려져 '인문주의 운동의 비밀 전령'으로 추앙받았다. 하지 사이야흐는 '인문주의 동료애ashab-e adamiyat'의 주역이었다. 하지만 경쟁자와 적들의 방해로 그의 정치적 이상은 실현되지 못했다. 그리고 그 이상은 여전히 실현되지 않았다.

한편 누군가에게는 여행이 일시적인 탈출구로서 꽉 짜인 사회제도에 편입되는 것을 유예하는 방편일 뿐이다. 그러면 달리 또 어떤 길이 있을까?

모험의 연대기

하지 사이야흐의 18년간의 여행은 모험이었다. 출세와는 정반대의 의미였다. 코르테스(무기와 무력과 간계로 새로운 왕국을 찾아나선 인물)나 콜럼버스(탐욕에 이끌려 전설의 땅 인도의 황금을 찾아나선 인물) 같은 모험가와는 달랐다. 사이야흐는 모험가의 원형인 해적과 매춘부, 용병이나 캘리포니아의 금광꾼과도 공통점이 없고, 1823년에 아카데미 프랑세즈에서 '재산이나 지위 없이 호기심만 좇는 사람'이라고 한 모험가의 정의에도 부합하지 않았다.

사실 모험가가 모욕적인 의미가 아니고 사회에서 허용되지 않는 무언가를 찾아나서는 이상가의 의미로 쓰인 것은 최근의 일이다. 그나마도 모험은 주로 이국적인 무엇, 새로운 감각이나 원시의 소박함을 갈망하면서 세속적인 야망을 경멸하고 나아가 일체의 모든 야망을 거부한다는 뜻으로, 시인 랭보의 "목표는 무의미하다"는 말을 따른다는 의미에 지나지 않았다. 모험 정신은 도피나 순전히 개인적인 성취나 달 탐험 같은 과학기술의 성취로 해석되었다.

하지 사이야흐가 긴 여행을 시작한 지 꼭 1세기가 지난 후 영국 맨체스터의 사이먼 머리Simon Murray라는 열아홉 살 소년이 긴 여행길에 올랐다. 여자친구와 헤어지고 철공소에서 일하는 것도 지겨워져서 무작정 집을 떠나 프랑스 외인부대에 입대한 것이다. 그는 더 나은 운명의 주인공이 되고 싶었고 전쟁과 극단적인 폭력 속에서도 살아남을 만큼 강인하다는 것을 스스로에게 증명하고 싶었다. 그가 바라는 보상은 자신감이었다. 그는 빼어난 문학적 재능을 살려서 험하고 황량한 사막에서 살아 돌아온 과정을 책으로 썼다. 아주 흥미로운 이야기라서 영화로도 제작되었다. 그 뒤로 사업을 시작해서 대기업 총수가 되고 엄청난 재산을 모았다. 하지만 그는 만족하지 않았다. 예순 살이 넘은 나이에 혼자 걸어서 남극까지 탐험하면서 청년기의 반항을 재현했다. 그러나 그의 모험은 험난한 길에 도전하는 전통적인 모험의 답습일 뿐이었다. 스포츠처럼 그저 삶을 단련시키고 평범한 일상으로부터 탈출하는 방편이지, 삶이나 세계를 근본적으로 변화시키는 시도는 아니었다. 개인적으로는 중요한 경험일지 모르지만 남들은 전과 다름없는 일상을 살아간다. 그런데 이와 다른 종류의 모험도 가능하다.

우리가 만약 16세기에 만났다면 나는 여러분에게 이렇게 말했을 것이다. 우리 시대의 위대한 모험은 신대륙과 새로운 대양을 발견하는 것입니다. 자, 불평만 늘어놓지 말고 흥미진진한 목표를 향해 나아갑시다. 아메리카로 갑시다. 세계를 탐험합시다. 인류의 고향이 어디까지인지 보기 전에는 진실로 살았다고 말할 수 없습니다.

그로부터 1세기가 흐른 뒤에 우리가 만났다면 나는 이렇게 말했을 것이다. 우리 시대의 위대한 모험은 과학입니다. 과학은 우리가 보고 만지고 들을 수 있는 세계의 이면에 놀라운 세계가 존재한다는 사실을 밝혀낼 것입니다. 자연의 비밀을 파헤칩시다. 마법의 환상보다 훨씬 경이로운 세계가 펼쳐질 겁니다.

이어서 18세기의 놀라운 모험은 새로운 평등의 시대를 약속했다. 자, 공적인 독재와 사적인 독재에 맞서 싸웁시다. 폭군을 타도하고 만민의 자유를 선포합시다. 아무리 가난한 부모 밑에서 태어났어도 누구나 성공을 추구할 수 있는 권리를 쟁취합시다.

한편 태초부터 존재한 모험도 있다. 하나는 인생의 목적을 탐색하고 나를 넘어선 다른 존재를 찾아가는 종교적·이념적 모험이다. 다른 하나는 역시 오래전부터 존재했지만 최근에 부활하기 전까지는 방치되어 있던 모험으로, 지구의 모든 동물과 식물, 바다와 풍경이 끊임없이 소생하는 환경과 조화롭게 살아갈 방법을 모색하는 모험이다. 세 번째는 아름다움을 탐구하고 다양한 형태로 감상하면서 무한한 상상력을 펼치는 모험이다.

이 세 가지 모험은 각각 한 개인이 평생 몰두할 만큼 매력적이지만 인류가 이들 모험을 처음 상상한 이래로 새로운 지평이 열렸다. 광대한 우주와 그 속의 미세한 입자에 대한 이해가 완전히 달라진 것이다. 인류는 전례없는 새로운 교육과 정보, 경험과 기대에 의해 새로운 모습으로 변모했다. 세계는 새로운 인간 유형으로 넘쳐난다. 이제 사람들은 타고난 재능의 일부만 쓰면서 아등바등 먹고사는 방식, 그러니까 아주 오래전에 현대인보다 훨씬 굴종적으로 살았던 사람들을 위해 고안된 삶의 방식에 안주하지 않는다. 오늘날 우리는 한 분야의 전문가로 훈련받는다. 그러나 이렇게 습득한 기술은 깊은 만족감을 줄 수는 있어도 상상력을 제약할 수 있다. '삶의 의미'가 예전만큼 명료하지 않다. 역사상 그 어느 때보다 낮의 고된 노동과 밤의 쾌락 너머의 좀 더 원대한 목적에 대한 확신이 없는 사람이 많다. 낡은 가정假定이 무너지면 인간은 벌거숭이가 될 위험에 처한다. 이미 많은 가정이 무너졌고, 모두 벌거숭이가 되었다.

내가 가보지 못한 곳에 도착한 사람들

나는 벌거벗은 몸뚱이를 빌린 옷이나 누더기로 대충 가리고 싶지는 않다. '대안적 삶'과 '생존 경쟁에서 물러난 삶'을 대신할 새로운 삶의 방식을 찾고 싶다. 유토피아적 미래상도, 디스토피아적 미래상도 아무런 결론을 내지 못했다. 모두가 더 나은 미래에 대한 약속을 믿지 못하고 우울하고 절망적인 예언에도 진력이 났다면 우리는 이제 어디로 갈 수 있을까?

한때 세상에 희망을 퍼뜨리던 이념은 이제 그 빛을 잃었다. 진보의 길에서 뒤처진 사람도 많고, 진보 안에서 자기 자리를 찾지 못하는 사람도 많으며, 진보가 우리를 어디로 데려갈지 확신하지 못하는 사람도 많다. 새로운 법과 제도, 이론, 고통 받는 영혼을 즉각 치료해준다는 새로운 치료법은 급증하지만 아직 많은 사람이 좌절에 빠져 있다.

현실의 고난이든 상상 속의 고난이든 온갖 역경을 헤쳐나갈 방법을 조언할 사람은 차고 넘친다. 길을 잃은 사람이든 혼란에 빠진 사람이든 누구나 행복해지거나 부유해지거나 성공하게 만들어준다는 치료법도 넘쳐난다. 다채로운 비즈니스 솔루션과 정치 프로그램과 심리 치료가 구비되어 있다. 그러니 원하는 것을 이루기 위한 더 이상의 양식은 필요하지 않다. 게다가 대다수는 결국 원하는 것을 얻지 못한다. 원하는 게 뭔지 모르는 사람이 태반이다. 또 전혀 다른 즐거움을 알았다면 그것을 원했을 사람도 있다.

인간은 무언가를 빼앗기면 그것을 대체할 새로운 무언가를 찾아나선다. 늘 해오던 대로 할 수 없게 되면, 가령 승진과 연금을 보장해주는 안정된 직장을 구하는 것이 이루지 못할 꿈이 된다면, 우리는 안정을 갈망한다. 하지만 나는 낡고 병든 제도를 유지하고 보수하는 데 힘을 쏟고 싶지 않다. 고물차처럼 툭하면 고장이 나고 언제라도 붕괴될 것처럼 보인다면 그런 불안한 제도를 안고 가고 싶지 않다.

나는 낯선 사람들에게 둘러싸인 어리둥절한 여행객처럼 살고 싶지 않다. 아이스크림 같은 행복 한 덩이를 맛보려고 언제 내 차례가 올지 모르는 긴 줄에 끼어서 지상에서 주어진 시간을 허비하고 싶지는 않다. 나는 지금까지 먹어본 음식도 몇 가지 안 되고 시도해본 일도 얼마 안 된다. 나는 그저 나를 둘러싼 거대한 지식을 머뭇거리며 야금야금 갉아먹었을 뿐이고, 내가 사랑한 사람도 몇 안 되고, 내가 이해한 나라와 장소도 너무 적다. 이렇듯 온전하지 못한 인생을 살아온 나에게 그나마 이 책을 쓸 자격이 있다면 그것은 내가 온전한 삶이란 어떤 것인지 좀 더 명확히 알고 싶어한다는 사실일 것이다. 내가 남들과 똑같은 몸짓으로 표현하고 남들과 똑같이 호흡하면서 남들이 정한 시간표에 따라 매일 같은 사무실로 출근한다면 나는 과연 온전히 살아 있는 것일까, 그저 살아남은 것일까? 아니면 남들의 노래를 듣고 남들에게서 즐거움을 찾기만 할 것이 아니라 나 스스로 뮤즈가 되어야 할까?

나는 안주할 틈새를 찾으려 하지도 않고 그렇다고 나의 진정한 열정 혹은 재능이 무엇이냐는 물음으로 끊임없이 나 자신을 괴롭히지도 않을 것이다. 그저 인간에게 주어진 경험을 한 조각이라도 맛보는 데 목표를 둘 것이다. 내가 직접 경험할 수 없다면 내가 가보지 못한 곳에 가본 사람들에게 이야기를 들으며 상상하고 싶다. 내 앞에 놓인 모든 선택을 경험해보지 못한다고 좌절하지도 않고, 아득히 멀리 있거나 구미에 맞지 않는 것을 무시하기보다는 다른 사람의 경험에서 흥미를 발견하는 데서 출발할 것이다. 길 잃은 영혼에게는 다른 사람들의 생각이 수수께끼로 보이고, 길 잃은 영혼의 이야기는 아무도 들어주지 않는다.

우리 시대의 가장 위대한 모험

우리 시대의 위대한 모험은 지상에 사는 사람을 발견하는 일이다. 인간을 억지로 분류하는 계급과 종류에 관해서는 많은 논의가 이루어졌지만 70억 개인의 내밀한 생각과 뒤죽박죽인 감정은 거의 감춰져 있다. 한 개인을 통계상의 '평균적인 인간'으로부터 구별해주는 고유한 경험과 미세한 태도의 차이가 바로 그의 삶의 본질이자 고통이고 그가 매력을 느끼거나 거부하는 것이며 그를 그 자신으로 만들어주는 것이다. 우리는 무엇보다도 사람에게 관심이 있다고 말하지만 서로를 잘 모른다. 우리는 흔히 남들이 우리의 의도나 성격을 오해하고 우리의 겉모습만 보고 판단한다고 억울해한다.

나는 먼저 이제껏 방치된 세 곳을 탐색하고, 그중에서도 삶의 가장 숨겨진 부분부터 탐색할 것이다. 어둠 속에서 드러나는 사생활에 초점을 맞추고, 공적인 삶만 중시하는 태도에 이의를 제기할 것이다. 규칙과 규제와 조직의 서열에 얽매이기보다는 존재의 질을 결정하는 데 점차 중요해지는 사적인 인간관계로부터 나오는 결론을 탐색하고 싶다. 가족이 더 이상 재산에 지배당하지 않고 친족의 불화가 피로 얼룩지지 않으며 영혼의 동반자를 찾는 여정이 점차 흥미로우면서도 어려워지는 사이에, 사생활은 새로운 에너지의 원천으로서 중요한 지위를 얻었다. 가까이 사는 이웃 말고도 폭넓은 인맥과 일시적이든 지속적이든 다양한 관계 맺음으로 인해 삶의 풍경이 달라지고 있다.

두 사람이 정서적으로나 지적으로나 문화적으로 교류하면서 새로운 변화의 동력이 생성된다. 두 사람의 조합은 고독한 영혼이나 비이성적인 군중만큼 강력한 영향력을 미친다. 인간이 개인의 자립과 집단의 투쟁 중 하나만 선택해야 하는 것은 아니다. 이제는 일대일의 인간관계가 삶에서 중요한 위치를 차지하고 여러 분야에서 놀라운 업적의 원천으로 인정받는다. 중국인들이 '자애로움仁'이라는 글자를 두 사람을 형상화해서 표현한 데는 본질이 관계에 있음을 꿰뚫어본 선견지명이 엿보인다. 친밀감은 위계와 가식의 문화에 감춰져 있던 우주를 드러내는 현미경이다. 사람들은 필사적으로 사생활을 지키려고 하면서도 또 한편으로는 자신이 특별한 존재임을 드러내어 인정받고 싶어한다. 자기를 감추고 싶은 욕구와 가끔은 발가벗고 그대로 드러내고 싶은 욕구가 충돌하면서 새로운 의제가 도출된다.

두 번째로 나는 인간을 갈라놓는 가장 무서운 장벽, 곧 죽음의 장벽을 뛰어넘을 것이다. 사람들은 자기도 모르는 사이에 현재뿐 아니라 과거에도 살면서 아주 오래전의 생각과 관습을 영속시킨다. 가난은 돈이 부족하다는 뜻일 뿐 아니라 자신의 기억만 간직한다는 의미이기도 하다. 우리 시대의 주목할 만한 특징은 그 어느 시대보다 풍부한 기억을 보유하고도 거의 활용하지 않는다는 점이다. 우리는 방대한 기억의 유산을 물려받았다. 지금은 그 어느 때보다 많은 학자와 책, 박물관, 기록보관소, 유품이 과거의 온갖 문명을 부활시킨다. 지금처럼 과거가 생생하게 되살아난 적이 없다. 텔레비전이 과거의 모든 타락과 환상까지 안방에 대령한다. 이제 우리는 모든 인류의 조상에 관해 알 수 있다. 현대성은 현재에 살면서 과거를 추방하고 망각하여 고대의 폭압에서 해방된다는 의미지만 과거의 전통은 의외로 끈질기게 살아남았다. 각자의 기억에 다른 사람들의 기억을 더하면 우리가 일생을 살면서 무엇을 할 수 있는지에 관한 생각이 달라진다.

과거를 보는 새로운 관점에 의해 미래를 보는 관점도 달라진다. 역사는 빠져나갈 문이 없는 관이 아니다. 오히려 역사는 해방이고 애초에 있는 줄도 몰랐던 장소의 문을 여는 열쇠꾸러미다.

나는 누구에게나 각자의 역사철학(굳이 이런 거창한 이름을 붙이지 않아도 된다)이 있다고 생각한다. 우리는 우리가 통제하지 못하는 사건들, 가령 경제 요인이나 혁명과 반동의 순환이나 영적인 힘이나 특출한 사람의 영향력이나 음울한 그림자를 드리우는 정신적 외상 따위에 휩쓸리는 이유를 설명해주는 철학을 하나씩 가지고 있다. 우리는 수백 년에 걸쳐 계승한 철학의 조각보에 감싸여 있고, 그 조각보는 저마다 조금씩 다른 방식으로 짜여 있다. 사람들의 사고방식은 삶의 가혹한 타격에 대처하는 사이 조금씩 달라질 수 있지만 수면 아래에는 항상 오래된 태도의 파편들이 감춰져 있다. 사실 삶에서 무엇이 가능하고 무엇이 불가능한지를 생각할 때 과거의 경험만큼 우리를 제약하는 것도 없다. 역사를 남자와 여자와 아이들이 무엇을 할 수 있는지에 관한 최종 판결로 여겨서는 안 된다. 그보다 역사는 미완의 실험이자 우리가 놓친 갈림길이자 주목받지 못한 발명품이다. 역사는 자잘한 사고로 인해 필연적인 결과와는 거리가 먼 방향으로 흘러갈 때가 많다. 게다가 어린 시절 기억이나 조상들의 업적에 대한 기억만으로는 한 개인의 운명을 포괄적으로 판단하기 어렵다. 다른 기억도 습득할 수 있다.

세 번째로 나는 전통적인 야망이나 전쟁의 승리나 평화시대의 화합에서 벗어나 새로운 관점으로 인류를 고찰하고자 한다. 이제 살상과 파괴의 전쟁은 예전만큼 호소력이 없다. 모두가 성공을 목표로 삼지만 이제는 일과 재산에서 성공을 이루는 것이 더 어려워졌다. 스포츠의 승리가 주는 보상도 그저 미미한 위안일 뿐이다. 평화, 아아, 평화는 이제 불가능한 신기루처럼 보인다. 인간은 같은 인간하고든 자연하고든 초자연적인 존재하고든 오랫동안 평화롭게 지낸 적이 없다. 형제애를 설파하는 현자들을 따른다고 주장하던 시대에도 마찬가지였다. 이 책에서 설명할 이유로 인해 인류의 합의는 점점 더 요원해졌다. 나는 불일치에 대한 새로운 태도, 불일치를 좀 더 바람직하게 활용할 새로운 방법과 새로운 기술을 찾고자 한다. 민족이나 국가나 집단의 공통점에 주목하지 않고 이들을 가르는 사소한 작은 차이에 주목해서 이런 차이가 무익하기는커녕 얼마나 생산적인지 알아보고자 한다.

정해진 목적지 없이 여행하기

누구도 70억 인류를 모두 알 수는 없지만 과학자들이 접하는, 맨눈에는 보이지 않는 수십억 개 이상의 뉴런과 분자에 비하면 70억은 그리 압도적인 숫자가 아니다. 인간만큼이나 이해하기 어렵고 찔끔찔끔 비밀을 드러내는 무수한 뉴런과 분자도 세계에 대한 우리의 이해를 변화시킨다. 정답이 모두 밝혀질 날이 올 거라는 기대도 없이 끝없이 펼쳐진 여정을 시작하는 것은 정해진 목적지를 향해 갈 때보다 언제나 더 놀라운 깨달음을 준다. 마음 내키는 대로 샛길로 빠지기도 하고, 그러다 보면 정해진 목적지로 가는 것보다 더 많은 것을 얻기도 한다. 인류의 위대한 모험은 나머지 인류와 다른 길을 걸어간 소수의 단호한 사람들의 몫이었다. 이 책에서는 이들의 경험에서 도움을 받는 것이 인류가 달에 가는 것보다 더 어려운지 아닌지 드러날 것이다.

인간은 자유롭게 태어나지 않았다. 누구나 낯선 사람과 낯선 세상에 대한 두려움을 안고 있다. 하지만 역사는 공포와 굴복의 기록일 뿐 아니라 위험에 도전한 기록이다. 특히 호기심에 이끌려 저항한 기록이다. 호기심은 나의 나침반이고 경이로움은 나의 자양분이며 권태는 나의 골칫거리다. 내가 아는 한 호기심은 빛을 어둠으로 바꾸는 온갖 종류의 공포에서 벗어나기 위한 최선의 길이고, 호기심은 문제를 미세한 분자로 분해해서 각 분자를 위협적인 존재가 아니라 경이로운 대상으로 만들어준다. 나는 경이로움을 소중히 여긴다. 경이로움은 가능한 것과 불가능한 것의 경계를 지우고 정반대의 것들이 반드시 서로 적대적인 것은 아니라는 사실을 밝히기 때문이다. 권태는 지친 자들의 신음이요, 성마른 자들의 비명이요, 희망이 사라질 때의 흐느낌이다.

이 책은 희망의 불씨를 살리기 위한 나의 시도다. 다만 거짓 희망도 아니고 회의주의자나 냉소주의자나 만평에서 조롱하는 희망도 아니다. 인생이 덧없는 촛불에 지나지 않는다 해도 어느 백치가 들려준 이야기가 과연 아무런 의미가 없는 것일까?〔셰익스피어의 《맥베스》에서 맥베스가 "인생은 백치가 지껄이는 이야기, 요란한 소리와 격노로 가득하지만 아무런 의미도 없다"라고 읊조린 대사에서 빗댄 표현〕

지금까지 1000억 개 정도의 삶이 덧없는 촛불처럼 타올랐다가 일말의 기대도 남기지 않고 영원한 망각 속으로 꺼졌다. 1000억은 인류가 처음 등장한 이래로 지구상에 살다 간 인구를 가장 근접하게 추산한 수치다. 그중에는 물론 다른 세계에서 새로운 존재로 환생할 거라고 믿고 떠난 사람도 많다. 요즘은 이승에서의 삶이 더 길어졌다지만 얼마나 많은 삶을 경험하고 얼마나 많은 삶을 비추는지는 저마다 크게 다르다. 오늘날 덧없는 촛불로 살다가 꺼지지 않으려면 무엇을 할 수 있을까?

이제 어느 백치에게 한 번도 들어본 적 없는 이야기를 전할 기회가 주어졌다. 백치idiot는 원래 공직에 있지 않은 사람을 가리키는 말이었다. 당연히 그들은 공공장소에서 연설할 기회가 거의 없었다. 한마디로 사인私人이었기 때문이다. 그런 의미에서 오늘날 대다수 사람들은 백치다. 대중이 백치로 불리는 또 다른 이유는 어리석어서가 아니라 교육받지 못하거나 무지해서였다. 그리고 현대에는 난해한 지식이 넘쳐나서 누구도 모두 섭렵하지 못하므로 우리 스스로 백치라고 인정하지 않을 수 없다. 지금은 소득과 교육 수준이 비슷한 사람들끼리, 취향과 언어가 비슷한 사람들끼리, 전문적인 기술을 보유한 사람들끼리 자기들만의 세계를 이룬다. 그래서 갈수록 서로가 서로에게 이방인이 되어간다. 말하자면 소통하기 위한 기술은 발전했지만 서로를 온전히 이해하거나 좋아하지는 못하는 셈이다. 그래서 나는 우리를 고립된 백치 상태에서 벗어나게 해줄 대화를 찾아보려 했다.

닻을 잃은 시대에 남겨진 질문들

퇴로가 보이지 않는 상황에 대응할 때 삶의 의미가 생긴다. 18세기에서 19세기로 넘어가는 시기에 산업혁명과 정치혁명의 맹공격으로 낡은 군주제가 무너지면서 우리의 선조들은 세계를 새로운 관점으로 바라보게 되었다. 계몽주의와 낭만주의가 사람들의 당혹감을 달래주고 열정에 다시 불을 지핀 것이다. 그러나 기술의 발전으로 과거의 관습이 전복되고 한때는 확고해 보이던 제도가 의심받는 지금, 정서적으로든 이성적으로든 우리를 충격에서 보호해줄 완충장치가 아직 출현하지 않았다. 덕분에 우리는 과거에는 불가능했던 모험을 자유로이 상상할 수 있다. 이제 개인의 삶에 어떤 새로운 우선순위를 부여할 수 있을까? 누구나 부자가 될 수 없다면 다른 무엇을 꿈꿀 수 있을까? 종교가 서로 다르다면 불화나 의심 이외에 다른 무엇이 가능할까? 자유가 너무 적다면 무엇으로 반란을 대체할까? 흥미로운 직업이 부족하다면 새로 어떤 직업을 창출할 수 있을까? 연애가 실망스럽다면 다른 어떤 방법으로 사랑을 키울 수 있을까? 무너지는 제도 속에서 어떤 지혜를 살려낼 수 있을까? 너무나 많은 것이 예측 불가능할 때는 무엇이 야망을 대신할 수 있을까?

나는 여러분에게 무엇을 하라거나 무엇을 믿으라고 설교할 생각이 없다. 그보다 여러분이 무엇을 믿는지 궁금하고, 사람들이 무엇을 믿거나 믿어왔는지 알고 싶고, 다른 사람들은 세상을 어떻게 보는지도 궁금하고, 다른 사람의 머릿속에서 무슨 일이 벌어지는지 자세히 알게 되면 어떻게 될지도 궁금하다. 남들이 어떻게 사는지 모른 채로 어떻게 살지 결정하고 결과를 예측하는 것은 불가능하다. 내가 여러분에게 내 생각만을 떠들어대서 얻을 수 있는 혜택은, 여러분의 이야기에 귀 기울일 때 얻을 수 있는 혜택보다 비교할 수 없이 적을 것이다. 게다가 생각이란 타인에게 전해지는 사이 거의 언제나 변형되기 마련이므로 어차피 소용이 없는 것이다.

사람들이 궁극적으로 원하는 것은 미지의 세계로의 모험이고, 삶에는 감당하기 힘든 스트레스가 많으며, 스트레스에 대처하는 최선의 방책은 어지러운 삶에서 물러나거나 스스로 마음을 다스리거나 만족감을 기르는 것으로 보인다. 세상은 무섭고 혐오스럽고 비극적이지만 다른 한편으로는 아름답다. 나는 각자가 정확히 어떤 방법으로 세상을 조금이라도 덜 혐오스럽게 만들고 조금이라도 더 아름답게 만들 수 있는지 알아보고 싶다. 이것이 불가능하다면 정확히 어떻게 불가능한지 밝히고 싶다. 나는 모두가 만족할 만한 해결책을 찾으려던 과거의 노력이 대체로 만족스럽지 않았을뿐더러 간혹 재앙과도 같은 결과를 낳은 역사를 기억할 것이다. 그리고 실망감을 떨쳐내고 새로운 방향을 모색할 기회로 삼는 것이 얼마나 어려운 일인지도 명심할 것이다. 나는 인류의 뿌리 깊은 잔혹성을 줄이려는 무수한 시도가 헛되이 끝난 사실도 잘 안다. 그럼에도 인류의 독창성과 스스로 만든 난장판에서 빠져나오는 능력과, 사람과 자연에서 끊임없이 뜻밖의 경이로움과 가능성을 발견하는 타고난 자질 덕분에 나 자신이 언제나 새롭게 태어난 기분이다.

따라서 세상이 더 좋아질지 더 나빠질지 따지기보다는(세상이야 당연히 좋아지거나 나빠질 테니까) 차라리 그 시간에 내 존재를 관대하게 받아들여준 세상에 감사하는 마음으로 선물을 준비하고 싶다. 물론 그 선물은 아직 세상에 없는 것이어야 한다. 이것은 나의 보물찾기다. 그리고 이 책의 각 장은 보물의 단서를 찾아가는 과정이다.

2장
/
헛된
삶이란
무엇인가

헛된 삶은 혼자서만 말하고 자기 의심에 사로잡히는 삶이다. 자기만의 시간과 공간에 갇힐 필요는 없다. 다양한 삶을 나란히 놓으면 삶에 대한 이해가 달라진다.

✦

오늘날 한 개인이 시험에 합격하고 경력을 쌓고 천생연분을 만나서 소중한 가정을 이루고 취미생활을 즐기는 것 말고 다른 무엇을 목표로 삼을 수 있을까? 삶을 새로운 방향으로 이끌어주고 삶이 계획대로 흘러가지 않아도 그 실망감을 보상해줄 다른 원대한 목표가 있을까?

모기령 毛奇齡, 1623~1716은 중국 명나라 말기의 명망 있는 학자로, 관직에서도 출세가도를 달렸다. 저술과 시, 그림, 음악에도 조예가 깊어 존경을 받았다. 이렇듯 여러 분야에서 성공하고도 그는 삶을 허비했다는 생각에 사로잡혔다. 그는 10년 넘게 대의명분에 따라 청의 침략에 맞서 싸웠다. 전쟁터에서 가족과 친지들이 숱하게 죽어나가는 사이 그는 신분을 감추고 숨어 다녔다. 그렇게 떠도는 삶에 지친 나머지 간절히 안식처를 원했다. 결국 그는 새로운 청 왕조를 섬겼고, 그런 처신을 택한 자신을 경멸했다. 그는 끝내 살아남았지만 그런 자신의 삶을 부끄럽게 여겼다. 그는 이런 감정에 사로잡혔다. "나는 고결하게 살지 않았다. (……) 진정한 공을 세우지 못했다. (……) 나의 말은 공허할 뿐이다. (……) 비통하도다." 그는 자손들에게 자신이 쓴 시를 다 없애고 수많은 저서 중에서 10분의 1만 남기고 전부 태우라는 유언을 남겼다. 직접 쓴 야박한 묘비문은 이렇게 끝났다. "그는 헛되이 살았도다."

모기령이 현대의 의학과 기술의 진보, 서비스 사회, 오락 산업, 복지 혜택을 누렸다면 그렇게 회의적인 결론에 이르렀을까? 심리치료사와 상담사가 그의 우울증을 치료해주었을까? 보험설계사가 그의 고민은 이제껏 견뎌온 시련에 비하면 아무것도 아니라고 설득했을까? 인터넷을 통해 전 세계 사람들에게 마음의 문을 열었을까? 스팸메일이 그에게 성욕을 되찾아주겠다고 약속했을까? 어느 먼 나라의 가난을 덜어주기 위해 후원금을 내면서 양심을 달랬을까? 4년에 한 번 투표권을 행사하면서 그와 같은 학자들은 실패했던 일을 정치인들이 해줄 것이라 믿으며 뿌듯해했을까? 혹은 마케팅 회사 데이터베이스에 구매 내역을 남기는 식으로 불멸을 얻는 데서 만족했을까?

현대의 눈부신 발전에도 불구하고 삶을 허비했다고 생각하는 사람이 과거 어느 때보다 많을 수 있다. 그러나 적어도 이들은 권력자가 시키는 대로 말하는 대신 마음속의 진정한 관심사를 말하는 법을 배운 사람들이다. 모기령이 직접 쓴 비문은 경기병대의 돌격Charge of the Light Brigade〔크림전쟁 당시 발라크라바 전투에서 영국군 경기병대 600여 명이 러시아군에 돌격했다가 절반이 넘는 인명손실을 내고 패한 사건〕이나 결국 죽음으로 끝나는 군사공격만큼이나 용감한 행동이었다. 모기령의 묘비문은 자신의 삶에 대한 솔직한 고백이었다. 그전까지 전기는 주로 개인을 영웅이나 성인의 반열에 올려놓고 추앙하면서 인간적인 허점은 다루지 않았다. 혹은 한 개인이 출세하는 과정을 지루하고 장황하게 늘어놓으면서 삶을 사건의 연속으로 기술하고 미화된 일화로 꾸몄다. 그에 반해 모기령은 중국과 유럽에서 16세기와 17세기경에 거의 비슷하게 등장한 일군의 작가 중 한 사람이었다. 이들은 색다른 자서전을 썼다. 자신을 신성한 모범으로 내세우지 않고 남다른 성격에서 의미를 찾고 나약한 내면을 솔직하게 성찰했다. 이들은 개성의 의미와 난해함을 탐색했다. 이들 덕분에 우리는 사회가 부과한 역할을 내려놓은 한 '개인'의 생각을 엿볼 수 있다. 하지만 이들은 진실의 일부를 보여주었을 뿐이고, 이들의 기록에 온전한 진실이 선명히 드러나는 것은 아니다. 그럼에도 어떤 목표가 추구할 만한 가치를 지니는지 알아보려면 그 목표를 품고 기술하려고 시도한 사람들의 증언을 들어볼 필요가 있다.

다른 종류의 자서전

평범한 사람의 내밀한 감정에 관한 기록이나, 위험하거나 고통스러워서 밝히지 못하는 생각에 관한 기록을 발견하기란 쉽지 않다. 자서전은 가식의 사막에서 돌발적으로 꽃을 피웠다가 금세 지고 마는 희귀한 선인장이다. 난혼亂婚과 금욕주의의 시대가 잠깐 나타났다가 사라지는 것과 같다. 부족과 씨족과 군대가 개인에게 충성을 명령하고 개인은 집단의 하찮은 부품으로 간주되던 시대에 자서전은 문학의 비주류였다. 원자가 에너지의 주요 원천으로 밝혀지기까지 수 세기가 걸렸듯이 개인의 삶을 독립된 동력으로 인정하기까지는 오랜 시간이 걸렸다.

모기령의 사후에 중국에서는 2세기 동안 자서전의 명맥이 거의 끊겼다. 그러다 1919년 5월 4일 중국 역사상 가장 중요한 혁명이자 서양의 1968년 5월 혁명의 전조로 볼 수 있는 학생운동이 발발한 이후 자서전이 부활했다. 이때부터 작가들은 전통적인 작법을 버리고 구어체로 새로운 글쓰기를 시도하면서 과거에는 다루지 않았던 소재를 가지고 이해하기 쉽게 쓰기 시작했다. 그때까지 문학을 지배하던 고전적인 표현양식은 중국 르네상스의 사상적 지도자인 후스胡適, 1891~1962의 선언으로 일거에 무너졌다. "말하고 싶은 것을 말하라. 자기 생각을 말하고 선조들을 모방하지 마라. 상투적인 문구를 버려라. 감상주의를 배격하고 즉흥적으로 떠오르는 감정을 표현하라." 후스는 동시대인들에게 자서전을 쓰라고 권하면서 직접 모범을 보였다.

1920년대와 1930년대의 중국에서는 거의 모든 작가가 자서전 형식의 글을 썼다. 그중에서도 특히 한 여인이 앞장섰다. 미국 바서 대학교와 시카고 대학교에서 공부하고 베이징 대학교 최초의 여성 교수가 된 천헝저 陳衡哲, 1897~1976다. 그녀는 전통적인 문헌에 쓰이던 한어가 아닌 지방어로 1인칭의 자전적 단편소설을 썼다. 이 소설에서는 등장인물의 계급이나 지위나 집안을 밝히지 않고 학생들이 자유롭게 대화하는 모습을 그리면서 여성을 딸이나 어머니나 아내로 분류하는 전통으로부터 해방시켰다. 인물은 그들이 나누는 대화를 통해서만 구별된다. 천헝저는 "인간이 소통하는 과정에서 드러나는 정서를 포착"하고자 했다. 과거에 없던 새로운 시도였다. 천헝저는 집안의 결혼 압박에 오래도록 버티다가 결국 서른 살에 결혼을 승낙하면서 과연 옳은 결정인지 모르겠다는 의구심을 피력했다. 자기에 관한 글을 쓰는 행위는 저항의 수단이 되었다. 그러나 채 20년도 지나지 않아 중국에서 스스로 생각하는 것은 위험한 일이 되었다. 사람들은 다시 침묵을 강요당했다.

특히 여성이 자기 생각을 솔직히 밝히고 다른 삶을 상상하려면 특수한 조건이 필요했다. 10세기 일본에서 잠시 이런 조건이 갖춰진 적이 있다. 귀족 가문의 여인들이 경제적으로 독립하고 남편과 따로 떨어져서 살았는데, 그 덕분에 남는 시간에 남자들의 무능에 관해 생각할 수 있었다. 905년에 여인들은 한자가 아닌 입말로 글을 쓰기 시작하면서 느낀 그대로를 일기나 자서전에 썼다.

그중에 가장 눈에 띄는 인물은 '미치스나의 어머니'로 알려진 여인이다. 그녀는 훗날 모기령이 그랬듯이 무언가 의미 있는 일을 하지 않고 그저 "새벽에 일어나 어스름이 되도록 누웠다가 일어나면서" "헛된 존재"로 살고 있다는 생각에 사로잡혔다. 그리고 "누구도 아닌 채 (……) 그저 고관대작의 아내로" 사는 삶에 대해 글로 써보기로 했다. 그녀는 뛰어난 글재주와 시적 기교를 발휘하여 평소 '공상'이라고 치부하던 연애소설을 썼다. 슬픔과 고통이 고스란히 녹아든 그 책은 현대의 블루스 음악에 비견할 만했다. 남편에 관해서는 "우리의 마음이 서로에게 녹아들지 않아서 더 소원해졌다"라고 적었다. 첩을 여럿 둔 남편은 가끔 한 번 들를 때면 "내가 무슨 잘못을 했소?"라고 호통을 쳤다. 여인은 이렇게 썼다. "나는 화가 치밀어 한 마디도 하지 못했다." 그녀는 그럴 때 드는 심정을 글로 썼다. 그것밖에 할 수 있는 게 없었다. 하지만 그녀가 스스로를 아무것도 아닌 존재로 생각한 것은 잘못이었다. 그녀의 책은 절대 그렇지 않다는 사실을 보여준다. 하지만 그 뒤로 10세기가 더 지나서야 남자와 여자의 관계가 새롭게 정립되었고 남녀관계에 오늘날에도 넘어야 할 산이 많다.

솔직함의 함정

간혹 내면의 감정을 살피는 사람은 겸손해지기보다 허영에 현혹된다. 중세에 개인이 자기 목소리를 낸 지역은 아랍어 자서전이 1000여 편이나 쏟아져 나온 중동 지방이었다(최근에야 발견되었다). 사실 코란의 한 구절이 사람들에게 자서전을 쓰도록 권하는 뜻으로 읽혔다. "신의 자비심에 관해 말하라"는 구절은 아무리 큰 불운이 닥쳐도 언제나 교훈을 얻을 수 있으므로 신에게 감사드려야 한다는 뜻으로 해석되었다. 변명, 이론, 이상, 정서적 충돌과 지적 충돌, 기억을 비롯한 다채로운 소재가 상상을 초월할 만큼 쏟아져 나왔다.

이런 분위기는 성인聖人의 삶을 자양분 삼아 취향을 형성한 중세 유럽과 극명한 대조를 이루었다. 그중에 자기에게 집착하다가 오만의 대가를 치른 것으로 유명한 작가가 있었다. 이집트의 잘랄 알딘 알수유티Jalal al-Din al-Suyuti, 1445~1505는 삶을 스스로 결정할 권리를 주장하면서 모든 권위자, 심지어 아버지의 의견에도 거침없이 도전한 인물이었다. "나와 대등한 사람은 없다. 살아 있는 사람들 중 누구도 나만큼 지식이 많은 사람은 없다." 그는 온갖 주제("천성에 맞지 않는다"면서 기피한 수학만 제외하고)에 관해 600여 편의 책과 논문을 발표했다. 그는 스스로의 학식을 높이 평가하여 교리에 관한 독자적인 판단(이즈티하드ijtihad)이 가능하다고 믿었고, '무자디드mujaddid[이슬람 법을 해석하는 사람]'를 자처했다. 사람들은 그를 찾아가서 파트와[이슬람 법에 따른 결정이나 명령]를 구했는데, 그는 자기의 의견을 따르지 않는 사람들을 무지하고 어리석은 자라고 매도하여 분노를 샀다. 그의 자서전 17장의 제목은 "신은 어떻게 적들이 내게 등을 돌리게 해서 내게 은총을 내리고, 무지한 자(경쟁하는 다른 학자)들이 그릇된 주장으로 비난하게 해서 나를 시험에 들게 하셨는가"였다. 결국 분노한 사람들은 옷을 잘 갖춰 입은 그를 연못에 빠뜨려 죽이려 했다. 그래서 그는 은퇴하고 회고록을 쓰면서 세상 사람들이 자신을 어떻게 보는지도 모르고 학계의 신랄함과 과대망상을 뒤러풍의 극적인 흑백의 그림처럼 그리면서 그들의 무지를 성토했다.

그 뒤로 이집트에서는 20세기에 들어서서야 자서전이 부활했고, 맹인 소설가이자 역사가이자 교육부장관이던 타하 후세인Taha Hussayn, 1889~1973이 자서전의 새로운 본보기를 제시했다. 그의 걸작 《이집트에서의 어린 시절The Egyptian Childhood》은 이집트 문학의 이정표를 세우고 학교 교재로 선정되었을 뿐 아니라 남녀 모두에게 개인적인 성찰을 하도록 자극했다.

헛된 삶을 두려워한 사람들

자서전은 고통의 기억을 지우기 위한 수단이 되기도 했다. 17세기 인도의 한량이자 아그라 상인의 아들인 바나라시다스Banarasidas는 겉으로 보기에 솔직하다는 인상을 주었다. 그는 삶을 헛되이 보내는 줄 안다고 말하면서도 걱정하지는 않았다.

"나는 낙타의 방귀처럼 공기를 더럽히면서 지상과 천국 사이에서 서성였다." 그는 자신의 결점을 아무런 회한 없이 담담하게 서술한다. "거짓말을 멈추지 못하고 (……) 외설적인 문학을 탐독한다." "변변찮은 자질 가운데 (……) 특출한 것도 없고 흠집이 없는 것도 없다." 그러나 아홉 명의 자식을 모두 앞세우고는 통한에 사무쳐서 이렇게 회고한다. "부모는 잎이 다 떨어진 나무처럼 그루터기로 남는다." 이 짧은 문장에는 허세 뒤에 감춰진 절망이 드러난다. 자식을 잃은 그는 스스로 아무것도 아닌 존재라고 절감했다.

현대에는 소설이 욕구와 좌절을 사적이고 간접적으로 드러내는 주된 표현 수단이 되었다. 그런데 왜 사람들이 자서전 대신 소설 형식을 택할까? 마거릿 캐번디시Margaret Cavendish, 1623~1673는 자신의 인생 이야기와 자기가 동경하는 사람들의 이야기를 쓸 때 얼마나 많은 것을 얻을 수 있는지 최초로 보여준 인물일 것이다. 캐번디시는 "이 부인은 왜 자기 삶을 글로 썼을까?"라는 질문으로 글쓰기를 시작했다. 그리고 그 자신에 관해서는 이렇게 말했다. "나는 어떤 여자들 못지않게 야심차다. 아니 누구 못지않게 야심찰 수 있다. 따라서 나는 헨리 5세나 찰스 2세는 못 되어도 마거릿 1세가 되려고 애쓴다. 그리고 알렉산드로스 대왕이나 카이사르처럼 세계를 정복할 힘이나 시간이나 기회를 얻지는 못해도 어차피 운명의 여신과 숙명이 내게 아무것도 주지 않을 테니 세상의 여왕이 되지 못할 바에야 차라리 나만의 세계를 창조하겠다. 누구에게나 각자의 세계를 창조할 권리가 있으니 누구도 나의 세계를 비난하지 않으면 좋겠다."

그리하여 캐번디시는 상상의 삶으로 자서전을 채웠다. 《눈부신 세계라 불리는 신세계에 관하여The Description of the New World, called the Blazing World》에서 그녀는 하고 싶은 대로 다 할 수 있는 유토피아를 그렸다. 그리고 〈실험철학에 관한 논평Observations upon Experimental Philosophy〉을 써서 과학자로 명성을 얻고 왕립학회에 초빙되었다. 동시에 캐번디시는 스스로를 "수줍음이 많은" 사람이라고 표현한다. 자신의 즐거움을 위해 글을 쓴다고 하면서도 유명해지고 싶은 간절한 마음이 엿보인다. 그녀는 헛되이 살고 싶어하지 않았다. 만약 모기령이 이처럼 헛된 삶을 두려워한 용감한 사람들의 이야기를 들었다면 헛되이 사는 것을 어떻게 바라보았을까?

남아프리카공화국의 아파르트헤이트 시대에 더그모어 보에티Dugmore Boetie, 1926~1966는 자서전이 어떻게 체념의 대안이 될 수 있는지 보여주었다. 그는 어머니를 살해하고 군대에서 다리 한쪽을 잃고 갖가지 범죄로 열일곱 번이나 감방에 드나들었다고 고백해서 유명해졌다. 그는 "거짓말로 세상을 속이는 사기꾼이라서 자랑스럽다"면서 "어째서 나 스스로를 심판하겠는가?"라고 말했다. 사실 그의 모험담은 모두 허구였다. 그는 가족이 없다고 했지만 그가 폐암으로 죽어갈 때 친척들이 문병을 왔다. 친척들의 말에 따르면 그는 여덟 살에 전염병에 걸려서 다리 하나를 잃었고 군대에는 가본 적이 없으며 감방에도 아주 잠시 들어갔다 나왔을 뿐이라고 했다. 결국 그는 "경찰이 설치는" 나라에 대한 분노 때문에 거짓으로 자서전을 썼다고 인정했다. 그는 자신의 독창성에서 즐거움을 발견하고 그것으로 고통을 잊으려 했다. 상상의 무모한 장난은 그처럼 무일푼인 사람들이 살아가게 해주는 가장 효과적인 도구였다. 그가 가난하다는 것만 진실이었다. 결국 그는 "스스로에게 거짓말을 하는 것은 가장 큰 죄"라고 인정했다. 세상에 가장 만연한 죄이기도 할 것이다.

모기령은 알지 못했던 것

자신의 삶을 판단하는 것만큼 어려운 일도 없다. 모기령이 자신과 같은 생각을 가진 사람들이 다른 나라에도 있다는 사실을 알았다면 삶을 어떻게 다르게 보았을까? 그는 중국에서 학식을 뽐내는 것이 유능함의 증거이던 시대에 살았고, 그런 시대를 혐오했다. 그리고 무력감에 빠졌다. 그는 고전을 달달 외우고 팔고문八股文〔명·청 시대에 과거시험의 답안으로 채택된 특별한 형식의 문체. 나중에는 형식적이고 내용이 없는 무미건조한 문장이나 작법을 가리키는 말이 되었다)을 써서 지식을 뽐내던 벼슬아치들을 경멸했다. 그에게는 격려가 필요했다. 사실 격려를 받을 수도 있었지만 오늘날만큼은 아니었다. 홀로 고립되어 절망에 빠진 사람에게는 낯선 나라의 사람들이 주는 영감이 버팀목이 될 때가 많다.

모기령도 죽기 5년 전에 그와 같은 목표를 좇던 런던의 유명한 잡지《스펙테이터Spectator》의 기사를 읽었다면 아마 용기를 얻었을 것이다. 이 잡지의 편집자 조지프 애디슨Joseph Addison, 1672~1719은 현학자는 자기가 읽은 책 말고는 아무것도 말할 게 없고 "자신의 직업과 특정한 삶의 방식을 벗어나서는 생각할 줄 모르는" 사람이라고 적었다.

만약 모기령이 독일의 낙관적인 수학자이자 철학자이자 외교관으로서 중국에도 관심이 많고 유럽이 공자의 문명에서 배울 점이 많다고 주장하던 고트프리트 빌헬름 폰 라이프니츠Gottfried Wilhelm von Leibniz, 1646~1716를 만났다면 생각을 고쳐먹었을지도 모른다. 자기 나라에서는 헛된 삶처럼 보일지라도 다른 나라에서는 전혀 다를 수 있다.

혼돈과 부패에 물든 세상에 환멸을 느끼고 일상의 존재에 더 큰 상상력과 열정을 불어넣어 이기적인 야망과 허례허식과 무익한 논쟁에서 벗어나서 좀 더 발전할 방법을 모색한 사람들이 있다. 모기령도 그중 하나였다. 하지만 모기령은 멀리 영국에서 시민전쟁이 발발하여 기존의 정치와 종교에 의문을 던지고 동시대 중국에서는 모험심 넘치는 지성들이 복사復社〔명나라 말 난징에서 결성된 문학 모임〕에 모여서 새로운 삶의 가치를 모색하는 줄 몰랐다. 그리고 얼마 후 유럽의 계몽주의가 낡은 사상에 의문을 제기하고 새로운 과학적 관점을 제시하게 될 줄도 몰랐다. 동시에 중국에서도 증거를 중시하는 학문운동이 일어나서 지식의 모든 분야에서 더 엄격한 역사적 증거를 요구하고 윤리적, 사회적, 현실적 문제에 대한 새로운 해결책을 발견해서 과거의 형이상학적 추측을 대체하는 줄도 몰랐다. 그리고 무엇보다도 후세에는 다채로운 경험에 관한 그의 과감한 성찰이 인정받고, 누구도 그가 헛되이 살았다는 데 동의하지 않을 줄은 상상도 못했다.

혼자서만 말하는 삶

헛된 삶은 혼자서만 말하고 자기 의심에 사로잡히는 삶이다. 자기만의 시간과 공간에 갇힐 필요는 없다. 다양한 삶을 나란히 놓으면 삶에 대한 이해가 달라진다. 나는 사람들이 자서전과 구술사와 전통적인 고백 양식으로 풀어내는 이야기만 듣고 싶은 것이 아니다. 그보다 사람들의 이야기가 서로에게 어떤 영향을 미치고, 또 사람들이 남에게 들은 이야기로 인한 변화에 어떻게 저항하는지에 관심이 많다. 진지한 대화를 많이 나눌수록 도달할 수 없다고 여기던 목적지에 도달할 가능성이 높아진다. 역사상 처음으로 멀리서도 서로의 말을 들을 수 있게 되면서 한때 이방인들만 사는 줄 알았던 땅에서도 같은 생각을 가진 동지를 발견할 수 있게 되었다. 그래서 스스로를 외톨이로 생각하려는 유혹이 더 이상 그리 압도적이지 않다. 다양한 사람들과의 관계에서 놀라운 일이 벌어지고 여기서 미래가 만들어진다면 다음 세기에는 '우울증'이 대유행할 거라는 어두운 전망은 실현되지 않을 것이다.

"역사가 아니라 전기만 읽어라. 전기는 이론이 없는 삶이다." 소설가이자 영국 총리였던 디즈레일리Disraeli, 1804~1881가 한 말이다. 사실 디즈레일리도 역사든 전기든 의도했든 아니든 허구가 얼마나 많이 섞여 들어가는지 알았을 것이다. 전기는 그 사람의 삶을 둘러싼 풍경화 같은 역사가 없다면 무의미하고, 또 개인이 스스로를 어떤 사람으로 생각하는지를 비추는 거울과 같은 자서전이 없다면 무가치하다. 비평가는 잘못된 부분을 지적하고 아첨꾼은 시류에 맞는 부분을 부각시키지만 모든 개인은 어느 정도 수수께끼 같은 존재다. 발표되거나 아예 쓰이지 않은 채 상상 속에만 존재하는 자서전도 무수히 많다. 지나치게 간결해서 오해의 소지가 있는 자서전도 많다.

일례로 별로 중요하지 않은 유명인을 추종하는 문화를 전문으로 다루는 한 잡지에서는 독자들에게 그들이 추종하는 유명인들이 "영적인" 이유는 "내적 자아를 들여다보기" 때문이고, 그들이 "진정성 있는" 이유는 "남들의 시선을 신경 쓰지 않기" 때문이며, 그들이 "관능적인" 이유는 "무엇이 그들을 뜨겁게 달구는지 알고 뛰어들기" 때문이고, 그들이 "세상을 놀라게 하는" 이유는 "자기에 대한 사랑을 천명하기" 때문이라고 조언한다. 이것은 고독한 자아, 말하자면 다른 무엇으로부터 아무것도 입력받지 않아도 되고 영원히 변함없이 남아 있을 수 있는 존재를 위한 교리다.

하지만 모든 삶을 하나의 실험으로 생각하는 것도 가능하다. 다채롭고 어디로 튈지 모르고 제멋대로인 인간에 대한 경외감이 아직 남아 있다면 질문거리와 흥미로운 이야깃거리가 있는 실험이다. 따라서 이런 실험에서 발견한 결과를 성찰하고 공유하거나 다른 장소와 다른 시대의 사람들과 비교하면 어떻게 보일지 고찰하지 않는다면 그야말로 헛되이 사는 셈이다.

이 책은 내 삶의 차이를 성찰하고 내가 다른 무엇을 할 수 있을지 고민하는 나만의 실험이다. 누구든 이 책이 아니었다면 생각해보지 않았을 문제를 생각하면서 자신의 경험을 성찰하게 된다면 내 삶도 헛되지만은 않을 것이다. 두 사람이 한 쌍이 되는 기술은 남에게 무엇을 줄지 발견하고 남에게서 받을 줄도 아는 감성을 기르는 데 있다.

3장
/
어떻게
'나'에 관한
환상을 버릴 수
있을까

나는 '나는 누구인가'보다는 '당신은 누구인가'라는 질문을 선호한다. 이 질문에서 대화가 시작되고 자화상이 탄생한다.

❖

　루치안 프로이트Lucian Freud, 1922~2011는 초상화를 그릴 때 마치 미지의 세계 앞에 선 탐험가처럼 모델에게서 몇 미터 떨어져 손차양을 만들어 모델의 얼굴과 몸을 바라보았다. 그는 모델의 세세한 부분에까지 흥미를 느꼈다. 옷의 감촉과 옷자락까지 모두 특별했다. 어느 하나도 일반적인 대상이나 이상적인 대상에서 본 적이 없는 것이었다. 그는 달걀 하나를 그리더라도 모양이 제각각이라는 점을 발견했다. 모델은 신비로운 존재이자 풀어야 할 수수께끼였다.

　그는 그림을 미리 계획하지 않았다. "그림을 그릴 때는 무슨 일이 벌어질지 몰라야 한다." 그는 실물과 똑같이 그리는 대신 "불안을 자아내는, 말하자면 살아 있는" 형상을 그리려고 했다. "살아 있는" 초상화란 관람객을 "빨아들여서" 그림 안에서 자신의 무언가를 발견하게 만드는 그림이었다. 그는 모델을 바라보는 것보다 "모델과 함께 있는" 데 관심이 많았다. 마찬가지로 그는 소설도 "마치 내가 쓴 것처럼 느껴지는" 소설을 좋아했다. 다른 사람의 초상화를 그리는 것이 자기를 발견하거나 다른 누군가가 되는 방법이라는 뜻이었을까?

　그는 사람들에게 충격을 주어야 관심을 끌 수 있다는 사실을 알면서도 "나는 늘 진실을 말하는 편이 더 흥미롭다고 생각한다"고 밝혔다. 그는 무엇보다도 진실을 알고 싶어했다. "사물을 있는 그대로 보고" 싶어한 것이다. 그런데 어떤 진실을 말하는 것일까? 그는 아내의 초상화도 여러 점 그렸는데, "캐롤라인을 그렇게 잘 알았던 적이 없다"고 고백했다. 누군가를 잘 알려면, 혹은 자기를 잘 알려면 어떻게 해야 할까? 루치안 프로이트는 "사랑에 빠지는 것은 상대의 모든 것이 흥미롭거나 걱정스럽거나 즐겁게 느껴지는, 완벽하고 절대적인 사건"이라고 말했다. 우리는 사랑하는 사람을 얼마나 잘못 이해할 수 있을까?

타인에게서 나를 발견하다

루치안 프로이트는 그림 한 점을 완성하는 데 주로 1년 넘게 걸렸다. '사물을 꿰뚫어보는 눈'으로 모델을 관찰하면서 폭넓은 대화로 모델을 사로잡고 즐겁게 해주고 가끔은 모델과 사귀기도 했다. 그렇게 자식을 열네 명이나 낳았다. 그는 모델의 몸짓 하나하나를 놓치지 않고 모델이 배가 고프거나 피곤하거나 술에 취했을 때도 관찰하면서 '광채'를 찾으려 했다. 〈나체 초상〉이라는 그림의 주인공으로 프로이트보다 쉰 살 어린 여자 모델은 1년 내내 일주일에 이레 동안 밤낮 없이 그의 앞에서 포즈를 취해주고 결국 그와 연인이 되었지만 그림이 완성되자 그들의 연애도 끝났다.

루치안 프로이트는 "어릴 때 애기 좀 해봐"라는 말로 대화를 시작하고 그의 그림에도 생식기의 특징이 자주 등장하지만 정신분석학의 창시자인 그의 조부 지그문트 프로이트와는 목적과 방식이 달랐다. 루치안은 모델에게 자기 이야기도 많이 들려주고 모든 그림에 농담을 넣으려 했을 뿐 아니라 모델을 위한 치료법을 찾기는커녕 모델에 대한 판단조차 삼가려 했고, 일단 그림이 완성되면 그 그림에 대한 흥미를 잃었다. "내 작품은 순전히 자전적이다. 나 자신과 내 주변에 관한 그림이다. 기록으로 남기려는 시도다." 그의 그림은 그가 관찰하고 주목한 대상뿐 아니라 그 자신을 표현했다. "나는 그림이 내게서 나오기를 바라지 않는다. 그들에게서 나오기를 바란다." 그는 상징으로든 수사로든 메시지를 전달하려고 하지 않았다. 다만 "사람들이 내 작품에 관해 완전히 모순된 이야기를 나누기를" 바랐다.

새로운 초상화, 생각의 여권

루치안의 시도는 여러 교차로 중 하나일 뿐 21세기에 초상화 기법이 어디로 도달할지 그 방향을 명확히 제시하지는 않는다. 인간은 새로운 목표를 추구할 때마다 새로운 형태의 초상화를 필요로 했다. 개인의 재능보다 가문과 재산을 중시했던 중세에는 인물을 실제와 닮게 그리기보다는 문장紋章에 관심이 많았다. 모델을 가급적 부유하고 아름답게 그리던 화풍은 사회적으로 높은 지위에 오르고 존경받고 싶은 욕구를 충족시켜주기 위한 시도였다. 인간이 불멸을 꿈꾸기 시작하면서 묘석처럼 벽에 거는 근엄한 초상화가 등장했다. 개인이 심리학적 수수께끼가 되면서는, 화가는 그 미스터리를 푸는 해독자이자 그림의 대상보다 더욱 영광스러운 존재가 되었다. 이후에는 사람은 누구나 흥미로운 존재이며, 모든 것이 상대적이고 일회용이라는 믿음과 함께 즉석 스냅사진이 등장했다.

오늘날처럼 인간관계에서 역할놀이와 기만을 거부하고 정·재계에서 거짓말하는 지도자를 불신하고 인종주의와 차별을 비난하는 사회적 분위기에서는 과거보다 외양이 훨씬 덜 중요해졌다. 투명성과 정직이 최고의 가치로 존중받고 인간이란 무한히 복잡한 존재이고 겉모습과 전혀 다를 수 있다는 인식이 커지는 시대에는 초상화로 전달할 수 있는 이야기가 더 풍성해진다.

우리는 누구나 국가에서 요구하는 정보가 담긴 여권이나 신분증에 인물사진을 붙여야 한다. 각자가 직접 여권을 만들어 남에게 인정받고 싶은 정보를 소개하면 안 될까? 우리가 세상에서 차지하는 지위에 대한 우리의 관점이 바뀔 때마다 여권에 새로운 페이지와 사진을 추가하면 안 될까? 그리고 희망이 사라질 때 그 페이지를 떼어내면 안 될까? 물론 우리가 남들을 현혹하거나 거짓말하거나 오해를 살 수도 있다. 하지만 자화상 여권을 우리의 환상과 꿈과 주관적인 정보를 알리는 수단이자 각자의 독창적인 작품으로 인정해줄 수는 없을까? 여권의 모양을 스스로 결정하고 개인의 미적 취향에 따라 꾸미고 테두리를 두르고 제본하면 안 될까? 중국의 만수기萬壽祺, 1603~1652는 가구공, 도공, 목수, 정원사, 사찰 개조자, 시인, 음악가로서 각기 다른 옷을 입고 자화상 34점을 그렸다. 이렇게 자신의 다양한 성격을 표현한 인물에게서 영감을 얻을 수는 없을까?

취업에 방해가 될 만한 희망이나 의견은 빼고 진실을 호도하는 자기자랑으로 채우는 이력서보다는 유용한 여권의 개념을 만들 수 있다. 여권에는 명함보다 정보를 많이 담을 수 있다. 명함은 그저 그 사람의 지위를 알리는 수단이자 어떤 조직의 재산이라는 사실을 입증할 뿐이다. 폭압적인 군주제의 유산인 국가 여권은 프랑스 혁명 당시 자유에 대한 모독으로 지목되어 폐기되었다. 이후 여러 다른 나라에서도 여권을 없앴다. 덕분에 19세기 사람들은 그들이 누구인지를 자신의 말보다 더 정확히 입증해주는 공식 증명서가 없다는 데 자부심을 느꼈다. 나폴레옹 3세조차 여권은 범죄를 근절하지 못하고 무고한 사람들의 자유통행권을 방해할 뿐이라고 말했다. 그러나 1차 세계대전 중에 간첩에 대한 피해망상으로 여권이 부활했고, 여권은 점차 계몽이 아니라 통제 수단으로 자리를 잡았다.

이 책은 독자에게 내 상상 속으로 들어오도록 허용하는 나만의 여권이다. 나는 독자의 방문을 환영한다. 내 생각은 나의 여정에서 마주친 사람들 덕분에 풍부해졌다. 그들과 마주치지 않았다면 나는 편견의 늪에서 헤어나지 못했을 것이다. 내 여권은 나의 관심과 공감을 자극하고 내게 다른 생각을 가진 존재를 알게 해준 대화의 산물이다. 내가 이렇게 내 여권을 제시하는 이유는 여러분의 여권이 보고 싶어서다. 세상이란 우리가 각자 본 것을 말할 때, 모두가 흐릿한 횃불로 비출 때 드러나는 형체다.

타인이라는 수수께끼

그런데 우리가 실제로 누구인지 밝히려는 이유는 무엇일까? 세상에는 정중하고 수줍고 불가해하고 난해하고 말수가 적고 피상적이고 정직하지 않은 사람들, 정직하기는 해도 해독하기 어려운 사람들, 어떤 이유에서인지 속내를 드러내지 않는 사람들로 가득하다. 대개는 스스로도 무슨 생각을 하고 어떤 감정을 느끼는지 모르기 때문이다. 그러나 누군가 공감하고 경청해준다는 확신이 들면 과감히 속내를 털어놓는 사람이 많다. 교육을 받으면서 속내를 드러내지 말아야 한다고 생각하게 된 사람도 많다. 타인의 머릿속에 감춰진 생각은 우리를 둘러싼 거대한 어둠이다.

유럽의 계몽주의 사상에서는 미신이나 편견은 세상의 진짜 모습을 보지 못하게 하는 걸림돌이고 교육과 법으로 미신과 편견을 타파할 수 있다고 주장한다. 그러나 다른 사람의 말과 감정의 동기와 암시를 알아채는 것은 여전히 어려운 일이다. 아직 걷히지 않은 어둠이 제2의 더 야심찬 계몽주의를 기다리고 있다.

충분한 자극이 없어서 머릿속에서 형태도 제대로 갖추지 못한 채 사산된 생각들이 있다. 우리는 일상의 중압감에 눌려서 삶의 근본적인 문제에 관한 대화를 회피할 때가 많다. 가장 중요한 문제를 가장 적게 논의한다. 지금껏 인류가 검열과의 싸움에서 승리한 예는 없지만 자기 검열은 훨씬 더 음흉하다. 인간은 태초부터 알고든 모르고든 생각을 막는 피임기구를 써왔다.

생각은 혼자 놔두면 외롭고 무력하다. 생각은 소통을 통해 수정되어야만 남들에게도 의미 있는 생각이 된다. 역사적으로 인간은 텅 빈 머릿속을 가정하고 전통적인 생각을 주입하는 데만 몰두하면서 생각은 사랑을 나누는 행위와 같다는 점을 인식하지 못했다. 생각을 막무가내로 주입할 수는 없다. 모든 개인은 각자의 감성과 기억을 토대로 새로 흡수한 정보를 생각으로 형성한다. 그리고 생각은 다른 사람의 생각을 접하기 전에는 그 나름의 가치를 모른다. 사람들이 머릿속에 감춰둔 생각은 투표나 선거에서 피상적으로 살짝 드러날 뿐이다. 매체나 책으로 생각의 파편을 공개하는 사람은 극소수다. 종교와 정신의학의 고백은 지극히 사적이다. 또 국가와 계층과 집단의 습관이나 사고방식에 관한 연구로는 제멋대로인 개인의 머릿속에서 무슨 일이 벌어지는지 온전히 밝혀내지 못한다. 이렇게 숨겨진 생각을 끌어낼 방법이 있을까?

사적인 생각은 인류 경험의 본질이 담긴 소중한 자산이다. 대부분 남들과 공유하지 않는 생각이다. 생각을 밝혔다가 괜히 공격당하거나 피해를 입을까 봐 두려워서이기도 하고, 사생활이기 때문이기도 하고, 또 사적인 경험을 다른 사람들과 관련짓지 못해서이기도 하다. 역사에 기록된 생각은 빙산의 일각이다. 부모를 이해하지 못하거나 자식들에게 자기표현을 제대로 하지 못해서 후회하는 사람이 지나치게 많다. 또 많은 정부가 비밀주의를 내세우면서 그들의 동기나 무능이 드러나면 국가가 혼돈에 빠질 거라고 여긴다. 거짓말에 관한 연구에서는 우리가 거짓말을 그만두면 사회적 관계가 무너질 거라고 단언한다. 비즈니스와 정치는 반쪽짜리 진실에만 의존하면서 공개하는 만큼 숨기기 위해 갈수록 많은 전문가를 고용한다. 스포츠도 오염되었다. 과학 연구에서도 증거가 불충분한 주장이 난무한다. 가식이 신뢰를 대신할 때 사생활의 친밀한 관계가 무너진다. 비밀 엄수는 공포의 사생아다. 거짓의 세상에서 살아야 하는 것은 아니라고 용감하게 나설 사람은 누구인가?

자화상을 그리는 방법

최근에 개인들이 사생활의 동굴에서 기어 나와 자기만의 언어나 음악으로 자화상을 그리면서 인터넷을 통해 그들의 존재를 알리고 주변의 거대한 미지의 공간에 다른 누가 존재하는지 알고 싶다고 선언했다. 다만 이들은 SNS에서 한 번도 만난 적 없는 수백 명의 사람들과 '친구'를 맺고 간단하고 피상적으로 소통하는 데 특화되어 있다. 일종의 자서전을 꾸준히 쓰는 1억 명이 넘는 블로거의 절반은 그들만의 작은 공동체 밖에서는 이해받지 못한다고 말한다. 자서전과 마찬가지로 블로거들의 독백이 자기표현의 최후의 수단일 리는 없다. 그리고 자기표현은 자유가 잉태한 최후의 자식일 리가 없다. 자기성찰이 자기이해로 가는 유일한 방법일 리가 없다.

나는 남들의 생각에 반응해서 생각한다. 내 머릿속에 들어온 오만 가지 생각 중에서 몇 가지만 수태되어 새로운 생각으로 탄생한다. 생각은 본래 짝을 찾아 줄기차게 맞선을 보고 추파를 던지고 사랑을 나누기 때문에 부모가 누군지 정확히 모른다. 나는 남들의 생각이 그저 내 기억 속에 조용한 자리 하나만 내달라고 요청하는 것이 아니라 내 머릿속의 스위치를 눌러서 특정 주제에 관한 내 신념을 비추고 상반된 관점을 나란히 배치해서 명료하게 밝히고 이제껏 상상한 적도 없는 낯선 방식으로 생각을 바꾸도록 자극하는 순간을 사랑한다. 내가 이런 순간을 사랑하는 이유는 전에는 아무런 연관성이 없어 보이던 사람이나 생각과 연결이 되기 때문이다.

나 혼자서 '나는 누구인가'라는 오랜 수수께끼를 붙잡고 시간을 흘려보낼 여유가 없다. 기억의 저장소를 뒤지거나 이른바 정체성을 찾기 위해 내가 스스로 붙인 딱지나 주워 모으면서 반복적이거나 자기기만적으로 성찰하기보다는 타인에게 더 관심이 있다. 괴테는 "내가 나를 안다면 도망칠 것이다"라고 말했다. 내가 나를 알 수 없다는 생각이 갈수록 커진다. 자기이해는 태초부터 성공적인 삶의 필수요소로 통했지만 여전히 이해하기 어려운 개념이다.

앞 장에서 언급한 자화상은 사람들이 자기성찰에만 몰두할 때 자기를 보는 시각이 얼마나 모호한지 잘 보여준다. 자기에 관해 말하거나 쓰는 방법 중 아직 시도하지 않은 방법이 많다. 자기애나 방종에 빠지거나 감상에 젖거나 불평하지 않고도 자기를 그리고 조각하고 필름에 담는 방법이 많을 것이다. 초상화와 자화상 기법도 새롭게 혁신될 날을 기다리고 있다.

나는 '나는 누구인가'보다는 '당신은 누구인가'라는 질문을 선호한다. 이 질문에서 대화가 시작되고 자화상이 탄생한다. 혼자 가만히 앉아서 단순한 추억담이나 일화나 자기중심적인 활동으로 흐르지 않고 객관적으로 자서전을 쓸 수 있는 사람은 없다. 대화를 나누면서 자기가 누구인지 설명하려고 시도하고 그러다가 대략적으로 자화상을 스케치하는 사람이 더 많다.

새로운 대화를 위한 실험

나는 피상적인 잡담이나 수다나 주장이나 직장생활 이야기가 아닌 다른 종류의 대화를 갈망하는 사람들에게 관심이 있다. 해야 하는 말만 하면서 윗사람에게 아첨하고 아랫사람에게 우월감을 드러내는 것이 관례이던, 과거의 대화법을 되살리고 싶은 마음은 없다. 나는 남들이 세상을 어떻게 보는지, 그들에게 가장 중요한 것은 무엇인지, 내게도 중요한 것이 무엇인지 궁금하다. 두 사람이 서로 존중하면서 대화하고 상대의 관점을 이해하는 데 진지한 관심을 가지고 경청한다면, 그리고 상대의 입장이 되어보려 하고 상대의 마음속으로 들어가 보려고 한다면, 세상이 아주 잠깐이라도 달라질 것이다. 두 사람이 쓰고 있는 가면을 조금이라도 벗는다면 이렇게 서로에게 솔직해지려고 용기를 낸 두 사람 사이에는 그 어떤 법으로 강제하는 것보다 평등이 효과적으로 자리 잡을 것이다. 아직은 성직자에게 우리의 죄를 고백할 수는 있어도 성직자가 우리에게 자신의 죄를 고백하지는 않는다. 정신과의사에게 불안을 털어놓을 수는 있어도 정신과의사는 우리에게 자신의 불안에 관한 조언을 구하지 않는다.

역사적으로 새로운 유형의 대화가 출현하면서 인간관계의 새로운 단계가 열렸다. 처음 의회parliament가 생겼을 때도 그랬다. 의회의 어원인 'parlement'는 두 사람(간혹 네 사람)이 만나서 협상을 벌이는 활동을 의미했다. 더 많은 사람이 모여서 대화를 나누는 법을 배우기까지는 오랜 시간이 걸렸다. 신분제가 지배하던 시대에는 윗사람 순으로 말했다. 폭력으로 분쟁을 해결하던 시대에는 1992년에 러시아의 국회의원들이 주먹다짐을 벌인 것처럼 토론이 싸움으로 끝날 때가 많았다. 욕을 하거나 상대에게 야유를 보내거나 불쑥 노래를 부르거나 결투를 신청하면 안 된다는 조항들은 하나씩 천천히 생겨났다. 간간이 일어나는 종교개혁은 서로 다른 계층의 사람들이 한데 모일 계기를 마련하여 대대적인 변화를 가져오기도 했다. 미국의 독립혁명도 새로운 형태의 대화를 이끌어냈다.

토크빌Alexis de Tocqueville은 1840년대에 "토론은 미국인이 아는 유일한 즐거움"이며 미국 여성들은 공청회를 "가사노동에서 벗어날 수 있는 오락거리"로 생각하고 기꺼이 참여한다면서 "토론 모임에는 극장 오락을 대신하는 면이 있다. 미국인은 대화를 나눌 줄은 몰라도 토론은 잘하고 발언이 연설로 흘러갈 때가 많다. 미국인은 공청회에서 연설하듯이 말한다"라고 적었다.

각국에서 문학과 과학과 정치와 기타 여러 분야의 협회가 설립되면서 저마다의 토론 양식이 정립되었다. 그리고 공격적이고 장황하고 오만한 데다 한 가지 생각에 골몰하다가 이상하게 변해버린 연설가들이 등장했다. 그러다 의견 차이를 노련하게 조율하고 중재하는 '회의 전문가'가 나타났다. 하지만 오늘날의 회의는 경영자들의 업무시간을 절반쯤 차지하면서도 별다른 소득 없이 끝난다. 참석자들은 결국 서로가 속으로 무슨 생각을 하고 있는지를 알지 못한다.

새로운 대화 유형이 나온다면 인간관계의 새 지평을 열 수 있을까? 거창한 질문처럼 들릴 수 있다. 그러나 내가 10여 개국에서 2000명 이상을 대상으로 실시한 실험(사람들 사이의 소통과 지적 교류를 돕는 비영리 단체인 '옥스퍼드 뮤즈The Oxford Muse' 재단에서 보급하고 있는 대화 프로그램)에서는 대화를 신중하게 준비하고 구성하면 놀라운 결실을 얻는 것으로 나타났다. 이 실험에서는 대체로 배경이 전혀 다른 낯선 사람이나 안면만 있는 사람들을 무작위로 짝 지워서 마주 앉게 한다. 그리고 레스토랑 메뉴처럼 전채요리, 생선, 구이, 샐러드 등으로 분류된 대화 메뉴를 제시한다. 실제로 요리를 내는 것이 아니라 20여 가지 주제를 질문 형태로 제시하는 것이다.

가령 "당신의 동정심은 어디까지인가?" 혹은 "지난 몇 년 동안 삶의 우선순위가 어떻게 달라졌는가?" 혹은 "당신은 다른 사람들과 당신 자신에게 어떤 도덕적, 지적, 미적, 사회적 영향을 미치는가?" 하는 질문이었다. 우리는 참가자들에게 서로 경험을 나누고 그 경험이 다른 사람에게 얼마나 가치가 있을지 생각해보고 문화권마다 같은 문제를 대하는 태도가 어떻게 다른지 비교하고 각자의 결론에서 현실에 적용할 방법을 찾아보라고 주문한다. 각 그룹의 특성에 따라 메뉴 구성을 조금씩 달리 했고 어느 한쪽이 일방적으로 말하거나 유독 집착하는 주제를 토해내는 식으로 대화가 흘러가지 않도록 규칙을 마련했다.

실험 집단마다 참가자들의 부류가 크게 다른데도 일관되게 유사한 결과가 나왔다. 참가자들은 평소에 진지하게 답할 기회가 없던 질문들을 받고 반가워했다. 깊이 생각해야 하는 까다로운 질문이지만 덕분에 의미 있는 대화를 할 수 있었다며 고마워했으며, 옆으로 새지 않게 막아주는 대화의 구조를 높이 평가했다. 그리고 현실에서는 한 사람이 두 시간 이상 중단 없이 솔직하게 이야기할 기회가 거의 없다는 데 의아해했다.

고용자연합의 한 CEO는 "사람들이 금세 서로에게 솔직하게 털어놓는 모습에 놀랐다"라고 소감을 말했다. 노숙자 쉼터의 한 난민은 "떠돌이 생활 5년 만에 처음으로 대화다운 대화를 나눠봤다"라고 말했다. 휴대전화 회사에 다니는 한 남자는 "상대를 알아가면서 나 자신에 관해 더 많이 배웠다. 상대는 내가 나를 더 많이 드러내도록 도와주었고, 그것이 내게 큰 도움이 되었다"라고 말했다. 어느 과학 연구원은 "전에는 생각해본 적 없는 주제를 고민해보면서 몰랐던 사실을 깨달은 것 같다"라고 말했다. 어느 사회복지사는 "누구와 이런 대화를 나눠본 게 언제였는지 기억도 안난다"라고 말했다. 나이가 절반밖에 안 되는 여자와 짝을 이룬 어느 노동조합 지도자는 "상대에게 말하고 상대의 말을 듣는 만남이 즐거웠고, 덕분에 젊은이들에 대한 신뢰를 되찾았다"라고 말했다. 경찰 총경은 "생각을 끌어내고 영감을 주는 대화"였다고 평했다. "나의 대화 상대는 직장 동료였다. 그를 알고 지낸 지 20년이지만 그동안 오다 가다 마주치면서 안 것보다 오늘 저녁 대화를 나누면서 알게 된 게 더 많다." 지방정부의 한 공무원은 "평소 직장 동료하고는 절대로 이야기하지 않을 주제로 대화를 나누었다. 서로 직위가 달랐지만 전혀 문제 될 것이 없었다"라고 말했다. 국민의료제도National Health System의 한 의사는 "아주 흥미롭고 즐거웠다. 깊이 감춰져 있던 무언가가 드러났다"라고 소감을 밝혔다. 어느 변호사는

"나는 여섯 개국을 오가면서 영어, 프랑스어, 중국어로 일한다. 그래서 이 프로젝트가 얼마나 적절한지 절감한다"라고 말했다. 어느 회계사는 "사람들이 직장에서는 말하기 꺼려하는 대화 영역이 열렸다"라고 말했다.

놀랍게도 어려운 질문이 나와도 쓸데없는 잡담으로 빠지거나 상대에 대한 집중력이나 관심이 떨어지는 경우는 거의 없었다. 지금은 여러 기업의 경영자들과 정부 부처의 책임자들이 조직 내 협업과 소통을 위해 이 대화 프로그램을 이용하고 있다. 매년 8월 22일 런던의 공원에서 열리는 '낯선 사람들의 축제The Feast of Strangers'에서는 이 대화 메뉴를 이용하여 낯선 사람들이 서로 이야기를 나눌 수 있도록 돕는다. 만날 기회가 없는 관광객과 지역 주민, 스쳐 지나가기만 하는 도시의 사람들에게 다른 사람을 알게 되는 즐거움을 선사한다. 이 축제에서만큼은 자기를 위장하지 않아도 된다.

영혼을 전시하는 미술관

진지한 대화에 대한 갈증은 사회 각계각층에서, 연인, 가족, 지역사회에서 아주 심하게 나타났다. 인간은 이제껏 자유롭게 말할 권리와 능력을 쟁취하기 위해 싸워왔지만 거의 결실을 맺지 못했다. 인권선언에서도 경청의 권리를 주장한 적은 없다. 미국 수정헌법 제1조도 언론의 자유에 대한 국가의 제약으로부터 국민을 보호하는 내용이다. 고용주에 의한 규제를 막아주는 장치도 없고, 자유 언론이 원치 않는 뉴스도 보도하도록 의무화하는 규정도 마련되어 있지 않다.

독일의 신학자 폴 틸리히Paul Tillich, 1886~1965는 사랑의 첫 번째 의무는 경청이라고 말했다. 그러나 한 사람이 얼마나 많은 사람을 사랑하고, 또 얼마나 많은 연인이 서로에게 귀를 기울일까? 겸손과 정직을 잃지 않고 지루함을 주거나 오해를 사지 않으면서 자기에 관해 말하는 법을 터득한 사람이 얼마나 될까? 모두가 말의 경중을 따지고 나서 말하고 꼭 하고 싶은 말만 글로 적는다면 결국 긴 침묵만 이어지고 다들 아무것도 쓰지 못할 것이다. 하지만 대화를 자화상의 초고로 삼고 여기에 수정하고 첨가하면 남들에게 이해받고 싶은 일관된 그림이 조금씩 드러날 수 있다.

평범한 시민이 폭군의 압제에 저항하려면 대단한 용기가 필요하다. 마찬가지로 상대방에게 부적절하거나 비열한 사람으로 보일지 모른다는 걱정을 떨쳐내려면 큰 용기가 필요하다. 만약 내가 어릴 때부터 매주 한 명씩 낯선 사람을 만나 대화하는 습관을 들여서 마음의 편견을 씻어내는 의식을 치렀다면 지금쯤 전 세계에서 1만 5000명의 생각을 접했을 것이다. 내가 지상에 다녀간 것이 그저 피상적인 경험만은 아니었다고 자신하기 위해 만나야 할 이상적인 수치인 70억 명에 비하면 미미한 숫자다. 하지만 모든 사람이 각자의 자화상을 그린다면 나는 이보다 많은 사람의 자화상을 읽고 혼란에 빠질 것이다. 자화상의 미술관은 단지 그림을 감상하는 공간이 아니다. 대화를 나눈 후 영화와 사진, 조각, 그림, 음악, 글 등의 각종 매체를 통합하여 자화상을 제작하고 전시해서 '나는 이런 사람'이라거나 '나는 겉보기와 다르다'고 알릴 뿐 아니라 '나는 이렇게 기여할 수 있고 아직 이런 일을 하지 않았다'라고 말할 수 있는 기회를 모두에게 제공하는 공간이다. 부모가 자녀에게 수수께끼일 때가 많고 자녀도 부모에게 마찬가지다. 그러나 아들이 아버지에게 자화상을 보여준다면 부자가 처음으로 진정한 대화를 나눌 수 있다. 우리 부모님도 내게 자화상을 물려주었으면 좋았을 걸 싶다. 부모님에 관해 알고 싶은 것이 많다.

드니 디드로Denis Diderot는 유화로 자화상을 그리면서 이렇게 불평했다. "경고한다. 이건 내가 아니다. 나는 하루에도 100가지 다른 모습이 되고 내게 영향을 미치는 것에 따라 내 모습이 결정된다. 나는 진지하고 슬프고 수심에 잠기고 다정하고 폭력적이고 격정적이고 도취한다. 하지만 당신 이 지금 보는 이 모습은 아니다."

독자들은 이 책의 각 장에서 다양한 각도로 나를 보면서 각기 다른 수수 께끼와 마주하고 다양한 개인들의 관심사를 만날 수 있을 것이다. 루치안 프로이트의 시선은 감성을 깨우고 그가 아니었다면 알지 못했을 것에 관 한 생각을 예리하게 보여준다. 초상화와 자화상을 구분한다면 오해의 소 지가 있다. 둘 사이에 다른 단어가 들어가야 한다.

대화하고 초상화를 그린다고 해서 불확실한 세상에서 한낱 인간인 우 리가 세운 계획을 빈번이 무너뜨리는 증오가 사라지는 것은 아니다. 나는 해결책을 찾는 것이 아니라 그저 탐색의 길을 찾을 뿐이다.

4장
/
세상의 반항아들이
선택할 수 있는
대안은 무엇인가

반항은 복종하거나 침체된 삶의 유일한 대안이 아니다. 독립이나 기행 역시 무색무취로 살지 않기 위한 유일한 길은 아니다.

❖

　오직 사람의 아기만 세상을 처음 만난 순간에 울음을 터뜨린다. 아기는 지구상의 다른 모든 종을 물리치고 자연을 마음대로 휘두르는 종의 일원으로 태어나고도 처음 눈에 들어온 세상이 마음에 들지 않았던 걸까? 일생에 걸쳐 저항하고 반항하는 사람도 있고 끝끝내 입을 닫고 여론조사에는 자기 삶에 꽤나 혹은 상당히 만족한다고 답하는 사람도 있을 테지만, 우는 아기, 방황하는 청소년, 좌절한 어른, 그 밖에 갖가지 이유로 반항하는 사람들에게 다른 선택이 있을까?

　100년 전에 영화는 대중이 본 적 없는 세계를 보여주어 사람들의 사고방식을 완전히 바꿔놓을 대단한 기술혁신의 전조였다. 러시아의 가장 훌륭한 영화감독 세르게이 예이젠시테인Sergei Eizenshtein, 1898~1948은 (그가 '새로운 뮤즈'라고 부른) 영화로 '관객에게 충격'을 주고 '무지렁이 농노들'을 변화시켜서 수백 년에 걸쳐 내려온 구습을 끊고 사회주의 유토피아로 이끌어갈 수 있다고 믿었다. 그는 예술을 혁명예술로 해석하고 '예술의 군대'에 대한 신념으로 이미지의 '충돌'과 비범한 시각적 은유의 '충돌'을 시적이면서도 충격적으로 전개해서 새로운 아이디어를 자극하는 독창적인 기법〔몽타주 기법〕을 개발했다. 하지만 아무리 독창적이라고 해도 그는 '전형적인 반항아'였으며, 역사 속 좌절한 천재들의 기나긴 행렬에서 이탈할 방법은 찾아내지 못했다.

반란자의 비극

예이젠시테인은 반항아의 혈통을 물려받았다. 그는 '폭군'이자 '부르주아'인 아버지를 싫어한 반면에 그런 아버지와 이혼하고 독립적으로 살면서 혼자 세계를 여행한 반항적이고 좌절한 어머니를 동경했다.

"어머니는 유별났다. 나도 유별났다. 어머니는 터무니없었다. 나도 터무니없었다." (전통적인 역할에 얽매인 어머니가 자식을 인습에서 벗어난 길로 인도한 전례는 없다.) 아버지처럼 기술자로 훈련받은 예이젠시테인은 직업을 버리고 풍자만화가가 되었다가(모든 권위에 대한 경멸을 만화로 표현했다) 연극계의 개혁가가 되었다. 하지만 도를 넘는 반항아 기질 때문에 '위화감'을 조성한다는 이유로 연극학교에서 쫓겨났다. 혁명과 폭력과 충돌에 매료된그는 종교를 거부하면서도 계속 종교의식에 사로잡혔다. 그는 '책에 파묻혀' 살고, 모든 국가의 생각을 흡수하면서 세계 각지의 당대 최고의 예술가들과 어울리고, 러시아와 라트비아, 독일과 유대인계 혈통을 물려받아다섯 개 언어를 말하고 군대에서 일본어까지 익혀서 폭넓은 문화적 배경을 갖추었다.

그런데도 그는 한정된 소수에게만 이해받았다. 대중은 그의 영화를 전통적인 애국심을 고취시키는 작품으로 볼 때만 좋아했다. 프랑스와 영국에서는 그의 첫 번째 걸작 〈전함 포템킨The Battleship Potemkin〉을 상영금지 처분을 내렸다. 할리우드는 상업성이 떨어진다는 이유로 그를 거부했다. 소련정부는 그를 박해하면서 스탈린주의에 맞는 영화로 리메이크하라고 명령했다. 결국 그는 사방의 벽에 부딪혔다. 그를 탄압하던 스탈린도 역시 구습을 혁파하려고 사방의 벽에 부딪히다가 모든 적을 물리칠 수 없다는 두려움에 떨면서 수백만 명을 숙청했다.

영원히 구경꾼으로 남다

예이젠시테인은 결국 굴욕적으로 스탈린에게 굽히고 들어가서 영화는 대중을 행복한 노동자로 만들어주어야 한다고 떠드는 오만한 연설을 묵묵히 들어주어야 했다. 영화를 계속 만들려면 그 길밖에 없었다. 그는 종교재판에서 사형당할 위협에 굴복해서 주장을 철회해야 했던 갈릴레오와 같은 딜레마에 빠졌다.

그는 이렇게 적었다. "사적인, 지극히 사적인 역사에서 이렇게 자기비하의 수준으로까지 몸을 굽힌 적이 몇 번 있다." 그는 책상 앞에서 편지를 쓰다 죽었다. 편지에는 이렇게 적혀 있었다. "나는 평생 애정 어린 인정을 받고 싶었지만 물러나라는 강요를 받는 느낌이었고 (……) 그래서 영원히 구경꾼으로 남은 것 같았다."

그는 왜 그렇게 되었는지 통찰한 적이 없다. 자신이 직접 기획했지만 끝내 제작하지 못한 〈유리집The Glass House〉에서 그는 사람들이 서로를 보지 않는 장면, '보겠다는 생각이 든 적이 없어서' 호기심도 없고 보는 법도 모르는 장면을 표현하려 했다. 거의 동시대의 건축가 프랭크 로이드 라이트Frank Lloyd Wright, 1867~1959가 유리로 지은 현대의 집은 '개인의 자유'와 새로운 삶의 방식의 상징이었다. 예이젠시테인은 타인을 보는 법과 타인에 대한 호기심을 키워서 타인을 바라보는 것을 즐기는 법을 알지 못했다. 가장 큰 이유는 그의 호기심에 한계가 있어서였다. 그는 농노를 개인이 아닌

계급으로만 보았다. 그래서 그의 영화에는 개성을 가진 개인이 아니라 어느 한 집단을 대표하는 전형적인 인물들이 등장했다. 그가 개인의 복잡성을 이해하지 못해서가 아니라(배우 세 명을 써서 한 사람의 여러 면을 동시에 연기하게 한 적도 있다) 세부 요소보다는 인류를 전체로 일반화해서 불만을 품은 사람들의 궁극적인 목표, 곧 '세상을 바꾸는' 목표를 성취하고 싶은 야망에 매몰되었기 때문이었다.

반란과 좌절의 역사

예이젠시테인이 대중에게 그의 생각을 불어넣거나 새로운 생각을 즐기도록 설득할 방법이 있었을까? 그보다 앞서 변화를 주도한 사람들의 역사를 돌아봐도 그리 희망적이지는 않다. 인류의 놀라운 독창성의 승리는 희망을 현실로 만들지 못하고 뜻밖의 문제만 양산한 혁명에 의해 퇴색한다. 독재를 타도하면 새로운 독재가 포퓰리즘적인 구호를 내걸고 그 자리에 들어선 사례가 많다. 농민 봉기, 노예 반란, 조세 저항 운동, 기근 폭동, 파업, 혁명, 청년운동, 여성운동, 전쟁이나 징병에 대한 저항 운동은 성공한 듯 보이다가도 관료제의 미로 속에서 소멸하거나 몰래 시계를 과거로 되돌리는 공작에 의해 뒤집혔다. 수 세기 동안 억압받고 좌절한 민중이 무수히 저항해왔지만 여전히 거의 모든 사람이 불만과 회한을 품고 살아간다. 누구도 양심의 가책에서 자유롭지 않다. 세계는 더 부유해졌고 위생적으로는 깨끗해졌지만 누구도 양심의 가책까지 말끔히 씻어내지는 못한다. 누구도 성별이나 외모, 배경, 특성에 대한 고정관념과 차별에서 자유롭지 않다.

"부자와 가난한 사람들의 격차는 갈수록 커지고, 가난은 더 견디기 힘들어지고, 증오는 더 강렬해진다." 프랑스 혁명이 일어나기 20년 전에 메르시에Louis-Sébastien Mercier, 1740~1814가 쓴 이 글귀는 여전히 유효하다. 다만 증오는 예외다. 민중의 증오를 불가피한 현실을 묵묵히 수용하는 태도로 바꾸는 특권층의 연금술이 날로 교묘해졌기 때문이다. 메르시에는 소설 《2440년The Year 2440》에서 매춘부, 거지, 댄스 강사, 성직자, 페이스트리 제빵사, 상비군, 노예 등이 사라지고 불법 체포, 세금, 길드, 외국 무역, 커피, 차, 담배, 외설문학이 폐지된 유토피아를 그렸다. 하지만 이 중에 실현된 것은 하나도 없다.

반항아들이 목표를 성취하는 데 좀 더 효율적으로 접근한 적은 없다. 세상의 반항아들이 대동단결하는 일은 상상도 할 수 없기 때문이다. 이따금 혁명이 성공할 때조차 스스로를 배반하고 반대파의 무기를 가져다 쓰고 폭력을 일삼고 반대 의견을 억압한 경우가 비일비재하다. 복종은 누구나 학교에서 배우지만 반항은 교육으로 길러지는 것이 아니고 반항에 주어지는 보상도 거의 없다. 청년이 중년이 되면 이상주의를 철 지난 옷처럼 서랍장 아래 칸에 집어넣는 것도 당연하다. 하지만 대혁명이 한 세기에 한두 번 정도로 드물게 일어난다고 해서 각지의 수천의 작은 반란들을 간과해도 되는 것은 아니다. 불황일 때만큼 호황에도 불쑥불쑥 터지는 휴화산 같은 불만이 그저 거대한 연기구름을 내뿜고 잠잠해지는 정도로 끝나지 않게 하려면 어떻게 해야 할까? 이것이 바로 예이젠시테인이 제기한 문제다.

예술이 현실에 저항하는 법

　반항은 복종이나 침체된 삶의 유일한 대안이 아니다. 독립이나 기행奇行 역시 무색무취로 살지 않기 위한 유일한 길은 아니다. 대다수 사람들에게는 반항적 기질이 있듯이 예술가의 면모도 있다. 예술이 현실을 대하는 삶의 태도를 섬세하게 표현하는 한 가지 방법이 될 수 있다. 서양에서는 예술가를 박물관에 수집된 회화와 오브제, 혹은 보통 사람들이 흉내 낼 수 없는 수준으로 미의 기준을 세우는 천재라는 협의의 개념으로 정의한다. 하지만 온전한 삶을 위해 실천하는 예술가가 되는 것은 오랜 전통이다. 중국에서는 붓으로 글씨를 쓰는 행위 자체에서 모든 획이 아름다울 수 있다고 깨달았다. 글씨와 예술이 하나였다. 글을 읽고 쓸 줄 아는 사람들은 화가이자 시인이자 서예가이자 음악가가 되도록 장려되었다. 도시에서 관청 사무에 얽매인 관료들은 '풍경화를 그리며 상상의 여행'을 떠남으로써 정신을 풍요롭게 가꾸었다. 유학자인 수백만 관리들은 '세상에서 가장 큰 예술 후원자 집단'이 되었다.

　최초의 예술사 서적 《역대명화기歷代名畫記》(847)에서는 예술이 '문명을 완성'하고 '인간관계를 지탱해준다'라고 주장한다. 중국에서 예술가는 단지 자연에서 아름다움을 발견할 뿐 아니라 자연에서 자기 자리를 찾는 사람이라는 뜻이기도 했다. 그림은 자연을 다각도로 보고(서양의 단일 원근법과 달리) 이질적으로 보이는 요소들의 관계를 조명했다. 관계가 예술의 중심에 있었다. 자연에 대한 열의에 초상화에 대한 관심이 더해지면서 인물과 닮게 그리는 것이 아니라 인물이 세상과의 관계에서 어디에 위치하는지 보여주려 했다. 그림은 친구들이 모여서 즉흥적으로 함께 그리는 공동

작업이기도 했다. 즉흥성(잭슨 폴록보다 한참 오래전에 종이에 먹물을 뿌렸다)뿐 아니라 식물 하나하나를 과학적으로 정교하게 관찰하는 여유를 즐겼다. 예술가가 되는 것은 삶을 탐구하고 미의 기준을 세워서 도덕의 기준을 보완한다는 의미였다.

고대 인도에서도 예술을 수동적으로 감상하는 것이 아니라 직접 예술가가 되도록 장려했다. 《카마수트라Kama Sutra》는 좋은 연인이 되는 법을 조언할 뿐 아니라 화가, 조각가, 목공예가, 점토모형가도 되고 학자들의 주요 오락거리인 시 모임에도 참여하라고 조언한다. 이상적인 여자는 순종적이고 고분고분한 아내이자 어머니가 아니었다. 사실 굽실거리면서 남자들을 만족시켜주는 일을 업으로 삼으며 흠모의 대상이 된 유녀遊女도 있었다. 그러나 그보다는 교육받고 재주가 뛰어나고 음악, 춤, 노래, 연기뿐 아니라 논리와 건축, 검도, 궁도, 곡예, 목공예, 화학, 원예, 앵무새에게 말 가르치기, 암호로 글쓰기, 조화造花 만들기, 마술을 비롯한 '64가지 기예'에 능통한 여성을 이상적으로 여겼다. 인도의 가니카, 일본의 게이샤, 그리스의 헤타이라, 이탈리아의 코르티자나 오네스타, 한국의 기생, 바빌로니아의 나디투는 각기 조금씩 다르고 천대받는 경우가 많기는 해도 여자들이 어떻게 상상력 없는 남자들의 삶에 예술을 불어넣을 수 있는지 보여주었다.

예술은 대체로 반항과는 달리 후원자의 취향이나 학문의 규칙이나 전통에 복종한 것으로 보인다(이탈리아 화가 베로네제는 "나는 선조들이 해온 대로 해야 한다"라고 말했다). 그러나 가끔 예술은 세상에 평범한 사람의 눈높이 이상의 무언가가 존재한다는 사실을 일깨워주기도 했다. 하지만 반항아들과 마찬가지로 오해받지 않으려고 싸워야 하는 예이젠시테인 같은 예술가가 너무나 많다. 오해는 주로 예술이 두 가지 상상 사이의 대화가 아니라 자기표현의 독백이 될 때 발생한다. 천재의 반열에 오른 소수의 걸출한 예술가들도 세상으로부터 칭송을 받고 상업화되면 더 이상은 각기 다른 현실에 살면서 서로 다른 감성을 가진 사람들과의 교류를 추구하는 예술의 역할에 관심을 두지 않는다. 상상력이 원활히 소통하는 예는 드물다. 여러 갈래의 취향과 편견에 의해 계속 늘어만 가는 장벽과 검문소를 통과할 방법은 아직 밝혀지지 않았다.

예이젠시테인은 러시아 농노들로 인해 혼란에 빠졌다. 그는 농노들 하나하나가 그에게 들려줄 수 있는 이야기를 이해할 여력이 없을 만큼 상상력 넘치는 발명품을 만드는 데 몰두한 나머지 농노들 개개인을 다른 비슷한 이웃들과 구별해주는 환상이 무엇이고 그들에게 왜 그의 이상을 실현할 여력이 없는지 이해하지 못했다.

정치학의 이분법, 경제학의 계산, 이념의 약속, 기술의 독창성만으로는 사람들에게 서로를 이해하는 법을 가르쳐주지 못한다. 예이젠시테인이 대중의 사고방식에 영향을 주지 못한 이유는 대중은 언제나 변화를 두려워하고 변화의 필요성을 느낄 때에도 과거만 돌아보면서 상상 속의 좋은 시대를 현실에 복원하라고 요구하기 때문이다. 미래의 비전을 순순히 받아들이려면 낯설지 않고 익숙한 비전이어야 한다. 이것은 바로 영화가 할 수 있는 일이다. 영화는 현실 세계에 대한 상상의 대안을 만들어서 관객에게 미리 안전하게 체험하고 겁을 먹지 않을 기회를 준다. 과학소설이 기술의 수용을 부추기기는 하지만 영화는 좀 더 내밀한 종류의 미래상이나 인간의 미래에 관한 나름의 예언을 스크린에 펼쳐놓아야 한다.

누구에게나 뮤즈가 필요하다

고대 그리스인은 관습의 지배를 받는 머릿속에 낯선 생각이 어떻게 파고들 수 있는지에 관한 단서를 제시한다. 그리스인들은 신전을 지어서 하늘의 신성한 존재, 곧 우주를 다스리는 힘으로 상징되는 존재에게 복을 구하기만 한 것은 아니었다. 그들은 다양한 예술과 학문을 아홉 뮤즈로 의인화하여 생각의 길잡이로 삼았다. 아홉 뮤즈는 예술의 각 분야를 하나씩 맡아서 관장하고, 하나는 천문학(모든 세세한 부분이 어떻게 하나의 큰 그림으로 맞춰지는지에 대한 감각을 제공한다), 또 하나는 과거의 경험을 안다는 이유로 역사를 관장한다. 고대 그리스인들은 아홉 뮤즈에게 조언을 구하면서 점차 일상의 문제보다는 좀 더 크고 보편적인 문제를 고민하기 시작했다.

그 뒤로 시인들은 뮤즈에게 영감을 얻어 자기 안에서 새로운 생각을 끌어내려 했지만 뮤즈에 해당하는 존재, 곧 새로운 관점의 전령에게 빚진 사람이 비단 시인만은 아니었다. 유명하든 안 하든 여러 분야의 과학자와 혁신가에게도 뮤즈가 필요했다. 아인슈타인도 혼자 힘으로는 과학적 업적을 이루지 못했을 것이다. "나는 수학 계산을 잘 못한다. 나는 영향과 결과와 가능성을 상상하고 다른 사람들의 발견이 현재 생각에 미치는 영향을 상상하는 데 특출한 재능이 있다. 사물을 폭넓게 이해하는 것이 나의 장점이다."

아인슈타인은 마르셀 그로스만Marcel Grossman이라는 친구 덕분에 훗날 일반상대성 이론이 되는 통합 모형을 개발할 수 있게 해준 수학 모형을 접했다. 이것을 '창조성'이라고 부르면 오해의 소지가 있다. 창조성이 신의 창조성을 반영하는 타고난 재능, 곧 무에서 유를 창출하는 능력을 의미한다면 말이다. 아인슈타인은 남들에게 진 빚을 숨김없이 밝혔다. 그들이 그의 뮤즈였다. 아인슈타인이 한 일은 부모가 독립된 생명체인 자식을 낳는 것과 같은 방식으로 새로운 생각을 끌어낸 것이다. 두 존재가 서로에게서 전에는 몰랐던 무언가를 발견할 때, 그리고 이런 인식이 혼자서는 피울 수 없는 불꽃을 일으켜서 각자의 상상의 경계를 넘나들 때, 비로소 자유로 향하는 새로운 문이 열린다. 누구나 뮤즈가 될 수 있고 누구에게나 재능을 꽃피우는 뮤즈가 적어도 하나, 이왕이면 여럿이 필요하다.

그런데 뮤즈는 어디에서 발견할 수 있을까? 자신의 생각을 다른 사람의 생각과 접목하여 새로운 기회를 창출하는 것은 창조성이 아니라 감성이다. 남에게 관심을 갖고 모두가 다르고 놀라운 존재임을 인식하면 뮤즈를 만나는 길이 열린다. 배우자나 성적인 상대가 뮤즈가 될 수도 있지만 그밖에 누구나 뮤즈가 될 수 있다. 그리스의 뮤즈들은 하늘에 살았지만 지상 어디에서도 뮤즈를 발견할 수 있다. 누구나 일상에서 흔히 만날 것 같지 않고 전에도 숱하게 들어온 이야기를 더는 반복하지 않는 모든 부류에게서 영감을 얻을 수 있다. 지금까지 제도는 서로 비슷하거나 공통점이 있는 개인들, 그리고 전통적인 야망에 적합한 개인들을 통합하는 데 목표를 두었다. 그러나 번번이 권태가 나타나 관습의 경계를 넘는 모험에 대한 갈증을 드러냈다. 놀라움을 주는 사람들을 만나는 것이 '더 흥미롭고', 피상적인 교류가 아니라 상상력을 자극하고 과거를 더 깊이 이해하고 미래를 더 선명하게 볼 수 있도록 설계된 만남이 더 만족스럽다.

신화 속의 뮤즈들은 교사나 법률가가 아니었다. 그들은 흥미로움과 의미의 불꽃과 아름다움을 일상에 불어넣으며 예술 행위로 감정을 정교하게 다듬고, 사람들에게 평소에는 감히 말하지 못하는 것을 말할 수 있게 해주고, 숭배를 요구하지 않고 축제와 연회, 노래와 춤으로 축복하라고 요구하는 촉매 역할을 하는 존재였다. 뮤즈는 낭만적인 영웅과 낭만적인 반항아를 대신하는 이상을 제공한다. 뮤즈는 이상화된 열정에 집착하거나 적에 맞서라고 부추기기보다는 인류의 무한한 다양성을 탐색하고 성찰하도록 이끌어준다.

반항아들의 대안

물론 많은 사람이 호기심을 제약하는 쪽을 선택한다. 그러면서 색안경을 쓰면 삶이 좀 더 견딜 만해진다고 가정한다. 가족 전통도 생각이 개방적인가 폐쇄적인가, 호기심이 많은가 앞만 보고 달리는가, 순응하는 사람인가 아닌가의 선택이 축적되어 형성된다. 어느 통계학자의 흥미로운 계산에 따르면 서양 역사에서 가장 모험심이 강한 사람은 집안의 맏이가 아닌 아들이고 나중에는 맏이가 아닌 딸이었다. 장남은 동생들보다 새로운 과학 개념을 17배나 덜 받아들이는 것으로 나타났다. 서유럽의 정치혁명 시대에 급진주의를 지지하던 사람들은 동생이 18배 많았고, 종교개혁 시대에 순교한 사람들 중에는 동생이 48배나 많았다. 가족은 전통 질서를 수호하는 듯 보이지만 사실은 반항의 불을 지피고 꺼뜨리는 용광로인 셈이다. 그러나 가족이 달라졌다. 맏이와 남성의 특권이 예전만큼 전형적이지 않다. 가족을 대신하거나 보완하는 다양한 직업이 전문화되면서 호기심을 제약했지만 지금은 이런 전통도 도전받고 있다.

따라서 지금은 과거 어느 때보다 반항아가 많다. 지속적인 혁신은 영원한 반항을 온건한 형태로 표출하는 비결이다. 그러나 반항의 역사가 제한적인 성공과 고통스러운 부작용으로 점철된 점에서 반항아들은 이제 스스로를 탐험가로 정의하고 싶을 것이다. 이를테면 반항아는 단순히 분노하는 것이 아니라 다양한 관점에서 적을 보고 적이 택한 입장의 이면으로 파고들어가 숨겨진 갈망이나 취약성을 드러낼 수 있다. 그리고 반항아들은 얼마나 많은 사람이 적으로 잘못 분류되었는지도 새롭게 발견할 수 있다. 그동안 적으로 분류해온 사람들도 자세히 들여다보면 입장 가운데 일부만 적대적일 수 있다. 또 반항아들은 남에게 관심을 갖는 법을 배우지 못해서 오로지 자기한테만 관심이 쏠려 있고 (공적 영역이든 사적 영역에서) 남을 괴롭히는 사람들의 상상력을 넓혀줄 수 있다. 반항과 잔혹성에서 성취감을 얻는 독재자에게 가장 효과적으로 대처하는 방법은 반항이 아니라 그들의 손아귀에서 빠져나와 도망치고 이주해서 저희끼리 싸우고 서로를 파멸시키게 놔두는 것일 수 있다.

반항아와 독재자가 한 쌍으로 묶이지는 않지만 이들은 애증의 관계처럼 서로에게 집착할 수 있다. 이런 관계에 얽매이면 영원히 새장에 갇혀버린다. 적대감으로 연결된 집단에서는 누구든지 혐오의 대상이 될 수 있다.

5장
/

빈자는
부자에게
어떤 말을
해줄 수 있을까

극빈자들이 들려주는 이야기에는 무한한 가치가 있다. 위선이 없는 삶에 관해, 문명의 기반이 얼마나 허술한지에 관해 진실을 들려주기 때문이다.

하루 종일 끼니라고는 쌀 세 줌에 소금을 조금 넣어 끓인 죽이 전부인 가난한 여인이 가장 바라는 것은 무엇일까? 여인은 "구걸은 안 된다"라고 말했다. 여인은 자선을 바라는 것을 부끄럽게 여겼다. 그래서 스스로 원해서 하루에 한 번만 밥을 짓는 것처럼 굴었다. "남들은 내가 영적인 삶을 위해 소박한 식단을 철저히 지키는 줄 알았다. 나는 항상 배고프지 않다고 말했다. 사실은 배가 고파서 밤새 잠도 이루지 못했다." 하루에 한 끼도 먹지 못한 날에는 음식쓰레기를 뒤지고 진흙까지 먹어야 했다. 일주일 내내 음식을 입에 대지 못할 때도 있었다. 여인은 죽고 싶다고 말했다. "나는 평생 가난밖에 모르고 살았다."

이것은 1866년에 뱅골에서 태어난 하이마바티 센Haimabati Sen의 기록이다. 센은 아홉 살에 마흔다섯 살 먹은 남자에게 시집을 갔지만 1년 만에 남편을 여의었다. 이어서 부모도 죽었다. 혼자 남은 센은 과부를 재수 없다고 여기던 힌두교 관습에 따라 외톨이로 떠돌면서 친척 집이나 모르는 사람의 집에서 더부살이를 했다. 자라서 아름다운 여인이 되자 맹수 같은 남자들이 채가려 했지만 센은 누군가의 첩이나 매춘부가 되기를 거부하고, 범죄와 연관된 일들로부터 도망쳤다.

대다수 문화권에서 가난한 사람은 가족이 없는 사람이라는 뜻이다. 센은 친척에게 도움을 구했지만 다들 동정을 베풀어주는 대가로 많은 것을 요구하고 수모를 주고 탐욕을 채우려 했다. 스물세 살에 센은 관대한 생각을 가진 사람이라서 존경하던 남자와 재혼했고, 그제야 그녀도 사람들에게 존중받을 수 있었다. 그러나 남편은 곧 일을 그만두고 '신을 찾는' 데 몰두했고, 센이 밥벌이를 떠맡았다. 남편은 아내가 시중을 들어주기를 바라고 때리기도 했다. 남편이 죽자 센은 장례식 치를 돈도 없었다. 다섯 자녀도 센을 괴롭히고 압박하고 한 명을 빼고는 고마워할 줄도 몰랐다. 자식들은 어머니가 아파도 돌보지 않았고 그저 자기네 일밖에 관심이 없었다. 며느리나 사위들은 더 심했다.

돈 없이 무엇을 성취할 수 있는가

마지막 순간에 센은 "고통에서 뭘 얻었는지 모르겠다"고 말했다. 그러나 센의 삶은 비극과는 거리가 멀었다. 오히려 센은 세 가지 분야에서 돈 없이 무엇을 이룰 수 있는지 보여준 훌륭한 사례다.

센은 어릴 때부터 배운 여자는 시집을 못 간다는 말을 들으면서 자랐지만 남자형제들 어깨너머로 글을 배우고 꾸준히 공부해서 결국 의과대학에 들어가서 의사가 되었다. 자식들을 키우면서 새벽 4시에 일어나 집안일을 하고 남편의 시중까지 들었다. 남편은 조금도 거들지 않았다. 의사라고는 해도 영국 식민지 시대라 돈을 많이 벌지는 못했지만 환자들을 돕는 데서 보람을 느꼈다. 돈이 없어도 초조해하지 않았다. "사람은 돈 주고 의무적으로 받는 서비스에는 마음이 편치 않다는 사실을 나는 깨달았다. (……) 남을 돕는 것은 모든 인간의 의무다." 굶어 죽게 생겼는데도 남의 도움을 받지 않으려 했던 센이지만 이제 "자선은 우리 마음 속에 있는 하나의 부드러운 충동이다. 자선만큼 우리의 영혼을 온화하게 만들어주고 희생을 가르쳐주는 것도 없다"고 생각했다. 센에게는 남을 위해 자기를 희생하는 것이 삶의 목적이었다. 센은 사회에서 잔혹한 대접을 받았지만 무한한 친절로 갚아주었다. "내게는 좋은 옷도 좋은 신발도 (……) 안락한 침대와 매트리스도 필요하지 않다. 잠이 오면 자면 되지, 어디에 누워 자는지는 중요하지 않다." 물질적 욕구는 마음의 평화를 깨뜨릴 뿐이었다. "세속의 물건을 게걸스레 갉아먹는 벌레처럼 사는 것"은 의미가 없었다.

가정이 항상 이상적인 곳은 아니다. 센에게는 혈연이 아니라 자유로운 선택과, 애정과 감사하는 마음으로 이루어진 가족이 진짜 가족이었다. 그래서 남을 보살필 뿐 아니라 보살핌을 받고 싶은 욕구를 감추지 않았다. 센은 사랑이나 관심이 필요한 사람을 보면 "오늘부터 당신은 내 어머니(혹은 딸이나 아들)입니다. 내가 당신을 돌봐줄게요"라고 말하곤 했다. 동정심 많은 센은 고아를 보면 그냥 지나치지 못하고 집에 데려와 키웠고, 그렇게 해서 자식처럼 키운 고아가 485명이나 되었다. 얼마 안 되는 수입은 모두 아이들에게 들어갔다. 센은 작은 가정은 아이에게 이기심을 심어준다고 말했다. "관계는 많이 만들수록 좋다." 센이 제일 아끼고 센에게 가장 충실한 딸은 입양한 딸이었다. "자식들이 모두 내게 와서 어머니라고 부르면 가슴에 기쁨이 차오른다."

센이 의학시험에서 최고 성적을 받았을 때 남학생들은 여자가 금메달을 받은 전례가 없다면서 항의했다. 센은 그에 반발하지 않고 그냥 은메달을 받기로 했다. 게다가 순종적인 아내가 되기를 마다하지 않고 군말 없이 남편을 따랐다. 월급을 고스란히 남편에게 맡기고 '뜻대로 쓰라'고 말했다. 남편에게 버림받을까 봐 두려운 마음은 항상 그녀의 목을 조이는 올가

미 같았다. "그럼 누가 나를 돌봐주지?" 그러면서도 센은 남자 중심의 잔혹한 세상, '힘과 돈'이 지배하는 세상, 아이들에게 일을 시키는 냉혹한 세상, 농부들에게 물건을 강제로 빼앗아 거간꾼에게 두 배를 받고 파는 고리대금업자들이 판치는 세상에 염증을 느꼈다. 센이 그런 세상에 저항한 방식은 잔혹한 세상 옆에 그녀만의 따뜻한 세상을 만들어 '자만하고 옹졸한' 남자들을 무시하는 것이었다.

번영은 빈곤을 낳는다

하이마바티 센은 내가 태어난 1933년에 세상을 떠나면서 훌륭한 자서전 원고를 남겼다. 두 세대 동안 세상에서 잊혔던 원고는 훌륭한 '감성'의 역사가인 타판 레이초두리Tapan Raychaudhuri에 의해 발견되고 번역되었다. 이 책만큼 개인의 내밀한 삶을 소상히 다루면서 마치 소설처럼 인물들의 말과 목소리를 담아낸 자서전은 찾아보기 어렵다. 센이 100년 뒤에 살았다면 어쩌면 부자가 되고픈 욕망을 좇아 다른 나라로 이주해서 너무 많이 먹는 사람들의 신경증이나 비만을 치료하는 의사가 되었을지도 모른다. 하지만 요즘은 센의 시대보다 가난한 사람이 몇 배나 더 많다. 세계 인구가 몇 배나 증가하고 수백 년 전에 기록된 가난에 대한 불평과 비교해도 거의 달라진 것이 없다.

장도張濤, 1560~1620라는 중국의 한 하급관리는 경제적으로 풍요롭던 시대를 기록하면서 사람들이 부끄러운 줄도 모르고 사치를 부리는 세태를 개탄했다. "100명 중 한 명이 부자인 데 반해 열에 아홉은 가난하다. 돈을 지배하는 자가 세상을 다스린다. 탐욕이 끝도 없고 모든 것이 사사로운 쾌락을 위해 존재한다. (……) 남들과 거래할 때는 터럭 하나까지도 보상을 받는다. (……) 권력자와 힘없는 자들의 균형은 아주 작은 액수를 두고 다투느라 깨졌다. (……) 서로를 착취하고 모두가 자기를 내세운다. 사기가 판치고 소송이 만연했다.”

진보에 대한 환상이 모든 번영의 시대의 그림자인 좌절을 감추었다. 진보는 항상 번영과 함께 빈곤을 낳았다. 대다수가 가난하지 않던 시대가 언제였는가? 일부 사람들이 전보다 덜 가난해졌다고 해도 가난을 종식시키려는 모든 시도는 실패로 끝났다. 돈이 발명된 이래로 모두가 만족할 만큼 풍족한 적은 없었다. 돈이 충분한 날은 결코 오지 않을 것이다.

인권과 민주주의에 관한 많은 논의에도 불구하고 여전히 세계 인구의 10분의 1이 부의 85퍼센트를 소유하는 현실을 막지는 못했다. 식민주의가 끝났다고 해도 해마다 수천억 달러가 빈곤국에서 부유한 나라로 흘러들어가는 현상은 멈추지 않았다. 미국에서도 인구의 5분의 4가 여전히 부의 15퍼센트만 소유한 반면에 1퍼센트의 부자가 부의 3분의 1 정도를 소유한다.

산업화 시대 초기에는 부유해진 사람보다 가난해진 사람이 더 많았다. 금융을 기준으로 볼 때 아프리카의 성공 사례인 보츠와나(20년간 경제성장률 7퍼센트 이상, GNP가 6배 이상 증가했다)에서는 인구의 절반이 여전히 하루에 1달러도 안 되는 돈으로 생활한다. 인도는 이보다 훨씬 더 눈부신 경제성장을 이루고도 도시 인구의 55퍼센트가 미국 교도소의 최소 규격인 5.5 제곱미터에 불과한 공간에서 거주한다.

"돈이 정답은 아니다"

애덤 스미스Adam Smith는 《국부론Wealth of Nations》을 보완해서 쓴 《도덕감정론Theory of Moral Sentiments》에서 부의 창출은 자선과 연민과 고마운 마음이 수반되어야 한다고 주장했다. 스미스는 인간이 타인의 인정과 연민과 애정을 필요로 하므로 이기적인 행동은 자신의 이익에도 도움이 되지 않으며 "자신의 이익과 상관없이 다른 사람들의 재정 상태"에 관심을 갖는 것이 유익하다고 확신했다. 스미스는 상호 이해 없는 번영은 진정한 번영이 아니라고 보았다. 하지만 사람들이 서로에게 더 호의적이 되기 위한 처방은 내놓지 않았다. 그저 사람들이 자애로운 하느님을 본받아야 한다는 사실을 깨닫기를 바랐다. 또는 자선은 "기분 좋은" 일이고 "무엇보다 훌륭한 아름다움을 선물하기" 때문에 자선을 실천해서 고상한 성품을 보여주기를 바랐다.

애덤 스미스가 그의 이론이 후대에 어떻게 받아들여졌는지를 알면 경악을 금치 못할 것이다. 그는 산업 기술이나 전문 기술만 보유한 사람은 "어리석고 편협해질" 것이라고 예상했다. "이런 사고방식의 소유자는 무기력해져서 이성적인 대화를 즐기거나 견디지 못할 뿐 아니라 관대하거나 고상하거나 다정한 정서를 갖추지 못하고 결국 사생활의 일상적인 의무조차 제대로 수행하지 못한다."

크세노폰Xenophon(기원전 444년경 출생)이 더 주목을 받았더라면 이와 다른 방향으로 접근할 수 있었을 것이다. 소크라테스의 제자이자 '다락방의 뮤즈'로 알려진 크세노폰은 최초의 경제학 책을 쓴 사람이다. 그는 책에서 가정과 가족을 꾸리는 법을 안내하면서 돈이 인간을 선한 삶으로 이끌어주지 않으면 무가치하다고 말했다. 소크라테스는 아테네에서 어느 누구보다도 더 부유했다. 맨발에 누더기를 걸치고 다니면서 가르침을 베풀고도 돈을 받지 않으려 했다. 석공 일을 하며 필요한 것을 다 구했고 소박한 집에 만족했기 때문이다. 반면에 소크라테스보다 재산이 100배나 많은 부자는 명성을 유지하느라 책임질 일도 많아서 재산이 세 배는 더 있어야 "신들과 아테네 시민들이 그를 인정해줄 거라고" 믿었다. 재산을 잘 쓸 줄 알아야 진정한 부자였다. 부자가 되는 것은 단지 돈을 버는 것만이 아니라 돈을 어떻게 쓰고 어떻게 살아야 할지 안다는 의미였다.

따라서 크세노폰의 저서 《경영론Oeconomica》은 관계와 우정, 성격, 특히 부부 관계를 다루면서 남편이 화장품을 치덕치덕 바른다고 해서 아내의 마음을 얻지 못하듯이 아내가 하이힐을 신고 얼굴에 백연을 칠하고 볼에 알카넷 연지를 발라서 남편에게 잘 보이는 것도 무의미하다고 설명한다. 부부의 목적은 '진정한 배우자'로서 서로의 중심을 잡아주고 짝이 되어주는 데 있다. 솔직하고 친절하고 근면하고 자연을 즐기고 편안한 즐거움에 만족할 줄 안다면 "가지런히 놓인 솥과 냄비에도 달콤한 음악의 리듬이 깃들어 있으므로" 진정한 부자가 될 것이다. 크세노폰은 다시 인간의 상호작용에서 근본이 되는 대화로 돌아간다. 하지만 서로를 잘 이해하려면 여전히 거대한 벽을 넘어야 한다.

크세노폰 이후 2000년 이상 지나서 빈곤 퇴치를 사명으로 삼은 세계은행World Bank이 모든 대륙의 가난한 사람들 2만 명에게 가장 필요한 것이 무엇인지 물었을 때, 많은 이들이 '돈'이 해답은 아니라고 답했다. 소외가 더 큰 문제였다. 어느 가나인은 "나환자를 죽이는 것은 나병이나 가난이 아니라 외로움"이라고 답했다. 어느 불가리아인은 "가난하면 아무도 말을 걸고 싶어하지 않고, 다들 불쌍하게 여길 뿐 아무도 같이 술잔을 기울여주지 않는다"라고 답했다. 가난이라는 낙인은 수치심을 불러일으켜서 사회생활도 제대로 못하고 결혼이나 연회에도 감히 참석하지 못하게 만들었다. 어느 러시아인은 "모두 혼자다. 전처럼 친구들을 찾아가지 않는다. 모두가 적대적이고 외롭다"라고 털어놓았다. 어느 자메이카인은 "가난은 감옥에서 풀려나기를 기다리는 처지와 같다"라고 말했다. 어느 이집트인은 빈곤의 어둠에서 벗어나려면 "명예나 안전이나 미래를 위험에 빠뜨릴" 각오를 해야 한다고 말했다. 어느 브라질인은 경찰은 사람을 더 외롭게 만들고 도움을 요청하는 사람을 수탈하고 굴욕감을 주었다고 답했다. 과부가 부랑자보다 더 큰 고통을 당하는 지역도 있었다. 정부는 부패했다. 원조 프로그램의 혜택이 가장 적게 돌아가는 '최빈곤층'은 "연민과 두려움, 혐오와 증오가 뒤섞인 사람들"로 취급당한다고 하소연했다.

무엇이 삶의 고난을 구제할 수 있을까

세계은행은 부패와 폭력, 무능한 정부와 무기력을 종식시키는 것이 해법이라는 결론에 이르렀다. 하지만 이것은 모두 가난만큼이나 오래되고 끈질긴 골칫거리라서 가까운 미래에 근절될 것 같지 않다. 따라서 세계은행은 세상을 바꾸려고 할 것이 아니라 사람들을 변화시키자고 제안했다. 이를테면 가난한 사람들에게 교육과 기술훈련을 제공하고 일자리를 창출해서 그들이 직접 "삶의 조건을 통제하고 의식적으로 주도하고" "공동체의 사회 및 경제활동에 참여하도록" 선택하게 해주어서 삶을 영위할 능력을 키워주자는 것이다. 그러나 이것도 위에서 내려온 해법이다.

인간은 예측 불가능하고 역사에는 의외의 사건들이 가득하다는 것을 아는 사람들은 좀 더 내밀한 접근법을 찾고 싶어한다. 정부가 자선을 전파할 수도 없고 교육이 모두를 합리적으로 선택하고 합리적 선택에 동의하는 사람들로 길러낼 수 있는 것도 아니다. 따라서 당국은 가난한 사람들이 그들뿐 아니라 각계각층의 수많은 사람들을 괴롭히는 '소외'에 관해 언급한 이야기를 귀담아들어야 한다. 가난하든 아니든 소외에서 벗어나려면 서로를 인정하고 서로를 소중히 생각하는 관계가 되어야 한다.

그런데 관계는 법이나 돈으로 맺어지는 것이 아니다. 친밀한 유대가 없다면 노숙자에게 살 집을 마련해주고 실업자에게 직장을 구해준다고 해도 삶의 고난에 대처할 탄력성을 제대로 길러주지 못할 것이다. 하이마바티 센이 맺은 관계는 서로 부족한 면을 채워줄 수 있는 어른과 아이, 엄마와 고아 사이의 호혜적인 관계였다. 그러나 두 사람이 서로를 인정하고 전에는 존재하지 않던 우정에서 함께 무언가를 창조할 때는 갓난아기의 성격만큼이나 그 결과를 예측하기 어렵다. 개인은 위험을 무릅쓰고 낯선 사람을 사랑하는 일에 익숙하지만 국제기구는 그렇지 않다. 다만 국제기구도 소외로부터 구제할 대상은 금전적 보상을 가장 적게 받는 사람들만이 아니며, 돈이 많거나 명성이 있는 사람들이 오히려 더 소외될 수 있다는 사실을 알고 있다.

파리의 거리에서 한 거지가 손을 내밀었지만 사람들은 바삐 지나쳐갔다. 그는 아무도 그를 보지 못하는 것 같아서 자신이 정말로 살아 있는지 의문이 드는 그런 순간이 가장 비참하다고 말했다. 이런 극빈자만이 아니라 누구나 세상이 자신의 존재를 모른다고 푸념할 것이다. 노숙자에 대한 인도주의적 처우는 아무도 거리에서 노숙하지 않게 해주는 것이다. 이런 극빈자들이 들려주는 이야기에는 무한한 가치가 있다. 위선이 없는 삶에 관해, 문명의 기반이 얼마나 허술한지에 관해 진실을 들려주기 때문이다. 경험이나 지식에만 의존해서는 아무것도 볼 수 없다.

지금처럼 가난한 사람들의 게토가 없던 시절에는 타인의 고통에 대한 즉각적인 반응은 좀 더 사적인 차원에서 일어났다. 요즘은 기업의 전문가들이 사업 원칙에 따라 자선단체를 운영하면서 정부의 역할을 대신하거나 보완하고 있다. 이들은 '번영과 정의 구현'이라는 구호를 내걸고 성과를 수치로 표현할 수 있는 사업을 벌이며 기업 활동에 정당성을 부여한다. 하지만 가난한 사람이 부자보다 재산의 더 많은 비율을 좋은 일에 기부하고 노숙자들이 누구보다도 마음이 넉넉할 때도 있다. 따라서 자선 사업의 목표는 물질적인 결핍을 메우는 것 이상으로 더욱 폭넓게 확장할 필요가 있다. 인간의 소외감에 대응하고 단순히 무엇을 주고받는 것을 넘어서 호혜적인 '관계'를 만들어내고, 새로운 삶의 방식을 제안하는 데까지 나아갈 수 있다.

하이마바티 센은 나의 뮤즈다. 가난의 문화와 가난한 사람들의 체념과 운명을 받아들이는 태도와 무력감에 관한 기나긴 논의를 뛰어넘어 어떻게 더 멀리 나아갈 수 있는지 보여주기 때문이다. 센은 사실 무력감과 체념에 자주 압도당하긴 했지만(입버릇처럼 "숙명을 받아들여야 한다"고 말했다) 가난한 데다 여자이기까지 한 그녀를 억압하는 모든 전통에 맞서 싸운 불굴의 전사이기도 했다. 센은 브라모교(여성의 종속을 거부하는 힌두교의 개혁파)에 들어간 데 만족하지 않았다. 브라모교의 계몽된 지도자들조차 구습을 타파하지 못하는 현실을 보았기 때문이다. 어떤 조직도 센의 요구에 부응하지 못했다. 센은 여자들이 여러 가지 이유로 저마다 다른 선택을 하는 현실을 알기에 "여자들이여, 단결하라"는 구호를 외치지는 않았다. 그보다는 동정하고 이해하고 신뢰하고 감사하는 일대일의 관계를 만들어서 정신적으로 풍요로운 삶을 꾸려가는 데 관심을 가졌다. 그리고 가족과 이웃을 넘어서 더 넓은 사랑의 공동체를 만들고자 했다. 물질적 조건을 향상시키고 사회정의를 실현하기 위한 싸움에서 결코 방향을 잃지 말고 용기의 원천을 지켜야 한다. 사람의 온기가 무력감을 녹일 때가 많으니까.

6장
/
부자는
빈자에게
어떤 말을 해줄 수
있을까

영향력 있는 사람도 가난한 사람들만큼 배고플 때가 많다. 그들은 남들의 감탄이나
인정이나 박수나 존경에 대한 굶주림 때문에 고통 받는다.

신학자들이 성자의 삶에서 자양분을 얻었듯이 돈을 많이 번 업적으로 MBA 학생들에게 영웅이 된 부자들 중에서 애덤 스미스의 원칙을 가장 잘 구현한 산업계의 거물 하나가 유독 돋보인다. 하이마바티 센이 굶주림에 허덕일 때 앤드류 카네기Andrew Carnegie, 1835~1919는 역사상 가장 큰 부자로 발돋움하고 있었다. 센보다 더 가난했던 카네기는 열두 살에 학교를 그만두었다. 하지만 가난한 친척에게 손을 벌리지 않고 심부름꾼으로 일하면서 특유의 기지와 매력, 싹싹한 성격, 비상한 기억력, 넘치는 에너지로 빠르게 성장했다. 그리고 당시 세상을 바꾸는 새로운 산업, 곧 전화, 철도, 교각 건설, 철강 같은 산업에 뛰어들었다. 얼마 후 그는 고용주들에게 그들만큼 영리하고 그들보다 더 민첩하다는 사실을 입증했다. 그는 새로운 산업으로 옮겨갈 때마다 때마침 유망한 기회를 기가 막히게 잘 포착해서 야망에 도움이 될 만한 사람들과 손을 잡았다. 서른세 살에 이미 현재의 가치로 7500만 달러에 달하는 재산을 모았다.

백만장자의 철학

그는 이렇게 다짐했다. "앞으로는 돈을 더 벌지도 않고 재산을 불리려고 안달하지도 않고 매년 잉여금을 자선사업에 쓰겠다." 그전에는 부를 축적하는 것만이 그의 유일한 '우상'이었다. 하지만 그는 "최악의 우상숭배다. 돈을 숭배하는 것만큼 품위 없는 우상숭배도 없다"라고 말했다. "계속 돈을 벌 방법만 궁리하고 산다면 영영 회복할 가망 없이 추락할 것이다"라고 생각해서 오전에만 돈을 벌고 나머지 시간은 "체계적으로 가르치고 독서하는" 일에 전념하기로 했다. 서른다섯 살에는 은퇴해서 "옥스퍼드에서 살면서 충실히 공부하고 학자들과 친분을 쌓을" 것이고, 그런 다음에는 저술 활동과 사회 문제와 "빈곤 계층의 개선"에 힘쓰기로 했다.

오전 7시에는 어김없이 사무실에 출근한다고 자랑하는 어느 사업가에게 카네기는 이렇게 답했다. "하루 일을 다 하는 데 10시간씩 걸린다면 참으로 게으른 분이군요. 저는 훌륭한 인재를 쓰고 절대로 명령하지 않습니다. 제안 정도만 해줍니다. 그리고 오전에 그 사람들에게 보고서를 받습니다. 한 시간 안에 보고서를 다 처리하고 제안을 내려보내면 하루 업무가 끝납니다. 그때부터 퇴근해서 제 시간을 즐길 수 있지요." 그는 결국 옥스퍼드로 가지 않고(그래서 실망했을 것 같지는 않다) 세계를 누볐다. 그는 '굶어 죽기 직전의' 인도인들에 관해 명상하고 부유한 중국인들이 여자를 대동하지 않고 혼자서 마차를 타고 다니는 행태를 한심하게 여겼다. 왜냐하면 "여자는 삶에서 가장 좋은 모든 것의 원천이고, 인생에 여자가 없다면 아무것도 없는 것이기" 때문이었다. 근면이 삶을 망치고 있었다. "미국인들은 더 많이 즐겨야 한다."

하지만 놀고 사교생활을 하는 것만으로는 충분하지 않았다. "카네기 씨는 사람들 앞에서 음악에 심취하고 재미있는 이야기를 즐겨서 친구들이 옆에서 부추기면 노래를 곧잘 부르거나 극적인 효과를 넣어 낭독하듯이 말한다." 그는 손님들이 오면 춤과 카드 게임과 응접실 게임을 비롯하여

'각종 건전한 오락'을 아낌없이 베풀었다. 하지만 한량으로 살았던 적은 없다. "나는 그 무렵 망망대해에 떠 있는 기분이었다. 신념도 없고 체계도 없었다. 모든 게 혼돈이었다. 나는 크게 성장해서 더 이상 과거의 제도에 맞지 않지만 아직 새로운 대안을 발견하지도 못했다."

다음으로 그는 허버트 스펜서Herbert Spencer의 책을 읽고 진보를 신봉했다. 그는 책을 통해 진보는 자연 법칙으로서 우연한 사건이 아니라 필연적인 결과이고 도덕적 진보와 물질적 진보가 함께 일어난다는 확신을 얻었다. 말하자면 산업화는 인류를 더 부유하게 만들어줄 뿐 아니라 더 도덕적으로 만들어주는 고차원적인 문명이라고 믿었다. 노동자들이 기아임금〔입에 풀칠도 못하는 수준의 박봉〕을 받는 현실이 안타깝기는 해도 보편적인 행복으로 나아가는 '과도기'의 불가피한 현상이라고 생각했다. "모두 더 잘산다면 다 괜찮다는 것이 내 좌우명이자 진정한 위안이었다." "완벽을 향한 인간의 전진"에는 끝이 없다. 스펜서는 카네기의 스승이자 "우리 시대의 위대한 사상가"로서 카네기의 부를 정당화해주고 그의 성공이 모든 인간의 삶을 향상시킬 거라는 확신을 주었다.

카네기는 《승리의 민주주의Triumphant Democracy》(1886)라는 책에서 민주주의가 어떻게 미국을 최고의 국가로 만들었는지 설명했다. 그는 '노동자들의 친구'이자 '백만장자 사회주의자'를 자처하면서 사용자와 노동자의 협력과 이익 분배를 강조했다. 그는 젊은 시절에 노동자로 일한 적이 있어서 양쪽 모두의 입장을 이해한다고 주장했다.

《부의 복음The Gospel of Wealth》(1901)은 카네기의 이론을 정리한 책으로, 사업적 성취를 내세워서 새 시대의 철학자라는 명성을 쌓기 위한 시도였다. 부자와 가난한 사람들의 격차는 '불가피'했다. 하지만 '조직과 경영의 재능'으로 엄청난 부를 축적한 사람들은 그들의 부가 그들의 노력의 산물이 아니라 공동체의 합작품이라는 사실을 알아야 한다. 따라서 부자들은 공동체의 이익을 위해 재산을 관리해야 한다. 카네기는 죽기 전에 재산을 모두 기부하기로 다짐했다. "부자로 죽는 것은 부끄러운 일이다." 돈이 많다고 해서 미안해할 일은 아니다. 재산이 있으면 방대한 자원을 활용하여 '가난한 사람들'을 위해 "지혜와 경험과 능력을 관리해서" "가난한 사람들이 혼자서 노력하는 것보다 더 잘살도록 도와줄" 수 있기 때문이다. 카네기는 그 자신이 가난에서 원동력을 얻었기 때문에 자식들에게는 한 푼도 물려주지 않겠다고 했다. "가난은 위대한 천재를 배출하는 유일한 학교다." 그는 백만장자가 많을수록 사회가 더 발전한다면서 미국보다 가난한 중국과 인도 같은 나라들의 문제는 백만장자가 너무 적다는 데 있다고 말했다. 그는 "수익을 증대해서" 가난한 사람들의 이익을 위해 쓰는 것이 백만장자의 의무라고 믿었다.

카네기는 인생의 후반부에는 화려한 박애주의의 선물을 만드는 데 전념했다. 그는 독학을 진보의 열쇠로 보고 미국에 공립도서관 1689곳, 영국에 660곳, 기타 지역에 607곳을 직접 건립하거나 지원했다. 그 자신이 독학으로 성공했고 셰익스피어와 로버트 번스Robert Burns의 작품을 모두 암송할 수 있었다. 그는 일류대학을 무시하고 가난한 노동자들에게 기술을 가르치는 소규모의 기술대학들, 형편이 넉넉지 않은 사람들에게 개방적이던 스코틀랜드의 대학들을 지원했다. 워싱턴 카네기 연구소는 과학 연구에 몰두하면서 기술 진보에 대한 카네기의 신념을 표방했다. 영웅재단Hero Fund은 용감한 행동을 한 시민들에게 상을 주고, 연금기금은 겸손한 교사들을 치하했다. 카네기의 고향 피츠버그와 덤펌린에는 공공건물과 공원이 들어섰다. 마지막으로 카네기가 가장 혐오하는 전쟁을 종식시키기 위해 카네기 평화연구소Carnegie Endowment for Peace를 세웠다.

낙관주의는 카네기의 가장 큰 강점이었다. 그러나 1914년에 1차 세계대전이 발발하자 그는 큰 충격에 빠졌다. 외모도 급격히 변해서 10년은 늙어 보였고, 말수도 줄었다. 현재 가치로 수조 달러에 달하는 3억 5000만 달러를 기부한 것이 모두 허사였을까? 그는 사업에는 성공했어도 가장 바라던 것을 이루지 못했다는 생각에 시달렸다. 죄책감은 아니었다.

노동조합과의 전쟁

자서전에 따르면 카네기는 모순된 경력으로 괴로워하지는 않았다. 그는 사업과 금융 기술에 통달해서 세계 최고의 철강소를 세웠지만 평소의 소신대로 이익을 공정하게 분배하지는 않았다. 일례로 1892년에서 1899년 사이에 그가 제조한 물건의 가격은 226퍼센트나 상승했지만 노동자 임금은 오히려 67퍼센트나 감소했다. 노동자들이 요구하는 8시간 노동을 번번이 거부하면서 하루 1달러 50센트도 안 되는 임금으로 주 7일, 하루 12시간 노동을 주장했다. 그는 노동자에게는 높은 임금보다 고용 안정이 중요하다면서 자신의 주장을 굽히지 않았다. "대중의 수입을 아주 조금 늘리는 데 잉여자산을 쓰는 것보다 고차원적인 다른 용도에 쓰는 편이 낫다. 매주 혹은 매달 조금씩 돈을 더 나눠주면(실제로 얼마 안 되는 금액이다) 열에 아홉은 정신이 아니라 몸에 관련된 일, 이를테면 음식과 술, 좋은 옷, 사치스러운 생활에 써버릴 테고, 그러면 부자에게나 가난한 사람에게나 아무런 도움이 되지 않는다. 모두 외적이고 육체적인 것이고 인간의 고차원적이고 신성한 영역에는 아무런 쓸모가 없다."

그는 돈을 어떻게 쓸지에 관해서는 노동자보다 더 잘 안다면서 노동자들과의 협력과 분배의 의미를 자기만의 방식으로 해석했다. 그는 노동조합을 전멸시키기 위해 사실상의 전쟁, 이를테면 총으로 무장한 사병私兵을 끌어들여 노동조합과 싸우도록 전쟁을 벌여놓고도 자신은 책임이 없다고 공개적으로 주장했다.

그는 항상 무자비한 명령을 내렸다. 노동조합과 파업 노동자에게는 오직 한 가지 단순한 전술로 맞섰다. 공장을 폐쇄하고 파업 노동자들을 굶주리게 해서 그가 내건 조건을 받아들이는 사람만 다시 받아주는 전술이었다. 협상은 없었다. 그가 아무리 요령껏 허울 좋게 처신하는 재주를 타고났다고 해도 비난을 면하지는 못했다. 노동조합과의 전쟁에서 노동자 몇명이 사망하자 전국적으로 거센 항의가 일어났고 노동계급 사이에서 그의 명성은 땅에 떨어졌다. 그는 저항하는 노동자들을 내쫓고 기꺼이 일할 준비가 된 가난한 동유럽 이민자들로 빈자리를 채웠다. 숙련 노동자를 저임금 노동자로 대체하는 식으로 기업의 현대화를 꾀했다. 카네기의 주요 철강소가 있던 홈스테드는 그 뒤로 피털루(1819년 영국 맨체스터의 세인트 피터 광장에서 일어난 민중운동 탄압 사건인 피털루의 학살)만큼 사악한 이름이 되었다. 소설가 시어도어 드라이저Theodore Dreiser는 지저분하고 음울한 회색의 빈민촌에서 멀리 떨어진 교외 부촌에 우뚝 선 카네기의 눈부시게 새하얀 도서관에 가보고는 미국 어디에도 그보다 더 부자와 가난한 사람의 격차가 극명히 드러난 곳은 없다고 말했다.

스코틀랜드에서 부자들에게 저항하던 차티스트 운동(1838~1848년 노동자 계급을 주체로 전개된 영국의 민중운동]에 가담한 사람의 아들인 카네기는 평범한 노동자에서 자수성가한 미담의 주인공으로 남고 싶었지만 얼마 지나지 않아 대기업의 총수로서 평범한 노동자들과의 유대를 끊어버렸다. 그에게 노동자는 추상적인 개체이고 더 이상 그가 개인적으로 아는 사람이 아니었다. 그는 쾌활한 사람이고 활기차거나 유화적이거나 약삭빠르거나 교묘하게 조종하는 사람이었지만 그의 제국을 건설하는 데 일조한 회사의 간부들조차 피상적인 친구이자 그가 필요로 할 때만 친구가 되었다. 위기 상황에는 사업이 우정을 앞선다는 사실이 여실히 드러났다. 간부들 중에 그의 면전에서 자기 생각을 똑바로 밝히는 사람은 거의 없었다.

하지만 언젠가 한 고위 간부가 화가 나서 카네기에게 이런 편지를 썼다. "당신의 사업 방식과 터무니없는 신문 인터뷰와 잘 알지도 못하는 문제에 내놓는 의견과 쓸데없이 나서는 태도에 진력이 났소. 오래 함께 일한 간부라도 당신 의견에 동의하지 않으면 당신은 버릇처럼 그들에게 뒤처져 있다면서 변화해야 한다고 말했지요. (……) 경고하는데 (……)"

다른 종류의 허기

카네기는 우정을 갈망했다. 아니 정확히 말하면 그의 진가를 알아줄 친구가 필요했다. 단지 성공한 사업가가 아니라 각 분야의 유력가들로부터 경험 많은 현자로 인정받고 싶어했다. 쉰 살이 넘도록 독신이던 그는 어머니와 함께 살면서 어머니의 찬양을 들으며 살았다. 어머니가 세상을 떠나

자 다른 힘 있고 유명한 사람들에게도 찬사를 듣고 싶어했다. 그는 높은 자리의 인사들과 친분을 쌓는 재주가 뛰어났다. 아첨하는 재주가 뛰어나고 손님들을 초대해서 성대하게 대접할 뿐 아니라 아는 것이 많고 같이 있으면 재미있고 유쾌한 사람이라서 대화를 잘 이끌어갔기 때문이다. 미국과 유럽의 문학계와 정치계와 예술계의 저명인사들은 그의 궁전 같은 저택에서 끝없이 열리는 파티에 초대받았다. 그는 쉴 새 없이 신문에 기고하고 인터뷰하고 각종 모임에서 연설을 맡았다. 그리고 그가 '친하다'고 자랑하던 미국의 역대 대통령 여섯 명에게 조언을 퍼부었다. 그들은 카네기를 대등하게 예우했다. 그가 공화당에 후원금을 내서만은 아니었다. 권력자인 그들 역시 카네기가 원하는 것과 같은 것을 원했기 때문이다. 그들도 중요한 사람에게 인정받고 찬사를 듣고 싶었던 것이다. 그렇다고 그들이 동의하지 않는 주제에 관해 퍼붓는 조언에도 귀를 기울인 것은 아니다.

시어도어 루스벨트Theodore Roosvelt 대통령은 외교정책에 관한 카네기의 조언을 존중하고 우정과 경의를 담아 서신을 자주 주고받았지만 사석에서는 카네기의 의견을 '터무니없고' '실속 없다'고 흉보았다. 그는 이런 말을 했다고도 전해진다. "카네기를 좋아해보려고 해봤지만 꽤나 어려운 일이다. 돈 벌 궁리만 하면서도 항상 전쟁에 관해 (……) 배배 꼬인 생각에서 나온 (……) 멍청한 비난만 쏟아내는 사람만큼 혐오스럽고 경멸스러운 부류도 없다. 정당하지 않은 전쟁만큼 정당하지 않은 사업도 끔찍한 악이다." 윌리엄 하워드 태프트William Howard Taft 대통령도 대중 앞에서는 카네기의 말을 귀담아듣는 척했지만 사적으로는 카네기의 자선활동을 '가난한 척하기 위한 계략'이라고 조롱했다.

카네기의 '친애하는 친구들' 중 하나인 마크 트웨인Mark Twain은 카네기를 이렇게 평했다. "그의 유일한 관심사는 그 자신이다." 카네기는 사실 자본가로서의 성공을 자랑하기보다는 그에게 찬사를 보낸 유명인들에 관해 떠벌렸다. "그는 유명인들이 그에게 보여준 관심에 관해 지칠 줄 모르고 끝도 없이 떠벌린다." 그는 유명인들이 자신을 얼마나 중요한 사람으로 대접하는지 자랑해야 직성이 풀렸다. 손님들을 초대해서 방마다 직접 안내하면서 기념품과 자서전과 사진 따위를 가리키며 "하나하나에 관해 벌새처럼 신나게 윙윙거렸다. 모두 카네기 씨에게 보낸 찬사가 적혀 있었다." 그가 수많은 유명인에게 보낸 편지(그리고 그들이 보낸 아첨으로 가득한 답장)에는 이런저런 대단한 사람이 "그에게 보내준" 소식들로 가득했다. "카네기의 말대로라면 그가 먼저 훌륭한 사람들을 찾는 법은 없었다. 항상 그들이 먼저 그를 찾아온다."

마크 트웨인은 카네기에게는 자기이해 능력이 없다는 결론에 이르렀다. "그는 스스로 저돌적이고 화통하고 7월 4일의 비장한 독립정신을 가진 사람으로서 자기 생각을 표현한다고 여기지만, 위험할 게 전혀 없을 때 말고는 과감하게 생각을 밝히지 않는다는 점에서 남들과 하등 다를 게 없었다. 그는 왕과 황제와 군주를 우습게 생각한다고 떠들지만 이들 중 누구 하나가 눈곱만큼이라도 관심을 보내주면 일주일 내내 도취되고 7년 내내 신나게 혀를 놀릴 사람이다."

한번은 에드워드 7세가 스코틀랜드에 있는 카네기의 드넓은 사유지를 방문한 적이 있다. "카네기 씨는 왕이 방문한 이야기를 나한테 적어도 네 번은 말했다. 워낙 기억력이 좋은 사람이라 두 번째나 세 번째나 네 번째로 말하고 있다는 건 알았을 것이다. (……) 호감 가는 사람이고 나도 그를 좋아하긴 하지만 에드워드 왕이 찾아온 이야기를 또 들어줄 수 있을지는 모르겠다."

특이한 건 아니다. 영향력 있는 사람도 가난한 사람들만큼 배고플 때가 많기 때문이다. 그들은 남들의 감탄이나 인정이나 박수나 존경에 대한 굶주림 때문에 고통 받는다. 이런 사랑에 대한 허기는 "너 자신을 알라"는 식의 현대의 인위적인 대안으로는 채워지지 않는다. 이런 인공 합성물에 의존해서 자신감을 끌어올리려는 사람도 있지만 과대망상과 서글픈 자기기만을 유발하고 일종의 정신적 자위 행위가 될 뿐이다.

백만장자와 가난한 인도 여성의 공통점

하이마바티 센과 앤드류 카네기의 이야기는 돈이 많건 적건 그들이 가장 많이 상처 입고 가장 많이 갈구한 것은 정서적 자양분이었다는 점에서 일맥상통한다. 부자와 가난한 사람의 분류법은 완전하지도 않고 충분하지도 않다. 게다가 이런 분류법에서는 사적인 관계의 질을 고려하지 않는다. 산업혁명을 거치면서 '안락comfort'이라는 단어는 관계의 질을 배제하게 되었다. '안락'은 원래 도덕적인 지원을 뜻하는 말이었지만 나중에는 재화를 사서 얻을 수 있는 물질적 감각을 뜻하는 말로 변질되었다. 이런 변화가 일어난 시기를 비교적 정확히 추정할 수 있는데, 1815년에 프랑스인들이 'comfort'라는 영어 단어를 새로운 의미로 수입하면서부터다.

물질적 박탈감과, 생존과 음식과 주거지의 기본적인 욕구가 충족되지 않는 좌절감은 지극히 현실적인 문제라서 이런 식의 위안은 아무 소용이 없다. 하지만 구호품이나 경제 성장이 가난의 문제를 완화해준다고 여기는 이유는 음식에 대한 허기와 다른 종류의 허기를 분리해서 생각하기 때문이다. 두 종류의 허기를 함께 생각한다면 다수에게 고통을 주는 가난이라는 개념의 의미는 훨씬 확장된다. 이제껏 국민소득은 저소득층이 자연의 모든 자원에서 가치를 발견하고 서로 아량을 베풀면서 궁핍한 현실에 대처하는 능력을 고려한 적이 없다. 피상적인 부와 자기만족을 넘어선 심오한 부를 구별하는 새로운 회계 방법을 고안할 수 있을까?

카네기는 부자가 되어본 적 없는 사람들의 분노에 대응하는 적절한 방법을 찾지 못했다. 중국의 한슈Han Shu는 25년에 《어떤 부자들의 직업적인 추구Occupational Pursuits of Certain Wealthy Persons》라는 책에서 정당한 방법으로 부자가 된 사람은 거의 없다면서 어느 거부의 이야기를 소개했다. "그 부자는 남들이 외면하는 일에 뛰어들었다. 그리고 남들이 시작하는 일에서는 손을 뗐다. 그는 돈을 벌고 모으면서 (……) 법을 무시하고 (……) 광물자원을 독점했다." 그리고 중국의 수은 독점권을 소유한 파Pa, 기원전 246~210의 미망인이자 상속인으로 선구적인 여성 사업가였던 칭Ching에 관해서는 이렇게 썼다. "부인이 자기를 지키는 데 상당한 재산을 썼기에 아무도 감히 부인을 함부로 대하지 못한다." 황제도 "군주에 준하는 예를 갖추어" 대접했다. 이 책에서는 이렇게 결론을 내린다. "이 모든 것이 재산이 많기 때문이 아니었을까?" 카네기의 특권과 돈 버는 방법은 찬사를 받은 만큼 비난도 불러일으켰다.

돈을 버는 것은 시작에 불과하고 돈을 어떻게 쓰느냐가 중요하다. 카네기는 돈을 어디에 쓸지 결정하는 데 큰 어려움을 겪었다. 그가 생각해낸 유일한 자선 행위는 영웅재단을 설립하는 것이었다. 재단 관리자들이 알아서 기부금을 사업적이고 객관적으로 분배했다. 카네기는 도움을 청하는 간절한 편지를 산더미같이 받았지만 답장을 보낸 적은 거의 없다. 재산은 많았지만 그는 나머지 인류에 조금도 가까이 다가가지 못했다. 오히려 가난한 하이마바티 센이 훨씬 더 너그러웠다.

따라서 나는 과거에도 그렇고 지금도 많은 전문가가 시도하듯이 가난한 사람을 부유하게 만들어주는 불가능한 일에 무모하게 도전하거나, 부가 더 광범위하고 더 공정하게 분배되고 소액 대출이 가능하기까지 앞으로 몇백 년이 걸릴지 모른 채로 마냥 기다리기보다는 다른 방법들을 모색하고 싶다. 자기만의 탐색을 지속하는 사람들의 열의를 존중하면서 나도 새로운 방향을 찾아가고 싶다. 온전히 인정받지 못해서 생기는 허기를 어떻게 달래주고, 마음이 맞지 않는 사람들을 어떻게 인정해줄까? 재산이 많든 적든 두 가지 모두가 불러일으키는 오해는 어떻게 떨쳐낼까? 하이마바티 센은 절망의 끝에 설 때마다 아무리 극심한 고통 속에서도 신이 지켜주실 거라고 마음을 다잡으면서도(부자든 가난하든 많은 사람이 그래왔듯이) 더 큰 인간의 이해와 더 큰 친절을 갈망했다. 사실 큰 부자가 되는 꿈은 그들이 겪는 마음의 상처를 보지 못한 사람에게나 매력적일 것이다. 중산층이 되는 꿈은 지독한 가난의 고통에서 간절히 벗어나고 싶은 사람들에게나 의미가 있다. 그러면 달리 무엇을 목표로 삼을까?

무엇이 인생을 풍요롭게 하는가

다른 식으로 부에 접근한 예가 있다. 인도의 사업가 G. D. 비를라G.D.

Birla, 1884~1983다. 그는 황마, 설탕, 종이, 자동차, 은행, 시멘트, 화학, 섬유
로 벌어들인 막대한 수익을 기반으로 인도 최대의 민간재단을 설립했다.
경쟁자들은 그가 재산을 불리는 데만 관심이 있고 세금을 내지 않으려고
종교와 교육 사업에 기부한다고 비난했다. 하지만 비를라는 《마하트마의
그늘에서In the Shadow of the Mahatma》라는 자서전에서 그가 대규모 산업화를 신
봉하면서도(반면에 간디는 소규모의 마을 공동체 경제를 주장했다) 간디의 독립
운동에 자금을 대주는 주요 후원자가 된 이유를 설명했다. 단지 영국인들
과 '그들의 오만'에 수모를 당해서만은 아니었다.

"나는 영국인들의 사무실로 올라갈 때 엘리베이터를 타도 안 되고 그들
을 만나려고 기다릴 때 의자에 앉아서도 안 되었다. (……) 나는 이런 모욕
에 분개했다." 비를라는 간디의 소박한 삶에 매료되었다. "모든 안락을 포
기한 성자. 그분의 뜻에 동의하지 않는 부분도 많았지만 그분의 뜻대로 하
지 않은 적은 없다. 그분은 나의 독립을 인정해줄 뿐 아니라 아비가 자식
을 사랑하듯이 나의 이런 면 때문에 더 아껴주었다. 우리는 아비가 아들을
사랑하듯이 가족의 정으로 서로를 사랑했다." 비를라 자신은 사치를 경멸
하지 않았지만 자식들에게는 간디의 가르침을 설교했다. "모든 쾌락을 멀
리해야 한다. 최소한의 것만 누려라. 맛있는 음식을 탐하는 사람은 일찍
죽는다. 약을 먹듯이 음식을 먹어라."

인도의 거부와 미국의 거부가 근본적으로 다른 점이 있다. 비를라는 사
업에서 우정과 가족의 역할을 인정했다는 점이다. 그는 '사람들을 아는 것
의 중요성, 개인적인 만남의 가치'를 강조했다. 카네기가 다른 사람들의
인정이나 복종을 절박하게 갈구한 반면에 비를라는 사람들과의 정서적
유대에 관심을 가졌다. 그는 이렇게 썼다.

"인도 사람들은 정이 있다. 우리는 우정에 반응하고, 사랑과 연민에 감동하며, 사람에 대한 측은지심이 있다. 우리도 강렬한 증오에 불타오를 때가 있지만 주로 집단과 체제에 대한 증오이고 또 그것이 개인을 향한 증오라고 해도 만난 적도 없고 알지도 못하는 사람을 향하는 경우는 드물다. (……) 만나면 진실이 드러난다. 우리가 타인에게서 발견하는 선이 악보다 훨씬 힘이 세다." 그가 간디에게 감동한 부분은 "진지하게 진실을 탐색하는 자세"였다. 이런 탐색이 무엇보다 중요했다. 간디는 그의 삶을 한마디로 '진실에 대한 실험'이라고 표현했다. 비를라는 이렇게 썼다. "그분의 추론을 따라가지 못할 때가 많았지만 (……) 어쨌든 그분이 옳을 거라는 믿음이 있었다. 내가 그분을 부정할 방법은 없었다. 그런데도 그분은 한 번도 군림하려 든 적이 없고 지극히 겸손했다. 조금도 화내지 않고 비판을 수용했다."

MBA 학생들에게는 비를라가 카네기보다 더 이상적인 본보기는 아니다. 사업에서 그가 카네기보다 덜 냉혹했던 것도 아니고, 가정불화로 인해 사생활이 카네기보다 더 행복했던 것도 아니다. 다만 두 사람의 돈에 관한 태도로 볼 때 손익계산서가 비즈니스 세계를 전부 말해주지 못한다는 사실이 명백히 드러난다. 비즈니스의 성공을 판단할 때 성공에는 삶의 질이 희생된다는 사실을 간과한다면 기준이 너무 편협하다. 회계사는 비즈니스의 부정부패를 막기 위해 출현했다(19세기 중반에 나타났으니 그리 오래되지는 않았다). 그러나 회계사가 비즈니스의 일부가 되고 비즈니스를 책임지는 자리에서 재정에 관한 결정에 관여하게 되면서 그들이 비즈니스의 세계로부터 독립적인 법관이 될 희망은 멀어졌다. 수치로는 측정하지 못하는 것들을 간과한다면 꽃다발 줄기를 세면서도 꽃송이의 아름다움과 향기는 놓치게 된다.

삶의 질을 평가하는 데 적절한 통화는 돈보다는 꿀과 비슷하다. 꿀은 예전부터 달콤한 삶을 상징했다. 다시 말해서 인간이 돈보다 더 많은 가치, 최고의 가치를 두는 것을 상징했다. 거의 모든 신화에서 꿀은 신들의 음식이자 사랑의 상징이자 활력의 원천이자 파라오가 죽음을 극복하도록 발라주는 마법의 살균제였다. 태곳적부터 전해지는 꿀의 신비한 치유력의 비밀이 밝혀진 것은 최근의 일이다. 꿀의 치유력은 벌들이 그들의 면역계에서 추출한 단백질에서 나온다. 꿀은 화학공식으로 만들거나 조작하거나 위조하는 것이 불가능하다. 꿀은 동물성도 아니고 식물성도 아니고 200가지 이상의 성분으로 이루어지고 무수히 다양한 형태로 구성된다.

사람들이 돈으로 무엇을 하고 돈 없이 무엇을 하는지는 회계사에 의해 평가되거나 고찰되지 않은 미지의 영역이다. 부자와 가난한 사람들이 타인과의 만남에서 지식뿐 아니라 다른 어떤 지혜와 연민과 취향을 흡수할까? 또 남들은 그들에게서 무엇을 흡수할까? 각각의 만남에서 어떤 통찰이 일어날까? 거짓말과 범죄와 희생과 배신으로 재산을 많이 축적한 사람들은 어떤 대가를 치를까? 이런 질문은 모두 손익계산서에 넣어야 할 항목이다. 돈을 많이 버는 것이 여전히 매력적인 신기루로 남아 있는 이유는 돈을 많이 버는 것의 쾌락과 고통을 경험한 사람이 극히 드물기 때문이다. 세계 부의 절반을 소유한 7500만 명은 가장 비밀스럽고 이해하기 어려운 사람들로서 고대 문명의 반신반수半神半獸의 신들만큼이나 인간 세계에서 동떨어지고 손에 잡히지 않는 존재다.

따라서 그들에 관한 동물학 연구를 통해 아직 알려지지 않은 수많은 종과 예상치 못하게 변형된 습관이 밝혀질 것이다. 그들의 현실이 낱낱이 밝혀져야만 번영에 몰두하는 경제의 장점에 관해, 부의 축적과 지출에 관해 좀 더 공정하게 판단할 수 있을 것이다. 지금까지는 거부들 중에서 부가 그들에게 무엇을 해주었는지 밝힌 사람이 거의 없었다. 그러나 그들의 자식들은 부모에 관한 진실을 알아야 한다. 백만장자의 자식으로 태어나는 것만큼 위험한 일도 없기 때문이다. 그들이 비록 부의 재분배라는 골치 아픈 문제를 생각하기조차 싫어할지라도 사회의 모든 계층이 시기와 연민의 재분배로 혜택을 볼 것이다.

7장
/
자살하는
방법은
얼마나 많을까

자살은 한 개인이 다른 사람이나 장소나 생각에 대한 관심을 끊음으로써 자신의 세계를 축소시킬 때마다 발생한다. 가장 흔한 형태의 자살은 희망을 잃는 것이다.

❖

　오늘날에는 삶의 고통을 해결하기 위해 자살을 선택하는 경우가 많다. 세계에서 40초에 한 명씩 세상으로부터의 탈출을 선택한다. 그리고 이보다 더 많은 사람이 자살을 고민하거나 자살을 시도했다가 실패한다. 실제로 목숨을 끊지는 않더라도 온전히 살지 않는 방법으로 영혼의 일부를 절단하는 사람은 훨씬 더 많다. 자살은 한 개인이 다른 사람이나 장소나 생각에 대한 관심을 끊음으로써 자신의 세계를 축소시킬 때마다 발생한다. 그리고 온전히 살고 있지 않다는 느낌을 주는 일을 하면서 먹고사는 모든 사람이 사실은 지리멸렬한 자살을 선택한 셈이다. 자발적으로 자해하는 듯 보이는 사람 뒤에도 그들을 그렇게 몰고 간 제도적 배경이 있을 때가 많다.

　화가 벤저민 헤이든Benjamin Haydon, 1789~1846은 죽기로 결심했다. 스스로 머리에 쏜 총알이 두개골 안으로 몇 센티미터 이상 뚫지 못하자 그걸로 단념하지 않고 면도칼로 목을 긋고 또 그어서 쓰러졌다. 이것은 어떤 종류의 자살일까? 그는 2절판折判 책 26권에 온전히 살아가기 위해 노력하면서 겪은 무수한 고난을 소상히 기록했다. 그는 언제나 지독히 돈이 궁했다. 그의 친구인 키츠와 셸리와 워즈워스는 그가 《이사야서》의 "주께서 네 오른손을 잡고 네게 말씀하시기를, 두려워하지 마라. 내가 너를 도울 테니"라는 약속을 철석같이 믿는다고 놀렸다. 헤이든은 "신앙이 없었다면 나는 미쳤을 것"이라고 확신했다. 그런 그가 왜 《리어왕》을 암시하듯이 "더 이상 이 험한 세상에 저를 매달아두지 말아주세요"라고 신의 용서를 구하며 스스로 목숨을 끊었을까?

헤이든은 항상 돈을 꾸러 다니는 처지에서도 이루지 못할 야망을 성취하려는 딜레마를 안고 평생 힘겨운 싸움을 벌였다. 오늘날 미국 인구의 4분의 3이 신용카드 대금을 갚는 능력으로 성공을 정의한다. 가난하게 사는 기술과 부자가 되는 과학 사이에는 빌리고 빌려주는 기교가 있다. 이를테면 남에게 삶의 일부를 넘겨주고 얻는 빚과 사람들을 융합시켜주는 빚을 구별할 줄 알아야 한다.

'빚'이라는 환대

벤저민 헤이든의 삶에는 상반된 두 문명이 공존했다. 빚은 우정이나 연민이나 격려의 징표일 수 있다. 혹은 순전히 상업적인 의미일 수도 있다. 헤이든의 집주인은 밀린 집세가 100파운드, 현재 가치로 약 1만 파운드에 달했을 때도 그를 내쫓지 않았다. "선생은 형편이 되면 집세를 냈소. 다음에 돈이 생길 때 집세를 내면 되지 않겠소?" 헤이든이 작업 중이던 대형 그림을 완성하려면 2년 더 걸릴 거라고 말하자 집주인은 2년 더 기다려주겠다고 답했다. 집 근처의 존 오그로츠라는 식당에서 식사를 마치고 밥값을 이튿날 갚아도 되느냐고 묻자 식당 주인은 헤이든을 내실로 데리고 들어가서는 장기간 외상을 주겠다고 말했다. "루퍼트가의 시브룩 씨는 2년 내내 웃는 얼굴로 두 팔 벌려 나를 반기면서 내가 돈을 척척 잘 갚는 상류층인 양 불평 한마디 없고 언짢은 표정 한 번 짓지 않고 결례를 범한 적이 없었다." 목수였던 또 다른 집주인은 헤이든의 숭배자가 되어 집세를 받는 대신 그의 작품을 수집했다.

어느 기자는 길에서 우연히 헤이든과 마주쳤다가 "오늘 58파운드를 갚아야 하는데 50파운드밖에 없어서 걱정돼서 죽겠다"는 말을 들었다. 그러자 그는 "헤이든 씨, 잠깐만요"라고 말하더니 모퉁이 뒤로 사라졌다가 시계를 전당포에 잡히고 돌아와서 헤이든에게 8달러를 선뜻 건넸다. 은행가인 크러츠는 돈을 돌려받을 날이 영영 오지 않을 줄 알면서도 돈을 빌려주었다. 빚 문제로 체포하러 온 경찰관조차 헤이든이 그리던 거대한 예수 그림에 감탄하면서 나중에 편한 시간에 다시 오겠다고 말할 정도였다. 다들 헤이든을 가족처럼 대했다. 그가 남들은 이해하지 못하는 혜안을 가진 사람인 걸 알아보고 그의 굳은 확신에 깊이 감동한 나머지 그가 놀라운 무언가를 성취하도록 일조하는 데서 기쁨을 찾았다.

헤이든의 시대에 외상은 흔한 일이었다. 판매자가 개인적으로 구매자의 성격과 특이사항, 정치적·종교적 견해를 알고 있다면 거래가 성사되었다. 개인적인 신뢰관계가 작동해서 장사가 서로에 대한 환대와 섞이고 공생공락共生共樂[자율적으로 서로 나누고 친밀함과 우정과 환대로 이루어진 사회]의 가치에 기반하여 거래가 이루어졌다. 손님은 물건을 사고 저녁식사에 초대받기도 하고 물건을 사기보다 담소를 나누기 위해 가게를 찾을 때가 많았다. 런던에는 가게 위층이나 옆집에 살면서 가게를 운영하는 주인이 많았다. 떠돌이 행상인들이 항상 가게에 드나들었다. 구매자와 판매자는 상업적으로만이 아니라 정서적으로 연결되어 있었다.

한번은 헤이든이 양복점 주인에게 외상을 갚지 않으면 그들의 관계가 끝나고 '모르는 사람' 취급을 당하리라는 것을 알고 돈을 갚지 않은 적도 있었다. 1895년까지만 해도 업계지業界誌에 이런 글이 실렸다. "평판이 좋은 회사에서 연간 채무 상환금 이상을 요구하거나 기대한 적이 없고"16년이나 부채를 받지 못한 예도 있다. 소매상에게는 부유층과의 관계가 장사 외적으로도 중요할 수 있으므로 외상 갚는 날을 연기해주었다. 평생 100명 이상에게 외상을 진 사람들도 있고 외상이 지역사회에서 명망의 상징이기도 했지만, 다른 한쪽에서는 자식의 부츠를 전당포에 맡기고 빵한 덩어리와 버터를 사는 처지의 사람들도 있었다. 채무를 탕감해준 경우가 비일비재했고, 자선사업에 보내는 기부금보다 빚을 탕감한 금액이 더 컸을 정도였다. 사회가 복잡한 채무의 그물망으로 얽혀 있었다. "누구나 이웃에게 빚을 지고 살았다." 그리고 부채는 대개 구두계약으로 이루어졌다. 심지어 상업적인 부채마저도 수익을 내기 위한 사업상의 거래가 아니라 두 사람 사이의 상호존중을 의미할 때가 있었다. 가장 좋은 예로 영국인들이 미국에 정착한 초기의 금융을 들 수 있다. 금융 거래는 주로 상인들이 주도했는데 상환 시기를 대체로 애매하게 언급했다.

실패한 천재의 자살

헤이든이 예술가인 이유는 그가 그림을 그려서라기보다는 예술로 세상을 바꾸고자 했기 때문이다. 그리고 그에게 돈을 빌리는 것은 시간의 속도를 바꾸어 조급함 속에서 꿈만 꾸던 일을 신속히 해내게 만든다는 의미였다. 그에게 그림 그리는 일은 즐거움이나 직업이 아니라 사명이었다. 재능을 인정받는 것은 시작에 불과했다. 그는 영국인들의 취향을 변화시키고,

"문짝에 페인트칠밖에 못하던 사람들도 사람 형상을 그릴 수 있게" 그림을 가르치고자 했다. 그렇게 하면 "영혼을 세상 위로 띄워서" "정신의 힘"을 길러주고 "영웅주의나 회개나 미덕"을 자극할 수 있을 거라고 확신했다. 그는 대상을 똑같이 모방하거나 모델을 아름답게 그리거나 감각만 자극하는 그림을 그리려 하지 않았다. 도덕적 의미가 있고 영감을 불러일으키는 생각을 전달하고 싶었다. 그는 누구보다 똑같이 그려낼 줄 알았지만 전통적인 초상화 기법과 정물화와 네덜란드 실내 풍속화를 경멸하고 3미터 높이의 대형 캔버스에 세상을 뒤흔든 위대한 역사적 주제를 그리는 데 전념했다. 성서나 고전의 강렬한 메시지를 전달하고 일상의 평범한 사건보다는 과거의 극적인 사건을 사실적으로 표현했다. 당대의 이념(애국주의와 정치개혁)을 종교화 기법으로 표현하여 대중의 승리와 희망에 관한 교훈화로 모든 공공건물을 장식하고 싶어했다. 그가 200년 후에 살았다면 아마 블록버스터 역사 영화를 만들었을지도 모른다. 그는 자신의 그림에 '시적 창조'와 '여성스러운 느낌'이라고 부른 요소를 더하면서 "여성스럽지 않은 것은 아름답지 않다"라고 말했다.

그는 돈을 빌려서 '점잖은 노동자들'에게 예술을 감상하도록 교육해서 '순수예술'과 공장 제품 사이의 장벽을 허물겠다는 야심찬 목표를 추구했다. "예술은 더 이상 미천한 기계공과 장인과 직공들에게 신비의 대상으로 남아서는 안" 된다. '우유주전자'도 '영웅의 팔다리'처럼 아름답게 만들 수 있다고 강조했다. 장인들에게 자율성을 버리고 공장의 틀에 맞추도록 강요하던 시대에 헤이든은 전국을 돌아다니며 연설하면서 노동자도 예술가와 같은 교육을 받고 인간의 형상을 그리는 법을 배워서 제조업에 영감과 독창성과 미학을 불어넣어야 한다고 설파했다. 그러나 제조업체들은 규율과 끈기와 수익에 관심이 더 많았다. 그래서 헤이든은 공장에서 만드는 물건을 창조적인 예술로 바꾼다는 목표를 정하고 디자인 학교(50년 뒤에 왕립예술대학이 된다)를 설립했다. 그러고는 여자 모델뿐 아니라 남자 모델도 불러서 학생들에게 그리게 해서 보수적인 사람들에게 충격을 안겨주었다. 그 바람에 '장인을 발전시키려' 한 교육 혁명의 꿈은 물거품이 되었다. 1840년대에 이미 실용성을 추구하는 사람들은 '예술가가 되고 싶어하는 광범위한 열기'를 조롱하고 예술을 과학이나 기술 다음의 세 번째 지위로 격하시켰다.

헤이든은 예술가로서 실용적인 사람들이 갈망하는 차원을 뛰어넘어 이상적인 존재가 되고자 했다. 그래서 처음으로 모험과 자살의 중간지대, 정상적인 사회와 연결된 다리를 남겨두는 것과 상상력과 희망만이 일용할 양식인 영토로 완전히 넘어가는 것 사이의 위험한 영역으로 진입하려 했다. 그는 '추방당한 자'이자 '희생자'였다. 그는 영향력 있고 돈 많은 사람들이 지배하고 그를 알아주지 않는 세상에서 국외자가 되었다고 불평했다.

그는 자신이 추구하는 예술 이외에 다른 모든 유형의 예술을 가혹하게 비판해서 왕립미술원에서도 번번이 거부당했다. 재능은 부족해도 대중이 좋아하는 예술을 하고 시류를 좇는 화가들은 큰 어려움 없이 생계를 유지할 수 있었지만 헤이든은 거만한 부자와 예쁜 여자들의 초상화나 그려서 먹고사는 화가가 되기를 완강히 거부해서 생계를 잇기조차 힘들었다. 돈벌이가 될 공공작품을 주문하는 사람이라고 해도 그가 혐오하는 취향을 가지고 있다면 어떻게 대할지 몰라 괴로워했다. 그가 늘 돈이 궁했던 이유는 그런 사람들의 비위를 맞추지 못해서만이 아니라 그의 상상력에 한계가 있어서이기도 했다.

말하자면 헤이든은 그에게 동의하지 않는 사람을 다루는 법, 그런 사람들의 무지를 이용하여 이익을 끌어내는 법, 결단을 굳건히 할 뿐 아니라 그의 야심찬 목표를 더 원대하고 풍성하게 해줄 영감을 끌어내는 법, 싸우면서도 결실을 얻는 법을 몰랐던 것이다. 오히려 그는 분노를 터뜨리면서 모두를 '적'으로 돌려세웠다. 그는 불화를 극단적으로 과장하고 주변의 모든 사람에게 날카로운 비수를 꽂아 화를 돋우고 그를 반대하는 사람에게는 일부러 '평범함'을 장려한다고 비난하고 그들을 '폭군'이라고 조롱했다. 그래서 그는 왕립미술원이 왜 시시하고 대중에 영합하는 부류의 분홍색 머리띠를 한 소녀의 초상화 따위를 고대 로마의 영웅을 그린 그의 거대한 교훈화보다 더 좋아하는지 끝내 납득하지 못했다. 분노만을 무기로 삼아서는 다름을 거부하고 벌주는 제도를 비난해봤자 소용이 없다.

헤이든은 스스로 '위대한 목적을 추구할 운명'을 확신하고 하루에 열두 시간에서 열여섯 시간씩 지칠 줄 모르고 그림에 몰두했다. 그리고 형편이 되든 말든 캔버스와 모델과 물감에는 아낌없이 돈을 썼다. 그러다 막대한 빚을 남기고 세상을 떠났다. 찰스 디킨스Dharles Dickens는 이렇게 돈의 지배를 경멸하는 헤이든의 태도에 화가 나서 《황폐한 집Bleak House》이라는 소설에 스킴폴 씨라는 등장인물을 내세워 아무리 매력적인 사람이라고 해도 생각 없이 빚쟁이로 전락한 사람의 이기심을 매몰차게 비난했다. 그러나 헤이든의 부고를 전해 듣고는 당장 미망인에게 5파운드를 보냈다.

헤이든은 마지막 전시에서 공개적으로 망신을 당하자 그가 교육하고 싶어한 대중과 돌이킬 수 없이 멀어졌다는 사실을 깨달았다. 그의 마지막 전시는 바넘 서커스단의 키 1미터의 난쟁이 엄지손가락 톰 장군과 같은 전시장에서 열렸다. 톰 장군이 유료 관객 1만 2000명을 동원한 데 비해 앨프리드 왕이 영국 최초의 배심원단에게 지시하는 명장면을 그린 헤이든의 대형 그림인 〈정의의 은총 The Blessings of Justice〉은 고작 133명을 모으는 데 그쳤다. 그러자 어떤 친구, 적어도 헤이든은 친구라고 믿었던 한 친구는 돈을 빌려달라는 그의 부탁을 거절했다. 그 순간 헤이든은 마침내 세상에 그를 위한 자리가 없다고 생각했다. 우정에 기댈 수 없다면 다른 무엇이 남았겠는가?

헤이든은 '실패한 천재'로 사람들에게 잊혀갔다. 그러나 사후에 일기가 공개되자 그가 당대의 예리한 분석가이자 유능한 작가였다는 사실이 드러났다. 디킨스는 그가 소설가가 됐어야 할 사람이라고 말했다. 세상을 바꾸고 싶다면 우선 소설가가 되어 유토피아적 설계가 아니라 섬세한 정서와 뜻밖의 사건으로 현실을 주조해야 했다. 더욱이 헤이든의 자살에는 절망만큼의 용기가 있었다. 흔히 이상을 포기할 때는 좀 더 비겁한 형태의 자살을 택하지만 헤이든은 그러지 않았다.

돈의 새로운 지위

헤이든은 두 문명, 곧 이웃의 정이 살아 있는 문명과 돈이 권력을 휘두르는 현실에 만족하는 문명 사이에서 우왕좌왕하던 나라에서 살았다. 단순히 도시화와 산업화와 인구 과잉의 압력 속에서 이웃의 정이 무관심으로 변하거나 사회가 상업화되면서 사적인 연민을 바탕으로 한 대출과 상부상조가 줄어든 정도가 아니었다. 헤이든은 결국 정서적 유대가 없는 채

권자들에게 빚을 갚지 않아 일곱 번 체포되고 네 번 감방에 갇히고 집달관이 그의 재산을 전부 청산하고 그림붓까지 팔아서 빚을 갚는 지경에 이르자 세상 사람들이 이제는 다른 무언가를 중시한다는 사실을 깨달았다.

돈의 지위는 이미 13세기와 14세기부터 달라지기 시작했다. 오늘날 학계에서는 비열한 연구비 조성 방식 때문에 학문이 진리를 탐구하는 연구에서 멀어졌다고 불평한다. 그러나 알고 보면 인간 삶의 상당 부분을 변화시킨 화폐를 주조한 일에서 결정적인 역할을 한 것도 학계였다. 학계에서 자연의 새로운 개념을 창안해서 자연을 더 이상 정적이고 완전한 대상이 아니라 동적이고 끊임없이 측정해야 하는 대상으로 바라보기 시작하면서 삶에서 무엇이 중요한지에 관한 새로운 관점의 지적 토대를 마련한 것이다. 옥스퍼드 머튼칼리지(영국의 챈슬러 경이 설립했다)의 교수들은 관료이자 학자로서 인간의 거의 모든 활동, 심지어 개인의 정신에서 품위의 수준과 기독교적 자비심의 정도뿐 아니라 모든 고찰에 가격을 매기고 수량화하면서 돈이 모든 것을 측정한다고 강조한 탓에 '옥스퍼드의 계산기들'로 불렸다.

때마침 화폐 공급량도 크게 증가했다. 예를 들어 1170년에는 영국 조폐국에서 130만 페니를 주조했는데 1250년에는 1500만 페니를 찍어냈다. 왕실 수입의 절반이 통화를 회수해서 은 함량을 줄여 재발행하는 식으로 통화가치를 떨어뜨리는 방법에서 나왔다. 귀족들도 전에는 숲이 지위와 쾌락을 준다고 여겼지만 점차 숲을 수익을 내기 위해 개발해야 할 자원으로 평가하기 시작했다. 계약을 철저히 이행하고 회계에서 감정을 배제하는 풍토가 서서히 자리 잡았다. 결국 정가正價와 정확한 상환에 의해 흥정의 연극적 묘미가 사라졌다.

이런 변화를 추동한 것은 바로 평등이라는 새로운 이상이었다. '빚을 지면 남에게 소유당한다'는 이유로 손님들은 점차 독립을 주장하고 싶어했다. 사람들은 이제 개인의 사생활에 개입하지 않는 보이지 않는 회사에서 할부로 물건을 사고 싶어했다. 후원자를 찾기보다 후원받는 데 대한 반감에 사로잡혔다. 자유는 의무를 지지 않는다는 의미가 되었다. 현금으로 지불하는 것은 '내 돈이 당신 돈만큼 좋다'는 뜻이었다. 이런 변화가 환영받은 이유가 있었다. 친밀한 접촉이 중심이던 구세계는 누구나 서로를 알고 지내면서 대체로 따스하고 안락한 사회가 아니라 오히려 시기와 다툼이 팽배해서 질식할 것 같고 굴욕적이고 잔인한 사회라서 이웃의 철저한 감시와 비판의 시선을 피해 도망치고 싶은 절박한 욕구를 자극했기 때문이다.

사회적 연결고리의 죽음

헤이든과 같은 시대에 중국에 살았던 시인이자 철학자인 공자진龔自珍, 1792~1841은 친밀한 만남에서 생기는 개인적인 관대함이 사라지고 인간이 짐승보다 더 이기적이 되어간다고 개탄했다. 하지만 다른 식의 자살로 이어진 새로운 길이 열린 곳은 바로 영국이었다. 베스티 경Lord Vestey, 1859~1940은 아르헨티나와 러시아, 중국, 오스트레일리아 등지에서 냉장육을 수입해서 사람들의 식습관에 일대 혁명을 일으켰다. 그는 사실상의 세금을 면제받는 역외 다국적기업을 설립했다. 그가 그 푸주간에서 벌어들인 수익에는 세금이 0.0004퍼센트 정도밖에 붙지 않았다. 이렇게 부자와 가난한 사람들을 연결하던 탯줄과 한때 둘을 이어주던 정서적 끈이 끊겼다. 일주일에 6일씩 사업에 몰두하는 것 외에는 거의 아무것에도 관심이 없던 베스티 경은 소박한 집에 살면서 세금을 얼마나 절약했는지를 기준으로 모든 결정을 내리고 수입의 40분의 1만으로 네 자녀를 키우고 나머지는 투자했다. 세계에서 가장 부유한 유한회사를 소유하고도 "나는 이윤을 전혀 쓰지 않고 20년 전에 번 돈으로 산다"라고 자부했다.

20세기에 영국의 식민제국이 무너진 자리에는 런던 시에서 주관하는 60여 개의 역외 조세피난처로 이루어진, 덜 눈에 띄지만 더 막강한 금융제국이 들어섰다. 총이 아니라 돈으로 무장한 새로운 가상의 국경 없는 국가가 탄생하여 민주주의와 독재에 비슷하게 저항했다. 새로운 국가는 힘없는 납세자들에게 도박 빚을 갚으라고 강요할 만큼 전능해졌다. 새로운 국가는 모든 유권자의 소망을 외면하고도 피해를 보지 않을 수 있었다. 새로운 국가가 대출자에게 관심이 없는 익명의 회사에 대출을 팔아넘기면서 부자들은 인류와의 정서적 유대를 끊어버리고 스스로 혈관을 끊고 서서히 자살을 감행했다. 가난한 사람들은 여전히 부자가 되기를 꿈꿀지 몰라도 이때부터 부자와 가난한 사람들은 완전히 결별했다. 둘 사이에 남은 정은 없었다. 돈은 사회를 결속하는 역할을 그만두었다.

이와는 무관하게 자살에 대한 생각은 사라지지 않는다. 권력자는 더 이상 스스로를 믿지 않고 아무도 자기를 믿어주지 않는다고 느끼며 약속을 지키지 못할 때 자살한다. 권위자는 자신의 예측이 실현되지 않을 때 자살한다. 전문가는 다른 전문가들이 하는 말을 더 이상 이해하지 못할 때 자살한다. 친절한 사람은 친절이 개입할 여지가 없는 직업에 종사할 때 자살한다. 가장 흔한 형태의 자살은 희망을 잃는 것이다.

가장 우울한 자살은 고마워하는 마음의 자살이다. 시기와 탐욕과 오만은 영원히 사라지지 않을 만성질환이지만 그나마 고마워하는 마음이 있었기에 억제되었다. 고마워하는 마음은 한때 사회를 융화시키거나 적어도 혐오감을 줄여주는 끈이었다. 이를테면 신, 조상, 부모, 스승, 이웃, 자연에 고마워하는 마음이 있었다. 그러나 사회가 평등을 염원할수록 권리가 기반을 이루고, 상업화될수록 고마워하는 마음이 들어설 자리가 줄어든다. 고마워하는 마음은 독립에 대한 모독이자 자존심을 거부하는 것으로 간주되기 때문이다. 에드워드 기번Edward Gibbon은 "고마워하는 마음은 비싸다"라고 말했다. 디드로는 "고마워하는 마음은 짐이다"라고 말했다. 스탈린은 "고마워하는 마음은 개들이 앓는 병이다"라고 말했다.

　여기서 이야기가 끝나는 것은 아니다. 자살 문제는 마지막 장에서 다시 다루겠다. 살아 있다는 것이 어떤 의미인지 이해하는 데 중요한 열쇠이니까.

8장
/
믿지 않는 사람이
믿는 사람을
어떻게 이해할 수
있을까

역사 속에서 인간은 위협받을 때보다는 이해받을 때 외부 세계에 호기심을 가져왔다.
관심이야말로 우리가 타인에게 줄 수 있는 가장 큰 찬사다.

베토벤 교향곡을 듣고 지휘자를 알아맞히는 사람의 종교는 무엇일까? 재즈뿐 아니라 클래식, 프랑스 영화, 유럽 문학과 미국 문학에 조예가 깊으면서도 축구도 좋아해서 독일 축구팀의 여러 가지 스타일에 빗대어 경제개발을 위한 대안 전략을 설명하는 사람은 도대체 어떤 사람일까?

3년간 인도네시아 대통령을 역임한 압두라만 와힛Abdurrahman Wahid, 1940~2009은 할아버지와 아버지 대부터 인도네시아 국민 4000만 명에게 교육과 의료 혜택을 제공해온 세계 최대의 이슬람 조직을 물려받았다. 와힛의 외할아버지는 이슬람교 여학교의 선구자였다. 와힛은 자바에서 태어나 카라치 중등학교에서 유학하고 카이로의 알아즈하르 신학대학에서 이슬람교를 전공하고 바그다드에서 아랍 문학을 공부했다. 그래서 그는 아랍의 주요 종교 및 철학 고전뿐 아니라 현대 '이슬람교'인 쿠트브와 알반나를 창시한 이집트인 창시자들의 책까지 인용할 수 있었다.

어느 날 그는 모로코의 한 전시회에서 아리스토텔레스의 《윤리학Ethics》의 아랍어 번역본을 보고 눈에 눈물이 고였다. 그가 적으로 생각하던 서양과 얼마나 가까웠는지 깨달은 것이다. 그는 이렇게 말했다. "젊은 시절에 아리스토텔레스와 그의 위대한 책을 접하지 않았다면 나 또한 이슬람 근본주의자가 되었을지 모른다." 아리스토텔레스는 그에게 "종교에 의존하지 않고 이성으로 인간 정신을 이해하기만 해도 진리에 도달할" 수 있다는 사실을 보여주었다. 와힛은 힌두교 철학도 공부한 터라 세계 최대의 이슬람 국가의 대통령으로 선출되었을 때 맨 처음 한 일이 힌두교 사원에 가서 기도를 올린 것이었다. 인도네시아의 중국계 소수민족에 대한 박해를 중단하고, 마호메트를 모독하는 책으로 간주되어 이슬람 세계에서 금서가 된 살만 루슈디Salman Rushdie의 소설 《악마의 시Satanic Verses》를 옹호하고, 이스라엘을 여섯 차례 방문해서 "내가 이슬람교도로 부족하다고 말하는 사람이 있다면 더 읽어야 할 것이다. 이슬람은 포섭과 관용과 공동체의 종교다. (……) 코란의 '너에게는 너의 종교, 나에게는 나의 종교'라는 코란 구절에 이슬람의 본질이 담겨 있다"라고 선언했다. 그리고 무엇보다도 "민주주의는 이슬람에서 하람(금기)이 아니라 필수요건"이라고 했다. 재치가 넘치는 인물이던 그는 소련의 유머 서적을 인도네시아어로 번역해서 인도네시아 국민에게 해학과 풍자를 가르쳤고, 정권을 잃었을 때는 베토벤 9번 교향곡 음반 27개를 잃어버린 것보다는 훨씬 덜 유감스럽다고 말했다.

두 개의 이슬람교

와힛은 코란에서 신은 진리를 뜻한다면서 사람마다 자기만의 방식으로 진리를 깨우칠 수 있다고 말했다. "이슬람은 차이를 존중하고 인간은 저마다 타고난 능력과 성향에 따라 신을 이해한다고 인정한다. 신성한 하디스Hadith Qudsi(마호메트가 전한 신의 말씀)에서는 이렇게 설명했다. '나는 나의 종이 생각하는 그대로의 나이다.' (……) 신의 뜻을 다 안다고 믿고 주제넘게 자기가 이해한 것을 남에게 강요하는 사람은 사실 자기를 신과 동일시하고 자기도 모르게 신성모독을 범하는 것이다." 와힛은 또 "종교를 강요하지 말라"는 코란의 유명한 구절에서 "세계 인권선언을 예측했다"고 자랑스럽게 말했다. 그에게 이슬람 율법은 '신에게 가는 길'을 제시해주기는 하지만 신이 내린 법이 아니라 예언자 마호메트 사후 수 세기에 걸쳐 만들어진 것으로 사회의 진화에 따라 끊임없이 수정되어야 마땅한 인간의 법이었다. "신성모독과 배교背敎의 법 때문에 (……) 이슬람교도들은 종교뿐 아니라 삶과 문학, 과학, 문화 전반의 광범위한 영역에서 틀을 벗어나 생각하지 못한다." "지성을 통하든 감성을 통하든 영적 수행을 통하든 자유롭게 진리를 탐구할 수 있어야 한다."

중세 이슬람교는 아랍인과 그리스인, 유대인, 기독교인, 페르시아인의 복합적인 영향을 바탕으로 '인문주의와 세계 보편주의'를 융합하여 '지적으로나 영적으로 성숙한' 수준에 도달했다. 이슬람이 '기나긴 쇠락'의 길을 걸은 이유는 이슬람교를 경직시키는 학문적 제약과 정부의 제약 때문이었다. 와힛은 여성인권운동에 앞장선 아내와 결혼했다. 그는 묘비에 이렇게 새겨달라고 부탁했다. "여기 한 인문주의자가 잠들다."

하산 알반나Hassan al-Banna, 1906~1949가 창시한 무슬림형제단은 와힛의 믿음과 대척점에 있는 종교다. 두 사람의 종교가 극단적으로 다른 이유는 무엇일까? 와힛은 무엇보다 자유를 중시하고 지칠 줄 모르는 호기심으로 자유를 향한 욕구를 표출했다. 반면에 알반나는 "흔들리는 마음을 버리고 당혹감과 생각의 동요를 떨쳐내기 위한" 확실성을 원했다. 자유를 대하는 태도가 달랐다. 알반나는 주의를 분산시키는 모든 자잘한 방해 요소를 거부하고 오직 코란에서만 마음의 양식을 얻었다. 그는 마을의 보잘것없는 스승이자 이맘[예배를 이끄는 이슬람의 성직자]이었고 소작농이자 시계 수리

공이자 종교 관련 축음기 음반 판매상이던 아버지에게 가르침을 받았다.

알반나는 학생 때 금기예방위원회를 만들어 기도를 빼먹거나 단식 기간에 음식을 먹은 사람들을 비판하면서 천국에 들어가지 못하는 벌을 받을 거라고 협박하고 행실을 바로잡으라는 경고장을 보냈다. 몇 년 뒤에는 술과 도박, 이교 풍습과 기독교 선교사를 근절하는 새로운 자선협회를 설립했다. 알반나는 아무리 유명한 사람이라도 이슬람교의 윤리를 어기면 가차 없이 비판하고 심지어 정부의 장관들에게도 이슬람교는 남자에게 금 장신구를 허용하지 않는다면서 금반지를 빼라고 지적했다. 히잡을 쓰지 않은 식당 여종업원에게 히잡을 쓰고 오라고 내보낸 일도 있었다.

그는 카이로의 교사 양성 과정에 들어가서는 '허무주의자이자 자유주의자'인 학생들에 대한 혐오감에 사로잡혔다. 그는 학생들이 유럽인의 방탕에 물들고, 술과 경박한 오락에 중독되고, 여성해방에 관해 떠들고, 전통을 의심하고 서양이나 미국이나 영국의 문물을 추종하는 모습에 충격을 받았다. 그는 카이로의 극장과 콘서트와 영화관에도 재미를 느끼지 못하고 외국어 공부에도 관심이 없었다. 그는 이슬람 내부의 '상충되는 논쟁', 신학자들의 '뒤죽박죽인 용어와 학문적 미로'와 '하찮은 논쟁'에 염증을 느끼고 커피하우스에서 대중에게 설교하기 시작했다. 그는 설득력 있고 카리스마 넘치고 뛰어난 조직가였다. 그를 따라서 '이슬람을 위해 살고 죽겠다'고 맹세하는 집단이 결성되었다. 그는 추종자들이 "나와 같은 생각"을 하고 "이런 생각을 옹호하는 사람들을 사랑하며", "혼란스럽고 (……) 이교도 개념이 잡다하게 뒤섞인 생각"을 거부하기를 바랐다.

다음으로 알반나는 교리에 민족주의를 결부시켰다. 영국의 군사기지가 있는 이스마일리아의 초등학교에서 교사로 근무하면서 외세의 강점에 대해 느낀 '굴욕과 억압'에 대한 울분이 투철한 애국주의에 불을 지폈다. "나는 이 나라를 세계에서 가장 고귀하고 위엄 있는 지위에 올려놓기 위해 국민들을 가르치고 싶다. (……) 모든 이슬람교도는 마땅히 세계의 지도자가 되어" 모든 분야에서 뛰어난 능력을 발휘하되 다른 한편으로는 물질주의나 자기자랑을 멀리해야 한다고 했다.

얼마 후 그는 대규모 군중을 모스크로 끌어들이고 이집트 전역에서 무슬림형제단을 조직했다. 추종자들은 수입의 절반을 무슬림형제단에 바치고 사업체를 세워 무슬림형제단의 사업을 지원하고 복지단체를 만들어서 가난한 사람과 병든 사람, 실직자, 어린아이들을 위한 봉사활동(저렴한 의료, 직업훈련, 재정 지원)을 벌였다. 알반나는 월세 방에서 검소하게 살면서 항상 다정하고 누구에게나 인사를 건네고 아이들에게는 이름을 묻고 공부는 어디까지 했는지, 가축들은 잘 있는지 물어봐주었다. 기억력이 아주 뛰어난 사람이었다.

요새의 문명, 항구의 문명

이같은 이슬람교의 두 가지 이상은 180도로 달랐다. 두 가지 이상에서 세계관의 충돌이 드러났다. 인도네시아는 1만 7508개의 섬과 300여 개의 민족으로 구성되고, 언어와 방언이 742가지이며, 처음에는 애니미즘을 신봉했다가 이슬람교로 개종했다가 다시 힌두교의 지배를 받았다. 네덜란드의 식민 통치와 일본의 점령을 거쳐 세계에서 세 번째로 큰 공산당의 지배, 민족주의의 득세, 자본주의화를 겪었다. 이렇게 다양한 이념이 각 지역에 다양한 정도로 살아남았다.

일부 지역은 200년 동안 변화를 거부하고 버텼지만, 인도네시아의 대다수 국민들은 상반된 철학을 가진 사람들과 어울려서 서로의 신념을 묵인하고 교리에 집착하기보다는 실용적인 양심과 경험에 가치를 두면서 살아가는 법을 터득했다. 다른 의견을 가진 사람들이 함께 어울려 마을 축제를 벌였다. 아이들이 여러 집을 오가며 이모나 삼촌을 선택해서, 혈연으로 맺어지지 않은 수양가족이 흔했다. 남의 집에서 자식을 맡아 기르거나 '빌려달라'고 부탁할 때 거절하는 것은 도리가 아니었다. "결혼식이나 장례식을 치를 때는 이슬람교에서 세속의 복을 구하기도 하고 조상들에게 복을 구하기도 했지만 신비한 힘의 보호를 원할 때는 마을 수호신을 찾았다."

결혼식과 장례식을 주관하는 모스크의 지도자라고 해서 라마단 기간에 꼭 단식을 지키는 것도 아니고 하루에 다섯 번 기도를 올리는 것도 아니었다. 한 인도네시아인은 누가 그렇게 한다면 '그저 과시용'일 뿐이고 그 사람이 개인적으로 두려워하는 지옥은 경찰서밖에 없을 거라고 말했다. 어느 마을 촌장은 이렇게 서로 간섭하지 않고 공존하는 교리에 관해 한마디로 이렇게 말했다. "이슬람은 복지와 번영을 뜻한다. 누구나 이것을 추구하므로 모두가 이슬람교도다." 어느 철저한 금욕주의자는 인구의 4분의 3이 명목상으로만 이슬람교도라면서 기도도 거의 올리지 않고 종교적 의무도 이행하지 않는다고 개탄했다. 오랜 세월 사람들은 종교를 무시한다는 이유로 핍박을 받는 일이 거의 없었다.

그런데 20세기 말에 갑자기 변화가 일어났다. 인도네시아에서 '아랍 이슬람'이라고 부르는 새로운 종교는 수 세기 전에 인도에서 유입되어 인도네시아 사람들을 개종시키고 개인주의적이고 내면화되고 관용적이며 대중예배를 크게 중시하지 않는 수피교〔이슬람 신비주의〕의 일파인 이슬람교와는 달랐다. 새로운 이슬람교의 설교자들은 위협적이었다. "무지한 사람을 가르치는 것은 우리의 의무다. 이슬람교도는 반드시 이슬람교도답게 처신해야 한다. 무지한 사람은 스스로 판단할 수 없으므로 누군가 가르쳐주어야 한다. 그리고 가르쳐준 대로 따르지 않으면 처벌해야 한다."

학생들은 아랍어를 쓰지 않는데도 아랍어로 코란을 암송해야 했다. 한 학생은 "신이 하시는 말씀은 하나도 이해가 가지 않는다"라고 말했다. 여성들은 머리에 두건을 써야 했다. 아랍 이슬람은 현대성의 새 얼굴이 되어 민족주의와 공산주의를 대신해서 굴욕이나 빈곤이나 절망에 대응했다.

어느 개종한 이슬람교도는 이렇게 말했다. "난생처음 깨어 있는 기분이다. (……) 신앙이 군대처럼 나날이 막강해지는 것 같다. (……) 금요일에 모스크에 얼마나 많은 사람이 들어차는지 보았는가? 500년이 지난 후 마침내 이슬람교가 진보하고 있다." 물론 한편에서는 무엇을 믿고 어떻게 처신하라는 말을 듣기 싫어하는 사람도 많았다. 그러나 다른 사람들은 이렇게 말했다. "오늘날 사람들은 바라는 것도 너무 많고 그런 바람을 충족시킬 방법도 많다. 사람들은 욕망의 지배를 받는다. 이슬람교가 우리를 구원해준다."

기독교와 이슬람교라는 서로 다른 문명 사이에서만 충돌이 일어나는 것은 아니다. 각 문명의 내부에서도 상상력의 충돌이 일어난다. 양쪽 모두 다채로운 기질을 보유한 탓에 각 문명의 구성원들끼리 이상을 해석하는 방법을 놓고 부딪쳐왔다. 대개의 문명과 종교의 내부에서는 두 가지 세계관이 충돌해왔다. 한편에는 성벽으로 둘러싸여 야만인들을 막아주고 외부 세계의 악덕을 거부하는 도시-요새 문명이 있고, 다른 한편에는 현재 소유하지 못한 무언가를 갈망하면서 이방인들과 교역하고 새로운 문물을 도입하면서 무슨 일이 일어날지 크게 걱정하지 않고 더 나은 삶을 추구하는 도시-항구의 문명이 있다. 삶을 단순하게 이해하려는 세계관과 모순과 복잡성의 혼란 상태를 수용하는 세계관으로 나뉘고, 무엇을 해야 하는지 알고 싶어하는 사람들과 스스로 해결책을 찾고 싶어하는 사람들로 나뉘며, 기본 원칙과 성전에 복종해야 한다고 믿는 사람들과 질문하고 주장하고 거부하는 사람들로 나뉜다. 그러나 사람들은 다양한 상황에서 언제나 일관된 태도를 보이는 것이 아니다. 언제나 금욕주의나 세속주의 둘 중 하나를 고수하는 것도 아니기 때문에 두 세계관의 갈등은 충돌이 아니라 순서 없이 동시에 울리는 종소리에 가깝다.

공생을 위한 단서들

알반나는 대개의 종교에서 이따금 발견되는 오랜 전통과 맥이 닿아 있다. 이를테면 그는 탐욕과 호색에 저항하고 엄격한 도덕성과 경박한 쾌락의 포기를 요구하며 금욕이나 고행이나 나아가 순교를 통한 신성한 황홀경을 목표로 삼는 종교적 전통을 고수하는 입장이다. 철저한 금욕주의는 세상에서 죄악을 몰아내기 위해 다른 사람들에게 금욕주의를 강요하거나 아니면 스스로 부정한 세상에서 물러나 사악한 영향력으로부터 동떨어져 살면서 자족적인 존재가 되었다. 미국 남침례회의 창시자들은 알반나와 매우 유사한 방식으로 현대의 도덕성을 거부했다.

반면에 와힛의 보편주의는 널리 퍼져 있고 이슬람의 황금기와 기타 지역의 부흥기에 찬란하게 번성한 전통과 맥이 닿아 있다. 이슬람교는 지구상의 넓은 지역을 정복한 후 그 지역의 모든 지혜를 배우고 흡수하고 통합해서 학문을 발전시키고 예술 혁신을 이루었다. 그 결과로 이슬람에서 이교도 관념이 크게 번성하고 관례를 벗어난 열렬한 연애시가 꽃을 피웠다. 월드와이드웹World Wide Web을 개발한 팀 버너스리Tim Berners-Lee도 이런 전통에 속하는 사람이다. 그는 정해진 교리 없이 신자들에게 자유로이 진리를 찾고 다른 신앙의 요소를 결합하도록 허용하는 유니테리언 교회(일신론적 보편구제설)의 일원임을 자처한다. 그는 유니테리언 교회와 인터넷에서 다양한 문화에 대한 관심이라는 공통점을 찾아냈다. 유니테리언 교회는 원래 기독교의 비국교도 소수파로 출발했지만 동양의 종교에까지 개방적인 태도를 보이면서 한 종교를 믿으면 필연적으로 다른 종교를 배제해야 한다는 개념을 거부했다.

유니테리언 교회와 관련된 선구자는 놀랍도록 많다. 여성주의의 선구자인 수전 앤서니, 관용의 선구자인 존 로크, 간호의 선구자인 플로렌스 나이팅게일, '국경 없는 의사회'의 최초의 구성원이었어도 될 법한 앨버트 슈바이처, 도자기 제작을 산업화했을 뿐 아니라 현대 마케팅(광고용 우편물, 환불 보장, 하나 사면 하나는 덤)을 개발한 조사이어 웨지우드, 프랭크 로이드 라이트, 찰스 디킨스, 토머스 제퍼슨을 비롯한 미국의 역대 대통령 네명, 그 밖에 여러 모험적인 인물이 있다.

그렇다면 다양한 종교의 금욕주의자들이 서로를 인정하고 서로의 공통점을 인지할 수 있다는 뜻일까? 아니다. 전도를 중시하는 종교는 마음과 정신을 포섭하는 경쟁에 나선다. 종교를 초월한 대화가 점차 유행하고는 있지만 많은 지역에서 종교 간의 경쟁이 치열하다. 각 종교가 매일 개종시키는 새로운 신도가 얼마나 되고 그들에게 정확히 어떤 영향을 미치는지는 아무도 모르지만 국경을 뛰어넘는 포교 활동의 열기가 지금처럼 널리 퍼진 적도 없다.

일례로 1977년에 브라질 리우데자네이루의 가난한 교외 지역에서 창설된 '하느님 나라의 보편교회Universal Church of the Kingdom of God'는 80개국에 1000여 개의 교회를 설립하고 'CEO들이 선망할 법한' 국제조직을 갖추었다. 가령 러시아의 파키스탄인을 개종시켜서 그가 본국으로 돌아가 브라질 교회를 열게 할 수 있었다. 일본 니치렌日蓮 불교의 국제조직인 소카각카이創價學會는 82개국에 1200만 명의 신도를 거느리고 있다고 주장한다. 터키인들은 구소련 제국의 남부에 이슬람 학교를 세워서 새로운 인재들을 가르치는 한편, 한국인들은 선교를 위해 아시아뿐 아니라 아프리카까지 진출해서 포교 활동을 벌인다. 과거 식민지였던 나라들이 이제 선교사들을 파견해서 과거 식민주의자들을 전도한다. 세계 각지에 파견된 선교사가 약 50만 명이고 자국민을 전도하는 본래의 의무에 더해서 단기 선교를 위해 해외로 나가는 아마추어 선교사도 무수히 많다. 종교의 세계화가 진행되고 있는 셈이다. 오순절교단이 반세기도 안 되는 짧은 기간에 약 5억 명을 개종시켰지만 우리에게 주어진 선택의 폭은 어마어마하게 넓다. 종교는 각종 미디어와 마케팅 기법을 동원하여 비즈니스 브랜드들의 경쟁 못지않은 치열한 경쟁을 벌인다.

하지만 인류가 무엇을 믿어야 하는지에 관해 합의에 이르지 못한다고 해서 영원히 갈등이나 불신에서 헤어나지 못하는 것은 아니다. 역사 속에 서면 인간은 위협받을 때보다는 이해받을 때 외부 세계에 호기심을 가져왔다. 관심이야말로 우리가 타인에게 줄 수 있는 가장 큰 찬사다. 우리를 풍요롭게 만드는 최선의 방법은 남의 생각을 배우는 것이다. 인간이 항상 아주 작은 위험 신호에도 껍데기 속으로 숨어버리는 달팽이처럼 살아야 하는 것은 아니다.

언젠가 나는 이란의 어느 저명한 아야톨라[이란 이슬람교 시아파의 종교 지도자]를 만난 적이 있다. 그는 한 시간 동안 열변을 토하며 서구의 만행을 규탄했다. 말을 마치자 분노가 가라앉았는지, 빙긋이 웃으며 나를 안아주고는 "또 뵙고 싶소"라고 말했다.

"왜죠?" 내가 물었다.

"선생이 내 말을 들어주었으니까요."

이런 몸짓, 이런 말 한마디가 교리의 대립 속에 숨어 있던 인간적인 면모를 드러낸다. 그러자 곧 불일치가 호기심으로 바뀌었다. 하지만 호기심 자체는 문을 열어주는 역할을 할 뿐이고 거기에 지식이 더해지지 않으면 어디에도 도달하지 못한다. 귀 기울여주는 것만으로 다 되는 것은 아니다. 정보와 독서와 질문으로 준비해야만 몰이해한 이방인으로 남지 않는다. 이해받으려면 입장이 다른 사람들의 관심사를 알아보고 그들의 생각과 공명할 수 있어야 한다. 이해한다고 해서 불일치가 다 해소되는 것은 아니지만 불일치를 풍부한 경험으로 만들어준다. 말하자면 우리가 인간의 신비로운 가변성을 발휘할 때 그저 부분적으로만 살아 있는 상태에서 벗어날 수 있다. 종교의 외부에서나 내부에서나 치열한 분쟁이 발생하기는 하지만 나는 아야톨라가 시아파의 본질은 개인의 생각을 존중하는 데 있다고 말하던 기억을 소중히 간직한다. 이상이 현실이 되는 일은 드물지만 이것은 놓치지 말아야 할 단서다.

9장
/
종교는
어떻게 달라질 수
있는가

나는 여러분의 종교가 무엇인지 묻지 않을 것이다. 그보다 이렇게 묻고 싶다. 당신은 당신의 믿음을 어떻게 실천하는가?

❖

　　교육을 많이 받을수록 의심도 커진다. 20세기에 케임브리지 대학교와 컬럼비아 대학교에서 수학한 어느 가톨릭 수도승은 이렇게 기도했다.

　　나의 주 하느님,

　　저는 지금 어디로 가고 있는지 모르겠습니다.

　　제 앞에 놓인 길이 보이지 않습니다.

　　이 길이 어디에서 끝나게 될지도 모르겠습니다.

　　저는 정말 나 자신에 대해서도 알지 못합니다.

　　제가 주님을 따른다고 믿는 것이 곧 실제로 그렇게 한다는 뜻은 아닙니다.

　　그러나 주님을 기쁘게 해드리고 싶은 저의 마음만은 기쁘게 받아주시리라 믿습니다.

　　제가 행하는 모든 일에서 그런 소망을 품게 해주십시오.

　　그런 열망과 무관한 일은 결코 행하지 않도록 이끌어주십시오.

　　그렇게만 산다면 비록 제가 그것에 대해 아무것도 알지 못한다 할지라도 주님은 저를 바른 길로 인도해주실 것임을 압니다.

　　비록 길을 잃은 것처럼 보여도 죽음의 그늘 속에서도 저는 항상 주님을 믿겠습니다.

　　주님께서 함께 계시기에 저는 두렵지 않습니다.

　　또한 주님은 위험 앞에 홀로 서도록 저를 버리지 않을 것입니다.

오늘날 자주 암송되는 이 기도문을 쓴 사람은 토머스 머튼Thomas Merton, 1915~1968이다. 그는 어떻게 살아야 할지 가르침을 구하려고 성서를 아무데나 펼쳤다가 '침묵하라'는 구절이 나오자 곧바로 세속을 등지고 트라피스트회Trappist[기도와 침묵을 중시하는 엄격한 수도회]의 수도승이 되었다. 그러나 신앙도 평화와 사회 정의를 위한 활동도 그를 만족시켜주지 못했다. 그는 동양의 종교 지도자들과 대화를 나누는 데 전념했다. 그의 자서전은 베스트셀러가 되었다. 그가 누구나 마음속에 품는 의심을 솔직히 털어놓았고, 그 의심은 사라질 기미가 없기 때문이다. 우리가 선택할 수 있는 종교와 이념과 오락이 많아질수록 의심에서 벗어날 길은 줄어든다.

마니교의 느슨한 연대

'우리는 모두 같은 신을 섬긴다.' 과연 그럴까? 신을 믿지 않는다고 말하는 사람들은 어떤가? 모든 사람을 만족시키고 통합하는 단일종교가 가능할까? 마니Mani, 213~276라는 스물네 살의 잘생기고 카리스마 넘치는 바빌론 청년은 그것이 가능하다고 판단했다. 그는 300년 넘게 지구상에서 가장 널리 퍼졌던 종교를 창시했다. 그 종교는 프랑스와 스페인과 북아프리카(성 아우구스티누스도 기독교도가 되기 전에 9년간 마니교에 심취했다)부터 멀리 인도와 중국까지 빠르게 퍼져나갔다. 한때 중앙아시아의 넓은 지역을 지배하고 신학 논쟁의 열기가 뜨거웠던 위구르 제국은 마니교를 국교로 채택했다. 중국에서는 마니교가 1000년 가까이 흥망성쇠를 반복하며 번성했다. 중국에서 마니는 노자의 환생으로 여겨지고 실제로 마니교는 도교와 결합되었다. 종교 박해의 여파로 마니교 수도원 4600곳과 사원과 성지 4만 곳이 파괴된 것으로 전해지지만 마니교는 이후에도 다시 부활해서 중국의 비밀결사로 변신했다.

마니는 다른 종교들이 한 국가와 연결되고 한 가지 언어로만 표현된다고 지적하면서 그가 제시하는 새로운 종교는 모든 국가의 모든 언어로 된 모든 신앙을 통합하고 비록 불화가 생기더라도 각지의 전통과 더 나아가 신앙에도 적응할 것이라고 말했다. 그는 기독교와 불교와 그노시스교와 조로아스터교 사상을 엮어서 세상이 어떻게 지금의 혼돈에 이르렀는지에 관한 극적인 신화를 만들었다. 중동에서 마니는 예수의 사도를 자처했다. 인도에 다녀와서는 환생에 관한 교리를 채택했다. 이란에서는 이란의 신들을 편입시켰다. 그는 오랜 세월에 걸쳐 세상을 돌아다니면서 왕과 각종 공동체를 그의 대의로 끌어들였다. 마니교만큼 유연한 종교는 없다. 오늘날 홍콩과 상하이의 은행 경영진이 스스로를 국제적인 동시에 지역적인 사람들이라고 주장하면서 세계 각지를 돌아다니며 가는 세로줄 무늬 정장 대신 시장거리의 품이 넉넉한 겉옷이나 기모노나 인도의 사리로 때에 맞춰 옷을 갈아입는 격이었다.

마니는 비관주의자와 낙관주의자 모두의 관심을 사로잡는 법을 알았다. 마니는 신이 전능한 존재가 아니라서 천사들이 아무리 애써도 선과 악의 갈등을 해결할 수 없다고 말했다. 악은 탐욕에서 나온다. 악과 싸워봤자 소용이 없다. 그는 세상이 끝날 때까지 전쟁과 갈등과 빈곤이 사라지지 않을 거라고 예언했다. 하지만 그는 도피처를 제시했다. 아름다움과 관대함, 비폭력, 채식주의, 소박한 삶이 그것이었다. 마니교는 소박함을 추구하면서도 세계 각지로 퍼져나가면서 부유해졌다. 마니교로 개종하는 사람들은 매년 한 달이나 지속되는 단식 같은 종교의식은 물론이고 마니의 가르침에 감화해서 개종한 것이 아니었다. 마니는 탐미주의자였다. 복음을 전하는 일만이 아니라 문학과 순수미술에도 관심을 쏟았다. 그는 과거 종교개혁가들의 문제는 설교만 하고 책을 쓰지 않았다는 데 있다고 말했다. 그래서 책을 일곱 권이나 썼다. 삽화도 직접 그려 넣어서 일곱 번째 책은 그림으로만 구성했다. 그는 자서전도 쓰고 훌륭한 서체도 고안하고 표지에 금박을 입혀서 책을 완벽한 예술품으로 만들었다. 아름다움을 향한 그의 열정은 이후 모든 종교 서적의 전통이 되었다. 현재 그의 모국에서 그는 위대한 예술가로 기억되고 이교도라는 고대의 명성은 퇴색했다. 마니는 음악과 그림에도 몰두해서 종교의식에 관현악단을 동원했다.

마니는 어둠의 악과 싸우기보다 세상에 빛을 퍼뜨리는 데 관심이 많았다. 그의 제자들의 포교 방법에 관해서는 그의 제자인 안티오크의 율리아Julia of Antioch라는 여인에 관한 필사본으로 전해진다. 기록에 따르면 율리아는 400년경에 젊은 여자 둘과 젊은 남자 둘을 데리고 팔레스타인의 가자로 이주한 여인으로, 아름답고 겸손하고 온화했다고 한다. 율리아는 집집마다 돌아다니면서 사람들을 만나 기도를 해주고 사람들을 집으로 초대하기도 하고 가난한 사람들에게 봉사하면서 사람들을 개종시켰다. 그러자 다른 종교인들의 분노를 샀다. 다들 율리아가 성대한 연회를 열고 술판을 벌인다고 비난했다.

어떤 사람들은 새로운 종교의 탄생을 기존 종교에 대한 도전으로 받아들인다. 마니교는 어떤 종교와도 느슨하게 연대할 준비가 되어 있었지만, 종교를 경계가 확실한 공동체이자 외부인은 온전히 이해하지 못하는 진리라고 믿는 사람들에게 반감을 샀다. 마니의 적들은 그를 잡아들여 옥사시켰다. 일설에는 산 채로 가죽을 벗겼다고도 전해진다. 마니교는 마니의 사후 수 세기 동안 모든 기성 종교(조로아스터교, 이슬람교, 기독교, 유교)의 지도자들에게 막강한 경쟁 세력으로 간주되었다. 이들은 세상에서 마니교의 흔적을 말끔히 지워나가는 데 성공했다. 최근에 들어서야 이집트와 투르키스탄에서 사라진 기념비와 조각상이 발견되었고, 마니를 모략한 세력들이 감춰둔 비밀이 하나씩 드러나기 시작했다.

종교가 달라도 서로 간섭하지 않는 교외의 이웃들처럼 공존할 수 있다는 마니의 생각은 오늘날 미국의 대다수 사람들의 신념과 거의 유사하다. 1920년에는 미국 기독교인의 94퍼센트가 기독교만이 진실한 종교라고 답했지만, 현재는 25퍼센트만 그렇게 생각한다. 아이젠하워 대통령은 "우리의 정부는 뿌리 깊은 신앙의 토대 위에 세워지지 않는 한 의미가 없다. 그것이 어떤 신앙인지는 중요하지 않다"라고 말했다.

하지만 이런 태도에 격분하는 사람도 많다. "내가 믿는 종교만이 신에게 이르는 유일하게 진실한 길"이라고 믿는 사람은 (한 여론조사에 따르면) 사우디아라비아인의 79퍼센트, 한국 기독교도의 65퍼센트, 인도 이슬람교도의 49퍼센트, 개종한 미국인의 42퍼센트, 인도 힌두교도의 37퍼센트, 이스라엘 유대교도의 33퍼센트, 한국 불교도의 31퍼센트, 페루 가톨릭교도의 25퍼센트, 러시아 정교도의 24퍼센트, 미국의 주류 개신교도의 16퍼센트, 미국 가톨릭교도의 15퍼센트다. 좀 더 현실적인 차원으로 들여다보면 이슬람교도와 힌두교도와 유대교도의 3분의 2 정도가 종교가 다른 사람과의 결혼에 반대한다. 그러니 종교 간의 합의는 아직 요원해 보인다.

'이단'이 의미하던 것

바하이교(1844년 창시)가 단일한 세계 종교를 만들기 위해 기존의 대다수 종교를 인정하고 차별과 불평등을 막는 현대적인 프로그램을 채택하자, 다른 종교들은 바하이교가 예언자의 신성한 계시를 기반으로 별개의 종교를 자처한다는 이유로 배교자로 규정하고 박해했다. 바하이교는 시아파에 기원을 둔 종교이므로 이슬람교에 대한 배교였다. 이제는 종교를 단일하고 획일적인 세력으로 말하지 않는 편이 나을 것이다. 종교마다 각기 다른 목소리를 내기 때문이다. 유네스코도 종교에 관한 48가지 정의를 열거하면서 '종교'를 정의할 수 없다고 선언했다. 1893년에 발족한 세계 종교의회World Parliament of Religions는 유엔처럼 각 종교의 독립성을 인정한다.

따라서 종교가 불안하고 혼란한 삶에 확실성을 제공하는 데 목적을 둔다고 해도 아직은 더 많은 종교전쟁과 갈등이 일어날 수 있다. 하지만 나는 확실성과 의심의 역사를 들여다보던 중 새로운 가능성을 발견했다. 초창기의 종교들은 절대적으로 정의된 신앙이 완벽히 받아들여지기를 기대하지 않았고 실제로 그렇게 되지도 않았다. 예수 사후 일부 기독교도들은 유일신을 믿었지만 일부는 두 가지 신을 믿고 또 일부는 서른 가지 혹은 365가지를 믿었다. 신앙의 개념 자체가 지금보다 훨씬 느슨해서 확신과 확실성을 함축하지 않았고 지적 동의보다는 정서적 애착을 의미했다. 교리creed는 원래 내 마음을 주고 사랑한다는 뜻의 'cor do'에서 나왔다. 성서는 원래 영웅담 모음집으로서 가치가 있었고, 여러 가지로 해석되는 우화로서 일관된 메시지를 전하는 것도 아니었다. 초기 유대교 랍비들은 성서에서 지속적인 토론과 발전을 끌어내는 전통을 정립했다. 이를테면 유대교도 두 명이 만나면 적어도 세 가지 의견이 나온다는 속담이 그런 전통을 말해준다. 중세 기독교 설교자들은 성스러운 이야기를 개인의 영적 여정의 출발점으로 삼았다.

14세기에 마드하바 아차르야Madhava Acharya가 쓴《모든 추측의 개론서Compendium of All Speculations》는 그때까지 알려진 모든 신학과 무신론을 공평한 시각으로 기술한 책이다. 인도인들이 적어도 한동안은 양립 불가능해 보이는 개념들을 통합하면서 오직 진리만 담은 개념은 없다고 믿었다는 사실이 드러난다. 이단이라는 개념은 서서히 발전했다. '이단heresy'은 원래 선택을 뜻하는 말로, 비난의 의미는 없었다. 그러다 신학자들에 의해 점차 논쟁이 비난으로 변질되었다. 불일치는 지적이고 영적인 생명력을 얻는 기회가 아니라 조화를 깨뜨리는 위협으로 간주되었다.

이때부터 교회는 점차 비판적으로 변해가면서 새로운 진리를 발견해서 새로운 교리를 내놓는 것이 아니라 신도들의 화합을 깨뜨리는 목소리를 억압하기 위해 새로운 교리를 선포했다. 교회는 간혹 모든 군벌을 제거하려는 절대군주처럼 파문을 무기로 정통 교리에의 절대복종을 강요했다. 교회는 또한 과학적 질문에 대응하기 위해 하느님을 다르게 상상해서 정확성을 기하려고 시도하기도 했다. 이를테면 하느님을 설명하기 어려운 불가해한 존재가 아니라 뭐라 규정할 수는 없지만 생명보다 더 큰 존재로서 정확히 명령하신다고 상상했다. 종교는 원래 시적이었으나 공격을 받자 시가 아닌 산문이 되었다. 종교는 과학과 같은 링에 오르기로 하면서부터 몰라보게 달라졌다.

종교 간 '동거'의 전통

물론 성서는 항상 신앙의 기반이었다. 하지만 성서는 해석해야 하고, 학자마다 의견이 다를 때가 많다. 따라서 역사적으로 종교에는 불확실한 요소가 많았다. 예를 들어 중세 이슬람에서는 '다섯 교파'가 제각각의 방법론으로 율법을 해석하고 각기 다른 이슬람 세계를 지배했다. 다섯 교파의 차이는 적대적이기보다는 유익한 것으로 간주되고 '다름의 윤리adab al-ikhtilaf'에 의해 보호받았다. 학문은 논쟁과 독창성과 독자적 추론ijtihad를 의미했다. 가장 유명한 이슬람 신학자인 이맘 알하라마인 알주와인Imam al-Haramayn al-Juwayn, 1028~1085은 "샤리아(코란에 기초한 이슬람 율법)의 질의의 목적은 올바른 결과에 도달하는 데 있는 것이 아니라 질의 자체에 있다"라고 말했다. 오늘날 과학자들이 하는 말과 같다.

터키 카파도키아의 기독교 주교였던 니아사의 그레고리Gregory of Nyasa, 335~394는 아직 정통 교리가 훨씬 적은 시대에 살아서 정통 교리에서 벗어나는 것에 놀라지 않았다. 그는 신자들에게 선한 삶의 모범을 과거에서 끌어오지 말고 주위에 아는 사람들 중에서 선택하라고 가르쳤다. 그는 일부러 여러 가지로 해석될 수 있는 책을 썼다. 성서에도 사람들이 스스로 생각하게 만드는 생산적인 모호성이 담겨 있다고 믿었기 때문이다. 종교의 교리는 아직 확립되지 않았다. 그레고리는 그의 누이인 마크리마의 전기를 쓰면서 인간이 부활하면 그때는 "남자도 여자도 아닐 것"이라고 주장하면서 마크리마에게 남성적 미덕과 여성적 미덕을 모두 부여했다. 콘스탄티노플의 데모필루스Demophilus of Constantinople, ?~386 주교는 《마태복음》에서 "한 도시에서 박해받으면 다른 도시로 도망쳐라"라는 구절을 인용하여 그레고리 주교의 주장에 반박했다. 최근 연구에서는 초기 기독교에는 중앙의 명령이나 규제에 따르지 않는 가족이나 씨족이 예배를 주관하면서 기독교에 통일성을 부여하려는 주교들의 시도에 반발한 것으로 나타났다.

따라서 격렬한 종교 분쟁이 지속되긴 했지만 종교 간의 경계는 지금만큼 뚜렷하지 않았다. 예를 들어 중국에서는 한동안 유교와 도교와 불교가 공식 사상으로 인정받았다. 세 사상이 서로 경쟁하지 않고 각기 다른 영역의 사상으로서 나란히 가치를 인정받았다. 유교는 나라를 다스리는 일에 관해 가르침을 주고, 도교는 개인의 불안을 달래주며, 불교는 개인의 해탈을 약속해서 모든 계급이 대규모 축제 안에서 한데 어우러지게 해주었다. 시골에서 고아로 태어나 글도 모르고 학식 있는 상류층의 철학에는 문외한이던 명나라 태조太祖, 1328~1398는 세 사상 모두 평화를 지키고 개인의 영달을 꾀하는 데 도움을 준다고 생각했다. 한편 중세 스페인에서는 기독교도와 이슬람교도와 유대교도가 한데 어울려 살았고, 한동안 어느 정도 평화롭게 '동거convivencia'하면서 박해와 관용이 혼재되기도 했지만 농업, 시, 노래, 학문에서 라틴어와 아랍어의 이중 언어로 눈부신 성과를 이루었다.

18세기에 영국 국교회는 개인에게 신앙을 묻는 행위를 금지하고 광교회broad church[영국 국교회 가운데 자유주의적인 신학 경향을 보이던 교파]로 발전했다. 그리고 하느님은 오로지 도덕적 행위에만 관심이 있다면서 예배와 교리와 교회 구조 같은 세세한 부분에는 '무관심'할 것이라는 입장을 고수했다. 미국에서 가장 유명한 설교자인 헨리 워드 비처Henry Ward Beecher, 1833~1887는 자선이 신앙보다 중요하고 비정통파를 배척하는 행위는 조금도 기독교적이지 않다고 설파했다. 인류는 나날이 '관용적'이 되어간다고 자부할지 몰라도 사실 성스러움을 발견하려는 오랜 전통을 잃고 있다.

종교가 변질되는 순간

가장 널리 퍼져 있는 종교, 이른바 대중 종교는 어느 시대든 형이상학적 차이에는 크게 관심을 두지 않고 삶의 불안과 질병, 불행, 가난, 굶주림에 주목했다. 3000년 동안 변함없이 이어진 이런 관심사를 잘 보여준 예를 중국에서 찾을 수 있다. 중국에서는 어떤 사상이 유행하든 고대의 재신財神을 변함없이 숭배해서 집과 건물의 입구에 재신의 조상彫像을 세워놓는다.

중국에는 현재 수많은 사찰이 재건되었다. 새로운 신학이나 과거의 신학을 설교하기 위해서가 아니다. 생존을 위한 싸움을 지원하고 동면에 든 민속학적 관습을 다시 깨우고 농촌의 상부상조의 이상을 다시 내세우고 축제를 조직하고 학교를 세우고 지역 관리들의 뇌물수수를 조장하며 지도자 자리를 두고 싸우고 종교도 일종의 장사라는 면에서 돈을 받고 점과 굿 같은 서비스를 제공하는 공간이다. 중국 북부의 인구 500만 명이 사는 한 지방(산베이)에서 최근에 사찰이 만 곳 이상 재건된 것도 바로 이런 이유에서였다.

마찬가지로 다른 종교로 개종한 미국인의 절반이 신앙이 바뀌어서가 아니라(이런 이유로 바꾼 사례는 18퍼센트에 불과하다) 다른 종교를 믿는 배우자와 결혼하거나(37퍼센트) 다른 도시로 이사하거나 새로운 친구들을 사귀어서(25퍼센트)였다. 교회를 상부상조의 공동체로 여기는 사람이 많다. 젊은 미국인들에게 종교가 어떤 의미인지 물어보면 대부분 어려운 일이 생길 때 도움을 요청하는 곳이라고 대답하고, 사람들을 행복하게 만들어주는 것이 진정한 종교라고 덧붙인다. 하지만 제아무리 대중 종교라고 해도 기대치가 높아지면 종파주의에 빠지고 불평등한 관행이 횡행하면서 정당성을 잃고 소박한 번영과 존중조차 실현 불가능해 보이게 된다. 불만이 폭발할 지경에 이르면 더 이상은 종교가 아니라 분노에 찬 정치운동으로 돌변한다.

믿는 자와 믿지 않는 자의 갈등은 대개 종교가 권력과 통제의 수단으로 변질되는 시기에 발생한다. 종교에 대한 적대감은 주로 초자연적이고 신비한 문제에 관한 다툼에 기인하는 것이 아니라 다른 모든 사람에게 행동양식을 강요하는 종교인들의 오만이나 타락이나 위선에 대한 반발로 나타났다. 정부는 종교를 이용해서 국민을 복종시키고 기업의 경영자들은 종교를 이용해서 직원들에게 더 열심히 일하도록 부추겼다. 심지어 종교는 애국심과도 결탁해서 국가 간의 갈등을 조장했다. 그러나 이런 식의 조작은 사람들에게 종교에서 도피처를 찾고 세속의 권력이 주지 않는 것을 종교에서 구하도록 부추겼다. 일례로 인도에는 예배당이 250만 곳이지만 병원은 7만 5000곳에 불과하다.

세계의 종교는 혁명에서 출발했다. 예언자들은 모두 대중의 도덕적 해이와 부자와 권력자들의 타락에 반발한 반란자였다. 그들은 모두 세상을 바꾸려 했다. 하지만 메시지는 일단 제도에 들어가는 순간 그 메시지의 창시자들이 알면 경악할 만큼 완전히 다른 모습으로 변형된다. 종교가 부유하고 막강해지는 사이 열정이 안주로, 용기가 타협으로, 이상주의가 타락으로 변질될 수 있다. 대다수 종교는 귀족이나 부자와 타협하면서 평등과 겸손을 설교한 적이 있다. 하지만 성공이 영성의 이상적인 짝은 아니다. 그래서 거의 매일같이 새로운 종파와 분립, 이단과 해석이 나타나는 것이다. 모두 작은 혁명으로서 아직 이루지 못한 이상을 일깨우는 장치다.

서로의 신앙에 진 빚

신앙을 근거로 사람들의 행동을 예측하는 것은 불가능하다. 북아일랜드에서 가톨릭과 개신교의 격렬한 종교전쟁 이후 처음으로 그들이 믿는 종교에 관해 얼마나 알고 있는지 알아보는 조사가 이루어졌다. 응답자의 대다수가 제1계명을 말하지 못했고(16~24세의 17퍼센트, 그 이상의 세대에서는 46퍼센트만 알았다), 젊은층의 21퍼센트와 65세 이상 노년층의 54퍼센트만 복음서가 네 가지라는 사실을 알고 있었다. 미국인의 절반만 네 가지 복음서 가운데 하나라도 이름을 댈 수 있었고, 미국인의 4분의 1 정도가 기독교도라고 자처하면서도 환생과 점성술을 믿었다. 반세기 동안 무신론을 교육한 중국에서는 소수의 사람들만(8퍼센트) 종교를 믿는다고 밝혔지만 대다수가 종교적 관행과 신앙을 가지고 있고, 44퍼센트는 삶과 죽음이 하늘의 뜻이나 운명에 달려 있다고 믿고, 56퍼센트는 '종교 체험이나 영적 체험이나 환각'을 경험한 적이 있는데, 이것은 미국인(49퍼센트)보다 높은 비율이다. 불교도라고 대답한 사람은 4퍼센트에 불과하지만, 27퍼센트가 부처에게 기도를 올리고 4분의 3이 한때는 불교도였지만 지금은 아니라고 밝혔다. 나처럼 가정이나 학교에서 종교에 관한 가르침을 받은 적이 없고 성인이 되어서야 종교에 관심을 갖기 시작한 사람이, 초등학교부터 종교를 교육받고 자기네 예언자 외에는 아무데도 관심을 갖지 못하게 가르치는 교육을 받은 사람보다 불리한지는 모르겠다.

종교는 언제나 안식처가 되어주고 일상의 혼란을 막으려고 노력하지만 항상 추세와 유행에 휩쓸린다. 기존의 종교 교리는 기이한 출처에서 나온 새로운 치료법과 영적 기법으로 보완된다. 저항문화가 부지불식간에 교회에 스며든다. 고대 전통을 보존하는 것을 목표로 삼은 교파조차 저항문화를 흡수하기 위한 새로운 방법을 모색하고 있다. 고대 그리스와 로마인들이 제국이 쇠망하자 동방의 무수한 종파와 신비주의 종파에 심취했듯이 절망에 빠진 사람들은 이국적인 신앙에서 확신을 구하려 한다. 중세 일본인들은 세상이 어수선할 때 새로운 종교운동에 의탁했고, 오늘날에도 여전히 그때와 같은 움직임이 일어나고 있다. 12세기 일본의 한 시인이자 음악가는 "모든 인간의 노력은 어리석고 헛되다"라고 말하면서 도시에서 벗어나 자연을 숭배했다. 한편 사기가 꺾인 사무라이들은 다도茶道를 영적 의식으로 발전시켰고, 무기를 수출해서 돈을 벌던 상인들은(일본은 한때 최고의 무기 교역국이었다) 불교를 단순하고 임시방편의 구원을 보장하는 종교로 재편해서 양심의 가책이나 청빈의 요구로부터 스스로를 해방시켰다. 현대에도 일본은 전자제품이나 자동차만 만드는 나라가 아니라 신흥 종교의 주요 제조국이다.

거의 매년 신흥 종교가 출현해서 수백만 명의 추종자를 끌어들이고 최초의 발흥지에서 멀리 떨어진 대륙까지 퍼져나간다. 현재 세계에는 4200가지 종파가 존재하지만 같은 종파 안에서도 다시 여러 종파로 갈라진다. 브라질이나 멕시코나 필리핀에 사는 누군가를 단순히 로마 가톨릭 신자라고 말한다면 각국의 로마 가톨릭에 잔존하는 아프리카 문명이나 아즈텍-마야 문명이나 말레이-폴리네시아 문명의 유산을 얼버무리는 셈이다. 현재 영국인 성공회 신도 수를 능가하는 나이지리아의 신도들은 필그림 파더스Pilgrim Fathers(1620년에 메이플라워호를 타고 아메리카 대륙으로 건너가서 플리머스에 정착한 영국의 청교도단)의 엄격한 도덕관을 부활시킨다. 아프리카의 많은 기독교도는 현재 그들의 사회가 고대 히브리인들의 사회와 유사하다고 믿고 구약성서에서 영감을 얻는다. 이들은 아프리카의 이슬람교 도들과 마찬가지로 성서를 암송하는 데 몰두하면서 과격한 사회 정의의 열망을 부활시키려 한다. 피지의 감리교도들은 존 웨슬리John Wesley, 1703~ 1791〔영국의 신학자이자 감리교의 창시자〕의 예배의식을 따르는 데서 만족하지 않고, 아이들에게 '교회의 길'만이 아니라 '지상의 길'도 가르친다. 페루의 개종한 원주민들은 선교사들이 가르쳐준 사실을 망각하고 그들이 '원래부터 기독교도였다'고 주장한다. 식민지의 피지배자들이 개종한다고 해서 식민주의자들이 생각하는 것만큼 그들의 흔적이 영구히 남는 것은 아니다. 여성들의 여권 투쟁은 서서히 고개를 드는 여성 혐오의 공격을 받는다. 유럽의 종교의식이 줄어든 자리에는 세상에서 가장 오래된 종교인 환경에 대한 열렬한 관심이 들어선다. 동시에 종파가 동적이거나 정적이고, 공격적이거나 방어적인 단계를 거치는 사이 신자들의 동기도 다채로워진다.

종교는 사방에 벽을 둘러쳐서 일관성을 지키고 이방인을 배척하지만 과거 수 세기 동안 스스로 변화할 수 있다는 사실을 입증했다. 오늘날 결혼과 낙태와 동성애처럼 일각에서는 결코 타협하지 않는 문제에서도 과거의 종교는 사뭇 다른 입장을 취했다. 하지만 종교들이 코란의 저 유명한 경고("우리가 너희를 남자와 여자로 만들고 너희에게 국가와 부족을 만들어준 것은 너희가 서로를 알게 하기 위함이다")를 외면하는 이유는, 그들이 서로를 한 덩어리의 조직으로만 바라보고 다양한 견해와 기질을 가진 개인의 집합으로 생각하지 못하기 때문이다. 자기 종파뿐 아니라 다른 종파에도 관심을 가진다면 서로를 적대시하는 데 에너지를 쏟지 못할 것이다.

종파들이 서로에게 진 빚을 많이 알아볼수록 개인들이 종교에서 무엇을 구하려고 하는지 이해할 가능성도 높아진다. 고대 이집트의 얼핏 기이해 보이는 신앙이, 불멸은 파라오만의 것이 아니라 모두의 것이라는 결론에 이른 순간 더 이상 내게도 무관하지 않은 종교가 되었다. 덕분에 나는 불멸이 생존과 별개로 다른 무엇을 의미할 수 있고, 개인이 죽어서 인류에 무엇을 남길 수 있는지 고민하게 되었다. 십계명 중 일곱 가지가 고대 이집트 문헌에서 차용된 사실을 알고는 사소해 보이는 변형으로 인해 신앙이 어떻게 달라질 수 있는지 살펴보게 되었다. 유대교의 현자 힐렐Hillel(예수와 거의 동시대 인물)이 그의 신앙을 한마디로 "내가 원하지 않는 일을 남에게 베풀지 마라. 이것이 유대교 율법의 모든 것이며 나머지는 주석에 불과하다"(공자의 황금률과 정확히 일치한다)라고 말한 사실을 알고서는 보편적인 세계 공통의 윤리를 만들려는 시도가 왜 모두 실패로 돌아갔는지에 대해 성찰하게 되었다. 이스라엘인들이 유일신교를 채택한 사건(역사상 가장 중대한 사건 중 하나)에서는 뜻밖의 결과를 발견했다. 이스라엘에서는 원래 다신교의 고대 그리스인들이 믿던 신의 여성 배우자처럼 하느님의 여성 배우자를 믿고 여사제가 존경받는 공적 지위를 차지하고 영향력을 행사했지만 유일신교를 채택하면서 여성의 존재를 포기했다는 점이다. 예언자 마호메트가 유대인과 기독교인들에게 통일된 개혁 종교에 대한 동의를 얻으려 한 노력이 묵살되지 않았다면 역사가 어떻게 달라졌을지 생각해보는 것도 유익하다.

서로에 관한 지식은 문명의 충돌에 대한 한 가지 해답이 될 수는 있지만 해답의 절반이나 3분의 1에 불과하다. 지식은 항상 의심과 불확실성에 의해 제약을 받고 의심은 아직 만족할 수준에 이르지 못했다. 그리고 지식은 음식처럼 누가 요리하고 어떻게 상을 차리고 식사하는 당사자가 그동안 어떤 음식을 먹어왔는지에 따라 맛과 모양이 달라진다. 가공되지 않은 지식은 없다. 지식을 요리하고 먹는 행위는 아마 가장 어려운 기술일 것이다.

나는 여러분의 종교가 무엇인지 묻지 않을 것이다. 그보다 이렇게 묻고 싶다. 당신은 당신의 믿음을 어떻게 실천하는가?

10장
/
편견은
어떻게 극복할 수
있을까

지식을 습득하는 것은 스스로에게 반박하는 과정이다. 양립 가능성은 두 사람을 평온하게 만들 수 있지만, 양립 불가능성은 두 사람을 반짝이고 빛나게 만들어줄 수 있다.

❖

 태초부터 인간은 스스로를 다른 동물과 구별해주는 자질에 자부심을 느끼면서도 다른 한편으로는 삶에 엄청난 혼란을 야기하는 이런 인간의 고유성을 어떻게 다루어야 할지 확신하지 못했다.

  "당신의 종교가 무엇입니까?"
  "모든 양식 있는 사람의 종교입니다."
  "그래서 어떤 종교입니까?"
  "양식 있는 사람이라면 절대로 말하지 않습니다."

 이와 같은 침묵의 전략을 지지한 샤프츠버리 백작Earl of Shaftesbury, 1621~1683 은 왕에게 저항하다가 처형당할까 봐 겁내지 않고 미개척지인 캐롤라이나를 식민지로 만드는 임무도 마다하지 않고 두려움 없이 위험을 무릅쓴 정치인으로 살다가 결국 대역죄로 재판을 받았다. 이렇게 거침없이 살아온 그조차 임종에 이르러서야 겨우 용기를 내어 예수는 신이 아니라고 생각한다고 고백했다.
 유럽이 종교전쟁으로 초토화되고 일부 지역에서는 인구의 절반이 살상당하는 비극이 모두 신의 이름으로 자행되던 시대, 가톨릭 종교재판으로 약 15만 명이 '이단'(그 시대의 테러리스트)으로 박해받던 시대, 기독교의 여러 종파가 대립하고 서로를 악마의 전령으로 간주하면서도 네 이웃을 사랑하라고 설교하던 시대였다. 그런 시대에 개인의 생각을 밝히는 것은 위험한 일이었다.

개인에게 종교를 선택하고 표명할 자유를 주는 것은 불일치에 대한 지속적인 박해에서 벗어나는 유일한 길로 보였다. 미국 헌법에 이런 개념이 명시되어 있고 다른 국가들도 미국의 선례를 따르기는 하지만 이것이 완벽한 해결책으로 입증된 것은 아니다. 종교뿐 아니라 기타 갖가지 열정으로 자행되는 대량학살이 여전히 세상에 재앙을 몰고 온다. 관용만으로 서로에 대한 무지나 경멸이 사라지는 것도 아니다. 생각이 다른 사람들이 물리적 공격을 받지는 않더라도 이해받지 못한다는 사실에 분개한다. 시대마다 집단마다 묻거나 언급하지 말아야 할 것이 있다. 박해받지 않는 것은 시작일 뿐이다. 무관심에 둘러싸이는 것은 독방에 갇히는 것과 같을 수 있기 때문이다.

불일치라는 원동력

물리적 차이를 언어적 차이로 대체하고 싸움을 대화로 대체하는 방법은 훌륭한 돌파구였다. 하지만 민주주의 제도에서 양당의 설전은 승자가 적을 패퇴시키는 군사 전통을 영속시키고, 민주주의를 만든 아테네인들이 바라던 이상, 곧 누구도 패배감을 느끼면 안 되고 과거의 상처를 잊고 용서해야 하며 남을 짓밟고 승리하는 것은 화합으로 갈등을 해소하지 못하는 무능의 상징이라는 이상은 여전히 실현되지 않았다. 민주주의에서 승인한 법이 널리 확산되는데도 여전히 탐욕과 오만이 넘쳐나고 국가는 내부 갈등으로부터 주의를 분산하기 위해 전쟁을 일으킨다. 갈등은 어느 집에나 들어가고 가장 높은 담도 뛰어넘고 어떤 문으로도 막아지지 않는 불가피한 악이라고 말한 솔론Solon, 기원전 638-558의 우울한 결론에서 민주주의는 크게 발전하지 못했다.

개인적인 차원에서 화합하지 못하는 생각의 충돌을 막는 방편으로 예의가 발전했다. 예의는 사회적 관계에 고상함을 더해서 친절을 드러내는 새로운 길을 제시했다. 하지만 예의를 진지함과 결합할 방법, 이를테면 일부러 속일 의도는 아니지만(순진한 사람만 속아 넘어간다) 거친 현실을 가리기 위해 거짓말을 주고받는 일종의 게임이 되지 않게 할 방법이 있는지는 모르겠다. 전쟁을 선포할 때도 예의를 갖추라는 비스마르크의 조언에는 사실 예의의 한계가 드러난다. 예의를 갖춘다고 해서 공적인 세계와 사업의 세계에서 여전히 보상받는 공격성에 대한 존중이 줄어들지는 않는다는 뜻이기 때문이다.

그러나 불일치를 해소하려는 모든 시도에도 불구하고 나날이 교육이 확산되고 비판 능력이 날카로워지는 사이 불일치는 여전히 심해진다. 하지만 불일치가 질병은 아니다. 불일치는 단순한 충돌이 아니라 인간을 다른 모든 동물의 상위에 올려놓는 원동력이다. 인간은 생각하고 추론한다. 타인에게서 나와 다른 지점을 발견할 때 우리는 자신의 생각을 점검하고 언어로 표현하며 새로운 질문을 발견한다. 이러한 차이와 자극이 없다면 새로운 성찰도, 진리에 대한 탐구도, 열띤 토론도 사라질 것이다. 진부한 말만 되풀이하지 않도록 설득할 근거도 없어지고, 개인의 취향과 경외감을 넓혀주는 자극도 얻지 못한다. 적어도 어떤 불일치는 에너지의 원천이 된다.

동양, 가장 오래된 편견

개인의 차이가 공적인 불일치보다 더 큰 혼란을 야기할 수도 있다. 공적인 삶에서는 적과 전쟁을 벌이고 권력과 특권을 두고 다투기도 하지만, 사적인 삶에서는 첫인상을 오해해서 우정이 시작되기도 전에 싹을 잘라버리는 경우가 비일비재하고, 자존심에 난 상처가 영영 치유되지 않는 상흔으로 남기도 하며, 시기와 불안으로 스스로 가혹한 감금 상태에 머무는 일도 많다. 이런 모든 현상을 불가피한 것으로 생각해야 할까?

가장 오래된 불일치 중 하나는 동양과 서양의 불일치다. 이것은 오해와 불신에서 벗어나지 못하는 두 사람의 관계의 원형이다. 갈라진 동서양을 연결하려고 과감히 앞장선 사람은 바로 비유럽인으로 최초로 노벨 문학상을 수상한 라빈드라나트 타고르Rabindranath Tagore, 1861~1941다.

타고르는 왜 "다양한 인종과 종교와 과학이 융합하지" 못하는지 의문을 품었다. 그리고 모든 인간은 내면에 신성한 존재를 담고 있지만 이기심과 자기애로 인해 타인에게 무엇을 해줄 수 있는지 깨닫지 못할 뿐이라고 말했다. 자연과 문학, 시와 노래에 대한 사랑으로 하찮은 집착에서 벗어날 수 있다고도 말했다. 타고르는 동양이 서양의 상상력을 넓히고 서양이 동양에 기술을 나눠주기를 희망했다. 인도는 동서양을 잇는 중재자로서 이상적인 나라였다. "인도는 사람과 사람이 사적으로 관계를 맺도록 지속적으로 시도해왔다." 인도 사람들은 친척이 아니어도 친한 사람을 아버지, 형, 아주머니라고 불렀고, 먼 친척들과 연락하고 재산이나 카스트(인도의 계급)와 상관없이 어린 시절의 친구들과 연락하는 데서 기쁨을 찾았다. "이런 유대관계는 경전이 아니라 가슴으로 규정된다. (……) 누군가를 만

나는 순간 그 사람과의 관계가 시작된다. 그래서 우리는 인간을 기계로 보거나 호기심을 발전시키기 위한 도구로 여기는 관행에 빠지지 않는다. 여기에는 단점도 있고 장점도 있겠지만 우리 나라가 살아온 방식이고 더 나아가 동양의 방식이다." 동양이 서양의 제일 좋은 점을 받아들이기만 한다면 "동서양의 결합이 과연 온전한 개성을 형성하겠는가." 왜 세계는 타고르의 말에 귀를 기울이지 않았을까?

타고르는 서양을 여행하면서 서양의 지식인들이 그의 태도에 강한 의구심을 품는다는 사실을 깨달았다. 서양인들에게 시와 노래와 상상력은 현실과 동떨어진 것이었다. 그들은 타고르의 생각을 신비주의로 치부하고 배척했다. 영국의 여성 사회학자인 비어트리스 웹Beatrice Webb은 "그는 완벽한 예의범절을 갖춘 사람이고 위대한 지성인이자 독특하고 남다른 매력을 가진 인물이다. 외모도 수려하다. 옷차림도 매우 우아하다." 하지만 타고르가 "지식인은 문제를 전혀 해결하지 못한다"라고 하거나 "모든 정부는 악하다"라고 말하면서 서양을 비판하고 힌두교 전통에 대한 그녀의 비판에 분개하자 웹은 격분했다. 웹은 결국 이렇게 말했다. "행동하는 사람들에 비해 그 자신이 가장 의롭다고 의식하는 전반적인 태도는 이런 신비로운 천재가 제멋대로 굴게 만드는 상찬의 분위기에서 생긴 것이다."

버트런드 러셀Bertrand Russell은 타고르와 대화를 나누고 이렇게 썼다. "완전히 시간낭비였다. 강이 바다와 하나가 되는 것에 관한 지극히 평범한 소리 (……) 그의 신비한 행동은 내 관심을 끌지 못했고, 나는 그가 좀 더 직접적으로 행동하기를 바랐다. 유연하기는 하지만 모호한 태도로 말해서 단도직입적인 교류나 소통을 피하려 한다는 인상을 받았다. 그의 신비주의 세계관은 자연히 금언의 형태를 띠었고, 추론이 불가능했다. (……) 무한대에 관한 그의 잡설은 알쏭달쏭한 헛소리였다."

한편 타고르는 러셀의 케임브리지 강의실을 나와서 이렇게 썼다. "나는 경청했다. 열심히 듣고 그 교수의 방법론의 특징을 이해했는데도 머릿속에 한마디도 남아 있지 않다. 다만 삶의 중요한 문제와는 하등 상관이 없고 논증으로 접근할 수 있는 사실에 대한 과학적 인식이 배제된 말이었다." 타고르의 시를 높이 평가하는 서양인들은 종종 그들에게 익숙한 것, 가령 기독교적 인본주의를 보았다. 다윈의 딸은 "전에는 불가능했지만 이제는 강력하고 온화한 예수님을 상상할 수 있다"라고 했다. 높은 명성에도 불구하고 타고르는 많은 사람에게 '우리 중 하나'가 되지 못했고, 사람들은 그를 만나고 난 뒤에도 이전의 확신을 재확인할 뿐이었다.

'인도 문화'라는 분류함

19세기 서양에서 인도 종교를 학문적으로 연구하는 데 앞장선 독일에서 타고르의 시는 원래 세계 문학이 아니라 동양의 신앙을 조명하는 작품으로 읽혔다. 그의 시는 번역을 결정한 편집자들에게 한동안 종교이지 문학이 아니었다. 타고르가 미국에서 백만장자의 상속인인 도로시 위트니Dorothy Whitney에게 연구비를 지원받으려 했을 때 위트니는 "그 시인의 생각이 선명하지 않고 차림새가 진실하지 않으며 태도가 연극적이어서" 흥미가 없다고 말했다. 그러다 남편이 타고르를 지지하자 첫인상을 극복하고 그의 비범하고 놀랍도록 다채로운 재능에 눈을 떴다.

서양인들은 타고르를 '인도 문화'라는 분류함에 넣었지만 그는 평생 그런 인식을 바꾸려고 노력했다. 그는 "나는 인도를 사랑하지만 나의 인도는 관념이지 지리적 표상이 아니다"라고 말하면서 인도의 타락과 탐욕과 "야만적인 내부의 불화"에 관한 경멸을 쏟아냈다. 타고르가 '세계 정신'을 언급할 때는 원시적인 종교를 설교하는 것처럼 보이지만 사실 그는 과학 지식과 농업 혁신을 지지하고 아들을 독일로 보내서 기술을 배워오게 하고 환경보호운동의 선구자로서 1928년에 식수기념제를 시작한 인물이었다. 외국인들에게는 그의 외모가 원시의 예언자처럼 보였지만 벵골인들에게는 그는 미래에서 온 사람이자 르네상스의 주창자였다. 그들은 모국어로 타고르의 설교를 들으면서 그의 '언어적 묘미'와 감정에 불을 지피는 강렬한 노래에 열광했다.

타고르가 분열을 넘어선 방식

타고르만큼 솔직하고 스스럼없이 자신의 감정과 희망과 모든 정신 과정을 낱낱이 드러낸 인물도 없다. 그는 음악(노래 2000곡 이상), 희곡(30편 이상), 오페라, 장편소설, 단편소설, 에세이, 시, 철학, 역사, 자서전, 여행기, 세계 각지의 강연을 통해서 감정을 드러냈다. 자기표현이 오래전부터 개인 해방의 궁극의 수단으로 인정받았다고 해서 자동으로 감수성, 곧 타인의 말을 흡수하고 그 말의 의미를 이해하는 능력을 끌어내는 것은 아니다. 자기표현은 개인의 정체성에 관심을 집중시킨다.

타고르는 다양한 방식으로 인류의 분열을 초월하려고 시도한 노력에서 독보적인 존재일 것이다. 그는 이성에 호소하면서 지적인 독자들을 위한 수준 높은 책을 썼지만 모두가 그의 생각에 동의한 것은 아니었다. 동시에 그는 시와 음악으로 감성을 건드렸다. 타고르는 그를 이해하고 싶다면 그의 전기를 읽을 것이 아니라 노래를 들어보라고 말했다. 그는 자신의 가장 큰 재능이 음악에 있고 음악이야말로 '외부 세계와 소통'하는 최선의 길이라고 믿었다. 그는 '바울Baul'의 민요에서 영감을 받았다. 바울은 수 세기에 걸쳐 수피교, 비슈누파(비슈누 신을 신봉하는 바크티교의 일파), 탄트라, 불교의 개념을 결합해서 종교적·정치적 분쟁에 아랑곳없이 힌두교와 이슬람교 모두의 가장 심원한 갈망을 노래한 떠돌이 음유시인이었다. 인도와 방글라데시가 각각 타고르의 노래를 국가로 채택했고, 대중가수들도 여전히 그의 시에 곡을 붙여 노래를 부른다. "어떤 시인이나 작곡가도 타고르만큼 언어와 음악을 동시에 거침없이 술술 뽑아내지는 못한다. 그에게서는 즉흥적으로 음악이 흘러나와서 잊어버리기 전에 누군가 재빨리 받아 적어야 했다."

그의 노래에서는 세상이 "국가의 좁은 벽으로 분열되지" 않았다. "나의 꽃봉오리에서 은은하게 그대의 향기가 난다"라는 가사에는 흐릿한 일말의 영감만 있어도 관계가 형성될 수 있다는 타고르의 생각이 담겨 있다. 그는 미래를 "마음의 두려움이 없는 곳"이라고 노래하고, "그들이 그대의 부름에 답하지 않으면 혼자 가라"고 격려했다. 하지만 그는 점차 "음악이 보편적인 언어라는 것은 터무니없는 소리"라는 결론에 이르고 동포들이 그의 노래를 온전히 이해하지 못한다고 한탄했다. 또 인도 음악에 관한 지식이 없는 서양인들은 그의 노래를 이해하지 못했다. 결국 그는 음악도 가사도 국가를 초월한 메시지를 전달하지 못하고 다양한 문화의 소통에 더 나은 수단은 대화라고 판단했다.

타고르를 존경하는 사람들도 그를 깎아내리는 사람들도 그가 중년의 막바지에 선천적으로 빨강과 녹색을 구별하지 못하는 색맹이라는 사실을 알게 될 줄은 몰랐다. 덕분에 문득 그 역시 다른 사람들을 불완전하게 보고 있다는 사실을 깨달았다. 예순 살에는 그림이 그의 본업이 되었고, 그는 그림을 통해 "나의 색깔을 다른 모든 사람의 색깔과 혼합"할 방법을 고심했다. 시로는 한 번도 붉은 꽃이나 가을 나뭇잎의 아름다움을 표현하지 못했다. 이후로는 세계의 박물관을 찾아다니면서 모든 형태의 예술(이집트의 유적과 일본의 목판화부터 영국의 수채화까지 다양한 예술을 접했지만 어디서건 원시성에 특히 공감했다)을 연구해서 "전통을 고수하기보다는 전통을 확장하고, 혈통에 얽매이지 않고 감수성을 높여서 외부의 모범을 변형해서 우리 것으로 만들되 그들이 춤추게 하는 리듬을 따르게 하고자 했다." 표현 방식은 달라졌지만 그의 생각이 바뀐 것은 아니었다. 그림은 그가 보지 못하는 것을 이해하기 위한 실험이자 낡은 대상에 새로운 의미를 부여하는 수단이었다. 그는 색맹을 떨쳐내야 할 저주로 보지 않고 '성스러운 것에 닿을' 가능성을 상징한다고 생각했다. 그는 보이는 것과 보이지 않는 것의 대비에 매료되었다. 그의 결론은 '보이지 않는 것을 찬미하는' 것이었다.

보이지 않는 것을 찬미한다는 점에서 타고르를 있는 그대로의 세계를 거부하는 이상주의자나 유심론자로 규정할 수도 있다. 현재를 미래로 대체하고 싶어하는 실용적인 사업가로 볼 수도 있고, 실제로 타고르는 그렇게 하려고 막대한 노력을 쏟았다. 그는 학창시절을 싫어해서 대학에 진학할 생각을 해본 적이 없었다. 하지만 직접 대학의 대안이 될 학교를 설립했다. 그 학교의 이름은 그리스 신화의 뮤즈에 해당하는 학습과 예술의 여신을 연상시키는 비스바바라티Visva-Bharati였다. 그는 학생들에게 인도의 문화를 소개한 다음에 아시아의 문화를 소개하고 그다음에는 서양의 문화를 소개해서 "풍부한 지식"을 넘어서 "모든 인류와 자연과의 사랑과 우정의 유대관계와 (……) 동류의식을 심어주고" 인류의 모든 예술을 미학적으로 감상해서 생동감을 얻게 해주려 했다. 수업은 고대 인도의 숲 학교의 전통에 따라 열린 공간에서 진행되었고, 서양의 현대 교육이론도 수용했으며, 공통된 학습계획서 없이 학생들이 각자 교사와 함께 학습계획을 짜게 했다. 암기와 윤리 교육 대신 "마음을 새롭게 하도록" 격려하고, 교과서에만 의존하는 것이 아니라 인근 마을 사람들과 함께 농사도 짓고 사회적으로 교류할 기회도 제공했다. "살아 있는 인간을 직접 알아가는 노력에 관한 교육"을 추구했다.

훗날 인도의 총리가 된 인디라 간디, 노벨상을 수상한 경제학자 아마르티아 센, 영화감독 사티야지트 레이 등이 타고르 학교 출신이다. 특히 레이는 타고르 학교에서 보낸 3년을 인생에서 가장 유익한 시간으로 꼽으면서 "인도와 극동지방의 놀라운 예술에 처음 눈을 떠서" 서구 문명에 대한 집착을 떨치고 그 자신이 "동양과 서양이 결합된 결실"이 되었다고 말했다. 하지만 타고르는 그의 목표를 달성하려면 우선 인도의 모든 지역 전통과 영적 전통을 통합하고 그다음에 모든 아시아가 '스스로를 알게' 해주어야 한다고 믿었다. "아시아의 정신은 아직 고정되지 않았다. (……) 아시아가 서양의 문화와 협력하기 전에 아시아의 다른 모든 문화를 통합해야 한다."

간디의 주장에 반박하다

타고르는 인도 독립투쟁의 또 다른 중요한 인물인 간디Mahatma Gandhi, 1869~1948와 가까운 사이였지만 서로 의견이 달라 자주 대립했다. 네루는 이들 두 사람만큼 다른 사람들도 없을 거라고 말했다. 단지 승려 계급인 브라만과 상인 계급인 바이샤의 충돌이나, 값비싼 예복을 걸친 말없는 귀족과 요의 하나를 걸치고 수많은 대중을 일깨울 수 있는 인물의 대립이나, 벵골과 구자라트의 대립이나, 국제주의자와 민족주의자의 대립이나, 근대화에 개방적인 입장과 마을로 돌아가자는 입장의 대립만은 아니었다.

타고르는 인도인들이 물레를 돌려 옷감을 짜는 전통으로 돌아가야 한다는 간디의 주장에 반박하면서 "물레는 누구에게도 생각을 요구하지 않는다"라고 주장했다. 간디가 인도인들에게는 우상이 필요하고 전쟁을 겪어야 평화의 소중함을 알 수 있듯이 민족주의를 거쳐야 국제주의에 도달할 수 있다고 강조할 때, 타고르는 대중이 "어린아이 취급당하고 비이성적이고 고지식한 면이 이용당하는 꼴을 차마 볼 수 없다"면서 "그것이 당장은 상부구조를 형성할 수 있을지 몰라도 토대가 약해질 것"이라고 반박했다. 또한 간디가 그리는 이상적인 인도는 현실과 동떨어진 것이라고 개탄했다. "분열이 대권을 장악하고 수많은 장벽이 우리를 분열시킨다." 그리고 이렇게 탄식했다. "나는 늘 정치 집단, 종교 집단, 사회 집단으로부터 공격을 받았다." 그는 이런 결론에 이르렀다. "인도의 수많은 종교공동체와 카스트가 함께 교육받아야만 현존하는 폭력의 정서를 물리칠 수 있다." 그러나 교육은 모든 사람을 현명하고 온화하게 길러내지 못했고, 고등교육을 받은 사람들 사이에는 무의미한 다툼이 끊이지 않았다. 그리고 유럽과 아시아의 학생들이 그의 바람대로 인도의 풍부한 사상을 원대하고 보편적으로 결합하려는 열망을 품고 그의 학교에 몰려들지 않았다.

타고르는 "자유가 자라는 역사는 인간관계가 완성되는 역사"라고 주장했지만 사석에서는 솔직히 그 목표에 도달하지 못할 거라고 고백했다. "당신들은 내가 짊어진 고독의 무게를 알지 못할 것이다. (……) 나는 본래 사교적이지 않고 친밀한 관계를 견디기 힘들어 하는 사람이다. 사방이 넓게 트이지 않으면 나는 마음을 열어서 정신적으로 기지개를 켜지 못한다. (……) 친구들이 용건이 있어 나를 찾아올 때 내가 만나줄 짬이 나지 않는다고 말하면 다들 나를 오만하다고 비난했다. 결국 친구들을 거의 다 잃었다. 나는 이런 일로 자주 고통을 당해서 우정이라는 새로운 선물이 내게 다가올 때마다 신경이 예민해진다." '자연과의 교감'에서 얻는 위안만으로는 충분하지 않았다. 그는 열 살짜리 신부와 얼굴도 못 본 채 결혼했는데, 세월이 흘러 부인에게 이렇게 썼다. "부인과 내가 우리의 모든 일과 모든 생각에서 동지가 될 수 있다면 아주 근사할 테지만 우리가 바라는 것을 모두 이룰 수는 없소." "내가 가족과 맺은 관계는 그림자가 되었소. 누구도 나의 가족이라는 것에 속한다는 이유만으로 나에게 호의적인 것은 아니오." "내 마음은 방랑자라오. (……) 누구도 내 발에 족쇄를 채울 수는 없을 게요." 명성은 그를 더 고독하게 만들 뿐이었다. "나의 시장가는 치솟았지만 나의 개인적인 가치는 모호해졌소. 나는 끈질기게 따라다니는 고통스러운 욕구를 안고 이 가치를 실현하려 하오. 이것은 오직 여인의 사랑으로 얻을 수 있는 것으로, 나는 오래전부터 내가 그런 사랑을 받을 자격이 있는 사람이 되기를 바라왔소." 그러나 그는 여자의 소유물이 될까봐 두려운 마음에 그를 사랑하는 여자와 거리를 두었다.

타고르의 동반자

하지만 타고르는 영국인 조수 레너드 엘름허스트Leonard Elmhirst, 1893~1974 와 오랜 친분을 유지했다. 그의 나이의 절반밖에 안 되는 엘름허스트는 타고르의 권위 너머의 숨은 면모를 발견하고 당장 그에게 끌렸다. "그의 두 눈은 장난기 어린 유머감각으로 형형했다. 신비로운 현자의 모습이 아니었다. 제자를 끌어모으는 사람이 아니라 지극히 인간적인 사람이었다. (……) 그의 인간적인 모습에는 매료당하지 않을 만한 측면이 없었다."

타고르는 이렇게 썼다. "젊은 나와 나이 든 나를 모두 잘 아는 사람은 자네밖에 없을 것 같네." 엘름허스트는 이렇게 답장을 보냈다. "가끔 선생님은 누구보다 외로운 사람처럼 보입니다. 진실로 위대한 분이 피할 수 없는 형벌인 것 같았습니다." 그럼에도 "선생님은 저를 아버지처럼 보살펴주시고 저와 함께 아이처럼 웃으셨습니다." 타고르는 이렇게 답했다. "나는 언제까지나 자네를 그저 친구가 아니라 함께 창작하는 친밀한 사이로 기억할 것이네." 엘름허스트는 타고르 밑에서 일하려고 찾아와서 임금은 기대하지 않고 식비도 따로 냈다. 그와의 짧은 만남에서 영감을 얻어 농업교육을 통해 가난한 인도의 농촌을 지원하고자 했다. 나중에 영국으로 돌아가서는 다팅턴 교육농업 실험을 실시하여 두 사람의 이념을 통합했다. 이것은 타고르의 정신을 오늘날까지 퍼뜨리는 낙관주의의 기념비적인 사건이자 로버트 오언Robert Owen이 뉴래너크에 설립한 유토피아적 공장만큼 중요한 사건이었다.

타고르와 엘름허스트의 관계는 시간을 초월한 동반자 관계였다. 타고르는 이렇게 적었다. "늙은이들은 늙고 젊은이들은 젊어서 둘이 진실로 만나는 일은 매우 드물다. 하지만 나는 우리가 만났다고 확신한다." 두 사람은 "마음의 짝"으로서 혼자서는 불가능한 일을 서로 다른 개성이 협업해서 이루어가는 과정을 직접 보여주었다. 게다가 그들은 개인의 감수성이 공공의 사건을 만들어가는 데 어떤 역할을 하는지를 보여주는 동반자 관계이기도 했다.

이처럼 감수성을 표현하는 방식에 중요한 변화가 있었다. 전통적으로는 '명예'가 가장 중요했다. 귀족들은 대중에게 우월성을 인정받으려고 군사적 용맹성을 보여주고 재산이나 아량이나 환대를 과시하는 데 열정을 쏟았다. 귀족보다 권력을 덜 가진 사람들은 품위 있고 독립적이고 정직하다는 칭찬을 듣기 위해 안간힘을 썼다. 여전히 공허한 명예욕에 사로잡히는 사람도 많지만 이제 사람들은 남의 의견에 복종하는 데 반발해서 자기를 더 많이 걱정하게 되었다. 자신감이 떨어질수록 경험을 잘못 해석하기 십상이다.

생각은 만남에서 탄생한다

남녀가 아이를 낳는 것은 두 사람의 성격을 예측 불가능한 방식으로 혼합해서 둘 중 누구도 동의하지 못할 인간을 세상으로 내보내는 것이다. 생각도 마찬가지다. 생각도 혼합되고 간혹 미지의 혈통에서 나온다. 인간은 무無에서 무언가를 만들어낸 적이 없다. 인간이 할 수 있는 가장 좋은 일 가운데 하나는 아이를 낳는 일이고, 그러려면 배우자와 영감과 적어도 타인과의 만남이 필요하다. 인간은 지식을 습득하는 한 살아 있다. 지식을 습득하는 것은 스스로에게 반박하는 과정이다. 모든 사람을 사랑하려는 야망을 뛰어넘기 위한 준비 과정이자 대다수 사람과 충돌하는 문제다. 양립 가능성이 두 사람을 평온하게 만들 수 있지만, 양립 불가능성은 두 사람을 반짝이고 빛나게 만들어줄 수 있다.

타고르는 이렇게 말했다. "내가 내 조국의 시인과 예술가만큼 다른 나라의 시인과 예술가를 인정할 수 있을 때 나의 인간애에 자부심을 느낀다." 타고르는 내게 그의 경험의 일부를 흡수하게 해주고 인도의 고유하면서도 다채로운 전통과 섬세한 해법을 엿볼 수 있게 해주었다. 타고르를 직접 만났다면 나 역시 러셀처럼 짧은 만남이 흔히 그렇듯 우리 사이에 장벽이 있다고 느꼈을지도 모른다. 하지만 타고르의 책과 편지는 그가 새로운 인물이나 상황과 접촉할 때 드러나는 그의 다채로운 성격에 관한 내밀한 자화상으로서 내게 새로운 질문을 던지고 익숙한 것을 새롭게 보게 만들어서 그와 친밀한 관계를 맺은 기분을 선사했다. 타고르는 알 턱이 없지만 내게 그는 죽지 않았다.

국가는 국민에게 출생증명서와 여권을 발급해서 그들이 살아 있음을 증명하지만 고통과 기쁨의 측면에서 삶이 그들 각자에게 어떤 의미인지에 관해서는 아무것도 말해주지 않는다. 버트런드 러셀은 타고르의 독특한 몇 가지 모습에 거의 알레르기 반응을 보이면서 그의 나머지 다양한 면모를 발견하지 못했다. 이렇게 사소한 사건이 엄청난 결과를 불러온다. 타고르와 엘름허스트는 서로의 다른 배경을 제쳐놓고 서로가 서로에게 무엇을 줄 수 있는지 알았다. 본능적인 혐오감은 사람들이 서로를 이해하지 못하게 가로막는 주된 원인이다. 누구나 처음 접한 단편적인 증거 한 토막을 근거로 곧장 결론으로 치닫는다. 이것이 인간의 보편적인 반응이고 사람들은 흔히 대상을 정확하고 직관적이고 즉각적으로 판단할 수 있다고 자신한다. 하지만 서로 다른 두 존재가 만날 때마다 새로운 무언가를 발견할 수 있다는 믿음을 근거로 서서히 나타나는 반응도 있다. 감수성은 놀라움에 열려 있고 거짓으로 증명되기를 기꺼이 반기는 자세다. 이것은 위험한 과정일 수 있다. 따라서 역사를 읽는 것은 안전하게 연습하는 방법이다. 역사는 내가 모든 것을 다 알지 못하고 앞으로도 알지 못하리라는 사실을 일깨워준다. 또한 의견 차이를 개인적인 모독으로 받아들여서는 안 된다고 경고하고, 때로는 익숙하지 않은 만남에 필요한 안전 거리를 확보해준다.

'다른 문화'라는 자양분

나는 논란을 교묘히 피하는 시소게임 같은 일상의 교류에서 불편함을 느낀다. 독재자는 불일치를 없애려고 혈안이 되어 스스로를 논쟁으로부터 보호하려 하지만, 그러면 그럴수록 곪아터져서 문제가 더 악화된다. 자유주의자들은 의견의 차이를 존중하고 소중히 여겨서 새로운 생각이 싹틀 수 있게 해주지만 대신 의견 충돌이 모두 살아남아 항상 똑같은 주제를 놓고 끝없는 논쟁이 일어난다.

타고르는 고대 유적(샤 자한 황제가 일찍 세상을 떠난 아내를 기리며 지은 타지마할)을 "영겁의 얼굴에 흘러내린 눈물방울"이라고 노래해서 시가 어떻게 관점을 바꾸고 상상력을 해방시킬 수 있는지 보여주었다. 상상력은 진부한 논쟁에서 벗어나 예상치 못한 목표로 향하게 해준다. 헨리 포드는 이렇

10장 ● 편견은 어떻게 극복할 수 있을까 **163**

게 말했다. "생각은 무엇보다 어려운 일이다. 그래서 생각에 몰두하는 사람이 그렇게 적은가 보다." 하지만 생각은 놀이만큼 흥미진진하고 신나고 여유로울 수 있다.

타고르가 그 모든 업적을 이룰 수 있었던 데는 그가 인도에서 가장 교양 있는 가문에서 태어난 사실이 크게 작용했다. 그의 집안은 여성교육과 종교개혁에 앞장서고 콜카타에 최초의 극장을 세우고 인도 음악에 오케스트라를 접목해서 힌두와 이슬람과 유럽 문명을 결합하고 동양과 서양의 언어 대여섯 가지를 구사하는 집안이었다. 타고르는 이런 가문의 독창성에서 용기를 얻었다. 세계 문학을 접한 덕분에 이해하기 어려운 쭉정이 같은 영국의 식민주의적 강박으로부터 문화와 희곡, 시와 그가 '관대한 진보주의'라고 부른 것의 자양분을 분리할 수 있었다. 그런 배경이 없는 사람은 영감을 얻기 위한 대리가족을 만들어 평생 그 가족을 키워나갈 수 있다.

그러나 인도를 지배한 영국인들은 인도 상류층 문화의 깊이와 폭을 제대로 이해하지 못했다. 반면에 인도의 상류층은 한쪽 문화가 아니라 인도와 영국 양쪽 모두의 기억과 더불어 몇 가지 역사상의 문화와 지역의 문화까지 두루 섭렵할 수 있었다. 영국인 중에는 타고르가 어떻게 베다 조상에게 받은 영감을 현대 사상과 연결하여 "예술과 마찬가지로 종교에서도 한 집단이 공통으로 소유한 것이 특별히 중요하지는 않다"고 말할 수 있었는지 이해하는 사람이 거의 없었다. 문명과 문명이 만나 예상했던 결과가 나온 적이 없다. 동양이 서양에서 빌려온 것에는 유익한 생각만큼 부패한 생각도 있고, 반대로 서양은 동양을 수탈하면서 가져간 영적 메시지를 왜곡하거나 지나치게 단순화했다. 타고르의 탁월한 면모는 통합을 말하면서도 통합에는 모순된 의견이 포함되기 마련이고 또 그래야 한다고 인정했다는 점이다. 말하자면 그의 이상은 '무수히 많은 악기로 연주하는 영원한 교향곡'이지만 '교황과 권위자의 허영과 현학'이 들어설 여지는 없었다. 그의 영성은 엄격한 신념이 아니라 개별 경험에 기초했지만 '개별성'은 '지독한 외로움'을 낳아서 그에게 견디기 힘든 것이었다.

1913년에 인도 밖에서는 거의 무명이었던 타고르가 별안간 서구 문학의 유행을 주도하는 사람들에게 그들과 동류의 정신으로 각광받았고, 그의 벵골어 시는 영어로 번역된 지 단 6개월 만에 그에게 노벨상을 안겨주었다. 그리고 몇 년 지나지 않아 1차 세계대전의 비극이 새로운 편견을 낳자 타고르를 열성적으로 추종하던 사람들이 그를 '감상적인 쓰레기'를 파는 등짐장수라고 부르면서 내팽개쳤다. 명성과 망각을 오가던 그는 기억이 어떻게 일시적인 정서에 맞게 재창조되는지를 보여주는 사례다. 불일치는 변형된 기억에서도 나오지만 망각되기를 거부하는 기억에서도 나온다. 타고르는 동시대의 인도 소작농들에게 공동체의 풀뿌리 실험과 더 큰 효율성에 관한 실험을 함께 시도하자고 설득했을 때 돌아온 반응에 당황했다. 그가 농민들에게 왜 저항하지 않고 "스스로를 위해 아무것도 하지 않느냐"고 묻자, 그들은 이렇게 답했다. "왜 변화해야 합니까? 지주들이나 덕을 보지 우리는 덕 볼 것이 없습니다." 그들은 서로 다른 시대를 살고 있었던 것이다. 타고르는 19세기와 20세기 벵골 르네상스의 전성기에 살면서 이탈리아 르네상스 예술가와 같은 고독감에 시달렸다.

다음 장에서는 시간의 경과를 새롭게 이해하면 논쟁이 계몽으로 변모할 가능성이 커지는지 알아보겠다.

11장

/

예측하려 하거나 걱정하지 않고 달리 미래를 생각할 방법이 있을까

우리의 미래관은 과거의 지식으로 결정된다. 기억은 과거의 것만이 아니고 미래를 구축하기 위한 구성 요소다. 기억이 빈약하면 이전에 가본 곳 말고는 앞으로 어디로 갈지를 상상할 수 없다.

노벨 물리학상을 수상한 알베르트 아인슈타인Albert Einstein, 1879~1955과 타고르가 한 차례 유명한 대화를 나누기는 했지만 그것은 '두 지성의 완벽한 비공식회담'이었다. 아인슈타인도 타고르만큼이나 문명의 화해와 인간 화해의 문제에 몰두했다. 그는 세계에서 가장 유명한 과학자 33인이 모여서 모든 분야의 학자들이 협력하여 '종합적인 세계관을 만들자'고 제안하는 성명에 동참했다. 그는 '하나의 세계 운동'을 지지하면서 (1차 세계대전 중) 스스로 유럽인이 되기로 선언했다. 1935년에는 아랍인과 유대인들에게 '평화롭고 우호적인 협력'을 촉구했다. 아인슈타인의 글, 서신, 대화, 인터뷰가 실려 있고 아직 다 출간되지 않았지만 총 25권으로 완성될 《알베르트 아인슈타인 논문집Collected Papers of Albert Einstein》에는 백과사전적 호기심을 가진 한 개인이 드러난다. 하지만 아인슈타인도 일상의 문제에서 미래를 예측할 때는 남보다 나을 것이 없었다. 그도 그 점을 잘 알았던 듯, 이스라엘의 대통령직 제안을 사양하면서 "내게는 인간을 다루는 타고난 능력도 경험도 없다"라고 말했다.

아인슈타인은 미래에는 사람들이 서로를 더 잘 이해할 것이라고 기대하지 않았다. 오히려 "지식 분야의 모든 영역이 전문화되면서 지식 노동자와 비전문가 사이의 간극이 더욱 커질 것"이라고 전망하고는 농담조로 이렇게 덧붙였다. "수학자들이 상대성 이론에 난입한 바람에 나도 이제는 그것을 이해하지 못하게 되었다." 아인슈타인의 이론이 자신의 미래에 영향을 미칠 수 있다고 생각하는 사람은 거의 없었다. 《런던 타임스London Times》는 아인슈타인의 이론을 '상식에 대한 모욕'이라고 비난했다. 캔터베리 대주교는 "그의 이론은 무슨 뜻인지 도통 알아먹을 수가 없다"면서 "이 주제에 관해서는 많이 듣고 읽을수록 더 모르겠다"라고 말했다.

아인슈타인, '지극히 종교적인 불신자'

오랜 시간이 흐른 뒤에야 사람들은 아인슈타인이 미래를 완전히 새롭게 이해했다는 사실을 깨달았다. 이렇게 오래 걸린 데에는 어느 정도 아인슈타인 스스로 과거에 관심이 더 많다는 식으로 말한 탓도 있었다. "내가 정말로 관심 있는 것은 하느님이 세상을 창조할 때 선택의 여지가 있었느냐는 것이다." 다시 말해서 태초부터 이견이, 양립 불가능한 두 가지 이상의 선택이 존재했을까? 보스턴의 오코너 추기경이 상대성 이론을 무신론이라고 공격했을 때 뉴욕의 랍비 허버트 골드스타인Herbert S. Goldstein이 아인슈타인에게 이렇게 전보를 쳤다. "신을 믿습니까? 50자로 답해주십시오." 아인슈타인은 이렇게 답했다. "나는 만물의 조화 속에 모습을 드러내는 스피노자의 신을 믿지, 인류의 운명과 행동에 관여하는 신은 믿지 않습니다." 랍비도 그렇고 추기경도 마찬가지로 아인슈타인이 이렇듯 17세기의 개념에 애착을 보이는 것을 알고도 마음을 놓지 못했다.

사실 스피노자는 기성 종교에 회의를 품고 모든 교리와 신의 모든 개념을 자연과 전혀 다른 개념이라고 완강히 거부하면서 철저히 독립적인 입장을 고수하다가 1656년에 유대교 교회에서 파문을 당했다. 스피노자는 심지어 하이델베르크 대학으로부터 교수직을 제안받았을 때 교수가 되어서 제약을 받느니 차라리 가난하게 사는 쪽을 택했다. 아인슈타인은 스피노자에 관해 글도 많이 쓰고 시도 지었다. 가령 그는 스피노자의 《윤리학Ethics》이 "내게 영원히 영향을 미칠 것"이라고 말했다. 아인슈타인은 스스로를 "지극히 종교적인 불신자"라고 부르면서 이쪽도 저쪽도 믿지 않았다. 그는 과거에 산 것도 아니고 미래에 산 것도 아니고 시간 밖에서 살았다. 그는 과학 연구에 몰두한 덕에 일상에서는 흥미롭지도 않고 받아들이기도 어려운 측면에서 "내적 자유와 안도감"을 얻고 "종교인이나 사랑에 빠진 연인과 유사한 감정 상태"로 "세계를 단순하고 명료한 모습"으로 볼 수 있었다. 사람들은 그를 "아주 따뜻한 사람과 지독히 냉담한 사람이 섞인 특이한 인물"로 보았다. 아인슈타인 스스로는 "세상에 나온 순간부터 나는 모두에게 열외로 취급당하고 반감을 사고 내쳐진 존재 같았다"라고 여겼다. 처음 위대한 발견을 했을 때 그는 기성세대의 생각을 거부하는 청년이었다.

어느 기자는 이렇게 적었다. 그는 40대가 되고 세계적으로 유명해지고 나서도 "당황하게 만드는 청년이자 낭만적이고 문득 젊은 베토벤 같다는 느낌을 지울 수 없게 만들었다가도 (……) 갑자기 웃음을 터뜨리면 어린 학생처럼 보이기도 한다." 그는 빈정대고 재치 있고 "다정하게 눈빛을 반짝이며 (……) 아주 심각한 논쟁 중에도 끊임없이 눈빛을 반짝였다." 그는 방을 난장판으로 만드는 것을 좋아하고 가정부나 아내가 방을 청소하지 못하게 했다. "어수선한 책상이 어수선한 마음의 상징이라면 빈 책상은 무엇을 상징하겠는가?" "권위를 경멸하는 내 죄를 단죄하기 위해 운명의 여신이 나를 권위자로 만들었다." "세상에 알려지고도 지독히 외로운 것은 이상한 일"이다. "아무도 나를 이해하지 못하면서 다들 나를 좋아하는 건 왜일까?"

그는 남들의 기대에 부응하려고 애쓰지 않았다. "나는 안락과 행복을 목표로 삼는 데는 전혀 흥미가 없다. 이런 윤리적 기반을 나는 돼지우리의 이상이라고 부른다." "나는 한 번도 국가나 주州나 친구들 모임이나 가족에게도 진심으로 소속된 적이 없다." 그는 결혼을 "우발적 사건을 지속시키려다가 실패한 시도"로 정의하고 "만족한 부르주아가 될까 봐 두려워 결혼을 겁내게 되었다"라고 말했다. 그에게 경쟁은 "돈이나 권력에 대한 열정만큼이나 사악하고 끔찍한 노예제"였다. 그는 술을 마시지 않았고 "원칙적인" 채식주의자로서 "죄책감을 느끼면서" 고기를 먹었다. "나는 새 옷도 좋아하지 않고 새로운 음식도 좋아하지 않는다." 그는 자기 얼굴도 좋아하지 않았다. "이 콧수염이 없었다면 꼭 여자 같았을 것이다." 또 "창의적인 여자는 거의 없다"고 말했다. 이 말은 그가 1879년에 태어난 사람이라는 사실뿐 아니라 그의 뇌가 아주 오래된 편견의 유적지인 동시에 기발한 새로운 생각의 원천이라는 사실을 드러낸다.

그는 이렇게 말했다. "나는 행복하다. 남에게 아무것도 바라지 않아서이다. 나는 칭찬을 갈구하지 않는다. 일과 바이올린과 요트를 제외하고 내게 기쁨을 주는 것은 동료 연구자들의 인정뿐이다." 하지만 그는 다른 연구자들과 진실한 관계를 유지하면서도 양자물리학의 무작위성과 진리의 주관성에 부여된 지위에 강한 의구심을 표출했다. "나는 우주의 조화를 확신한다. (……) 모든 것은 결정되어 있다. 인간이든 식물이든 우주의 먼지든 우리는 모두 어딘가 멀리서 보이지 않는 백파이프 연주자가 부는 신비한 곡조에 맞춰 춤을 춘다." 양자물리학에 관한 다른 설명들은 종교에 비할 만큼 "마음에 안정을 주는 철학"이었다.

그중에서 통일성보다 상보성을 믿고 '정반대는 상보적이다'를 원칙으로 삼은 닐스 보어Niels Bohr, 1885~1962는 "'현실'을 순진한 사람들의 도깨비로 간주하고 현실에는 조금도 관심을 두지 않는 탈무드 같은 철학자"였다〔1927년에 세계 물리학계의 거물들이 한자리에 모인 제5차 솔베이 회의에서 닐스 보어는 현재 양자물리학의 주류인 코펜하겐 해석을 내놓는다. 아인슈타인은 보어의 상보성 원리를 날카롭게 반박하면서 자연현상은 확률적인 방법에 의해서가 아니라 엄격한 인과법칙으로 설명되어야 한다고 주장했다〕. 아인슈타인은 무작위성은 결국 더 심오한 차원의 결정론으로 설명된다고 주장했다. 그리고 공간과 시간, 전기력과 자기력, 에너지와 질량이 하나의 그림으로 통합되지 않는 것은 '참을 수 없다'면서, 말년에는 양자물리학과 중력을 통합하는 데 헛되이 시간과 노력을 쏟았다.

시간에 대한 새로운 태도

타고르와 아인슈타인의 공통점은 둘 다 고립되고 오해받고 궁극적인 야망을 실현하지 못했다는 점이다. 이것은 어느 정도 시간에 대한 태도에 기인한다. 타고르는 여러 시대에서 영감을 구하면서 관습적으로 자기 시대에만 머물려고 하는 동시대인들과 '화합하지 못했다.' 아인슈타인이 일상의 행위에 관해 고안한 가장 적절한 개념은 "과거와 현재와 미래의 구분은 그저 오래된 착각일 뿐"이라는 것이다. 이로써 그는 대다수가 상식으로 생각하는 경계를 벗어났다. 당신이나 내가 타고르와 아인슈타인과 대화를 나눈다면 시간에 대한 우리의 태도, 궁극적으로는 우리가 소유한 가장 소중한 것인 인생 그 자체에 관해 설명해야 할 것이다.

내가 이렇게 말하는 이유는 당신도 당신의 존재가 담긴 시간의 틀, 곧 당신만의 역사철학을 설명해주기를 바라기 때문이다. 이미 온갖 역사철학이 존재한다. 대부분 진보, 착취, 행복, 불멸, 개성, 성적 취향에 기반을 두고, 대체로 인간이 태어날 때부터 거친 바다에 내던져져서 긴 세월 물이 새는 구명보트를 연이어 타고 넘어가서 스스로 아무것도 통제하지 못한 채 미지의 해변으로 떠밀려가거나 때로는 평생 해변을 보지도 못한 채 바다에 빠져 죽을 운명일 뿐이라는 사실을 안다고 암시한다. 나는 이런 철학에는 관심이 없다. 주로 현재와 상당히 유사한 미래를 기대하기 때문이다. 더 발전하고 유용한 도구가 늘어나고 재앙도 많아지고 질병도 늘어나고 치료법도 늘어나는 미래 말이다.

내가 가장 동의하기 어려운 부분은 과거나 미래에 관한 것이다. 이미 일어났거나 아직 일어나지 않은 일이나 일어날 수 있거나 일어나야 할 일에 관한 부분 말이다. 역사는 인간이 기억하고 망각하고 기대하는 것의 패를 섞는다. 그런 식으로 인간이 희망하고 주장하고 절망하는 방식에 변화를 줄 수 있다. 20세기에 인류는 부모의 권력에 저항하는 혁명을 치르면서 어린 시절의 기억을 미래를 암시하는 소중한 지표로 삼았다. 나의 목표는 나만의 기억이 아니라 다른 사람들의 기억을 통해 미래와 어떻게 대면할지 알아보는 것이다. 더 이상 기억을 저장하거나 소중히 간직해야 할 가보로 모셔두어서는 안 된다. 최신 과학에서 기억은 무수한 날조와 착각이 든 알라딘의 동굴이 되었다. 프레더릭 바틀렛Frederic Bartlett, 1886~1969의 선구적인 실험 이후 기억은 사건을 온전한 실체로 소환하는 과정이 아니라 무수히 흩어진 파편을 재구성하는 과정으로서 어쩔 수 없이 현재의 감정이나 믿음이 섞여 들어가는 것으로 밝혀졌다. 우리는 과거를 끊임없이 재창조한다. 21세기의 가장 의미 있는 발견 중 하나는 기억을 저장하는 뇌 영역과 미래를 생각하는 뇌 영역이 일치한다는 사실이다. 우리의 미래관은 과거의 지식으로 결정된다.

이 책과 이전의 다른 저서에서 나는 시간의 흐름을 반드시 고전적인 방식과 연대순으로 제시해야 하는 타당한 근거도 없고, 역사가 회화와 같은 자유를 누리지 못할 이유도 없다고 전제했다. 나는 여러 시대와 배경의 사람들과 개념을 나란히 놓고 오늘날 지구상에 사는 사람들을 혼란스럽게 만드는 문제의 새로운 답을 찾고자 한다. 아인슈타인은 과거와 현재와 미래의 구분을 무시하고 고작 열여섯 살에 "내가 빛으로 여행한다면 무엇이 보일까?"라고 혼자 질문을 던졌다. 시간을 통과하는 아인슈타인의 여행과 타고르의 조금 다른 여행은 시간여행자로서 인간에 대한 두 가지 대조적인 관점을 보여준다. 두 사람은 내게 미래를 예측하거나 두려워하는 것에 대한 나만의 대안을 설명하게 해주었다.

현재에만 사는 사람은 없다

현재에만 사는 사람은 아무도 없다. 우리는 각자의 경험만 기억에 저장하는 것이 아니라 우리가 태어나기 오래전의 시대, 한 번도 만난 적 없는 사람들에게 물려받은 신념과 행동까지도 저장한다. 우리는 고대나 중세나 현대로 나뉜 여러 시대에서 조각난 파편들을 빌려와서 우리의 삶을 구성한다. 역사상 어떤 시대도 후손에 의해 영구히 대체되지 않는다. 유행의 최첨단에 있는 사람들에게도 화석화된 신념과 공룡의 꿈이 있다. 새로 습득한 취향과 계속 남아 있던 혐오감 중 어떤 것이 우리 삶을 망칠지, 아니면 독창적인 창작을 낳을지는 예측할 수 없다. 우리의 싸움은 지나간 시대의 충돌하는 기억들 사이의 싸움일 때가 많다. 우리가 두 세계에서 동시에 살기 때문에 불일치가 과거 어느 때보다 일상적으로 나타난다. 한 세계는 먹고 일하고 가족을 부양하는 눈에 보이는 세계이고, 다른 하나는 갈망과 두려움, 확신과 의심, 음악과 신화, 영성과 이상주의, 초자연적인 현상과 신성한 현상, 언어로 표현되지 않는 생각의 보이지 않는 세계다. 보이지 않는 세계는 끈질기게 사라지지 않으면서 잡종견처럼 스스로를 복제하는 원시적인 미신으로 가득하다. 이 세계는 새롭고 모순된 집착에 의해 침범을 당한다. 기억을 새로운 방식으로 결합할 때 미래에 대한 전망을 바꿀 기회가 생긴다.

로마인들은 어떤 결과가 따를지 이미 예감한 듯하다. 시간의 신이자 처음과 끝의 신인 야누스는 두 개의 얼굴을 가졌다. 하나는 과거를 돌아보고 다른 하나는 미래를 내다보았다. 야누스는 또한 갈등과 여행과 무역과 선박의 신이고, 최초로 화폐를 주조한 신이며, 비즈니스는 궁극적으로 시간을 사고파는 행위라고 일깨워준 신이기도 하다. 최근의 뇌과학 연구에서 기억이 손상된 치매 환자는 미래를 생각하는 것도 어려워한다는 사실이 밝혀졌다. 망각의 어둠 속으로 빠져들수록 미래는 텅 비어간다. 사람들이 과거에 환상을 품을수록 미래에 대한 생각도 환상이 된다. 시각 기억이 선명할수록 미래는 더욱 시각적인 형태를 띤다. 따라서 기억은 과거의 것만이 아니고 미래를 구축하기 위한 구성 요소다. 기억의 폭이 좁을수록 미래를 폭넓고 독창적으로 구상할 가능성도 줄어든다. 기억을 먹여살리는 방법은 몸을 먹여살리는 방법만큼 중요하다. 개인의 경험만으로 구성된 식단은 빈약하지만 남들에게서 습득한, 사실상 살아 있거나 죽은 모든 인류에게서 습득한 간접 기억으로 보완할 수 있다. 기억이 빈약하면 이전에 가본 곳 말고는 앞으로 어디로 갈지를 상상할 수 없다.

당신과 대화를 나눌 때 나는 당신이 하는 말만 듣는 것이 아니라 과거의 사람들이 비슷한 맥락에서 했던 말의 메아리와 함께 그들이 당신에게 반박하는 말까지 듣는다. 흔히 일어나는 현상이다. 원래 대개의 문명에서는 과거를 현재와 분리하지 않는다. 저세상의 조상들과 끊임없이 나누는 진지한 대화는 미래를 계획하는 토대이자 불일치를 피하려는 노력이다. 그런 문명에서 죽은 사람은 산 사람만큼 생생히 살아 있었다. 사람들은 현대화되고 조상들보다 더 잘살기로 결심하면서 과거와 연결된 수많은 끈을 자르고 시간의 고아가 되었다. 앞으로 무엇을 할지 상상하는 것이 더 어려워졌다. 그로 인한 불안감은 기계가 만들어준 규칙성으로 완화되었다. 이를테면 시계가 모든 시간을 미리 계획하고 하루에 지정된 장소에서 모든 의무를 이행하도록 만들어주면서 예측 가능한 결과를 낳는 세계가 구축되었다. 하지만 인간은 두 번 다시 돌아오지 않을 시간을 초조히 지켜보면서 삶을 시간에 대한 영원한 전쟁으로 만들 수 있다. 그래서 소중한 순간을 잘 쓰려면 어떻게 해야 할지에 관한 끝없는 논쟁에 빠져버릴 수 있다. 시간 엄수와 효율성은 노예와 주인의 관계가 되어 사람들에게 하루에 더 많은 활동과 성취를 이루도록 채찍질해서 개인의 리듬을 개성 없는 정해진 시간표에 맞추도록 강요한다.

인류는 점차 특권에 의해서만 분류되는 것이 아니라, 기질적으로도 규칙적이고 질서정연한 삶을 인정하고 사회가 정해준 생활에 기꺼이 적응해서 스스로 결정하지 않아도 되기를 바라는 사람들과, 자기가 하는 일과 그 일을 언제 할지를 통제해서 모든 활동을 자기 나름의 속도로 수행하고 예상 밖의 사건과 다양성, 놀라움과 즉흥성에서 큰 즐거움을 얻는 사람들로 나뉜다. 이로써 사람들이 원하는 미래상도 크게 달라진다.

불확실성이 주는 축복

이제 시간은 돈보다 소중한 것으로 밝혀지고 있다. 물론 모든 사람에게 그런 것도 아니고 삶의 모든 단계에서 그런 것도 아니지만, 시간을 사고파는 전통적인 방법, 곧 오늘날 우리가 생계를 유지하기 위해 하는 일이 과연 인간이 생각해낼 수 있는 유일한 방법인지 질문을 던져볼 만큼은 소중하다. 기술은 아직 이 물음에 직면하지 않았다. 이제껏 기술은 시간을 정복하고 인간을 시간의 제약에서 해방시키고 모든 것이 더 빠르게 일어나게 해주려고 시도했다. 기술은 인터넷에 과거와 현재와 미래가 저장된 기억이 가득 들어찬 거대한 냉동고를 만들었다. 이것은 지금까지 일어난 모든 사건의 저장소일 뿐 아니라 현재 떠오르는 모든 생각을 즉석에서 전달하는 메신저이자 미래에 대한 관점이 펼쳐지는 극장이 되기도 한다. 그리고 이것은 당신이 원하는 것이나 당신이 원하기를 남들이 바라는 것을 제공하도록 구조화되어 있지, 당신이 잊고 싶은 것을 일깨워주도록 구조화되어 있지는 않다.

아인슈타인보다 먼저 상대성 이론을 발견할 뻔했던 프랑스의 수학자

앙리 푸앵카레Henri Poincaré, 1854~1912는 혼돈은 세상의 필수요소이고 질서에
는 무질서가 숨어 있다고 주장했다. 질서정연한 규칙성 가운데 어지러이
떠 있는 섬들로 인해 장기적인 예측이 불가능해진다. 초기 조건에서의 미
세한 차이가 나중에는 엄청난 결과를 초래할 수 있기 때문이다. 푸앵카레
는 오늘날의 우리에게는 익숙하지만 그의 시대보다 한참 뒤에 컴퓨터가
발명되고서야 비로소 온전히 이해하게 된 개념의 출발점에 서 있었다. 그
것은 나비의 날갯짓이 수천 킬로미터 떨어진 곳에 거대한 폭풍을 일으킬
수 있는 것과 같은 개념이다.

　푸앵카레는 직관을 중시했다. 추측을 말하는 것이 아니라 "오래전부터
알았지만 이제껏 산발적이고 이질적으로 보이던 요소들을 통합하는" 능
력 말이다. "관찰의 가치는 관찰에 의해 통합되는 오래된 사실에 새로운
의미를 부여할 때 발생한다." 아인슈타인은 과학의 목표는 "완전히 별개
의 경험처럼 보이는 복합적인 외양에서 통일성"을 발견하는 데 있다고 말
했다. 푸앵카레는 과학의 목표는 혼돈을 이해하되 우아하게 개조해서 이
해하는 데 있고, 그러려면 아름다움을 탐색해야 한다고 말했다. "자연이
아름답지 않다면 탐구할 가치가 없고 삶은 살아볼 가치가 없을 것이다. 과
학자는 자연이 쓸모 있어서 연구하는 것이 아니라 자연이 즐거움을 주고
아름다워서 연구한다." 푸앵카레에게 아름다움은 단순함을 의미했다. 기
계가 노력을 절약해주듯이 단순함은 생각을 절약해주기 때문이다. 그는
확실성을 찾으려고 하지 않았다. "모든 확실한 것은 거짓"이기 때문이다.

　사실에 관한 전문 지식은 여정의 절반에 불과하다. 그보다 중요한 것은
사실들 사이의 관계다. 따라서 그는 어떤 것도 필연적으로 무관하지 않으
므로 지식의 거의 모든 분야에 관심을 가졌다. 그의 친구들은 "그의 상상

력은 강도나 규모 면에서 시에 가까웠다"라고 평했다. 자연 앞에서 "그의 종교적 감정은 황홀경"으로 나타났다. 그는 과학자에게 최상의 교육은 인문학이라고 주장했다. 그는 탐험과 여행에 관한 책을 좋아했다. 대화를 나누거나 일화를 들려줄 때 "주로 이야기의 발단부터 시작하지도 않고 생각이 일직선으로 흐르지도 않고 중심부에서 주변부로 퍼져나갔다." 그는 항상 가까이서 보면 모순적으로 보일 법한 현상을 적절히 활용하는 실용적인 방법을 찾았다.

나는 현실을 진실과 환상의 파편으로 분리하고 창조성의 문을 열어주는 양립 불가능성과 불일치와 불확실성을 중시한다. 험프티 덤프티가 담장에서 떨어졌을 때 깨진 달걀 껍데기를 풀로 붙이는 방법 말고도 다른 대안이 있다. 엉망이 된 달걀에 갖은 양념을 넣어 오믈렛을 만들 수도 있고 또 양념을 꼭 익숙한 것만 넣어야 하는 것도 아니다.

미래는 끝없는 실험의 연속이다. 불일치는 상상력에 대한 도전이다. 객관성은 충돌하는 기억이 주는 보상이다. 지식이 확장되고 해체되는 사이 이미 결정된 것과 그렇지 않은 것 사이에 균열이 생긴다. 사실이 돌연변이를 일으켜서 불가사의가 되고, 질문은 답보다 더 많은 질문을 낳는다. 자유에 관한 흥미진진한 개념이 출현한다. 자유는 단지 권리가 아니라 획득해야 할 기술이다. 나만의 렌즈가 아니라 다양한 렌즈를 통해 세상을 보는 기술이자 아무도 상상한 적 없는 무언가를 상상해서 아름다움이나 의미나 영감을 찾는 기술이다. 각자의 삶은 이런 자유에 관한 우화다.

12장
/
유머가
저항의 수단이
될 수 있을까

유머만으로는 독재자를 축출하지 못한다. 하지만 유머에서 다른 가능성을 발견할 수 있다. 사람들에게 가식을 벗어던지고 서로의 진실을 보도록 부추길 수 있다.

❖

　"그만 좀 히죽거려." "광대 짓거리는 그만둬." 내가 학창시절에 유머에
관해 들어본 유일하게 주옥같은 조언이다. 사감선생이 내가 자신을 비웃
는 줄 알고 매를 여섯 대 때리면서 한 말이다.

　권력자들은 그들이 얼마나 취약한지, 웃음거리가 될까 봐 얼마나 두려
워하는지 교묘히 감추려고 한다. 인도에서는 아주 오래전부터 신들이 세
상을 놀이터로 만들어서 사람들이 어린아이처럼 모래성을 쌓았다가 무너
뜨리면서 놀게 해주었다고 믿었지만 일상을 혼란에 빠뜨리는 작은 횡포
에서 조금도 재미를 찾지 못하는 사람이 너무나 많다. 물론 유머를 가르치
는 교수도 이런 말을 듣고는 못 참을 것이다. "당신 책을 집어들고 내려놓
을 때까지 배꼽을 잡고 웃었습니다. 언젠가는 읽어볼게요." 아직 어떤 예
언자도 세상의 어릿광대들에게 대동단결하여 유머로 오만이나 위선을 무
력화해서 멸시받는 힘없는 사람들을 구제하라고 촉구한 적은 없다.

　왜 유머는 시시한 오락으로 취급당할까? 유머가 과격한 저항의 대안이
되거나 분노에 찬 거리 시위를 대신할 수는 없을까? 모두가 정부를 무능
하고 썩었다고 경멸하면서도 복종하고, 과대망상 지도자 때문에 피폐한
삶을 살아간다. 이럴 때 절망에 빠지지 않도록 막아주는 보호 장치 이상의
기능을 하는 조롱의 기술을 개발할 수 있을까?

중국의 가장 위대한 유머 작가

예이젠시테인이 영화라는 신기술을 실험하면서 그를 거부하는 세상에서 받는 괴로움을 달래던 무렵 중국의 라오서老舍, 1899~1966는 유머로 무엇을 할 수 있을지 깨달았다. 그는 '요우모어'를 중국어에 가져와서 중국에서 가장 사랑받는 소설가이자 극작가로 이름을 날리고 중국인 작가로서는 드물게 미국에서도 베스트셀러 작가가 되었다.

라오서는 가끔 끼니도 걸러야 할 만큼 가난한 환경에서 자랐다. 가족이 모두 문맹이었고, 어머니는 세탁부와 청소부로 일했다. 그는 어렵게 초등학교를 마치고 교사 자격증을 땄다. 그만하면 성공한 셈이고 먹고살 수 있는 직장도 구했다. 게다가 진급도 빨랐다. 하지만 그는 교사직을 그만두었다. 그는 독립을 원했다. 그가 '도깨비와 악마'라고 경멸하던 부패한 관리들과 사이좋게 지내야 하는 처지를 거부한 것이다. 엄동설한에 털외투를 팔아서 어머니를 부양할지언정 부패한 관리들과 친구가 될 수는 없었다. 그는 가난하면 자연히 세상을 탓하게 되고 고집이 세면 감정에 따라 섣불리 남을 재단하게 된다고 말했다. 그는 유머 덕에 현실과 거리를 두고 고통을 견딜 수 있었다. 학교에 다닐 때는 선생님에게 아무리 맞아도 울거나 용서를 구한 적이 없었다. 그의 어머니는 아들에게 남한테 굽실거리느니 죽는 게 낫다고 가르쳤다. 그는 저항하는 대신 그 자신과 모든 가난한 사람의 인권을 주장했다. 훗날 중국에서 가장 유명한 사람이 되고 '인민의 예술가', '위대한 언어의 대가'로 칭송받으며 의회까지 진출하는 등 무수한 업적을 이루고도 그는 항상 유명하고 성공한 사람들보다 가난한 사람들 곁에 있고 싶어했다. 그는 찻집에서 가난한 사람들을 만나 "몰래 그들의 행동과 대화를 기록하지" 않았다. "그런 짓은 해본 적이 없다. 나는 그저 친구를 사귀고 싶을 뿐이다. 그들이 나를 돕고 내가 그들을 돕는다. 그들이 내 생일에 와서 축하해주고 나도 그들의 결혼식이나 아이가 태어날 때 가서 축복해준다."

라오서는 스물다섯 살에 영국으로 떠났다. 유럽인이 신세계로 탈출한 것처럼, 그즈음 중국인도 대거 해외로 이주했다. 이주의 행렬에 라오서도 있었다. 그는 어찌어찌해서 런던에서 동양학과 아프리카학을 가르치는 학교에서 중국어 교사 자리를 얻어서 1924년부터 1929년까지 5년간 근무했다. 중국인을 아편쟁이나 탄약 밀수범 또는 포악한 야만인으로 여기는 듯한 런던 사람들에 맞서서 그는 어떻게 자기를 변호할 수 있었을까? 또 중국과의 교역으로 돈을 벌면서도 중국의 장엄한 고대문화를 무시하는 오만한 사업가들을 어떻게 상대할 수 있었을까? 우월감을 가지고 거드름을 피우는 선교사들에게는 어떻게 예의를 갖출 수 있었을까?

그는 이렇게 썼다. "영국인들은 편견에 가득 차 있고 재미없는 사람들이지만 보기만큼 그렇게 비열하지는 않다. 그들에게는 유머가 없다. 그들에 관한 글은 유머로 쓸 수밖에 없다. 그렇게라도 하지 않으면 비참하고 반쯤 정신이 나가고 어리석은 사람들처럼 보일 테니까."

삶을 견딜 만하게 해주는 것

라오서는 그와 중국인 이민자들이 겪는 굴욕을 유머로 풍자하는 방법에서 답을 찾았다. 그는 과격한 시위로 잔혹하고 부당한 처우에 맞서는 대신 역경을 딛고서 얻는 일상의 작은 승리에서 즐거움을 누리고 그들을 둘러싼 부조리를 폭로함으로써 평범한 사람들의 고통을 어루만지려 했다. 그는 소설에서 남을 조종하는 정치인, 기고만장한 경찰관, 편견에 찬 판사, 끊임없이 새로운 교수법을 도입하는 교육 전문가, "겉으로만 근대화되고 (……) 327개의 단체로 분열되어" 자기네가 비난하는 악덕을 몰아내고 그 자리에 새로 무엇을 넣어야 할지 결정하지 못하는 학생들, 야망을 정당화할 가치를 찾아 헤매는 부르주아들, "거대한 아가리를 벌리고 기다리는 짐승" 같은 사무실과 남편을 잡아먹으려고 기다리는 "암컷 악마"인 아내가 있는 집을 오가는 회사원들 같은 우스꽝스러운 인물들을 창조했다. 그는 "결론 없는 서류"를 작성하는 공무원, "돈을 먹고 서류를 토해내는" 관료, 외국의 관습을 어설프게 흉내내는 사람들을 조롱했다. 무엇보다도 그는 "돈의 소리와 냄새"가 개인의 관계와 가족관계를 망친다고 비판했다.

동시에 그는 실패했지만 사랑할 수밖에 없는 매력적인 인물들을 창조했다. 그중에 가장 사랑받는 인물은 가난한 인력거꾼 샹즈다. 샹즈는 근근이 생계를 꾸려가면서 인력거 살 돈을 모아서 드디어 독립하려 하지만 온갖 사기꾼과 폭력배들에게 번번이 당한다. 결국 그는 도둑이 되어 동료들을 배신하고 비참한 현실을 잊기 위해 순간의 작은 쾌락인 마약과 술과 도박에 빠진다. "인생은 암담하고 고통스럽고 절망적이다. 독한 삶의 수레바퀴의 고통은 독한 술과 매춘부라는 처방으로 잠시나마 무뎌진다. 독을 죽이기 위한 독. 더 나은 방책이 있는가?"

라오서에게는 더 나은 방책이 없었다. 그에게 유머는 삶을 견디기 위해 길러야 할 '마음가짐'이었다. 따라서 그는 모든 것이 흥미롭게 보이는 관광객처럼 사람들을 관찰했다. 그는 인류가 저지르는 온갖 만행에도 유쾌하고 넉넉한 마음을 잃지 않으려 했다. 풍자로는 부족했다. 풍자satire의 빈정거림은 지나치게 차갑고 상대에 대한 반감을 불러일으키려는 풍자의 목적은 부당해 보였다. "나는 악한 사람을 싫어하지만 그에게도 장점은 있다. 선량한 사람을 좋아하지만 그에게도 단점은 있다." 재치wit 역시 직감적으로 충분히 전해지지 않아서 만족스럽지 않았다. 소극笑劇, farce과 웃음도 그 자체로는 괜찮지만 역시나 뭔가, 그가 가장 중시하는 공감이 빠져 있었다. 그는 모든 사람이 매력적이고 우스꽝스러우며 그 점을 지적하는 작가도 마찬가지라고 보여주는 식으로 고통에 대처했다. "모든 인간은 형제이고 누구에게나 결함이 있으며" 각자의 "사소한 기벽"을 발견할 때 즐거움을 느낀다. 그는 인물을 관찰하면서 모순과 꿈과 실망이 충돌하는 지점과 거의 불가피해 보이는 실패 앞에서 발현되는 회복력을 묘사하는 데서 큰 즐거움을 얻었다. "유머 작가의 재주는 사물의 우스꽝스러운 일면을 드러내는 데 있지만 그런 면을 지적하는 것에만 머물지 않는다. 유머 작가는 그것이 인류 공통의 운명이라는 사실을 인지한다."

라오서는 윌리엄 새커리William Thackeray의 말을 인용해서 이렇게 말했다. "유머 작가는 우리의 사랑과 연민과 친절(동시에 허위와 가식과 사기에 대한 멸시)과 나약하고 가난하고 억압받고 불행한 사람들에 대한 애정을 일깨워서 이끌어준다고 공언한다." 라오서는 '디킨스와 마크 트웨인의 중국인 사촌'으로 불렸고, 그 역시 이들 작가의 작품을 좋아했다. 이들이 만약 20세기까지 살았다면 역시 라오서를 사랑했을 뿐 아니라 라오서가 고심한 유머의 범주, 유머가 도달할 수 있는 경지에 놀랐을 것이다.

농담과 현실의 간극

유머 작가의 문제는 그들이 조롱하는 사람들만큼 작가 자신도 대체로 취약하다는 점이다. 디킨스는 사회개혁가로서의 이상을 널리 알렸지만 가정생활의 기쁨에 보낸 찬사 이면에는 파탄 난 결혼생활과 부적절한 관계가 감춰져 있었다. 그는 대중의 찬사에 대한 채워지지 않는 갈증과 "항상 목표가 있는 삶을 추구하고 목표가 사라질까 봐 전전긍긍하면서 늘 새로운 목표를 찾아야 하는 막연한 비애"의 포로였다. 마크 트웨인은 이상적인 미국인이라는 평판을 얻었지만 대중이 그의 진짜 속내를 받아들이지 못할 것을 우려해서 자서전을 100년 동안 공개하지 말라고 당부했다. 최근에야 공개된 그의 자서전에는 미국의 병사들은 "군복 입은 암살자들"이고 애국심은 "사기"라고 적혀 있다. 그는 솔직한 생각을 다 밝히지 못하고, 거의 모든 것을 농담으로 바꾸면서도 "나는 항상 진실만을 말하지는 않았다"라고 고백했다.

다른 많은 유머 작가처럼 라오서는 유머와 진지한 현실 사이의 이상적인 관계 설정에 어려움을 겪었다. 한때 객관적인 입장을 압도하는 강렬한 감정에 휩쓸려서 중국에 활력을 불어넣겠다는 마오쩌둥의 약속에 전율하고 자기도 거들겠다고 나섰지만, 결국에는 자유를 잃고 지도자의 명령에 복종해야 하는 현실에 부딪혔다. 조국에 보탬이 되려던 그의 진지한 열망은 유머 작가 특유의 회의주의와 충돌했다. 그는 조국을 비판하면서도 옹호하고 싶었다. "내가 (중국인들의) 잘못을 밝힌다면 그것은 그들을 사랑하기 때문이다. (……) 그들의 불행은 나의 불행이기도 하고 (……) 그들은 지적인 만큼 어리석다."

라오서의 모든 작품은 국가의 성격에 관한 피상적인 일반화를 거부했다. 그는 "야만인은 피부색으로 식별하고 문명인은 꼬불꼬불한 머리털로 식별하는" 현실을 혐오했다. 하지만 유머만으로는 "모든 죄의 근원인 영국인들의 편협한 애국주의"를 향한 그의 분노가 말끔히 해소되지 않았다. 분노는 역으로 그에게 애국심을 자극했다. 그는 "강한 나라의 국민은 사람이고 약한 나라의 국민은 개"라고 결론지었다. 중국이 강력한 힘을 기를 때까지 중국인은 개처럼 취급당할 것이라고 보았다. 그는 평생 웃으면서 조롱의 대상과 거리를 유지하거나 웃음으로 승화하기 어려운 문제에는 진지하게 전념하는 태도를 오갔다.

그가 스스로를 조롱하는 방식은 겸손보다 더 깊은 것에서 나왔다. 그는 그의 저서를 자랑스럽게 여기기는커녕 신랄하게 비판하고 철저히 객관적인 입장에서 단점을 파헤쳤다. "내게 일말의 재능이 있다 해도 결코 지적 성찰의 재능은 아니다. 나는 친구에게 따뜻한 편지나 겨우 쓸 수 있지, 지적인 제안을 하지는 못한다." 여자에 관한 글을 쓰는 데도 겁을 먹었고, 사랑에 관해서는 "나는 피상적이고 누구의 심장을 빠르게 뛰게 할 재주가 없다"고 고백했다. 가끔은 자신에게 재능이 있을 수도 있다고 인정하면서도 특별한 재능의 증거는 발견하지 못했다. 그는 이렇게 개탄했다. "문학적 재능은 사실 쉽지 않다. 내가 이렇게 말하는 이유는 나 자신의 평범함에 혐오감이 들어서이기도 하고 또 한편으로는 내게 조금 용기를 주고 싶어서이기도 하다." 그는 스스로를 인력거꾼 이상으로 생각하지 않았다. "남을 위해 삶을 포기하는 짓이 아닌가?" 그는 영웅이 되지 못한 자신을 한심하게 여기면서도 가짜 영웅 놀이에 뛰어들 생각은 없었다. 그는 결국 오랜 유교 전통에 향수를 느끼고 그동안 자신이 유교 전통의 부조리한 현상을 어떻게 조롱했는지 잊었다. 그는 후세에게 전할 메시지를 남기지 못하고 그저 그보다 더 잘 살려고 애쓰라고만 말했다.

라오서의 희곡 《찻집茶館》의 주인공은 모든 것을 잃고 더 이상 정부나 사회의 해결책을 신뢰하지 않는다면서 스스로 목숨을 끊는다. 그의 다른 희곡 《체면의 문제》의 주인공은 극심한 굴욕감에 자살을 택함으로써 "수치심이 깨끗이 씻겨나갈 수 있고" "시원하고 깨끗하고 행복한 자유를 누릴 수 있는 다른 세계로 이동"한다. 문화대혁명 때 예순아홉 살의 라오서는 홍위병들에게 붙잡혀 반동적이라는 이유로 뭇매를 맞고 공개적으로 망신을 당하면서 비극의 주인공이 되었다. 홍위병들에게 풀려나 집으로 돌아와 보니 집 안은 쑥대밭이 되었고 원고와 그림과 물건들이 마당에 널브러져 있었다. 그는 곧바로 발길을 돌려 근처 수로로 가서 물에 빠져 죽었다. 사실 자살을 택한 유머 작가를 열거하면 놀랍도록 길다. 하지만 유머가 결국 절망의 문학 양식이라고 결론을 내리기 전에 라오서의 죽음이 자살인지는 확실하지 않다는 말을 덧붙여야겠다. 홍위병에게 살해당했을 수도 있다. 확실히 알 수는 없다.

인민의 아편 혹은 권력의 안전밸브

유머는 흔히 아편 같은 것이거나 고통과 냉소를 잊게 해주는 진통제이거나 좌절에 대한 무해한 반격이거나 어린 시절로의 회귀로 보일 수 있다. 이것이 전부라면 유머가 비웃는 어리석음이나 유머가 달래주는 고통에 적절히 대응하지 못하는 것도 놀라운 일은 아니다. 예를 들어 이집트인들은 적어도 기원전 2200년에 《난파 선원 이야기Tale of the Shipwrecked Sailor》에서 "신들의 눈에는 강한 자든 약한 자든 그저 농담거리다"라고 밝힌 이래로 줄곧 특유의 유쾌한 태도로 유명했고, 로마인들은 농담을 너무 많이 해서 일을 망치는 것으로 악명 높은 이집트인 변호사들에게 포고령을 내렸으며, 14세기에 이븐 할둔Ibn Khaldun은 이집트인들이 "비정상적으로 희희낙락거리고 불경하다"라고 느꼈고, 최근에는 이집트 고전영화의 스타 배우인 카말 엘슈나위Kamal El-Shenawy, 1922~2011가 농담은 "이집트인들이 침략자와 점령자들에 저항하기 위해 사용한 파괴적인 무기"라고 말했다.

그러나 이집트인들이 아무리 통치자를 조롱하고 농담이 대화의 필수 장치라고 생각한다 해도 유머만으로는 독재자를 축출하지 못한다. 이집트 국민들이 무바라크 대통령에게 실실 웃는 무지렁이 익살꾼이라고 경멸하는 뜻의 '웃는 암소La Vache qui rit'라는 별명을 붙여서 조롱할 수도 있고, 나세르 대통령이 부통령을 뽑는 유일한 기준은 자기보다 멍청한 사람이고 그래서 사닷을 선택했으며 사닷도 자기보다 어리석은 부통령을 원해서 무바라크를 뽑았지만 무바라크는 대통령이 되자 부통령을 뽑지 않았는데 그보다 더 어리석은 인물을 찾지 못해서였다는 이야기로 비웃을 수도 있다. 그러나 무바라크는 그 많은 농담에도 흠집 하나 나지 않은 채 30년 동안 건재했고, 조롱당하는 다른 수많은 독재자처럼 마치 스스로에게 수여한 훈장의 철갑으로 보호를 받는 것 같았다. 권력을 휘두르는 사람들은 추종자와 출세 제일주의자, 관료와 군대에 둘러싸여서 듣고 싶지 않은 말은 무시할 수 있지만 그것이 조롱에 끄떡없는 유일한 이유는 아니다.

유머는 안전밸브의 기능으로 순응을 강화한 죄에서 자유로울 수 없다. 역사적으로 축제에서 권위를 조롱하고 위계질서를 전복했지만 고작 며칠이었다. 특권을 가진 성직자들이 가면을 쓰거나 여장을 하거나 제의祭衣를 거꾸로 입고 외설적인 노래를 부르고 동물들에게 혼인미사를 올려주고 신자들에게 은총이 아니라 저주를 내리지만 목적은 오히려 권위를 강화하는 데 있었다. 성직자들이 1444년에 이렇게 설명했다. "우리가 이러는 것은 장난이지 (고대의 관습처럼) 진지한 것이 아니다. 1년에 한 번은 우리 안의 어리석음을 끄집어내서 증발시키려는 시도다." 자칭 '희극과 비극의 역사가'인 마키아벨리에 대한 당대의 판결은 이랬다. "그가 인간의 어리석음을 조롱하는 이유는 어차피 그가 바로잡을 수 없기 때문이다." 혁명가들이 공생공락의 분위기와 음모에 전율을 느끼듯이, 유머를 즐기는 사람들은 너무 많이 웃느라 유머가 오락과 재미 말고 다른 어디로 데려다줄 수 있는지 묻지 못한다.

유머의 막강한 적들

게다가 유머는 번번이 막강한 적들의 공격을 받았다. 권력자들은 자신을 조롱하는 사람들을 무자비하게 처벌했다. 기독교 교회는 오랫동안 웃음을 악마의 소행으로 선포했지만 교회가 규탄하는 다른 모든 죄를 제거하지 못한 것처럼 웃음도 제거하지 못했다. 유력한 교육 사업가였던 라살의 세례자 요한St. Jean-Baptiste de la Salle, 1651~1719은 최초로 성직자 대신 일반 교사를 중심으로 가톨릭 학교를 설립하고 《기독교 예의의 규칙Rules of Christian Decorum》(1703)이라는 책에서 학생들에게 웃지 말라고 경고했다. "치아를 드러내며 웃는 것은 예의에 어긋나는 행동이다. 자연이 우리에게 치아를 덮으라고 입술을 주었으니 치아를 절대로 드러내지 말아야 한다." 프랑스 혁명에서도 웃음을 탐탁찮아 했다. 당시 의회 토론을 위한 행동강령에서는 "박수를 치거나 찬성하는 기색조차 보여서는 안 되고, 모욕이나 개성이 담긴 표현도 금지되며, 웃음을 터뜨리는 것도 금지된다"라고 밝혔다. 인권선언의 창안자들은 '이성'이 그들을 지배하기를 바라는 마음에서 28 개월에 걸친 토론 중에 고작 408번, 평균 이틀에 한 번꼴로 웃었다. 그러면서 그들이 세상에서 가장 즐거운 사람들이고 "모든 활동을 노래와 익살로 시작하고 끝내는" 비이성적일 수도 있는 사람들이라는 영광스러운 딱지를 스스로 거부했다. 자유의 나라 미국도 찰리 채플린을 추방했다.

점잔 빼는 사람들의 조용한 공모로 인해 근엄한 분위기를 풍기는 것이 현명하고 믿음직한 사람이라는 것을 입증하는 최선의 방법이고, 큰 소리로 웃는 것은 무지와 상스러움의 표현으로서 '좋은 집안에서 잘 자란' 사람들에게 얕보일 수 있는 행동이라는 믿음이 널리 퍼졌다. 요즘은 예전보다 주체하지 못하고 큰 소리로 웃는 행위나 겸연쩍은 웃음조차 줄어든 것 같다. 극장에서는 더 이상 조르주 페도Georges Feydeau, 1862~1921(프랑스의 극작가)의 익살극에서 자주 쓰이던 기법처럼 공연을 잠시 중단하고 관객들이 마음껏 웃음을 터뜨릴 시간을 주지 않는다. 19세기에 중산층이 웃음을 '단순한 근육 경련'으로 치부하면서 웃음은 더욱 절제된 듯하다. 아이들은 내키는 대로 실컷 웃을 수 있었지만 자라면서 점점 웃지 않게 된다. 세상을 보이는 그대로가 아니라 더 진지하게 받아들여야 살아남을 수 있다고 배우기 때문이다. 정치인들은 진지한 태도를 일관하면서도 적당한 농담은 수용할 수 있다는 면모를 드러내어 모두를 기쁘게 해주려고 노력하는 식으로 대응했다. 미국의 26대 대통령 시어도어 루스벨트는 아마 근엄한 얼굴이 아니라 이를 드러내고 활짝 웃은 최초의 정치인일 것이다.

따라서 고위직에 오른 한심한 사람들 중에 대다수가 조롱에도 끄떡없는 데는 여러 가지 이유가 있다. 그들은 진실을 말하기 위해, 모든 진실을 낱낱이 밝히기 위해 그 자리에 있는 것이 아니다. 사실, 진실이 드러난다면 치욕스럽게 물러나야 할 것이다. 더욱이 정치인의 거짓말은 사람들을 기분 좋게 만들어주고 용기나 희망을 줄 때가 많다. 정치인들도 성취에 관한 거짓말 같은 이야기를 지어낸다는 점에서 나름 유머 작가다. 공이 상대의 얼굴을 강타하는 이런 테니스 시합에서는 승자가 있을 리 없다. 라오서는 이 시합을 덜 고통스럽게 만들려고 시도했고, 의사처럼 인류의 공경할 만한 후원자로 남아 있다. 그럼에도 조롱이 그 자체로 발휘할 수 있는 힘은 제한적이고, 물리적 폭력을 잔혹한 언어로 치환할 뿐이다. 따라서 다음 장에서는 공공의 삶이 아니라 개인의 삶에서 유머가 달리 무엇을 이룰 수 있는지 알아보겠다.

유머는 신중하고 섬세하게 접근해야 한다. 유머는 설명을 꺼리고 말장난의 치명적인 기습공격으로 유머에 관한 모든 이론을 거부한다. 유머가 생각으로 혼란스러운 그림을 그리고 언어로 춤추는 종잡을 수 없고 난해한 예술이기를 멈춘다면 고유의 매력을 잃을 것이다. 하지만 유머에서 다른 가능성을 발견할 수 있다. 한마디로 유머가 단순한 오락이나 무기 이상이 되고, 빈정거림과 연민과 환상이 거대하고 강렬한 공감으로 어우러져서 보통 사람들에게 가식을 벗어던지고 서로의 진실을 보도록 부추길 수 있다.

나한테 그만 좀 히죽거리라고 말한 선생님은 존경할 만한 교사지만 우울한 분이었다. 그 선생님과 나는 수업 외에 다른 이야기를 나눈 적이 없었다. 선생님은 프랑스어 철학책을 많이 읽었는데, 당시 프랑스 책은 가장 자리를 자르지 않는 방식으로 제본되어 있어서 내게 책장을 잘라서 펼치라는 벌을 내렸다. 하지만 그분은 자신의 철학적 사색에만 몰두하거나 아니면 수줍음이 많아서인지 어린 제자들을 알지 못했다. 그래서 내가 뭘 보고 웃었는지 몰랐다. 내 웃음에 적의가 아니라 애정이 깃들어 있었다는 사실을 알았다면 그분은 아마 더 행복한 교사가 되었을 것이다.

13장
/
어떻게
유머 감각을
기를 수 있을까

유머에는 오락이나 자기방어나 저항을 넘어선 또 하나의 역할이 있다. 영국의 유머 발달사에서 볼 수 있듯이 유머는 진실에 대한 새로운 태도를 가르쳐준다.

❖

　토머스 모어Thomas More, 1478~1535는 누구보다 재치 있는 사람이었지만 오
늘날에는 주로 유토피아의 창안자나 가톨릭 성인으로 기억된다. 영국의
대법관이자 하원의장, 성공한 변호사이자 르네상스 학자라는 근엄한 이
미지는 남달리 유쾌하던 태도와 대비된다.

　"그는 어릴 때부터 항상 농담을 즐겼다. 익살이 삶의 중요한 목적인 것
같았다. (……) 젊은 시절에는 소극笑劇을 쓰기도 하고 직접 연기도 했다.
익살이 담긴 말이기만 하면 비록 그를 겨냥한 말이라고 해도 매료될 만큼
섬세하거나 기발한 재담을 즐겼다." 모어는 '르네상스 인문주의자들의 황
태자'로 불리던 친구 에라스무스Erasmus에게 《우신예찬In Praise of Folly》을 쓰도
록 권했고, 그것은 "낙타를 춤추게 하는 것과 아주 유사한" 일이었다. 모
어의 집에서는 하인들도 악기를 하나씩은 다룰 줄 알고 놀이와 연극에 참
여하여 가상의 장면과 인물을 창조해야 했고, 모두에게 연극처럼 1인칭으
로 말하는 대사가 주어졌다. "즐거운 대화가 반갑지 않은 적이 없다." 그
는 어릿광대를 고용해서 한스 홀바인이 그린 모어 일가의 초상화에 넣어
줄 정도로 존중했다. 이 유명한 초상화는 모어가 사생활의 내밀한 즐거움
을 얼마나 소중히 생각했는지를 보여준다. 그림에서 자녀 교육에 대한 관
심과 아내와의 정감 어리고 재치 있는 대화에 대한 애정, 그리고 그가 가
장 사랑하고 아꼈던 딸 마거릿(모어는 마거릿이 그에게 필적할 만한 재능을 타고
났다고 생각했다)과의 일상적인 대화에 대한 애정이 묻어난다.

유토피아, 현실로부터의 도피

모어의 상상력 넘치는 재치는 그의 저서 《유토피아Utopia》에 잘 드러난다. 이 책은 청년들이 세계가 그들에게 거는 괴상한 기대와 마주할 때 느낄 법한 당혹감을 그린다. 토머스 모어는 성인이 될 무렵 권력자들이 자기 의견에 몹시 도취한 나머지 "자기 방귀는 냄새도 향긋하다"고 생각할 만큼 허영과 탐욕에 젖은 세태를 보고는 겁에 질려 2년 동안 수도원으로 숨어들었다. 그는 사라진 세계에서 영감을 얻으려고 그리스어를 배워서 고대 그리스 문명의 가장 날카로운 풍자작가인 사모사타의 루키아누스Lucian of Samosata, 125~180년경가 쓴 작품들을 번역했다.

한 청년이 사회에 느끼는 혐오감을 담은 《유토피아》에서는 제도와 관행을 부조리하다고 일축하고, 정부가 "국민을 위하는 척하면서 오직 사적인 영리만 추구하며 (……) 가난한 사람들을 이용하여 최소한의 임금에 힘든 노역을 시키는 부자들과 공모"한다고 비판하고, "엄청난 불안과 막대한 피해"를 조장하는 사유재산과 화폐제도까지 폐지하자고 주장하고, "누구나 각자 원하는 종교를 믿을 수 있게 해달라고" 간청한다. 하지만 모든 것은 환상이다. 그 자신도 결코 실현되지 않을 꿈인 줄 알기에 급진적인 제안에 반대하는 인물과 대화하는 형식으로 이야기를 서술한다.

그는 내면의 모순으로 평생 고통을 받은 나머지 세상을 포기하고 싶으면서도 한편으로는 더 나은 세상을 만들고 싶었다. 그는 궁정 관직을 수락했다. 그러나 그가 존경하던 개혁가가 뜻을 이루지 못하고 망명하는 과정을 지켜본 터라 그의 '뜻과는 맞지 않은' 자리였다. 그는 해법을 안다고 믿으면서도 너무 큰 기대를 품지 않고 최대한 현실적으로 접근했다. "완벽히 좋게는 아니더라도 최대한 덜 나쁘게는 만들 수 있다." 여기에 더해서 설령 처벌을 받더라도 왕에게 직언을 고하겠다고 다짐했다. 그는 관직에 오르면 누구나 처하는 운명, 이를테면 "선량하고 정직하고 순박하던 사람들이" "야망의 뱀"의 꼬임에 넘어가 타락하는 운명을 피할 방법을 찾으려 했다. 과거의 경험에 비춰보면 정직으로 보상을 얻지는 못할 듯 보였다. 그래도 그는 왕에게 진실을 고해야 한다는 신념을 고수했다. 그래서 헨리 8세가 개종했을 때 모어는 종교적 신념에 관해 거짓을 고하기를 거부했다. 그는 처형을 면할 수도 있었지만 순순히 받아들이기로 했다. 후대의 모든 유머 작가의 자살처럼 사실상의 자살이었다. 사후세계에 관한 관념이 라오서와는 조금 다르기는 하지만 모어는 가족에게 "천국에서 기쁘게 만나자"는 유언을 남겼다. 모어는 그를 둘러싼 세상에 환멸을 느낀 나머지 가정에서 얻는 기쁨에도 불구하고 기꺼이 세상을 등지려 했다. 그는 사적인 삶과 공적인 삶을 철저히 분리했고, 공직을 수행할 때는 범죄자로 판단되는 사람들에게 웃어주기는커녕 아주 엄하게 대했다. 그의 유머 감각은 현실을 이해하고 재구성하기 위한 수단이 아니라 현실에서 잠시 도피하는 수단일 뿐이었다.

모어의 시대 이후 삶을 좀 더 살아볼 만하게 만들어주는 사건도 많았지만 갖가지 새로운 불안이 등장하고 원래부터 도사리던 불안과 결합해서 세상을 공정하게 바라보는 것이 더 어려워졌다. 지속적인 변화는 불확실한 미래에 대한 두려움을 자극하고, 대도시는 외로움을 키우고, 약물은 병을 치료해주기만 하는 것이 아니라 끝없이 위험 요인을 양산해서 건강 염려증을 키우고, 눈에 보이지 않는 세균과 바이러스가 과거의 악마와 도깨비를 대신하고, 날카로운 지성과 부도 우리의 걱정을 없애주지 못하고, 경쟁이 스트레스를 키우고, 직장의 중압감이 동료들과의 관계를 저해하고, 실패에 대한 두려움이 스스로 부족하다는 느낌을 강화하고, 여가도 술도 충분한 보상이 되어주지 못한다. 따라서 이런 난관에 대응할 방법을 새롭게 고민해야 한다.

허위를 폭로하는 현명한 바보들

궁정광대는 인간의 진보에 결정적인 영향을 미친 존재로 부각되지는 않지만 아주 오래전부터 왕, 파라오, 황제, 술탄, 심지어 교황에게 고용되어 아첨하는 신하들이 감히 고하지 못할 말을 서슴없이 했다. 다만 라인의 팔라틴 선제후, 카를 루트비히Carl Ludwig, 1617~1680 같은 일부 통치자들은 "궁정광대를 두어야 할 이유를 모르겠다면서 웃고 싶으면 그냥 대학 교수를 두 명 불러다 토론을 시키고 편히 앉아서 그들의 어리석은 싸움을 재미나게 구경하면 될 일"이라고 말했다. 궁정광대는 예능인이나 우울증을 해소하는 도구로서도 가치가 있었지만 무엇보다도 중상모략으로 처벌받을 염려 없이 무슨 말이든 '성역 없이' 다 할 수 있는 권리에서 그들의 진정한 가치가 나왔다. 다른 누구에게도 주어지지 않는 특권이었다.

배우이자 어릿광대인 리처드 탈턴Richard Tarlton은 엘리자베스 1세의 면전에 대고 거침없이 비판하고 여왕이 아끼는 사람들을 '악한'이라고 비난했다. 아첨과 음모에 둘러싸인 왕들은 고립되고 외로운 터라 감히 고위직을 넘볼 수 없는 미천한 신분의 광대야말로 왕을 현실과 연결해주고 위선과 기만을 폭로하는 데 없어서는 안 될 존재였다. 그들이 광대 복장을 하고 물구나무를 서면 세상이 똑바로 보이는 것 같았다. 에라스무스는 "그들은 솔직히 말하고 진실을 말하는 유일한 사람들"이라고 썼고, 프랑스의 궁정 광대 마레Marais는 루이 13세Louis XIII, 1601~1643에게 이렇게 말했다. "폐하께서 하시는 일 중에 영 마음에 안 드는 두 가지가 있습니다. 혼자 먹는 거랑 남 앞에서 싸는 거요." 하룬 알라시드Harun al-Rashid 칼리프의 궁정광대인 아부 누와스Abu Nuwas는 한밤중에 칼리프를 변장시켜 거리로 데리고 나가서 바그다드의 현실을 보여주곤 했다. 왕과 궁정광대의 관계는 아주 친밀할 수 있었다. 무굴제국의 황제 아크바르Akbar, 1556~1605는 궁정광대가 죽자 눈물을 흘렸다. 궁정광대는 '진실을 공인받은 남자'였다(여자 광대도 있었다. 메리 1세가 여자 광대에게 '새 신발 12켤레'를 상으로 내렸다는 기록이 남아 있다).

궁정광대는 현명한 바보로 불렸다. 그들의 역할은 '강직함을 보조하는 자', '새로 닦은 거울' 등 중국 광대들의 이름에서도 드러났다. 중국에서 익살스럽고 지혜로운 언변으로 유명한 왕실의 신하 동방삭東方朔, 기원전 154~93은 사후 수백 년 동안 전설로 남았다. 그는 재치 넘치고 예리한 비판자로서 한무제漢武帝에게 낭비가 심하고 가난한 백성들을 돌보지 않는다고 거침없이 비난했으며, 예리한 관찰력으로 모든 사건에서 남들이 생각하는 것 이상을 통찰하여 언제나 놀라운 답변을 내놓았다. 유대인 속담에 바보는 절반의 예언자라고 했다. 진실은 통으로나 날것으로는 삼키기 어려울 수 있으므로 시인이자 마술사, 음악가이자 가수였던 궁정광대들이 경구나 재담이나 노래로 불편한 진실을 전할 수 있다. 궁정광대의 가장 진지한 목적은 즐거움을 주는 것이 아니었다. 그들은 다른 무엇보다도 진실을 추구하는 예술가였다. 그들은 역사에서 등한시하는 부수적인 이야기를 거론했고, 그것은 허위를 파헤치는 과정이었다.

왕에게만 광대가 필요한 것은 아니었다. 중세 귀족도 광대를 고용했다. 하지만 오늘날의 재계 거물들은 그들의 '코치'에게 다른 것을 기대하고 직원들의 '조롱'을 눈감아주지 않는다. 옛날의 광대들이 통달한 여러 가지 기예는 오늘날 전문 직업으로 분화되었다. 음악가와 마술사와 시인이 각기 다른 길로 갈라졌고, 진실은 지혜보다 지식과 동일시되었다. 진실을 말하는 데 열중하던 궁정광대의 정신이 아직 극장에 살아 있다. 이를테면 극장은 사람들이 상상하는 자기와 다른 모습을 볼 수 있는 거울이자, 배우들이 다른 사람의 입장이 되면 어떤지 확인하는 곳이다. 기자도 유명인의 거짓말과 얼버무리는 말을 비난하는 순간 궁정광대의 비공식적인 후예가 된다. 다만 궁정광대가 얻었던 면죄부까지 주어지지는 않는다. 어떤 나라에서는 기자들이 처형당하거나 암살당할 위험에 처하기도 하고, 어떤 나라에서는 홍보 전문가들이 점점 세를 불려 기자보다 네 배나 많아져서 기자들의 목소리를 덮기도 한다.

한때 진실은 확실한 결정을 내리기 위한 단단한 토대가 되어주는 요지부동의 바위였지만 오늘날 진실은 여러 방향으로 빛을 발산하고 다양한 각도에서 봐야 하는 다이아몬드다. 17세기 초에는 다이아몬드 세공사가 17면을 깎고 17세기 말에는 33면을 깎았지만 요즘은 144면까지 다듬을 수 있듯이, 진실도 나날이 휘황찬란해지고 수백 가지 지식 분야에서 각기 다른 빛을 발산하기 때문에 사실 맨눈으로 보기 어려울 정도다. 지식의 작은 한 조각에 담긴 의미를 이해하거나 지식을 둘러싼 잘못된 정보의 안개를 걷어내는 것이 지금처럼 어려웠던 적도 없다. 궁정광대 하나로는 어림도 없다. 한 명의 뮤즈에게 영감을 얻는 것으로는 역부족이다.

유머의 잠재력

토머스 모어의 장난스럽고 유쾌한 말은 지금 보면 야망의 측면에서는 한계가 있다. 유머에는 오락이나 자기방어나 저항을 넘어선 또 하나의 역할이 있다. 영국의 유머 발달사에서 볼 수 있듯이 유머는 진실에 대한 새로운 태도를 가르쳐준다. 영국에서 유머는 이방인을 이해하는 도구로서 의도적으로 범위가 확대된 것으로 보인다. 희극은 전통적으로 사회 규범에서 벗어난 일탈을 조롱해서 '인간의 행위를 계도'해왔는데 아일랜드의 극작가 조지 파쿼George Farquhar, 1677~1707는 조금 달랐다. 그는 런던으로 이주한 후 "여기는 여러 나라에서 온 사람들이 한데 섞여 살아서 (······) 지구상 누구보다도 이해하기 어려운 인간 군상이 있다"라고 관찰했다. 물론 다른 대도시에도 사람들이 섞여 살지만 파쿼는 이것을 딜레마로 보고 "어떻게 이렇게 많은 취향을 만족시킬 수 있을까?"라고 물었다. 차이를 없애려 한 것이 아니라 차이에 대응할 방법을 물은 것이다.

'성격이 아주 다채로운 것'은 '사업과 직업이 다양해지면서' 갈수록 상업화되는 국가의 불가피한 현실이다. 애덤 스미스의 제자로 미국 헌법 입안자들에게 영향을 미친 존 밀러John Millar, 1735~1801는 이렇게 말했다. "예술과 제조업이 급속히 발전하면 일정 수준의 재산과 풍요가 조성되어 대다수 국민들에게 독립심과 고매한 자유정신이 퍼져나간다." 극작가 콩그리브William Congreve, 1670~1729는 "유머가 있는 사람은 유머를 발산하는 데 아무런 두려움이 없다"고 여겼다. 외교관 윌리엄 템플 경Sir William Temple, 1628~1699은 "누구나 자신의 유머를 따르고 유머를 보여주는 데서 즐거움, 아마 자부심을 느낀다"라고 쓰고는 이렇게 덧붙였다. "대화의 첫 번째 재료는 진실이고, 두 번째는 양식, 세 번째는 좋은 유머, 네 번째는 재치다.”

유머가 있는 사람은 단순히 재미있는 사람이 아니라 스스로도 즐길 줄 아는 사람이다. 유머는 점차 갈등과 차이를 해소하는 수단 이상으로 발전해서, 요즘은 개인을 남과 구별해주는 특성으로 주목받는다. 부조화를 지각하고 공감하는 태도는 긍정적인 강점이 되었다. 감성의 문화는 개인 고유의 본성에 더 진지한 관심을 갖도록 권했다. 웃음이 다른 사람들에게 반감을 자아내는 것이 아니라 공감을 주고 선량한 연극이 되는 시대다.

유머 감각sense of humour이라는 말은 1840년에 영국에서 처음 사용되었다. 1870년 무렵부터는 유머 감각을 바람직한 자질로 보기 시작했다. 이때부터 사교생활에서만이 아니라 지적 욕구와 도덕적 욕구를 충족시키는 면에서 유머의 가치가 점차 높아졌고, 오늘날 유머는 그 잠재력이 아직 다 실현되지 않은 힘으로 남아 있다. 노벨이 당대의 시대정신에 조금 더 민감했다면 유머상도 제정했을 것이다. 하지만 스웨덴 은행은 하필 (청년들이 모든 종류의 권위를 조롱하던) 1968년에 경제학처럼 따분한 학문에 노벨상을 제정하여 부자와 권력자들은 누구 못지않게 농담을 잘할 수 있지만 농담을 그저 밋밋한 음식에 뿌리는 톡 쏘는 소스쯤으로 여긴다는 사실을 여실히 드러냈다.

국경을 넘는 공통의 언어

유머의 중요성은 또한 국가마다 유머 감각이 다르다는 잘못된 믿음, 곧 국가가 성장하면서 필요로 하는 배타적인 충성심을 강화하기 위해 퍼뜨린 믿음에 의해 약화된다. 사실 이방인의 유머가 외부인은 이해할 수 없는 비밀의 언어였던 적은 없다. 세계의 유머는 비슷한 대상을 조롱한다. 가장 오래된 유머는 평범한 사람들의 취향에 맞게 무례하고 천박하고 저속한 유머로서 수백 년 동안 전해지는 설화에 담겨 보존되고 수없이 반복되어도 특유의 맛을 잃지 않으며 책으로 배울 필요도 없다. 한마디로 고상함을 추구하는 사람들이 경멸하면서도 몰래 즐기는 종류의 유머다.

보편적인 유머의 예는 아주 많다. 14세기 터키의 수피교도 나스레딘Nasreddin의 농담은 부다페스트에서 베이징까지 세계의 절반에 걸쳐 재생산되었고, 아프가니스탄과 이란과 우즈베키스탄에서 그 지역의 유머로 차용되었으며, 쇼스타코비치의 음악에까지 영감을 주었고, 오늘날에도 여전히 웃음을 유발한다. 가령 티무르 황제가 대중목욕탕에서 나스레딘을 만난 이야기에는 이해하지 못할 부분이 없다. 티무르가 "내가 노예라면 값을 얼마나 쳐줄 것 같으냐?"라고 묻자 나스레딘이 "50펜스요"라고 답했다. 황제가 "내가 두른 이 수건만 해도 그만큼은 나가겠다"라고 반박하자, 나스레딘은 "그러니까요, 그게 딱 수건 값입니다"라고 답했다.

세르반테스Miguel de Cervantes, 1547~1616의 돈키호테도 직접적이고 보편적인 매력으로 열다섯 가지 인도어를 포함하여 70여 가지 언어로 번역되어 읽혔다. 같은 농담이 의외의 장소에서 거듭 등장한다. 애버딘 사람들의 인색함에 관한 농담은 불가리아 사람들이 가브로보 사람들을 두고 하는 농담과 똑같다. 양쪽 모두 톱니가 닳을까 봐 밤에는 벽시계와 손목시계를 멈춰 둔다. 그러면 어두울 때는 어떻게 시간을 알까? 트럼펫을 불면 이웃 사람이 "새벽 2시 20분에 시끄럽게 구는 작자가 누구야?"라고 소리치는 걸 듣고 안다. 네덜란드령 동인도제도의 고등법원 판사 에르노트 반 오베르베

케Aernout van Overbeke, 1632~1674는 재미있는 이야기 2440편을 모은《일화Anecdota》라는 책에 영국, 프랑스, 독일, 이탈리아, 스페인의 농담 수백 가지를 실었는데, 모두 누구나 이해할 수 있는 이야기였다. 파키르 모한 세나파티Fakir Mohan Senapati, 1843~1918는 오리야어(인도인 4500만 명이 쓰는 언어)로 익살스러운 소설을 써서 오리사 사람들의 품위를 주장했지만 그가 배운 열한 가지 언어에서 영감을 얻고 "사방의 벽에 새겨진 세상의 모든 종교의 성전에서 따온 적절한 인용문에 둘러싸인 채" 날마다 기도하면서 영감을 얻었다.

영국인들은 요즘 유머 감각을 영국의 국민성으로 여기고 그 기원을 초서에서 찾으려 하지만 사실 그들은 초서가 죽고 한 세기가 지나서야 초서가 재미있다고 생각했다. 그리고 18세기 초에 들어서야 샤프츠버리 백작 3세가《재치의 자유에 관한 에세이Essay on the Freedom of Wit》(1709)에서 이탈리아 사람들은 뛰어난 유머 작가라고 썼다. "유머는 가난하고 억눌리고 힘없는 사람들이 자유로이 생각을 발산할 수 있는 유일한 수단이다. 이런 식의 재치에 관해서는 이탈리아인들에게 우월성을 양보해야 한다. 박해하는 정신이 농담하는 정신을 길렀다." 국가주의가 충돌하는 시대 이전에는 유머의 보편성을 쉽게 인정했다. 프랑수아 라블레François Rabelais, 1494~1553와 세르반테스에게 크게 영향을 받은 로렌스 스턴Laurence Sterne, 1713~1768의《트리스트럼 샌디Tristram Shandy》는 원래 영국보다 프랑스에서 더 인정받았다.

이방인을 농담의 소재로 삼는 것이 보편적인 오락이긴 하지만 사실 유머를 좀 더 자세히 들여다보면 유머는 국가의 고정관념을 녹여 없앤다. 중국인들은 공자를 숭배하면서도 공자를 조롱하고 심지어 공자가 여자였을 수도 있다는 엉뚱한 논리를 펴기도 한다. 그들은 또한 길사吉事를 관장하는 희신喜神을 숭배하고 독단에 맞서는 도학자들의 싸움에 동참하여 '소화笑話'와 '간접적인 비판'을 통해 자유를 향한 개인의 염원을 보호했다. 나의 저서 《프랑스인The French》의 독일어판 편집자는 유머에 관한 장을 통째로 덜어냈고(내가 항의하자 결국 뜻을 굽히기는 했지만), 2011년의 한 국제 여론조사에는 독일이 가장 유머 감각이 없는 국가로 나타났다.

하지만 독일인들은 중세에 장난으로 국제적 명성을 떨쳤던 불경한 틸 오일렌슈피겔Till Eulenspiegel('엉덩이 닦는 사람'이라는 뜻. 14세기의 우스개 이야기책의 주인공으로, 이런저런 일을 전전하면서 사람들을 곤경에 빠뜨리고 우스꽝스러운 일을 벌이는 인물)을 창조한 사람들이다. 그리고 19세기의 베를린은 '재치의 모母 도시'로 불렸다. 독일의 만화잡지 〈에켄슈테어Eckensteher〉는 한때 〈펀치Punch〉(만화 위주로 구성된 영국의 주간지)에 비견할 만했다. 베를린에는 웃을 줄 아는 사람들과 웃음으로 정치적 소요를 무마하려고 풍자를 허용한 근엄한 관료들이 공존했다.

유대인의 유머도 보편성을 띠는데, 그 이유는 그들이 보편적인 문제에 대한 해답을 제시하면서 스스로를 조롱해서 약점을 극복하고, 양립 불가능한 것들을 화해시켜서 불일치가 독창성을 촉진하는 과정을 즐기며, 부조리에 논리를 들이대는 식의 토론을 즐기고, 율법을 해석하는 70가지 방식에서 자부심을 느끼기 때문이다. 따라서 어느 랍비는 두 사람의 논쟁을 듣고 다음과 같은 결론을 내릴 수 있었다. 한 사람이 자기 의견을 펼치자 랍비가 그에게 동의했고, 다른 사람이 정반대의 의견을 내놓자 랍비가 그에게도 동의했다. 랍비의 아내가 "두 사람 다 옳을 수는 없어요"라고 이의를 제기하자 랍비는 한참 고민하더니 "당신 말도 맞구료"라고 답했다.

하지만 웃음이 적절한 장소는 차이가 있다. 일본인들은 남 앞에서 입을 크게 벌리고 신나게 웃고 즐길 수 있는 장소로 극장을 따로 만들었다.

중국에서 일부 사람들은 연회에서는 오직 먹는 데만 몰두해야 하고 웃음을 유발하는 대화는 삼가야 한다고 생각한 반면, 고대 그리스인들은 식사를 마치고 광대들을 불러들여 한바탕 놀았다. 영국인들은 특이하게도 그들의 작은 섬나라가 로마제국의 지배를 받자 유머가 삶의 거의 모든 영역에 침투하도록 허용할 만큼 자신감을 얻었다. 유머는 그들이 아무것도 두려워하지 않는다는 것을 보여주는 증거였다. 하지만 영국인의 유머가 이웃나라들의 유머와 현격히 다르다는 생각은 허세다. 해협 너머의 프랑스인들은 가장 막강했던 시대에 스스로를 세상에서 가장 유쾌한 나라로 자부했다. 관광산업의 가장 큰 단점은 모든 나라의 유머를 인정하는 것을 각 나라의 음식을 인정해주는 것만큼 중요하게 생각하지 않는 데 있다.

차이를 좁히기 위한 공모

유머와 불안은 정반대 개념이 아니라 밀접히 연관된 개념이다. 두 단어는 한때 거의 같은 의미였다. 유전과 신경계가 정신 건강에 미치는 영향에 관한 인상적인 발견 가운데 불안을 평온으로 바꾸는 방법은 아직 없다. 다만 어떤 이론이나 치유법을 동원해도 '효과적인 정신과 치료에서 단연 중요한 요소'는 환자와 치료자의 관계의 질이라는 사실만 알려졌을 뿐이다. 유머는 피상적 차원에서 작용할 때가 많으므로 자동으로 사람들 사이에 깊은 유대를 만들어주지는 않는다. 그리고 유머는 아직 미성숙한 단계라서 토머스 모어의 예처럼 엄격한 공무에는 조금도 파고들어가지 못한다.

유머는 처음에는 두 사람이 합심하여 서로의 차이를 좁히고 상대방의 두려움과 방어를 섬세하게 타진하는 사적인 공모로 시작하지만 점차 난 공불락의 전제에 의문을 제기할 용기를 내도록 서로를 격려하게 만들 수 있다. 유머는 피상적인 회의론으로 흘러가기도 하지만 다른 한편으로는 과학적인 접근으로 흘러가서 명백해 보이는 사실을 불신할 수도 있다. 유머에서 공감 요인은 세상을 상대의 관점에서 보는 법을 가르쳐주고, 환상 요인은 새로운 대안을 그려보는 법을 가르쳐준다. 반면에 풍자는 공감의 한계를 드러낸다.

하지만 이런 요인들이 결합하여 우리 각자가 자신의 부조리를 인식할 때만 우리가 같은 종에 속한다는 사실을 믿을 수 있다. 그리고 유머가 인간관계에서 중심 역할을 수행할 수 있다. 영화가 여덟 번째 뮤즈라면 유머는 아홉 번째 뮤즈다.

물론 유머는 무한한 감성의 결에 의해 복잡해진다. 솔직히 나는 지극히 유치한 농담에도 어린애처럼 웃고 아주 진부하고 감상적인 장면에 눈물을 쏟기도 하므로 유머와 관련된 무언가를 검열하거나 규정하기에 적합한 사람은 아니다.

14장
/
사람들이
자기 나라에서
편안함을 느끼지
못하는 이유는
무엇일까

자기가 태어난 나라를 사랑하려면 다른 나라 사람들은 어떤지 알아야 한다. 이렇게
하는 사람이 늘어날수록 소속감은 새로운 의미를 가지게 될 것이다.

❖

나는 한때 젊었고
홀로 떠돌았고
길을 잃었다.
나는 누굴 만날 때만
풍요로워진다.
인간의 기쁨은 다른 인간이다.

1000년 전 북유럽의 오딘 신의 《높으신 분이 말하기를Hávamál》 이래로
인간이 다른 인간을 만나는 기술이 얼마나 발전했을까? 이 시는 다른 사
람을 상대하는 어려움과 친구와 적을 구별하는 어려움에 관한 경계警戒로
가득하다. 문명이 복잡해지면서 타인에게서 기쁨을 찾는 일이 더 수월해
졌을까, 아니면 더 어려워졌을까? 《높으신 분이 말하기를》에서는 이렇게
충고한다.

친구를 찾으면 진실로 믿어주고
행운을 빌어주고
생각을 나누고
선물을 주고받고
집에 자주 찾아가라.

이 시가 세상에 나온 이래로 지상의 사람들이 민족국가로 분열되어 대화를 나누고 믿을 만한 상대가 크게 달라졌다. 국가는 경쟁국의 말에는 귀머거리가 될 때가 많으면서도 함께 살기 불가능해 보이는 사람들을 한데 묶고 끊임없이 패배해온 사람들에게 승자라고 느끼게 해주는 마법 같은 힘을 발휘한다.

국가의 대다수 구성원들은 서로 만난 적이 없다. 서로의 의중을 짐작해야 해서 친밀함이나 애정이나 반감의 범위에 관한 진실이기도 하고 거짓이기도 한 단서를 제시하는 식으로 피상적인 의견을 주고받을 뿐이다. 국가는 국민이 까마득한 옛날부터 서로 운명처럼 만나서 조화롭게 살아왔다는 신화를 만들지만, 사실 그들이 하나의 국가로 통일된 것은 비교적 최근의 일이고 국경도 명확하지 않아서 산이나 강처럼 고정된 자연 요소와 거의 일치한다. 그런데도 사람들은 정말로 같은 국가의 구성원들과 대화를 나누고 싶은 걸까?

나는 오딘을 숭배하던 바이킹의 후예들을 만나러 가기로 했다. 그들은 세상에서 가장 평등하고 민주적이고 번영하고 행복한 국가를 이룩한 사람들로 존경받는 민족이기 때문이다. 최전성기에 이른 그들은 미래의 국가상을 제시한다. 나는 덴마크(현재 유엔 행복보고서에서 1위를 차지한 국가)의 국민 영웅 여섯 명을 선정했다. 그들이 스칸디나비아의 수백만 인구를 대표해서가 아니라 그들이 누구와 대화를 나누고 누구에게서 영감을 얻으며 왜 다른 나라의 공기를 마셔야 했는지 알아보기 위해서였다.

덴마크 문단의 '미운 오리 새끼'

한스 크리스티안 안데르센Hans Christian Andersen, 1805~1875은 가장 유명한 덴마크인 중 한 사람으로 그의 작품은 152개국 언어로 번역되었다. 그가 지은 '내가 태어난 덴마크에서'라는 유명한 노래 가사에는 그가 조국을 사랑하는 이유가 나온다. 덴마크는 고향이고 덴마크어는 모국어이기 때문이라고 했다. 특히 이런 감상적인 후렴이 나온다. "당신은 나를 사랑합니다, 덴마크, 당신은 나를 사랑합니다." 하지만 안데르센의 이야기는 그가 겪은 역경의 이야기이기도 하다. 그에게 "덴마크는 내가 행복하기보다는 불행했던 곳"이다. 그는 "남들과 달라서" "자신의 뿌리로부터 도망쳐야 했다."

젊은 시절에 배우이자 극작가이자 시인으로 인정받으려고 안간힘을 쓰던 안데르센은 덴마크가 너무 가난하고 작고 "음식과 꽃이 가득한" 이탈리아 같은 나라와는 다르다고 생각했다. 그래서 조국을 탈출해서 그 시대에 제일 넓은 땅을 여행한 덴마크인이 되었다.

한번은 어떤 여인이 "안데르센 씨, 외국으로 장기간 여러 차례 여행하셨는데 우리의 작은 덴마크보다 아름다운 곳이 있었나요?"라고 묻자, 그는 "물론 있지요"라고 대답했다. 여인은 "부끄러운 줄 아세요. 애국심이 없군요"라고 쏘아붙였다. 그러나 안데르센에게 유럽 문화는 생존에 필요한 자양분이고, 각국의 위대한 화가와 작가들에게 받은 환대와 존경은 그에게 없어서는 안 될 요소였다. 그는 덴마크의 동포들에게 인정받기까지 지독한 가난을 견디며 힘겹게 싸워야 했다. 문학계의 원로들은 그가 전통적인 산문을 거부하고 구어체를 선호한다는 이유로 무시했다. 다른 한쪽에서는 그가 지나치게 전통적이라고 비판하거나 상류층의 인정을 받으려고 안달한다면서 귀족에게 '아첨하는 노예근성'을 비판했다. 그는 양화점 아들로서 불리한 조건을 끝내 극복하지 못했지만 유력가들의 살롱에서는 명사 대접을 받았다. 그는 감격에 겨워 이렇게 적었다. "바이마르 대공이 나를 꼭 안아주었고, 우리는 입을 맞추었다. '우리는 영원히 친구야'라고 대공이 말했다. 우리 둘 다 눈물을 흘렸다."

안데르센이 약자에게 연민을 느끼기는 했지만 그렇다고 혁명가는 아니었다. 그의 철학은 미운 오리 새끼가 아름다운 백조가 될 수 있다는 것이지만 그렇게 되지 않을 때는 "하느님께서 최선의 길로 이끌어주신다"라고 말하곤 했다. 그는 어른의 세계에서 아이들의 환상의 세계로 탈출하는 식으로 변화를 꿈꾸었다. 그가 항상 어느 정도 소외감을 느꼈듯이 그의 눈에 비친 아이들은 어른들에게 소외된 존재였다. 그는 교훈을 전하는 대신 장난기와 유머로 동화를 쓰면서 숨겨왔던 생각을 드러낼 수 있었다. 그는 문학의 목적이 화합을 유도하는 데 있다는 생각에 반발했다. "나는 세상의 모든 불화를 찾는다. (……) 나 역시 세상의 불화라고 생각한다." 사실 그는 늘 불안에 시달렸다. 역마차에서는 다른 승객이 죽이겠다고 달려드는 망상에 사로잡혔고, 화재가 나면 밖으로 뛰어내리기 위해 항상 밧줄을 가지고 다닐 만큼 죽음을 두려워했으며, 산 채로 매장될까 봐 침대 머리맡에 "그냥 죽은 것처럼 보이는 겁니다"라고 적힌 쪽지를 놓아두었다.

안데르센의 당혹스러운 행동에 대해 덴마크는 국가 차원에서 인상적인 해결책을 마련했다. 덴마크는 불안에 시달리는 사람들을 위한 튼튼한 장벽을 세웠다. 세계에서 가장 포괄적이고 효과적인 국가 보험제도를 마련해서 실업과 질병, 무지와 가난에 대한 걱정으로부터의 자유를 보장했다. 하지만 국가기관의 손길이 미치지 않는 공포가 존재하기 마련이고, 어떤 공포와 욕구가 사라지는 순간 새로운 공포와 욕구가 나타난다. 덴마크가 부와 행복 면에서 최고 순위를 차지하지만 (다른 국가들과 비교한 유니세프의 자료에 따르면) 아이들은 읽기, 수학, 화학 시험에서 19위를 기록했다. 덴마크 아이들의 22퍼센트만 '학교를 많이 좋아한다'고 했다(40퍼센트를 넘는 국가는 없었다). 덴마크의 15세 청소년의 70퍼센트만 '일주일에 몇 번 부모와 그냥 대화를 나누면서' 시간을 보내는데, 헝가리(90퍼센트)와 이탈리아(87퍼센트)보다는 낮고, 스웨덴·오스트레일리아(50퍼센트)·독일(42퍼센트)·이스라엘(37퍼센트로 최하위를 기록)보다는 높았다. 덴마크는 '가족의 대화와 소통'에서 18위를 차지하고 재혼가정의 비율에서는 19위를 기록했다(다만 이로써 어떤 차이가 생기는지에 관한 정보는 없다). 15세 이하 아동 중에서 술을 마셔본 적이 없는 비율에서는 핀란드와 영국만 제치고 밑에서 3위였다. 그래도 여러 항목에서 밑바닥을 맴도는 영국이나 미국보다는 한결 나은 편이다. 안데르센이 다시 살아난다면 오늘날 칭찬이 자자한 덴마크의 사회제도 덕에 불안을 치유할 수 있을까?

낯선 땅에서 자유를 찾은 아프리카의 이방인

카렌 블릭센Karen Blixen, 1885~1962은 덴마크인으로 사는 것을 무엇보다 고통스럽게 여긴 또 하나의 덴마크인이었다. 블릭센은 안데르센의 철학에도 반대하고 안전을 추구하는 국가의 기조에도 반발했다. 블릭센은 덴마크가 제공한 것 이상의 삶을 원했다. 그리고 아프리카로 탈출해서 이렇게 썼다. "여기서 마침내 모든 관습에 신경을 끌 수 있게 되었다. 꿈에서나 보던 새로운 자유가 이곳에 있다."

블릭센의 아버지는 프랑스군에 복무하러 떠나서 파리 코뮌의 혁명가들에게 동참했다가 미국 위스콘신의 아메리카 원주민 치페와족과 함께 살았고, 결국 매독에 걸린 사실을 알고 스스로 목숨을 끊었다. 블릭센은 아버지처럼 권위에 저항하고 위험을 즐기고 운명과 싸운 사람들을 존경했고, 아버지와 같은 삶을 영웅적인 행위와 불멸을 얻기 위한 기회로 여겼다. 잃을 게 없는 사람만이 그런 용기를 낼 수 있었다. 블릭센이 보기에 이런 용기를 낼 수 있는 사람은 그녀와 같은 귀족과 프롤레타리아였다. 블릭센에게는 위험을 두려워하고 안전을 갈구하는 중산층이 "악마들"로 보였다. "나는 중산층과는 함께 살 수 없다." 그녀는 중산층이 복지국가를 건설하기 위해 기꺼이 치르는 희생을 경멸하고 "숨 막힌다"고 생각했다. 딸을 무수한 위험으로부터 보호하기 위해 부단히 노력한 어머니에게 "과잉 보호를 받던" 삶에서 끝내 회복하지 못하고, "나를 나 자신으로 사랑한" 사람은 반항아였던 아버지밖에 없다고 생각했다. 아이들을 응석받이로 키우듯이 응석받이 어른들을 길러내는 덴마크의 국가 정책에는 조금도 공감하지 못했다.

그에 반해 "여기 아프리카의 검은 형제들"은 모험을 사랑했다. "나의 소말리아 사람들은 무슨 일이 일어나기만 한다면 그것이 무슨 일이든 행복해한다." 그래서 그들은 "특별한 일이 일어나지 않는 삶에서 필사적이" 되었다. 그녀가 사랑에 빠진 영국인 사냥꾼조차 그녀를 "더없이 행복하게 해주었다." 아프리카는 그녀가 "자기를 발견할" 수 있도록 "해방"시켜주었다.

블릭센은 "자기 자신으로서" 무언가를 성취하고 항상 "아름다움의 가능성"을 발견하고 싶어했다. "모든 슬픔은 이야기로 풀어낼 수 있는 한 견딜 만하다." 그것은 "한 인간이 삶에서 발견하는 단 하나의 완벽한 행복"이었고, 블릭센은 살면서 겪은 일들을 이야기로 풀었다. 그러나 이야기를 써도 슬픔에서 벗어나지 못했으므로 이야기로 풀어야 하는 욕구는 어찌 보면 '저주'였다. 현실에서는 매독에 걸린 남편에게 이혼당하고 그녀 역시 매독이라는 오진을 받고 건강을 망치면서 이렇게 말했다. "사자들 사이에서 살 때 진실로 살아 있는 것 같다."

아프리카를 감상적으로 그린 그녀의 소설이 아프리카 밖에서는 깊은 감동을 주었지만 사실은 낭만적인 시각일 뿐이었다. 블릭센의 집에서 오래 일한 키쿠유족 하인이 별안간 마우마우 자유의 전사들이라는 조직에서 활동한 죄로 체포되자 그녀는 큰 충격을 받았다. 그를 잘 안다고 믿었지만 그가 말하지 않은 것이 많았다. 블릭센이 하인들을 아무리 친절하게 대해주었다고 해도 2400헥타르에 달하는 그녀의 농장에서 일하던 아프리카 사람들은 그 땅이 빼앗긴 아프리카의 땅이라는 사실을 잊지 않았다. 한 국가가 이방인과의 관계에서 무엇을 해줄 수 있느냐는 질문에는 여전히 정답이 없다.

덴마크 최초의 여성해방운동가

여자가 남자에게 무엇을 기대할 수 있느냐는 질문도 마찬가지다. 덴마크 최초의 여성해방운동가 마틸데 피비게르Mathilde Fibiger, 1830~1872는 스무

살에 《클라라 라파엘Clara Raphael》이라는 자전적 소설을 출간해서 여성들이 "모든 지적 분야에서 배제된다"고 성토했다. 피비게르는 남성과 여성의 차이를 강조하면서도 여성도 남성과 똑같은 권리를 누려야 한다고 주장하지 않았다. 다만 영적 자유, 지적 자유, 상상의 자유를 요구했다. 책이 출간되자 대대적인 토론이 일어나고 비평이 쏟아져 나왔지만 정작 피비게르는 소설 두 권을 더 내고는 글로는 경제적으로 독립할 수 없는 현실을 인정하고 전신기사로 일하면서 덴마크에서 여성 최초로 공무원이 되었다. 부분적인 승리일 뿐이었다. 관리직에 오르기는 했지만 같이 일하는 남자들의 반발에 부딪혀 항상 분노해야 했다. 피비게르의 책이 나온 지 20년 뒤 존 스튜어트 밀John Stuart Mill의 저서 《여성의 종속The Subjection of Women》이 나왔을 때 피비게르도 반가워했지만 그 책에 동의하지는 않았다. 얼마나 많은 여성이 동의하지 않는지 추산할 수는 없지만 아무 말도 아무런 행동도 없었던 것은 사실이다. 역사에는 의견의 차이를 감추는 침묵은 기록되지 않는다.

오늘날 덴마크와 다른 스칸디나비아 국가의 여성들은 법적으로 거의 모든 형태의 평등을 보장받는다. 그런데 이것으로 충분할까? 여성은 남편으로부터의 자유, 자녀 양육과 가사노동의 제약으로부터 자유를 누리며, 모든 형태의 일을 추구하는 과정에서 차별을 받지 않는다. 그러나 누구도 예상치 못한 일이 벌어졌다. 공공기관이 자녀교육의 상당 부분을 떠맡자 사람들은 충만한 삶을 살지 못하고 있다는 느낌, 자식을 키우는 데 충분히 개입하지 못한다는 공허감에 사로잡혔다. 자녀와 고유한 관계를 쌓는 것역시 '나 자신이 되는 과정'의 소중한 일부이며, 이것이 삶에서 중요하고도 성취하기 어려운 과제임을 깨닫게 된 것이다. 스칸디나비아의 젊은 여성에 대한 여론조사는 양성 관계를 개선한 뒤에는 세대 간 관계를 개선하기 위해 더 노력해야 한다는 것을 말해준다. 법이 '부부를 위한 고유하고 사적인 모험 프로그램'까지 만들어주지는 못한다.

덴마크의 가장 중요한 철학자

덴마크의 가장 중요한 철학자 쇠렌 키르케고르Søren Kierkegaard, 1813~1855는 피비게르의 첫 소설을 냉혹하게 비평하면서 '새로운 패션의 유행' 이상으로 진지하게 받아들일 필요가 없다고 비꼬았다. "여자아이를 남자아이처럼 키운다면 인류에 작별을 고해야 한다." 여성해방은 "악마가 지어낸 이야기"다. "여자는 자만의 화신이다." 그리고 키르케고르는 "개인의 행복을 외부에서 구할 수 있다는 생각은 미신"이라고 믿고 사랑하는 여자를 거부했다. 키르케고르는 현실도피주의자였지만 실제로 자신이 태어난 코펜하겐을 벗어난 적이 없었다. 그는 개인이 '개별적인singular' 존재라는 개념을 바탕으로 철학을 구축하면서 개인의 개성을 위협하는 군중과 고정관념으로부터 개인을 해방시킨다는 사명을 떠안았다. 개인이 진정한 자기가 되려면 지식이 더 많이 필요한 것이 아니라 더 적게 필요했다. 개인은 대중의 의견을 좇지 말고 스스로 결정하면서 이성이 아니라 신앙에 의지하고 죄와 죄책감을 이야기하는 가혹하고 엄한 신을 따라야 했다. 불안에서 도망치려 한 안데르센과 달리 키르케고르는 "공포와 전율"은 신앙으로 이르는 데 필요하고 이것이 삶의 주된 목표라고 주장했다. "누구든 올바른 방식으로 불안해하는 법을 배웠다면 궁극의 것을 배운 셈이다. (……) 불안해야 자유로워질 가능성이 생긴다."

반어와 풍자로 덴마크인들을 조롱하는 것은 키르케고르가 그의 개별성을 내세우는 방법이었다. 그는 세계 모든 철학자 중에서 가장 재미있는 철학자로 일컬어졌지만 그가 이런 명성을 얻기까지 얼마나 많은 경쟁에 직면했는지는 알 수 없다. 그는 "우스꽝스럽고 흥겹고 (……) 인간 존재의 모순의 희극을 한껏 즐긴다." 하지만 그는 고통과 종교에서도 유머를 발견하고 "모든 유머는 기독교 그 자체에서 발전했다"라고까지 주장했다. 그는 익살은 고통에서 나온다고 보았다. 덴마크인은 냉소와 반어를 무기로 그들의 질서정연한 사회가 억압받지 않도록 보호하는 사람들이라는 명성을 얻었다. '우울하지 않은 덴마크인'이라는 별명을 가진 피아니스트이자 코미디언인 빅토르 보르거Victor Borge, 1909~2000가 "웃음은 두 사람 사이의 가장 가까운 거리"라고 말한 것은, 여느 때는 두 사람의 거리가 넓다는 뜻이었을까?

뱅과 올룹센의 도피

세계 어디에나 부모는 사업가와 전문가로서 순응하는 삶을 사는 반면 자식은 반항아로 크는 예가 있는데, 유럽 최대의 하이파이 장비 제조사인 뱅앤올룹센Bang and Olufsen의 창립자 피터 뱅Peter Bang, 1900~1957도 그중 하나다. 뱅은 코펜하겐에서 가장 큰 백화점 소유주의 아들이었다. 그는 성인이 되자마자 미국으로 달아났다. 그는 라디오에 푹 빠졌다. 그에게 라디오는 세계를 변화시키는 기술의 가능성을 의미했다. 그는 GE(제너럴 일렉트릭)에 취직해서 일하다가 몇 년 뒤 "나는 별별 사람들 밑에서 일했고, 남들 밑에서 일하는 데 진력이 났다. 이제 혼자 힘으로 일해보고 싶다"라고 적었다. 그는 돈이 아니라 독립을 목표로 삼고 고국으로 돌아갔다.

한편 스벤 올룹센Svend Olufsen은 영주의 저택을 소유한 귀족이지만 귀족답지 않게 사업에 열의가 있었다. 뱅과 올룹센은 의기투합하여 코펜하겐에서 350킬로미터 떨어진 유틀란트의 황무지에 공장을 세웠다. 뱅은 늘 코펜하겐 사회를 불편해하면서 피했고 런던과 베를린과 미국을 더 좋아했다. 그의 회사의 이념은 시시함을 탈피하고 기술을 아름다운 제품과 결합하고 아방가르드 디자인을 새로운 아이디어와 소통하는 언어로 삼고 새로운 아이디어가 나오기 전에는 제품을 만들지 않는 것이었다.

덴마크 복지국가가 독창적인 이유는 처음에 복지국가를 '대중 계몽' 운동의 일환으로 삼고 '대중을 위한 문화'를 제시하면서 국민에게 선악을 구별하고 유용함과 쓸모없음을 구별하는 법을 가르쳐주는 아름다운 물건, 가구, 건물을 창조하는 심미적 요소를 가미했기 때문이다. 뱅과 올룹센은 단순한 소비와 오락의 피상성에 저항하는 세력을 자처했다. 그들은 가격보다 취향과 품질을 먼저 논하라고 주장했다. 그리고 소파에 천을 씌우는 기술을 훈련받은 야콥 옌센Jacob Jensen을 디자이너로 고용해서 덴마크 가구와 도자기를 특별하게 만들어준 '아름다움의 민주화'라는 예술운동의 연장선에서 "부르주아의 허영"과 대량생산을 거부하고 일본의 소박함의 미학에 동조했다.

하지만 뱅앤올룹센의 창립자들이 세상을 떠난 후 새로운 경영자들은 자사 제품의 내용물이 시중에 거의 반값에 팔리는 다른 제품들과 별반 다르지 않으니 제품을 더 싸게 제작하라고 요구했다. 한동안은 옌센도 새로운 경영진에 반발해서 다시는 간섭하지 말라고 큰소리칠 수 있었다. 하지만 전문 경영인들뿐 아니라 미국의 사업 아이디어가 침투하기 시작했고, 결국 디자이너와 엔지니어들은 마케터들에게 권력을 넘겨주었다. 광고업계의 대부인 예스퍼 쿤데Jesper Kunde는 뱅앤올룹센이 다른 분야에서도 수익을 내도록 확장하려면 중요한 건 '브랜드'이지 제품이 아니라고 주장했다. 쿤데의 저서 《기업 종교Corporate Religion》는 마이크로소프트와 코카콜라와 디즈니의 성공담에서 영감을 얻었다.

뱅앤올룹센의 새로운 경영자들은 창립자의 외곬수의 이상주의 대신 스스로를 '양떼를 몰고 다니는 온화한 성직자'에 비유했다. 반면 그들이 불러들인 컨설턴트들은 회사를 재교육하면서 '변혁 관리자'나 '야생화'나 '사자의 눈을 들여다볼 수 있는 마사이족'으로 길러낼 방법에 관해 떠들었다. 엔지니어들도 처음에는 이렇게 뒤죽박죽인 회사 이념을 비웃었지만 이내 '합리화'를 피할 수 없는 현실을 직시했다. 점차 작업을 외부에 위탁하는 일이 많아지면서 엔지니어들은 직접 물건을 만들지 않고 외주업체에 내보낼 사양을 작성하기 바빴다. 뱅앤올룹센은 이제 '유연'해지기는 했지만 한편으로는 관료체제의 아부와 시기의 노예가 되었다. 세계에서 가장 성공한 기업이 된다고 해도 혜택이 모두에게 돌아가는 것은 아니다.

안락한 삶을 거부하다

젊은 시절에 뉴펀들랜드에서 벌목꾼이자 교사이자 기자로 일한 소설가 악셀 산데모제Aksel Sandemose, 1899~1965에게 덴마크는 그야말로 '생지옥'이었다. 그는 베스트셀러가 된 소설 《도망자, 지난 발자취를 따라 건너다A

Fugitive Crosses his Tracks》(1933)에서 그의 고향 마을에서 통용되던 행동 규범인 '얀테의 법'을 비난했는데, 이 때문에 많은 사람들의 격분을 불러일으켰다. '얀테의 법'의 첫 번째 계명은 "네가 특별한 사람이라고 생각하지 말라"이고, 마지막 계명은 "남에게 무언가 가르쳐줄 수 있다고 생각하지 말라"였다. 산데모제는 모든 성취를 공동의 것으로 간주하고 감히 혼자 튀는 사람은 마땅히 응징해야 한다고 여기는 분위기에 반발했다. 그는 이런 분위기에서 "지식은 비열한 것이었다. 예술은 경멸적으로 평가되었다. 과학은 게으른 자들을 사로잡는 것이었다. 서두르지 마라. 이 말이 온 종일 후렴처럼 반복되었다"라고 썼다.

덴마크인 네 명 중 세 명은 이런 분위기에 크게 신경 쓰지 않고 안락한 삶에 만족했지만 그는 그런 사실을 무시했다. 안락함을 의미하는 휘게hygge는 덴마크인들이 목표로 삼는 중요한 가치다. 산데모제는 그저 막연히 "강인하고 관능적이고 지적인 여자들"이 나타나서 그의 문제를 해결해주기를 바랐고, 덴마크를 떠나는 것 이외에 현실적인 해결책을 찾지 못했다. 덴마크의 인구는 1800년에 100만 명에도 못 미쳤고 오늘날에도 고작 550만 명이다. 지난 2세기 동안 100만여 명이 덴마크를 떠났다. 산데모제는 그중 한 사람일 뿐이었다.

소속감의 새로운 의미

이상의 덴마크 영웅 여섯 명은 왜 자기가 태어난 나라에서 그렇게 불편해했을까? 이들은 모두 국제적인 사람들이고 외국에서 영감을 얻지 못했다면 오늘날 우리가 아는 그들이 되지 못했을 것이다. 덴마크 역시 자국의 재능과 제품을 세계에 팔아서 번창하고 국제적인 나라가 된 덕분에 살아남았다. 카렌 블릭센은 먼저 영어로 책을 썼고, 그 책이 나중에 다시 덴마크어로 번역되었다. 과거에는 같은 언어를 쓰거나 지배 세력의 언어를 배워야 하는 사람들을 중심으로 국가가 성립되었지만 언어를 공유한다고 해도 생각이나 취향을 공유한다는 뜻은 아니다. 요즘은 같은 언어를 쓰지 않는 사람들과 대화할 수 있어야만 국가로 살아남는다.

안데르센은 "아이들은 진실을 말한다"라고 했다. 이 말은 어른들의 세계에서는 항상 속마음을 솔직히 털어놓는 것을 두려워한다는 사실을 일깨워준다. 진실은 몹시 위험해서 직접 대면할 수 없고 이야기로만 전할 수 있다는 블릭센의 결론, 제품이 스스로 말하게 하려는 뱅의 열망, 자신을 세상 사람들에 이해시키지 못한 피비게르의 무능, 모순에 대한 키르케고르의 집착, 진실이 드러나는 것을 가로막는 장애물에 대한 산데모제의 저항은 모두 국가 내부의 대화든 국가와 국가 간의 대화든 아직 시작되지 않았음을 암시한다.

외국인에 대한 공포는 각자의 지역에 충성하는 사람들끼리 국가로 통합된 주된 이유다. 그럼에도 외국인은 새로운 야망을 불어넣고 새로운 풍경을 펼쳐주는 역할을 해서 언제까지나 외국인 체류자나 관광객으로만 남는 것은 아니다. 외국인과 원주민은 한 쌍의 연인처럼 놀라운 방식으로 소통할 수 있다. 서로가 서로에게 뮤즈가 되어준다. 국가도 개인처럼 자기 성찰에 몰두할 수 있지만 이것은 첫 단계일 뿐이다. 이들 여섯 명의 국가 영웅은 그들의 고국뿐 아니라 그들이 태어난 곳을 벗어나 다른 곳에서 본 것들에 의해 형성된 사람들로서 탐험의 욕구가 안락한 은신처에 대한 욕구와 경쟁한다는 사실을 보여준다. 충분한 정보를 기반으로 자기가 태어난 나라를 사랑하려면 다른 나라 사람들은 어떤지 알아야 한다. 이렇게 하는 사람이 늘어날수록 소속감은 새로운 의미를 가지게 될 것이다.

"인간의 기쁨은 다른 인간"이라는 바이킹 속담은 오랜 세월 사람들이 자기와 비슷한 사람을 만난다는 뜻으로 해석되었다. 국가는 영토를 확장하고 막강해지면서 국민들 사이에 공통점이 많아지기를 원했다. 국가는 동일한 가치관과 기억과 희망을 공유하는 사람들을 통합하기 위해 성립된 것으로 보였다. 실제로 국가는 차이를 은폐한다. 세계의 다른 국가들과 관계를 맺지 않는다면 대다수 국가는 몰락할 것이다.

스칸디나비아는 서로 공통점이 많은데도 몇 개의 국가로 분열되었고, 어느 한 나라도 오늘날 런던이나 파리 같은 보통 크기의 도시 하나보다 인구가 많지 않다. 스칸디나비아 국가들은 공공활동을 대부분 훨씬 작은 지방단체로 분산시켰다(큰 국가들이 이들 국가의 실업과 사회복지 개념을 도입하면서 간과한 부분이다). 이렇게 하면 날마다 마주치는 사람들에게서 기쁨을 찾을 수 있을까? 안타깝게도 마을의 다툼도 대제국의 내적·외적 적개심만큼이나 골치 아픈 문제이고 인간의 삶을 파괴해왔다.

나는 처음 만난 사람들이 흔히 하는 질문, "당신은 어디에서 왔습니까?"라고 묻지 않는다. 대신 이렇게 묻고 싶다. 당신은 어디로 가는가? 나는 개인이 어떻게 자기가 속한 국가에서 독립하고 직접 사람들의 집단을 구축해서 그들이 물려받은 유산을 보완하는지에 관심이 있다. "당신은 어디로 가는가?"는 개인이 상호작용과 영감 이외에 무엇을 추구하거나 선택하거나 만날 수 있는지를 묻는다. 사랑에 빠지는 것과 다르지 않다. 다음 장에서는 이런 만남의 낭만에 관해 자세히 알아보겠다.

15장
/
한 사람이
동시에 사랑할 수
있는 국가는
몇 개인가

수많은 문명이 먼지만 남기고 사라졌다. 여러 종족과 언어를 지배하던 막강한 제국도 지금은 거의 존재하지 않는다. 국가도 불멸의 존재가 아닐 수 있다.

❖

왜 200년 넘게 아무도 한두 개 이상 국가의 국민이 되지 못했을까? 한 개인이 어떻게 크고 복잡한 국가나 작지만 역시 복잡한 국가에 친밀감을 느낄 수 있을까? 덴마크를 떠올리고 무슨 수를 써서라도 덴마크를 방문하고 덴마크어를 배워야겠다고 말하는 사람은 드물다. 하지만 모든 국가나 지방이나 도시가 각기 다른 방식으로 우리의 눈을 뜨게 한다.

근대 덴마크의 국부인 '거대한 인물' 프레데리크 그룬트비Frederik Grundtvig, 1783~1872는 국경 밖에서 일어나는 일에는 거의 관심이 없었던 것처럼 보인다. 그는 루터파 목사 집안에서 태어난 목사로서 하느님이 덴마크인들을 선택해서 기독교를 구현했다고 주장했다. 같은 시기에 허먼 멜빌Herman Melville, 1819~1891은 "미국인들은 특별히 선택받은 민족, 우리 시대의 이스라엘 민족"이라고 말했다. 그룬트비는 카리스마 넘치는 설교가이자 "소박하고 쾌활하고 자부심 넘치는" 시인이었으며, 무엇보다도 찬송가(죄보다는 기쁨을 노래하는)를 많이 만든 작곡가였다.

감상적인 멜로디와 가사로 된 그룬트비의 찬송가는 곧 전국의 찬송가 모음집을 가득 채웠고 그의 명성은 빠르게 퍼져나갔다. 그는 보통 사람을 이상화했다. 바이킹 시대의 영웅 전설로 덴마크인들에게 민족적 자부심을 심어주었다. 그는 새로운 모험을 시작하려면 오래된 모험을 계승한다는 느낌이 항상 도움이 된다고 믿고 새로운 민족주의를 오래된 종교에 접목시켰다. 그는 《세계의 역사History of the World》에서 성직자에게 의존하지 않고 보통 사람의 언어로 진정한 기독교의 새 시대를 열어서 비천한 사람이라도 원대한 시도에서 일정한 역할을 할 수 있게 해주는 것이 하느님의 계획이라고 설명했다.

'공동체'의 조건

하지만 그를 단순히 덴마크의 애국주의적 지도자로 한정한다면 그가 세상 모든 사람에 관해 남긴 메시지를 놓치게 된다. 첫 번째 메시지는 세상에는 '개인individual'이 아니라 '사람person'만 존재한다는 것이다. 사람은 관계 안에서 형성되는 존재다. 인간은 타인과 개인적으로 결합하지 않으면 발전하지 못한다. 관계가 호혜적인 관계이고 동시대인이나 선조들과의 공동체 의식으로 풍성해질 때 비로소 자유로워진다. 그룬트비는 목사였지만 대중을 개종시키는 것이 가장 큰 관심사는 아니었다. 그는 "우선 사람이 되고 그다음에 기독교인이 돼라"고 강조했다. 개인은 우선 타인과 유익한 관계를 맺어야 하는데 이런 능력은 교회를 다닌다고 해서 저절로 얻어지는 것이 아니라는 뜻이었다. 그는 기독교가 '외국어에서 번역한' 성서나 신학자들의 주석에서 나오는 것이 아니라 기독교인들의 행동에서 나온다고 보았다. 교회를 이루는 것은 설교나 예배가 아니라 신자들의 유대관계였다. 사람들이 만나서 "평화가 함께하기를"이라고 인사한다면 어디서든 공동체가 형성된다. 그룬트비에게 국가를 세우는 것은 단지 같은 언어로 말하는 사람들을 한데 모은다는 뜻이 아니었다. 행동하는 법을 배워야 했다. 그는 모두가 교육을 받는 '죽음의 학교'의 반대 개념으로 '삶의 학교'를 제안했다. 삶의 학교에서는 모두가 서로 가르치기 때문에 그는 '평민학교Folks School'라고 불렀다. 국가와 별개이고 시험이나 수업 계획서도 없는 성인들을 위한 시간제 기숙학교로서 노동자들을 계몽해서 자부심을 심어주고 해방시키기 위해 설계되었다. 평민학교에서는 교리를 주입하는 대신 충분한 대화를 통해 학생들이 각자의 경험을 바탕으로 학습에 임할 수 있도록 장려했다. 또 개인의 능력보다는 공동으로 성취한 일에 자부심을 가지도록 했다. 평민학교가 덴마크의 협동조합 운동을 강화한 덕에 가난하고 소외된 농민들은 짧은 기간에 수익성이 높은 수출용 농산업을 구축할 수 있었다.

그룬트비가 말하는 바이킹 기질은 세계 어디서나 발견된다. 바이킹은 권태에 저항한 반항아들이었다. 그리고 이것은 태초부터 혁신의 원천이었다. 판에 박힌 일상을 견디지 못하는 기질로 인해 차분해 보이던 사람들이 거침없는 모험가, 미지의 세계를 찾아 헤매는 탐험가, 생각과 사람을 수입하고 수출하는 사람들로 변신했다. 바이킹들은 고향에서 구하지 못하는 것을 찾아 멀리 콘스탄티노플, 러시아, 포르투갈, 아메리카까지 가서 약탈과 강간과 살인을 일삼았다. 오늘날이라면 당연히 테러리스트로 불렸겠지만 한편으로는 노련한 상인이자 항해사였다. 바이킹은 우선 스스로 '좋은 동료drengr'라고 자부하고 개인의 독립성과 (어느 정도까지) 여성의 자율성을 중시하며 수양아버지와 수양형제 관습으로 관계를 공고히 다지면서 다른 언어를 쓰는 여성과 결혼해서 스칸디나비아에서 멀리 떨어진 곳에도 자손을 남겼다. 따라서 바이킹은 덴마크인의 조상일 뿐 아니라, 인간이 태어난 땅에 가만히 머무른 기간보다 더 오랫동안 유목민으로 세계 곳곳을 떠돌고 이주한 사실을 일깨워주는 존재다. 최근에 농촌에서 도시로, 가난한 나라에서 부자 나라로 대규모로 이주하는 현상은 자연의 다채로운 변화에 대응하는 인류의 변함없는 특징이다. 국가는 오래전부터 이렇게 떠돌아다니는 사람들을 국경 안에 붙잡아두기 위해 다양한 장벽을 세워왔지만 최근에는 기술과 통신과 교육이 모든 사람을 연결해서 새로운 세대를 다시 유목민으로 만들고 있다.

충성심의 발명

그룬트비에 관해 조사하면서 덴마크인이건 중국인이건 크게 다르지 않다는 생각이 들었다. 몽골에도 아시아판 바이킹이 존재했다. 몽골도 바이킹처럼 서로 잘 아는 사람들이 개인 차원의 신뢰를 바탕으로 동맹을 맺어 광활한 지역에서 돌풍을 일으켰다. 몽골은 지금의 중국 북부 지역에 살고 남부 지역의 통치자들과는 먼 친척에 불과한 사람들에게서 수월하게 지지를 끌어냈다. 혈통과 문화가 이질적인 사람들 사이에는 전쟁이나 전리품을 위한 동맹이 쉽게 결성되고 쉽게 깨졌으며, 오늘날 회사를 옮기면서 아무런 가책을 느끼지 않듯이 그들도 아무런 수치심 없이 동맹 상대를 바꾸었다. 그룬트비가 고취시키려 한 것은 국가에 대한 충성심, 곧 개인적으로 모르는 사람들에 대한 충성심이었다.

11세기 중국의 역사가들도 그룬트비와 같은 열망을 품었다. 그들은 과거를 새롭게 해석해서 문화적으로 '오랑캐'와는 공존할 수 없고, "중국의 의복과 음식과 술은 몽골의 것과 같지 않으며" 오랑캐의 해괴한 관습을 받아들이고 "사느니 차라리 죽는 게 낫다"고 설득했다. 다른 나라의 장군들과의 동맹을 거부하고 제국에 변함없는 충성을 바친 새로운 영웅들을 이상화하는 전기가 나왔다. 무엇보다 중요한 충성심은 국가에 대한 충정이었다. 배신은 반역죄가 되었다. 황제도 사사로운 이익을 떠나 국가의 이익에 충실해야 했고, 이것은 올바른 삶의 원칙을 뜻하는 도道로 상징되었다.

그 뒤로 국가는 서로 취향과 의견이 다르고 평생 가보지 못할 지역에 살며 개인적인 애착도 없는 사람들을 하나로 묶었다. 그리고 국가는 서로 만난 적도 없는 개인들이 같은 가치관과 이해를 공유한다고 믿는 소속감을 발전시켰고, 이런 소속감은 사랑하는 조국을 외국인들로부터 보호하기 위해 단결하려는 강렬한 욕구에 의해 강화되었다. 다만 외국의 위협이 사라지면 해소되지 않는 무수한 불화로 분열되었다. 그룬트비의 민족주의 신념과 중국의 신념에는 차이가 있다. 그룬트비가 국민들(대중의 의지)에게 무엇이 바람직한지 스스로 결정하도록 허용한 데 반해, 중국은 옛 성현의 가르침을 따르는 것을 중시했다.

하지만 양쪽 모두 인구가 증가하자 개인과 무관한 국가에 대한 충성심이 강화되었다. 중국 인구가 1000년에서 1200년 사이에 네 배 가까이 증가한 사이 중국 역사가들은 이런 새로운 충성심을 만들었다. 18세기와 19세기에 세계 인구가 폭발적으로 증가하자 민족주의가 보편적인 현상이 되었다. 하지만 사람들은 군중 속에서 길을 잃은 느낌에 사로잡혔다. 그러자 친밀하고 강렬한 관계에 대한 욕구가 다시 부각되고 새로운 종류의 우정이 형성되었다. 세상은 국가가 처음 태동할 당시의 모습이 아니고, 이제 국가는 가까운 이웃들하고만 나누어야 하는 것은 아닌 친밀감을 간직한다.

친밀감을 길러주는 학교

그룬트비는 친밀감이 자연히 커지게 놔두면 안 되고 평생 키워나가야 한다고 주장했다. 그의 삶의 학교 혹은 평민학교는 큰 성공을 거두었지만 덴마크를 새로운 대중적인 기독교의 선구자로 만들려던 그의 포부는 좌절되었다. 오늘날 덴마크는 지구상에서 종교와는 가장 거리가 먼 국가 중 하나가 되었다. 만약 그룬트비가 그보다 수백 년 전에 중국에서도 '삶의 학교'로 더 나은 세상을 만들려고 했지만 어떻게 다르게 시도했는지 알았다면 아마 다른 전략으로 접근했을지도 모른다.

맹자孟子, 기원전372~289는 최초로 이런 삶의 학교를 주장한 사람이고, 주자朱子, 1130~1200가 설립한 백록동서원白鹿洞書院은 이후 수백 년 동안 무수히 출현한 학교의 본보기가 되었다. 중국의 서원은 본래 과거시험이나 벼슬길에 뜻이 없는 평범한 농부들을 위한 기간제 계절 학교였다. 사업에 성공하거나 장사로 돈을 버는 데는 관심이 없고 상호존중, 대의명분, 공익과 사리의 조화를 권장했다. 관료적이고 권위주의적인 공직에 실망한 유학자들은 법法에 복종하기보다는 도덕적 행동과 친애親愛사상에 기초해서 관계를 발전시키는 데 중점을 두었다. 하지만 서원은 점차 본래의 목적을 잃고 과거시험에 대비하는 교육기관으로 전락했다. 중국 최초의 유명한 여류학자인 반소班昭, 45-116는 《여계女誡》라는 책에서 "지아비와 지어미는 서로에게 자격이 있어야 하므로" 딸도 아들만큼 가르쳐야 한다고 주장한 인물로, 일찍이 성현의 가르침과 실제 사람들의 행동이 다르다고 인식했다. 하지만 개인의 이익을 위한 것이 아닌 사람들과의 연결에 대한 갈망은 여전히 소멸하지 않았다.

공동체의 표시는 구성원들이 서로 인사를 건네는 것이라는 그룬트비의 설명은 모든 종류의 벽과 경계를 초월한다. 이슬람에서는 '살람 알라이쿰'이라고 인사하고, 히브리어의 인사말은 '샬롬'이다. 영어 peace에 해당하는 한자는 화평和平 또는 평안平安이다. 평平은 평등을 뜻한다. 평등해서 어느 누구도 상대를 지배하거나 공격하려고 시도하지 않을 때 평화가 깃든다는 뜻이다. 안安은 지붕 아래 여자가 있는 모양으로, 평화는 평온한 집에 깃들고 그 중심에 어머니의 사랑이 있다는 뜻이다. 화和는 '곡식禾'과 '입口'이 합쳐진 글자로, 모두 배불리 먹어야만 평화롭다는 뜻이다. 힌두교의 인사말 나마스테는 '당신 앞에 절합니다'라는 말로, 내가 당신보다 나을 것이 없고 우리는 모두 삶의 정신과 신성한 불꽃을 품은 평등한 인간이라는 뜻이다. 모두 인류의 궁극적인 목표는 각자의 고유성을 자부하는 국가 단위로 나뉘는 것이라는 생각에 이의를 제기하는 개념이다. 수많은 문명이 먼지만 남기고 사라졌다. 여러 종족과 언어를 지배하던 막강한 제국도 지금은 거의 존재하지 않는다. 국가도 불멸의 존재가 아닐 수 있다.

애국심과 세계시민주의 사이

불과 몇 세기 전 민족국가가 출현하기 이전의 세계는 지금과 달랐고, 제약이나 자유도 지금과 달랐다. 어느 한 지역에 사는 사람들이 어느 날 문득 서로 비슷하다는 사실을 깨닫고 통일하기로 결심한 것이 아니다. 그룬트비는 덴마크의 공통된 특징을 대표하기는커녕 기존 질서의 거의 모든 측면에 저항한 사람이었다. 지배계층을 경멸하고, 교회 지도자들을 맹렬히 비난해서 오랫동안 설교를 금지당했다. 교육제도가 "재미없고 공허하고 지루해서" 졸업생들이 "냉정하고 아집에 빠지고 세속적"이 된다고 비판하고, 광범위한 주제에 관해 수많은 책과 논문을 쏟아내고, 그에게 동의하지 않는 사람들을 가차 없이 공격한 논객이었다. 학자로서는 독일 철학자들과 셰익스피어, 《베오울프Beowulf》[고대 영어로 된 최초의 영문학 서사시]와 앵글로색슨 문학을 인용했다. 그는 옥스퍼드와 케임브리지에서 보낸 여름을 소중한 추억으로 간직하면서도 로버트 오언Robert Owen, 1771~1858[영국의 공상적 사회주의자로 협동조합 운동의 창시자]을 비롯한 영국 협동조합 운동의 선구자들을 찾아다닌 기억도 소중히 간직했다. 그의 열정은 명료함과 희망의 스뫼르고스보르드[스웨덴식 뷔페] 같았다.

그래서 그는 영국을 존중하면서도 이렇게 썼다. "영국인은 지나치게 분주하다. 그것이 필사적인 의지 때문인지 의구심이 든다. 모두가 넘치게 바쁘고 (……) 마치 남들이 일하는 만큼 세상을 쏘다니느라 바쁜 것 같고, 남들이 돈을 버는 만큼 돈을 낭비하느라 바쁜 것 같아서" "근면 그 자체를 미덕으로 삼는" 독일인들과는 다르다. 반면에 덴마크인들은 "스스로에게 좋은 시간을 허락한다." 하지만 1864년에 프로이센이 덴마크 영토의 넓은 지역을 합병하자 그룬트비는 신경쇠약에 걸렸다. 외세의 위협에 굳건히 저항하려는 열의로 불타올랐다. 덴마크 내부에서는 항상 여러 가지 애국심이 충돌해왔다.

애국심과 세계주의는 어떤 관계일까? 오늘날 대다수 사람들은 스스로를 자기 조국의 국민으로만 간주한다. 하지만 프랑스인의 51퍼센트는 스스로를 세계시민으로 인식하고, 중국인의 50퍼센트와 이탈리아(48퍼센트), 인도(46퍼센트), 멕시코(44퍼센트), 영국(38퍼센트), 태국(38퍼센트), 독일(37

퍼센트), 아르헨티나(34퍼센트), 인도네시아(29퍼센트), 미국(27퍼센트), 팔레스타인(27퍼센트), 이집트(26퍼센트), 터키(19퍼센트), 러시아(17퍼센트)의 상당수도 마찬가지다. 교육 수준이 높고 나이가 어리고 여행을 많이 다닐수록 스스로를 세계시민으로 인식하는 비율이 높아지고, 세계 다섯 개 지역 출신의 사람들을 아는 사람의 47퍼센트가 스스로를 세계시민이라고 여긴다.

이런 다중적인 충성심은 정부가 항상 국가의 중심은 아니며 보통 사람들이 무한히 커질 수도 있고 줄어들 수도 있는 친밀감을 쌓느라 바쁘다는 사실을 부각시킨다. 이슬람의 움마Umma〔신앙공동체〕는 부족도 아니고 국가도 아닌 세계 공동체의 이상을 가진 조직으로, 정부는 덧없고 피상적이라서 영원한 충성심을 끌어내지 못한다고 간주했다. 이들에게 '알라후 아크바르Allahu Akbar(알라는 위대하다)'는 어떤 사람도 다른 사람에게 완전히 복종해야 하는 것은 아니라는 의미다. 이맘〔예배를 지도하는 성직자〕 또한 '대상隊商의 길잡이'이지 지배자가 아니다. 다만 권력 투쟁이 통합을 분열로 바꿔놓는 것은 사실이다. 유명한 의사 아부 바크르 알라지Abu Bakr al-Razi, 841~926는 애초에 조직화된 종교 자체가 필요하지 않다고 말했다. 왜냐하면 모든 인간은 선악을 구별하는 능력을 타고나므로 이성과 영감(일한ilhan)을 활용할 수 있기 때문이다. 여기서 '일한'은 고대 그리스의 뮤즈와 다르지 않다. 반면에 덴마크인들은 분쟁과 차이가 외부로 표출되는 방식의 수위를 낮추는 식으로 불일치 속에서 평화를 유지하는 데 기여했다고 주장한다.

경계 없는 세계, 좌절된 열망들

지금까지는 과학기술이든 다른 무엇이든 '인류의 동료애'를 실현할 만한 지각 변동을 일으키지 못했다. 고대 그리스에도 이미 이런 난관이 존재했다. 가령 흑해 환전상의 아들로 태어난 고집스러운 디오게네스_{Diogenes, 기원전 412~323}는 최초로 세계시민을 자처한 인물이다. 그는 거지처럼 길바닥에 앉아 통 속에서 자면서 호사를 누리지 않고도 잘 살 수 있음을 몸소 보여주면서 안전과 번영을 좇는 세태를 조롱했다. 대낮에 등불을 들고 다니면서 정직한 사람을 찾는다고 말하고, 남이 보는 데서 자위하면서 배고픔을 잊고 싶어서 배를 문지르는 거라고 말했다. 그는 자신의 철학을 견유주의犬儒主義(문자 그대로 '개의 철학'이라는 뜻이다)라고 불렀다. 개는 불안해하지 않고 친구와 적을 쉽게 알아보고 수치심이 없어서 아무 데서나 거리낌 없이 사랑을 나누므로 진정한 철학자라고 주장했다. 하지만 그의 말을 들은 사람들은 즐겁기보다 모욕감을 느꼈고, 외국인과 야만인과 심지어 동물까지도 문화시민인 아테네인만큼 존중받을 가치가 있을 수 있다는 주장에 위협을 느꼈다. 사람들은 끊임없이 자부심을 주는 장소와 혐오할 만한 장소를 모두 원했다.

세계주의를 억지로 강요할 수는 없다. 수메르의 사르간 왕이 기원전 22세기에 주변 도시국가들을 파멸시키고 그가 세계라고 상상한 곳을 정복하면서 '모든 인간을 복종'시키고 '지상의 네 지역의 주인'을 자처한 이래로, 무수한 군사 지도자들이 무력을 동원해서 끊임없이 인류를 통일하려고 시도했지만 모두 수포로 돌아갔다. 복종보다 승리를 열망하던 알렉산드로스 대왕은 그의 '국제도시'를 그리스와 페르시아 문명뿐 아니라 한 가족임을 자처하고 서로 결혼하고 서로의 신을 받아들이는 개인들의 연합체로 만들었다. 그가 직접 페르시아 공주와 결혼하고 페르시아 의복을 입어서 모범을 보였다. 하지만 한 개인이 대대로 전해 내려오는 전통을 바꿀 수는 없었다.

계몽주의 철학자들은 이런 어려운 문제의 해답을 안다고 믿었다. 그들은 경계가 없이 자유를 누리는 세계를 꿈꾸자고 호소하면서 어디에 살든 자유를 믿는 사람이라면 누구와도 공유하는 '공동체 의식'으로 애국심을 새롭게 정의했다. 다양한 언어와 종족 안에서 화합을 찾는 조용한 현자와 같은 고대 세계시민의 자리를 이제는 압제로부터의 해방을 추구하는 투사들이 차지하고 보잘것없는 사람도 동참할 수 있었다. 그러나 지난 200년 동안 국가의 탐욕이 훨씬 더 많은 추종자를 끌어모았다. 소련 공산주의조차 만국의 노동자들에게 단결하라고 촉구하면서도 민족감정을 이용해서 제국을 확장했다. 유엔도 보편적인 문제에 주목하는 초국가적인 복지기구임을 자처하면서도 한편으로는 질투심 많은 주권국의 수호자 역할을 한다.

이제는 《세계주의Le Cosmopolite》(1750)의 저자인 푸주레 드 몽브롱Fougeret de Montbron처럼 자유사상의 방랑자로 사는 것이 불가능하다. 그는 자기 나라를 벗어나본 적이 없는 사람들뿐 아니라 프랑스의 '영국광'처럼 오직 한 나라만 흠모하는 사람들에게 비난을 퍼부었다. 그는 영국을 방문하려고 여권을 신청하던 중 "프랑스가 영국과 전쟁 중이란 사실을 잊었소?"라는 질문에, "아뇨, 하지만 나는 세계시민이고 양국의 교전세력 사이에서 완벽한 중립을 지킵니다"라고 대꾸했다. 그리고 이제는 더 이상 험프리 데이비Humphry Davy, 1778~1829가 1813년에 했던 대로 할 수 없다. 그는 나폴레옹 전쟁이 한창일 때 프랑스로 건너가서 나폴레옹 황제로부터 과학적 발견을 치하하는 훈장을 받으면서 양국이 전쟁을 치르고 있지만 과학자들은 전쟁 중이 아니라고 주장했다.

세계주의가 여전히 신기루로 남아 있는 이유는 세계주의가 국가나 기타 지역에 대한 충정과 충돌하지 않는다는 주장이 믿기지 않아서이기도 하고, 또 한편으로는 자국어 이외의 언어를 유창하게 구사하는 인구가 세계 인구의 5퍼센트도 안 되기 때문이다. 언젠가 세계정부가 생긴다고 해도 오늘날 사람들이 불평하는 정부보다 더 너그러우리라는 보장도 없다. 21세기에도 미국의 유권자 대다수는 대외정책에 관한 뚜렷한 비전이 없는 사람을 대통령으로 선출할까 봐 우려하지 않는다. 국가들이 서로 모욕적인 인사나 그 이상을 주고받는 것은 국가 내부의 불만을 외부로 돌리기 위한 익숙한 안전밸브다. 루소의 회의주의가 여전히 널리 퍼져 있다. "책에서는 먼 나라에서 해야 할 의무를 찾으면서 자국에서는 해야 할 의무를 무시하는 세계시민들을 경계하라. (……) 그들은 아무도 사랑하지 않을 권리를 얻기 위해 모두를 사랑한다."

우리는 한 번도 만난 적 없는 사람을 사랑할 수 없다

세계주의 이상에는 대안이 있다. 나는 만난 적이 없는 사람들, 적어도 들어보거나 읽어본 적도 없는 사람들을 사랑할 수 없다. 국가도 마찬가지다. 그 나라의 겉모습뿐 아니라 꿈과 기억, 그리고 고대와 현재의 투쟁에 감명을 받아야 하고, 그 나라 국민들이 해변의 고만고만한 조약돌이 아니라는 사실을 명확히 인식해야 한다. 나는 프랑스를 주제로 박사 논문을 쓸 때 몇 년 동안 생존 인물이든 죽은 사람이든 모든 부류의 프랑스인들을 이해하려고 노력하면서 세 가지 프랑스를 발견했다.

하나는 프랑스 사람들이 스스로 믿고 싶어하는 신화로 이루어진 상상의 프랑스였다. 두 번째는 저마다 고유한 개성과 의견을 가진 6500만 명의 개인으로 이루어진 프랑스였다. 프랑스는 국민의 수만큼 소수집단으로 갈라진 나라다. 세 번째, 프랑스는 프랑스 문화에서 무언가를 흡수한 세계 각국의, 프랑스 인구보다 몇 배나 더 많은 사람들로 이루어진 나라다. 프랑스의 생각이나 음식, 문학이나 예술, 그 밖의 모든 경험에 영향을 받은 사람들은 누구나 내면에 프랑스적 속성을 보유하고 그 옆에 나란히 다른 국가들에서 영향을 받은 속성들도 보유한다.

루소가 희화한 것처럼 인류 모두를 사랑하는 세계주의를 넘어서 새로운 개념의 화학을 상상할 수 있다. 각 개인이 세계 각지의 요소를 혼합하고 특정한 사람들과 장소에 대한 이해를 조합해서 독특한 혼합물에 대한 애정을 키우는 것이다. 어디에서든 당장 제 집처럼 느끼는 세계주의와 달리 이렇게 좀 더 개인적인 차원에서 접근하는 세계주의는 서서히 습득한 지식으로 풍성해지고, 이방인과 원주민 양쪽 모두가 새로운 시각과 사고방식을 스스럼 없이 받아들이는 호혜적인 감정으로 유지된다. 화가들이 원주민은 눈여겨보지 않는 특징을 포착하여 풍경화를 그리듯이 이방인과 원주민은 서로의 상상력에 촉매가 된다.

프랑스의 독자성exception française, 곧 다수에게 거슬리더라도 자기만의 방식으로 고집스럽게 일을 처리하는 태도는 온 지구에 똑같은 전나무를 심거나 똑같은 유리 고층건물로 모든 건축을 통일하거나 모두가 똑같은 스타일로 옷을 입는 것에 저항하는 것만큼 중요하다. 프랑스인들의 독자성은 그들이 18세기 사상가들로부터 물려받은 지적 유산, 특정한 사실에서도 보편적인 의미를 발견하여 편협한 세계관을 확장하던 전통 덕분에 적절한 균형을 유지한다. 따라서 나에게 뮤즈가 되어준 프랑스는 질투심 많은 뮤즈가 아니라 내가 다른 여러 나라에서 영감을 얻도록 권하고 그 과정을 더 수월하게 만들어준 뮤즈다. 그리고 각각의 프랑스는 새로운 생각을 제시하여 각 단어의 의미에 다양한 뉘앙스를 밝히는 사전과 같다. 사람의 나이를 살아온 햇수로만 세지 않고 그 사람이 살아온 시간의 강도와 그 사람이 흡수한 경험의 다양성으로 헤아린 다음 다시 멍하니 절반만 존재하면서 흘려보낸 시간을 모두 빼서 계산하듯이, 각 개인의 조국도 고마워하는 마음, 신의, 영감의 다양한 파편과 등급으로 이루어질 수 있다.

16장
/
왜 많은 사람이
온전히 살아 있지
못하고 반쯤은
죽은 상태라고
느낄까

오늘날의 사람들은 과거의 정치적, 경제적, 사회적 안정과 더불어 존중과 애정과 활기를 필요로 한다.

왜 자유와 평등과 박애는 그토록 실현하기 어려운 이상이 되었을까? 왜 이런 이상은 모든 약속을 지키지 못했을까? 이상이 법으로 제정될 때 불가피하게 이상에서 섬세하고 도취시키는 맛이 빠져나간다면 과연 어떤 미래가 펼쳐질까?

지금까지 거듭되는 좌절에도 이상을 꾸준히 지켜온 두 가지 방법이 있다. 첫 번째는 이상을 실현할 수 없다고 해도 고상한 이상을 간직하는 편이 낫다고 주장하는 방법이다. 일본에서는 실패가 성공보다 훨씬 흔해서 어떻게 실패하느냐가 실패한 결과보다 중요하다는 결론에 이르렀다. 일본은 미국만큼 전통적인 의미의 성공을 추구하는 나라이지만 그만큼 고귀한 실패를 칭송하고 고결한 도덕적 명분을 위해 실패할 가능성을 알고도 권위에 용감하게 저항하는 사람을 존경하는 전통도 굳건하다. 일본에는 거의 10년에 한 번씩 폭동이 일어나거나 '박살내는' 시기가 돌아온다. 대체로 별다른 성과 없이 끝나면서도 거듭 찾아온다. 일본의 걸출한 몇몇 영웅들은 부자나 권력자가 아니라 이처럼 고귀하게 실패한 사람들이다.

자기 집에 불 지른 청렴한 관리

오시오 헤이하치로大塩平八郎, 1793~1837는 그중 한 사람이다. 그는 오사카

봉행소奉行所의 하급관리로 일하면서 부정부패를 바로잡는 일을 사명으로 삼았다. 당시 오사카의 최고 관직에 있던 인물이 부정을 저지른 사실이 드러나자 오시오는 관직에서 물러나 백성들에게 고결한 도덕을 가르치면서 불의를 보고도 눈감는 것은 비겁한 행동이라는 교훈을 전하고자 했다. 천하무적의 권력 앞에서도 "옳은 일이면 행해야" 하고, 무엇이 옳은지 알아야 할 뿐 아니라 행동으로 옮겨야 한다고 가르쳤다. 그는 중국의 철학자 왕양명王陽明의 "알고도 행하지 않으면 모르느니만 못하다"라는 말에 혁명의 의미를 더했다. 그는 행동의 결과는 중요하지 않으며, 현자는 '광인狂人'처럼 행동하기를 겁내지 말아야 한다고 주장했다. 그로부터 1세기 후 미시마는 그의 말에 영감을 받아 "여행은 도착이 중요하지 않다"라고 썼다.

1830년대에 4년 동안 기근이 덮쳐 끔찍한 참상이 벌어지고 10만 명 이상이 굶어 죽자 오시오는 부유한 상인들이 쌀을 매점매석해서 쌀값이 폭등하여 가난한 백성이 굶어 죽을 지경이 되었는데도 관리들이 방치하고 있다며 항의했다. 그리고 아끼던 책들을 팔아서 가난한 백성들에게 돈을 나눠주고 봉기를 일으켰다. 정치권력을 쟁취하기 위한 봉기가 아니라 대다수 사람들이 '진실로' 믿는 가치, 곧 악한 자는 벌을 받고 정의가 세상을 다스려야 한다는 신념을 표출하기 위한 행동이었다. 거짓으로 사는 것이 아니라 '진실하게' 행동하는 것이 중요했다. 그는 주변 상인들의 집을 불태우기 위해 먼저 그의 집에 불을 질렀다. 결국 가옥 3300채가 잿더미로 변했고 상점이 약탈당했다. 폭동은 무질서했고, 곧바로 처참하게 진압되었다. 그는 자결했지만 삶은 '지옥'이 되어서도 안 되고 그럴 필요도 없다고 믿는 사람들에게 영웅이 되었다. '지옥'은 그가 백성의 처지를 가리켜 자주 쓰던 말이었다. 영웅의 실패든 '평범한 사람'의 실패든 실패를 높이 평가하는 시각은 몇 세기 후 미국 문학에서 다시 등장했다.《세일즈맨의 죽음The Death of a Salesman》에는 육체는 비록 살아남았지만 정신이 죽었다는 일본인들의 탄식이 담겨 있다.

이상을 배신하다

두 번째로 이상理想의 죽음에 대한 좀 더 일반적인 반응은 끊임없이 이상을 배반하면서도 이상이 그들의 삶을 지배한다고 거듭 강조하는 것이다. 이상은 양심을 달래준다. 사실 인간은 자유, 평등, 박애를 자주 주창하지만 그만큼 이상에 헌신하지 않는다. 인간은 큰 갈등 없이 이상을 저버릴 때가 많다. 언론의 자유와 강제구금으로부터의 자유를 쟁취한 선구자를 자처하는 영국인들도 겁을 먹으면 쉽게 자유를 포기한다. 잔혹한 폭군만 자유를 파괴하는 것은 아니다. 공포를 조장하기만 하면 된다. 20세기에서 21세기로 넘어가는 10년 사이에 형사범죄가 엄청나게 늘었다. 자유를 지키는 것이 목적이라고는 하지만 정반대의 결과를 낳을 때가 많다. 영국 사람들은 이제 매일 약 500만 대의 카메라로 인해 다른 어떤 나라보다 엄중한 감시 속에 산다. 보통 사람이 하루에 약 300번 관찰당하고 차량의 이동 경로까지 전부 기록된다. 언론의 자유와 대중집회의 권리가 축소되었다. 개인은 기소 없이 수감되거나 유죄판결을 받지 않고도 법정에서 채택되지 않는 증거에 따라 가택연금에 처해진다. 정부는 유권자의 표를 잃을 만한 행위를 은폐하기 위한 법적 권한을 가져갔다. 언론은 과거보다 진실을 밝히기 위한 정보원을 훨씬 적게 확보한다. 배심재판이 위협받고 명예훼

손으로부터의 자유는 일부 부유층에만 허용된다.

한 여론조사에 따르면 영국 국민의 다수는 더 이상 인권에 관한 법이 정의를 강화한다고 생각하지 않는다. 미국에서는 인권을 '최후의 유토피아'라고 불렀다. 다른 이념들이 호소력을 잃을 때 인권이 반짝 인기를 끌기는 했지만 이미 유행에서 밀려났다. 국제사면위원회의 회원은 고작 300만 명인 데 비해 적십자 자원봉사자는 9700만 명에 이른다. 생존이 자유보다 더 높은 평가를 받는 것이다.

미국은 자유에 전념한 나라이긴 하지만 미국 국민이 자유롭게 선택해서 오늘날의 미국을 건설한 것은 아니다. 미국인들은 벤저민 프랭클린의 《부자가 되는 길The Way to Wealth》(1756)에 나오는 "필요한 것만 사라. 돈을 빌리는 자는 슬픔을 빌리는 것이다"라는 경고를 스스로 저버렸다. 미국은 소비할 수 있는 양보다 훨씬 많이 생산할 수 있는 뛰어난 기술력에 힘입어 새로운 시장을 개척해서 모두가 무절제하게 물건을 사들이게 만들었다. 미국인들은 그들이 한때 신봉하던 소박함과 검소함을 저버려야 했다. 미국인들이 일부러 공적으로든 사적으로든 세계 최대의 부채 국가가 되려고 한 것은 아니었다. 그들이 자유로운 선택으로 대기업의 지배를 받게 된 것도 아니다. 독립적인 개척자들과 가족사업의 국가로서 독점금지법을 무기로 싸우던 전쟁에서 패한 것이다. 미국인들이 신중히 성찰을 거듭한 끝에 물질적 소유를 중시하기로 한 것이 아니다. 그들의 4분의 3 이상은 미국이 지나치게 물질주의적이고 이기적이고 인색하고 무정하다고 불평하면서도 그들이 믿는 도덕률대로 살지 못한다. 예를 들어 인생의 목표가 무엇이냐는 질문에 역시 4분의 3 이상이 멋진 집과 새 차와 좋은 옷과 고액 연봉을 주는 직장이라고 답한다. 욕구와 소유와 오락이 좋든 싫든 자유와 평등과 박애만큼 미국인들을 지배한다는 뜻이다.

미국의 2대 대통령인 존 애덤스John Adams, 1735~1826는 아내에게 그가 정치와 전쟁으로 바쁜 것은 오직 자식들이 "수학, 철학, 지리학, 자연사, 조선공학, 항해술, 상업, 농업을 마음껏 공부해서 자식들에게 그림, 시, 음악, 건축, 조각, 태피스트리, 도자기를 공부할 권리를 물려주기 위함"이라고 말했다. 손자들에 대한 이런 비전은 여전히 실현되지 않았다. 많은 사람이 미국에서 가장 중요한 것은 애초의 의도와는 달리 비즈니스라고 말한다.

이런 실망감으로 미국인들이 도덕적 패배의 묘지 위에서 성공을 기도하기를 멈춘 것은 아니다. 그들이 한 일이 지구상의 거의 모든 사람에게 영향을 미쳤지만 그들은 달리 무엇을 이룰 수 있었을까? 미국인들은 "나는 내 길을 걸어왔네I did it my way"라고 기쁘게 노래하는 자수성가한 사람을 영웅으로 떠받드는 식으로 그들 나름대로 자유와 평등 개념을 표현한다. 미국은 누구나 열심히 일하기만 하면 성공할 수 있고 성공한 사람에게는 응당한 특권이 주어진다고 결론짓고는 부의 불평등에 관한 갈등이 생길 리가 없다는 복음을 전파한다. 그러나 아메리칸 드림은 물론 한낱 꿈이다. 실제로 대다수가 성공하지 못하고 가장 높은 자리에 올라간 소수가 밑바닥을 전전하는 사람들보다 훨씬 더 열심히 일한 것도 아니다. 적어도 그들이 받는 임금만큼 500배나 더 열심히 일한 것은 아니다.

밥 딜런Bob Dylan은 "너 자신이 아닌 다른 누군가가 되려고 하면 실패할 것이다"라고 말했다. 그리고 "아침에 일어나서 밤에 잠자리에 들고 그 사이에 하고 싶은 일을 하면 성공한 것이다"라고 말했다. 그러나 자기 자신이 되고 자기가 무엇을 원하는지 알고 세월이 흐르는 사이 자신의 캐리커처가 어떻게 그려지는지 아는 것은 그리 쉽지 않다. 개인은 남들에게 어떻게 비춰지는지 솔직한 의견을 들어야 한다. 적어도 세상 사람들이 뭐라고 하건 서로를 아름답다고 생각하는 두 사람이 서로를 격려해주어야 한다. 혼자 힘으로 살아가는 것을 어떻게 생각하든, 제대로 된 친구 하나 없이 성공하는 사람은 드물다. 그러나 대다수 사람들은 소규모의 가족과 소수의 친구들에게만 도움을 받을 수 있고, 주변 사람들도 대체로 그들처럼 실패자일 때가 많다. 그러면 어디에서 친구를 더 찾을 수 있을까? 말비나 레이놀즈Malvina Reynolds, 1900~1978는 "이 세상에서 실패하는 데 마음 쓰지 않는다. 성공한 사람은 개자식들이니까"라고 노래했다. 물불 안 가리고 개자식들의 대열에 합류하는 삶 이외에 대안은 무엇일까?

'자유, 평등, 박애'에서 빠진 재료들

이상이 명백한 허위로 밝혀질 때 이상에 대한 세 번째 대응은 이상에서 중요한 무언가가 빠져 있는 건 아닌지 질문하는 것이다. 국민들에게 표를 얻어 정권을 차지하는 것이 가장 중요한 목표가 되어 모든 관심이 사적인 이해에서 공적인 논의로, 사적인 관계에서 법적 권리로 넘어가던 시기에 이 질문의 답이 명백해졌다. 자유와 평등과 박애가 인간을 정서적으로 충분히 지지해주지 못한다는 점이다. 여전히 존중받지 못하고 사랑받지 못하고 그저 절반만 살아 있다고 생각하는 사람이 너무나도 많다. 법이 우리에게 원하는 대로 말하고 행동할 자유를 준다면 더할 나위 없이 근사하겠지만 아무도 우리의 말을 듣지 않고 우리의 행동에 가치를 부여하지 않는다면 어떻게 될까? 따라서 존중받고 이해받고 싶은 욕구가 헌법상의 권리보다 중요하다. 모두가 동등하게 한 표씩 나눠가지고 모든 차별이 철폐된 다면 물론 만족스럽겠지만 탐욕과 악의와 시기와 자만이 평등의 기쁨을 앗아간다면 어떻게 될까? 평등은 점차 막연한 신기루처럼 보일 테고 정작 개인들 사이의 차이를 견딜 만하게 해주는 것은 애정일 것이다. 어려운 일을 당하거나 나이를 먹을 때 박애정신에서 도움을 받을 거라고 믿는다면 위안이 되긴 하지만, 그런 도움이 사무적이고 인색하고 마지못해 주어지고 또 그런 도움에 감사하는 마음이 들지 않는다면 어떻게 될까? 그러다 보면 점차 생존하는 것만으로는 부족해진다. 남에게 소중한 무언가를 주는 에너지의 원천이 되고 남에게 생기를 불어넣고 남에게 힘을 얻을 수 있을 만큼 온전히 살아 있다는 느낌을 갈망하게 된다.

자유와 평등과 박애는 중요한 재료가 빠진 조리법이다. 헌법 초안을 작성하는 법률가들은 삶에서 지극히 사적이거나 내밀한 부분을 언급하고 싶어하지 않는다. 세 가지 가치 하나하나가 영웅적인 투쟁과 희생을 밑거름으로 사회의 근간이 되었지만 지구상 어디에도 이런 가치가 비슷하게라도 실현된 곳은 없다. 프랑스인들은 100년의 망설임 끝에 마침내 전부터 고심하던 우애, 자선, 성실이라는 새로운 구호를 결정했다. 이 세 가지 구호는 프랑스의 공공건물의 벽에 다른 누구도 표지판을 내걸 수 없다는 경고문과 함께 새겨져 있다. 세 가지 마법의 단어가 살아남은 이유는 단지 무수한 잘못된 믿음과 제각각의 해석으로 보호받기 때문이다. 이런 거짓 신화가 없다면 아무것도 살아남지 못한다는 뜻일 수도 있다. 정확히 말하면 세 가지 마법의 단어가 아직 삶이 변화할 가능성이 남아 있다는 거짓 신화에 둘러싸여 있기 때문이다. 오늘날의 사람들은 과거의 정치적, 경제적, 사회적 안정과 더불어 존중과 애정과 활기를 필요로 한다.

정치가 이상을 구원할 수 있을까

하지만 인류의 대다수가 이상을 중요하게 생각하지도 않고 독재자 밑에서 수동적으로 살아가면서 심지어 독재자를 동경하는 것처럼 보이는 것은 왜일까? 양식 있는 보통 사람들이, 권력이란 인간을 기이한 형태의 장님과 귀머거리로 만드는 쓰고도 달콤한 독이라는 사실을 망각한 채 여전히 카리스마 넘치고 모든 문제를 해결해주겠다고 약속하는 구세주에게 권력을 넘기도록 조종당한다. 사실 설득력 있는 영웅에게 현혹당하면 결국 실망과 공포에 빠지게 된다는 것은 폭풍우와 허리케인이 햇살을 가리는 것만큼 필연적이다.

> 왕이 없는 나라에서는 부자들이 보호받지 못하고, 양치기와 농부들이 문에 빗장을 걸고 잔다. 왕이 없는 나라에서는 아들이 아비를 공경하지 않고 아내가 남편을 공경하지 않는다.

9세기에 캄반Kamban이 쓴 이 시는 타밀 사람들이 "인간을 훈계하고 희망을 주고 인도하기" 위해 지상에 내려온 라마신에 관해 읊은 민족서사시 《라마야남Ramayanam》에 실려 있다. 전능한 통치자에 대한 믿음은 왕(가정의 폭군이든 대기업 총수든 왕처럼 군림하는 사람들)이 약속대로 안보와 질서를 보장해주지 못할 때도 사라지지 않았다. 과거에 오랫동안 왕들의 스포츠였던 전쟁이 대중의 인기를 갈구하는 정치인들의 스포츠가 된 사이, 물리적 폭력이 거세된 경쟁은 삶과 일과 놀이의 여러 방면에 활기를 불어넣는 스포츠다. "왕은 왕좌에 오르자마자 마땅히 이웃나라를 공격해야 한다." 인도에서 2세기에 쓰인 것으로 보이는 '정치학'에 관한 논문(《아르타샤스트라Arthasastra》)에 적힌 글이다. 모든 문명에서 지적인 사람들이 왕에게 권력을 강화하는 것이 도덕보다 중요하다고 부추겼고, 아랍에서 가장 뛰어난 산문의 대가인 이븐 알무카파Ibn al-Muqaffa, 720~756조차 아버지가 왕의 명령으로 고문당해 불구가 된 것을 보고도 마찬가지였다. "남보다 힘이 약한 왕은 평화를 유지해야 하고, 남보다 힘이 센 왕은 전쟁을 일으켜야 한다." 세계 각지에서 아무리 미덕을 중시한다고 해도 결국 권력을 지키기 위해서는 마키아벨리주의를 불가피한 수단으로 생각한다는 뜻이다. 마키아벨리는 무자비한 군주를 원한 것이 아니라 무자비해야만 왕좌를 지킬 수 있는 현상을 관찰했을 뿐이다.

각국의 정부가 신에게 절대 복종하는 전통을 찬탈해서 자유와 평등과 박애를 좌절시켰지만 실제로는 그들이 주장하는 것만큼 국민을 통제하지 못할 때가 많다. 정부는 관료의 반발에 부딪히고 법에 복종해야 할 사람들은 오랜 학습으로 교묘히 법을 빠져나간다. 그보다는 권력에서 배제된 야심가들이 권력에 대한 보상으로 번영을 좇도록 유도하는 것이 더 중요하다. 번영을 누리는 사람들은 정권을 지배하는 세력에게서 콩고물이나 얻어먹는 편이 권력 투쟁에 뛰어드는 것보다 유리하다고 판단하기 때문이다. 사실 권력 투쟁은 시간이 오래 걸리고 승자보다 패자가 더 많다.

자유를 쟁취하려는 시도가 수없이 좌절된 이유는 개인에게 자기만의 길을 가라고 부추기지만 개인들 사이의 격차가 벌어지는 의도치 않은 부작용이 발생하기 때문이다. 사람들 사이에 불일치와 경쟁이 크게 증가한다. 소수집단은 옆으로 밀려난 채 인정해달라고 외치지만 자유 그 자체는 이들을 인정해주지 않는다. 충분히 존중받고 온전히 이해받는 사람은 거의 없고, 세상이 붙여준 꼬리표를 순순히 받아들이는 사람이 많다. 누군가에 관한 진실을 아는 길에는 장애물이 너무 많고, 사람들은 존경할 만하다는 환상을 심어주기 위해 위장을 많이 하고, 정부와 기업에서 말하는 거짓말과 절반의 진실이 난무하고, 홍보를 가장한 허구가 너무 많은 나머지, 소외되고 무시당하는 사람들은 무력감보다는 오해받는 데서 더 큰 고통을 받는다. 친밀하고 사적인 관계만이 한 개인이 겉으로 드러난 캐리커처만은 아니라고 말해줄 수 있는데도, 사적인 삶은 공적인 삶을 방해하는 요인으로 폄하되고 사적인 삶과 공적인 삶이 충돌하지 않고 협조하려면 어떻게 해야 할지에 관한 진지한 고민이 없었다.

일, 온전히 살아 있는 삶으로 들어가는 입장권

정치가 인간이 갈망하는 모든 종류의 존엄성을 가져다줄 거라는 기대에 매달리는 대신 한 가지 대안이 있다. 투표소를 벗어나 동료와 고객과 낯선 사람들, 부자와 가난한 사람들이 만나는 장소인 일터에서 무엇을 이룰 수 있는지 찾아보는 방법이다. 지금까지 사람들은 생계 유지를 위한 방법을 고안해왔다. 한 회사를 위해 일하는 것이 굶지 않기 위한 최선의 방법이라고 결정한 것은 그들의 자유로운 선택이 아니다. 한때는 상업적인 회사가 불신의 대상이었다는 사실을 기억하지 못하는 사람이 많다. 사실 주기적으로 발생하던 금융위기가 한 차례 지나간 후 한 세기 내내(1720년부터 1825년까지) 영국에서는 회사를 설립하는 것은 형사 범죄였을 만큼 회사에 대한 불신이 컸지만 오히려 이 기간에 크게 번창했다. 농업과 공업과 서비스업의 사회가 자연 질서의 일부이고, 자원을 공유하지 않으려는 목적에서 나온 결과가 아니라고 생각한다면 착각이다. 학교에서는 오늘날의 대기업들은 역사의 우연한 사건으로 발생했고 미국이 건설하려던 자유의 나라에도 한때는 두 가지 기업이 존재했다고 가르치지 않는다.

하나는 운하 건설처럼 민주주의에서 공익으로 간주되는 구체적인 사업을 수행하는 기업이고(오하이오 주는 기업이 사익을 위해 특권을 남용하지 못하게 감독한 정책으로 유명하다), 다른 하나는 기업이 뭐든지 할 수 있도록 허용하는 법을 확보한 기업이다(뉴저지에서 제일 쉽게 승인되었다). 점차 뉴저지 방식이 널리 확산되었고, 대중은 기업에 대한 통제력을 잃었다. 그러나 기업은 고작 한 세기밖에 되지 않은 제도이고, 번영이나 즐거움을 키울 수 있는 유일한 방법도 아니다. 농업도 모든 사람에게 동등한 즐거움을 주기 위해 창조되지 않았고, 농부들은 그들이 식량을 대주는 도시인들만큼 수익을 내지 못했다. 실업자들이 산업 문명의 우울한 공장으로 몰려드는 것은 자유로운 선택의 결과가 아니다. 우리가 자유로운 투표를 통해 투기자들을 인류의 노역에서 가장 큰 이익을 챙기는 소수로 인정해준 것도 아니다.

오늘날 생계를 유지하는 방법을 자유롭게 선택할 수 있는 사람이 드물지만 실제로 자유롭게 직업을 선택한 사람들도 그들이 하는 일 때문에 자유를 잃는다. 정부만 공황상태에 빠져서 국민을 공황상태로 빠뜨리는 것은 아니다. 고용주는 종업원들이 일에 몰두하지 못하고 산만해지면 수익이 줄어들까 봐 두려워한다. 고용주에게 만병통치약은 기술을 이용해서 직원을 감시하면서 지금까지의 역사에서 가능했던 것보다 훨씬 더 강력하게 통제하는 것이다. 자유의 가치를 중시하는 몇몇 국가가 모범이 되어 자유가 세계로 점차 확산될 거라고 믿을 만한 근거는 없다. 자유시장이 자유의 가치에 대한 인식을 높여준다는 개념은 시장 경쟁과 중앙집권이 결합된 여러 나라에서 비난받았다. 투자자들은 흥분하지 않을 때는 불안에 휩싸여 저축과 일자리를 파괴한다. 페리클레스는 행복을 결정하는 것은 자유이고, 자유를 결정하는 것은 용기라고 말했다. 하지만 사회는 사람들을 용기 있게 만들도록 조직되지 않았다.

사람들의 정신과 에너지를 쥐어짜는 일이 너무나 많다. 사람들을 생기 넘치고 흥미를 느끼게 하고 온전히 깨어 있게 하는 일은 너무 적다. 더 생생히 살아 있음을 느끼고 싶다면 일을 통해서 사회에 기여하는 노력을 인정받고 재능과 예술적 기교로 돈 많은 사람들의 변덕에 복종하는 것 이상의 일을 해야 한다. 이런 요구에 대한 자각은 조직의 스트레스를 최소화하기 위한 진정제로만 조직에 투입되었다. 고대 아테네에서 고용은 노예를 위한 것으로 자유인은 남에게 굽실거리며 일을 해서 임금을 받는 것을 불명예로 여겼다. 하지만 오늘날에는 거꾸로다. 고용되지 않으면 부끄러운 일이고 자기를 팔아서 시간제 임금을 받는 것을 성공으로 여긴다. 깨어 있는 시간의 절반을 자유롭지 않은 상태로 지내야 하는데도 그것을 자연스러운 상태라고 여긴다. 그럼에도 국가가 번창할수록 국민은 자유로운 인간으로 일하기를 꿈꾸면서 굽실거리고 아첨하지 않고도 자신의 재능과 시간을 활용할 방법을 찾아나선다. 스스로 일을 통제하고 창조력을 발휘하고 대체 불가능한 존재가 되고 인정받는 방법을 찾기 위한 넓은 탐색의 영역이 열려 있다. 그러나 이런 기회를 허락하는 일은 많지 않다. 굳이 이런 기회를 요구하지 않는 사람도 많다. 일이란 본래 그런 것이라고 체념하고 일을 하고 얻는 알량한 보상에 만족하거나 일 밖에서 만족을 찾는 법을 배웠기 때문이다. 수 세기 전 삶의 방식에 적응하면서 스스로를 효율성의 제단에 희생양으로 바치도록 강요받는 현실을 인식하는 사람은 거의 없다.

하지만 일을 더 충만한 삶으로 들어가는 입장권으로 생각할 수 있다. 1848년의 혁명에서 '노동권'이 선포되었지만 어떤 종류의 고용이든 고용되지 않은 상태보다는 낫다는 개념을 뛰어넘을 수 있다. 조만간 다른 수십억 청년들이 단지 일할 권리가 아니라 사람을 무감각하거나 지루하게 만들지 않는 직장에서 일할 권리를 요구할 것이다. 누가 매혹적이고 정신을 고양시키고 목적의식이 있는 새로운 일자리 10억 가지를 만들어낼까? 모든 직장과 직업을 재고해서 어떻게 이런 기대를 충족시킬지 알아내야 한다. 노동개혁 없이는 자유와 평등과 박애에 대한 염원은 미완의 구호로 남을 것이다. 일은 '인정'받기 위한 활동이면서도 활력을 얻기 위한 활동이다. 다음으로는 여자와 남자가 일의 수수께끼를 어떻게 풀었는지 알아보고 이어서 새로운 일의 방식이 무엇에 기여할 수 있는지 살펴보겠다.

오시오 헤이하치로는 가치 있는 목표를 성취할 방법을 알아내지 못했을지라도 중요한 질문을 던졌다. 목숨을 걸거나 열심히 일하거나 열심히 살아볼 가치가 있는 이상은 무엇일까? 정치는 이상을 실현하는 기술이다. 안타깝게도 이상이 실현되면 꽃들 사이에서 알록달록한 날개를 펼칠 아름다운 나비로 변신하기를 멈추고 그저 희망의 사체를 먹어치우는 벌레로 남는다. 이제 평온히 잠들지 못하는 묘지에서 이상을 구제할 때다.

17장

/

여자와 남자가 서로를 다르게 대할 방법은 무엇일까

나는 성의 전쟁을 침묵의 전쟁이라고 번역한다. 침묵할 때 세상은 경직된다.

세상의 모든 전쟁 가운데 가장 잔혹하고 가장 오래되고 가장 많은 희생자를 낸 전쟁은 무엇일까? 성性의 전쟁은 다양한 수준으로 세계 인구의 절반을 무력화시키고 나머지 절반의 감수성과 상상력을 약화시켰다. 여자들과의 우정이 내 삶에 결정적인 역할을 했기 때문에 내게는 무엇보다 중요한 전쟁이다. 투표권을 쟁취하고 교육받고 대중운동을 조직하고 직업 전선에서 남성의 독점에 도전하고 유리천장을 깨뜨린 노력을 생각하면 지금쯤 여자를 대하는 남자들의 태도가 달라졌어야 한다. 그러나 여자들이 집어든 무기는 대부분 과거에 남자들이 집어든 무기와 다르지 않다. 남자들이 자유와 평등과 박애를 기대만큼 쟁취하지 못한 사실을 망각한 채 같은 무기를 집어든 것이다. 이슬람 국가들에서는 여성들이 코란을 재해석하는 식의 전통적인 무기를 택하지만 여전히 성과는 미미하다. 구소련에서는 성의 불평등을 철폐하기로 선포했지만 법 제정만으로는 대대로 내려오는 관습을 타파하지 못한다는 결과에 부딪혔다.

미국에서는 마거릿 풀러Margaret Fuller, 1810~1850라는 선구자가 "완전히 남성적인 남자도 없고 순전히 여성적인 여자도 없다"고 선포한 이래로 여성 인권의 진보에는 어김없이 후퇴와 반동과 현실에서의 철수가 뒤따랐다. 풀러는 이렇게 말했다. "나는 이제 미국에서 알고 지낼 가치가 있는 모든 사람을 알지만 나의 지성에 필적하는 지성은 만나지 못했다." 여성의 지위는 수 세기에 걸쳐 하락한 동시에 상승했고, 앞으로 더 나아진다는 보장도 없다. 여자들이 세상을 지배한다면 관대함과 다정함이 세상에 만연할 거라고들 하지만 권력이 얼마나 타락할 수 있는지 잊고서 하는 말이다. 그렇다고 자연세계에서 포식동물의 전쟁이 끝나지 않는 것처럼 언젠가 성의 전쟁이 종식될 거라고 상상하는 것도 쓸모없는 짓이라고 결론짓고 말 것인가?

특권과 권력을 쟁취하기 위한 싸움은 규정하기 어려운 문제로부터 멀어졌다. 성의 전쟁은 영토를 더 차지하기 위해 치열한 백병전을 펼치는 영토 분쟁과 같아서 몇 미터를 더 차지하거나 빼앗길 수는 있지만 주변 공기를 바꾸지는 못한다. 여기서 공기는 남자와 여자의 관계를 둘러싼 분위기, 그들이 살고 있는 꿈의 구름, 변화를 거부하는 사고방식을 뜻한다. 그러면 다른 어떤 전투를 치러야 할까? 전투로 이길 수 있는 전쟁이 아니다. 나는 우리가 들이마시지 않을 수 없는 세 가지 오염물질, 곧 인류의 에너지에 해로운 영향을 끼치는 물질에 관심이 더 많다.

첫 번째 오염물질은 '인간조건'을 바꿀 수 없다는 관념이다. 나는 《인간의 내밀한 역사Intimate History of Humanity》를 쓰면서 이런 오해에서 벗어났다. 하지만 태초부터 존재한 사고방식은 완전히 사라지지 않는다. 왜 이런 사고방식이 계속 남아 있는지 잊어서는 안 된다.

식물학의 대가가 남녀 간의 분리에 미친 영향

남자든 여자든 우리는 모두 칼 폰 린네Carl von Linné, 1707~1778가 붙여준 '호모 사피엔스Homo sapiens'라는 이름을 가졌다. 린네는 인간이 다른 생명체보다 똑똑하다고 칭찬하지만 그가 남자에게 보내는 존경심은 낮고 여자에게 보내는 존경심은 더 낮다. 그는 오랜 세월 수천 가지 동식물을 연구한 끝에 인류를 이렇게 정의했다. "우리가 날마다 하는 일은 음식을 먹고 역겨운 똥과 냄새 나는 오줌을 만드는 것이다. 그러다 결국 지독한 악취를 풍기는 시체가 된다. 어째서 신은 우리를 다른 동물보다 더 비참하게 만들었을까? (……) 그 자신의 즐거움을 위해서다. 인간의 즐거움이 아니라."

린네는 식물과 동물을 속屬과 종種으로 나누는 분류체계를 만든 것으로 유명하다. 그는 사람들이 이런저런 집단에 속하고 싶어하고 주위의 모든 것을 명확히 구분된 범주(삶을 더 단순하게 만들어준다고 알려진 전제에 따른 범주)에 넣고 싶어하는 욕구를 충족시킬 방법을 발견했다. 린네는 암술과 수술로 식물의 성을 구분했다. 일부 조신한 척하는 사람들은 린네를 "혐오스러운 매춘"을 옹호하는 "식물학의 포르노 제작자"라고 비난했지만 그의 분류체계는 자연의 혼란스러운 다양성에 이해하기 쉬운 질서를 부여한 덕분에 널리 인정받았다. 모든 식물에 누구나 사용하고 동의하는 이름을 붙이자 평범한 사람들도 자연을 이해할 수 있다고 생각했다.

린네는 해방자로 불렸다. 미터법이 사람들을 지역마다 제각각인 중량과 치수의 혼동에서 해방시켜주었듯이 린네의 분류체계는 생명의 다양한 양식 사이의 관계에 관한 합의를 끌어냈다. 하지만 단순화를 추구한 그의 열정은 독립적인 사고를 권장하는 해방과 거리가 멀었다. 그는 간단하고 확고한 특징을 기준으로 생명체에 표식을 붙일 수 있을 때만 편안함을 느꼈다. 이것은 남녀가 서로를 대하는 방식에 지속적으로 영향을 미치는 사고방식이기도 하다. 이로써 남녀가 서로에게 해줄 수 있는 것에 대한 기대치에도 제약이 생겼다.

린네는 5대째 루터교 목사 집안 출신으로 식물학을 목사의 사명의 하나로 여겼다. 이를테면 신성한 질서가 존재하고 만물은 하느님의 설계대로 존재해야 한다고 가르쳤다. 그는 영구히 고정된 자연의 법칙을 밝혀내고자 했고, 그의 과학 서적은 설교처럼 작성되었으며, 실제로 그는 스스로를 새로운 루터라고 소개했다. 그는 네덜란드의 한 무명 대학교에서 8일간 머물면서 13쪽짜리 논문을 써서 의학 학위를 받고 매독 전문 의사가 되었다. 그는 뇌전증이 머리를 감아서 생기는 병이라고 믿었고, 통풍과 편두통, 충치와 여러 가지 자잘한 뇌졸중으로 자신의 건강이 상하는 것은 막지 못했다. 하지만 그는 분류학의 선구자인 동시에 감동적인 설교를 하는 목회자이고 재미있는 식물 채집 견학을 조직한 사람으로 유명해졌다. 식물을 채집하고 이름을 붙이는 것이 그의 취미가 되었다. 루터가 신학을 민주화했듯이 그는 과학을 민주화했다.

하지만 과학이 어떤 특정 접근법을 대중화하면 나머지 접근법은 관심에서 멀어진다. 린네의 분류법은 사람들이 어떻게 생각을 틀에 가두어버리는지 잘 보여준다. 사람들은 대체로 새로운 개념을 반기지 않는다. 새로운 개념은 혼동을 주기 때문이다. 새로운 개념을 수용할 때도 대개 원래 있던 개념처럼 보이도록 수정해서 받아들인다. 뇌는 생소한 개념을 익숙한 범주에 넣도록 설계되어 있다. 사고방식, 특히 남자와 여자의 관계처럼 뿌리 깊은 문제에 관한 사고방식을 바꾸는 것은 법이나 설득으로는 불가능하다. 이런 변화는 사례와 실험과 경험을 통해 서서히 일어난다.

린네는 사고방식을 바꾸고 싶어하기는커녕 그가 정한 기본 전제를 공고히 다지는 데 목표를 두었다. 그는 실용적인 목적을 위해 식물에 관한 지식을 활용해서 그의 삶과 조국 스웨덴의 안정을 도모하고 싶어했다. 그는 스웨덴이 자급자족 경제의 기반을 다지고 쌀과 차와 향신료를 직접 재배해야 하며 위험을 무릅쓰고 멀리 서인도제도까지 가서 이국적인 농산물을 구하는 대신 라플란드[스칸디나비아 반도 북부에 펼쳐진 지역]에서 나는 농산물을 먹자고 제안했다. 그리고 라플란드 사람들의 소박한 식단이 수명을 두 배로 늘려줄 거라고 장담했다. 그는 '고상한 야만인'을 모범으로 삼고 유럽 상류층의 세련된 교양을 역병으로 치부하며 스웨덴 밖으로의 여행을 삼갔다. 모국어인 스웨덴어와 학문의 언어인 라틴어만으로 만족했다. 그는 삶을 기나긴 죄악의 비극으로 보았다. 수집광인 그는 식물뿐 아니라 무서운 이야기, 온갖 악행과 시련, 화형에 처해지거나 펄펄 끓는 물에 삶아진 '창녀들'의 이야기를 수집했다. 그의 세계에서 남자와 여자는 항상 선과 악처럼 동떨어진 두 세계였고, 이런 관점은 그의 다른 모든 확신 안에 감금당했다. 그의 세계관과 기질은 살아남았다. 인류의 대다수는 여전히 안전과 확신과 명확히 규정된 질서를 확보하고자 한다. 물론 안전이 그 어느 때보다 손에 넣기 어렵기 때문이다. 세상을 보는 관점을 바꾸지 않는 이상 남녀 사이의 관계를 새롭게 설정하는 것은 불가능하다.

위대한 계몽주의자가 보지 못했던 '절반의 세계'

도시화와 계몽으로 새로운 남녀 관계가 가능해질 수 있을까? 문명화에 필요한 요소에 관해 흔히 생각하는 두 번째 전제다. 린네를 강력히 비판한 프랑스의 과학자 뷔퐁 Georges-Louis Leclerc de Buffon, 1707~1788은 린네보다는 덜 어두운 상상력으로 다양한 분야에 관심을 가지고 예술적 취향을 가진 인물이었다. 그는 린네가 동물과 식물을 한 가지 특징만으로 고정된 범주에 넣는다고 조롱했다. 그리고 표면적인 유사성은 이면의 '심오한 실재'보다 중요하지 않다면서 심오한 실재야말로 생명체가 살고 번식하고 퇴화하고 다른 유기체와의 관계를 형성할 수 있게 해준다고 주장했다. "어떤 대상도 고립된 상태로는 알 수 없다. 항상 다른 대상과의 관계 안에서 보아야 한다."

따라서 뷔퐁은 종의 물리적 구조뿐 아니라 고유한 특성과 습성을 상세히 기술하고 더 나아가 인간이 자연계를 어떻게 이용하고 자연계와 어떻게 연결할 수 있을지를 설명했다. 그는 세계에 관한 연구를 확장해서 자연을 바라보는 방법과 "나귀의 불운"과 "말의 노예 상태"부터 "흑인 노예의 고통"에 이르기까지 모든 생명체가 경험하는 고통을 성찰할 방법을 고민하도록 촉구했다. 그는 존재의 모순을 받아들여 "모든 것이 작동하는 이유는 시간이 흐르는 동안 서로 충돌하기 때문이다"라고 말했다. 그가 쓴 36권짜리 《박물지Histoire Naturelle Générale et Particulière》는 유럽 전역에서 베스트셀러가 되어 볼테르와 루소를 능가했지만, 전문가들은 그의 성공을 탐탁지 않게 여기면서 '아녀자들'에게나 인기 있는 책이라고 폄하했다. 그는 문체의 대가이자 언어의 화가로서 자연의 미묘한 차이와 무한한 다양성에 매료되었다. 그에게 자연은 경이를 불어넣기 위해 존재했다.

뷔퐁은 린네보다 폭넓은 호기심과 상상력의 문을 열었지만 그에게도 한계가 있었다. 그 역시 '세속적인 사람'으로서 여성의 역할에는 관심이 없었다. 그는 행복을 찾는 데 몰두하면서도 "우리가 더 행복해지려고 욕심을 부리는 순간 불행해진다"라고 개탄하고 마흔다섯 살에 스물다섯 살 연하의 여자와 결혼하면서 사랑은 육체적 쾌락을 주지만 영혼에는 행복을 주지 않는 동물적인 열정이라고 말했다. 그의 전기 작가는 이렇게 기술했다. "그는 돈을 사랑해서 부자가 되었다. 권력을 사랑해서 권력자들을 자주 만났다. (……) 그는 여자들을 사랑했고, 그들을 사랑한 이유가 여자들의 아름다운 영혼 때문만은 아니었다."

뷔퐁은 파리식물원장을 역임하며 역사적으로 불멸의 지위를 얻었지만 동물원의 동물들을 세심히 관찰할 줄 알면서도 여자의 말에는 귀를 기울이지 않고 여자에게서 아무것도 배우지 못했다. 그가 심취한 대상은 인간관계가 아니었다. 그는 방대한 지식을 사생활에는 적용하지 못했다. 공적인 삶과 사적인 삶을 연결하지 못하는 것은 서로를 이해하는 데 가장 큰 걸림돌이다. 따라서 위대한 계몽주의자로서 풍부한 문화적 소양과 학식과 매력을 가졌음에도 불구하고 연구에서는 지구가 언젠가는 얼어붙어 소멸한다는 삭막한 결론에 도달했다. 성의 전쟁은 엄숙함의 연막에 잠시 가려졌을 뿐이었다.

'우정'이 대안이 될 수 있을까

인간이 서로를 이해하기 어렵게 만드는 세 번째 안개는 사생활이 공적인 삶과 상당히 다르고 이런 상태가 크게 달라지지 않을 거라는 믿음이다. 나르치자 즈미호프스카Narcyza Zmichowska, 1819~1876는 이런 오해를 깨뜨리기 시작한 인물로 기억할 만하다. 폴란드 소금광산 사무원의 딸로 태어난 즈미호프스카는 파리에서 잠시 폴란드 대공의 가정교사를 지내면서 국립도서관에서 칸트, 라이프니츠, 슐레겔, 피히테를 읽다가 지나치게 독립심이 강하다는 이유로 해고당했다.

첫 소설 《포간카Poganka》(이교도, 국외자, 반항아라는 뜻으로, 즈미호프스카 자신이 이렇게 느꼈다)는 '광신자'를 자처하던 친구들을 실제 모습과 흡사하게 묘사한 작품이다. 즈미호프스카는 남자뿐 아니라 여자들이 겪는 고충과 감정을 날카롭게 해부하면서도 "우리가 서로를 이해할 길은 없다. 각자 사랑에 대한 경험도 다르다"라고 말했다. 사랑뿐 아니라 거의 모든 것이 마찬가지였다. 즈미호프스카는 여자와 남자를 모든 고정관념에서 해방시키기로 하면서도 낡은 통념 대신에 새로운 남성 혹은 새로운 여성의 '정체성'을 부각시키지 않으려고 신중을 기했다. 자칫 남녀가 각자의 '게토'에 고립될 수 있다고 믿었기 때문이다.

즈미호프스카는 남성을 이상화한다고 해서 남자들이 얻는 것은 없다고 생각했지만 남자들과의 우정에서 무한한 위안을 얻었다. 남자들은 정치적 해법을 찾는 데만 몰두했지만 번번이 실패로 끝났고, 많은 사람이 투옥되거나 추방되었다. 따라서 새로운 길을 찾아서 남자들과 동맹을 맺어야 했지만 사실 남녀는 물론 여자들 내부에서도 합의에 이르지 못했다. 여자들은 이제 "더 대담한 질문"을 던지고 "위험과 실패를 무릅쓰고 모험을 감행해서" 남성적인 철학의 관념을 거부할 수 있다. 즈미호프스카의 모임은 "모든 독단적인 생각에서 자유로웠다. (……) 누구도 어떤 교리의 독단적인 이론에 얽매이려 하지 않았다. 모두 진실한 우정과 (……) 모순된 이해와 정반대의 원칙들로 뭉쳤다." 즈미호프스카는 우정을 가장 중요한 덕목으로 생각했다. 그녀에게는 우정이 해법이었다. 고아로 자라 외로움을 잘 알기에 가족에게 얻지 못한 것을 대신하거나 보완할 혼합된 관계를 형성하는 방법을 중요하게 생각했다.

즈미호프스카는 일상적인 한계와 작가들이 안전지대로 여기던 문학 파벌을 뛰어넘어 우정을 추구해야 하고, 모든 부류의 장인과 사람들에게 관심을 가지되 설교해서는 안 된다고 강조했다. "내가 그들에게 무엇이 부족한지 가르쳐주어야 할까? 아니다, 가르쳐주어서는 안 된다. 남이 준 도덕의 열매는 금방 썩는다. 스스로 탐구해서 발견한 진실만이 진정으로 치유해주고 도움을 주고 풍요롭게 해주고 깨우쳐준다." 즈미호프스카는 누구나 잠재적 예술가라고 여겼다. 자신의 불안과 호기심을 통해 남에게 봉사할 기회를 발견하는 사람은 예술가가 된다.

즈미호프스카는 친구 야드비게Jadwige가 "진정한 시인"인지 자문하고 이렇게 답했다. "아! 진정한 시인이지만 아무도 짐작하지 못했다. 말수가 적고 (……) 2행 연구의 시를 한 편도 쓴 적이 없기 때문이다. 강인한 외모에 어쩌다 한 번씩 그녀의 매서운 두 눈에서 진지한 영혼이 깜빡였다. (……) 그녀는 나의 이런 생각을 몹시 불쾌하게 여기지만, 그녀는 진정한 시인의 자질을 갖추었으므로 바르샤바의 모든 지식인과 나누어야 한다." 즈미호프스카는 타인에게서 예술가의 면모를 발견하려는 열정에 사로잡혀서 가족들의 "수확량, 보드카, 가금류, 왁스질한 마룻바닥에 관한" 일상적이고 따분하고 시시한 대화에서 멀어졌다.

즈미호프스카의 소설에는 절정도 없고 해답도 없다. 그녀가 매번 다른 유형의 소설을 쓴 것은 사람들의 마음을 다양한 각도에서 비추기 위해서였다. 물론 그녀는 자신의 이상에 도달하지 못했다. "인간의 성공의 위계에서 내 책은 맨 밑바닥을 차지한다. 책은 뜨거운 발언을 쏟아내지만 살아 있는 심장을 데울 불꽃 하나 일으키지 못하고, 가장 현명한 제도도 고결한 행동 하나보다 못하다." 즈미호프스카는 한 번도 좌절과 패배감에서 도망친 적이 없다. 이것은 그녀가 물려준 유산이다. 그녀는 정치활동을 반대한 사람인데도 음모를 꾸민 혐의로 투옥되어 건강을 잃고 끝내 회복하지 못했다. 그녀는 폴란드에서 "가장 훌륭한 여성 작가"로 불렸지만 "잠재력을 모두 발휘하지 못한" 작가였다. 그녀는 남자와 여자가 사이좋게 지내는 과정에 놓인 또 하나의 커다란 장애물을 보여준다. 교육과 기술이 눈부시게 발전했어도 남자와 여자는 엄청난 벽을 사이에 두고 의사소통을 해야 한다.

'성의 전쟁'을 끝내는 방법

오늘날 과학은 전통적으로 중시된 문제에 다시 관심을 돌리는 듯하다. 이를테면 부모와 조상이 누구인지가 중요해지고 가계도의 이름들이 부각되는 것이다. 유전학의 발견으로 동물과 식물의 다양성을 이해하기 위해서는 혈통과 공통의 기원을 이해하는 방법이 가장 유용하다는 확신이 굳어졌다. 하지만 과학은 훨씬 독창적인 무언가를 시도한다. 아무도 존재를 의심하지 않던 미세한 부분에 주목한다. 린네와 뷔퐁은 둘 다 종에 관심을 가졌을 뿐 개인에 무관심했다. 이제는 개인뿐 아니라 개인의 내부를 이루는 가장 작은 성분에까지 이름을 붙이는 시대이므로 이제껏 본 적 없는 개념과 수수께끼가 양산된다.

남녀 관계에서 가장 중요한 것이 무엇인지에 관한 인류의 생각은 아직 이런 과학의 추세를 따라잡지 못했다. 관계의 질은 외부의 힘에 영향을 받지만 개인마다 다르게 느낀다. 그리고 그 느낌은 아주 미세한 변화에도 쉽게 달라진다. 새로운 접근은 이런 나노nano 차원에서 상상할 수 있다. 성의 전쟁은 최고사령부가 없기 때문에 일반적인 휴전으로는 종식되지 않는다. 여성운동 영웅들의 사례는 각자가 사생활에서 시도한 끝없는 시행착오의 내밀한 역사가 더해질 때 가장 강렬한 영감을 준다. 이런 시도에 관한 모든 기록은 진실을 있는 그대로 조명하기 위한 또 하나의 촛불이다.

오스카 와일드Oscar Wilde는 이렇게 썼다. "남녀의 우정은 불가능하다. 남녀 사이에 열정과 증오와 숭배와 사랑은 있어도 우정은 없다." 역사를 돌아보면 이 말은 틀렸다. 흔하지는 않아도 이런 한계를 극복한 시대와 장소가 있었다. 우정은 스스로 발견해야 하는 기술이고 우정을 시작하는 방법이 혼란스러운 것도 놀랍지는 않다. 여자가 재산으로 간주되던 시대에 남녀의 우정은 논할 가치가 없었다. 남편과 아내가 서로를 가장 좋은 친구로 여기는 것은 인류의 가장 급진적인 혁신이었다. 일부 신학자들은 남자와 여자가 서로 눈을 마주치면 '유혹'하게 되므로 눈을 보지 말아야 한다고 주장했지만 예언자 마호메트는 아내 자이나브Zainab를 두고 "내 마음을 설레게 하는 그녀는 나를 강인하게 만들어준다"고 말했다. 성관계에서 우정이 생기지 않듯이 낭만적인 사랑에 빠지면 우정이 생긴다는 보장이 없다. 우정에 관한 고대의 다양한 해석이 살아남아 편의주의나 기회주의나 심지어 공포에서 기인하는 피상적인 동맹과 연루된 한편, 현대의 인맥에서는 도덕의 회복보다는 경쟁적 우위가 중요할 때가 많다.

나는 1970년에 옥스퍼드의 러스킨 칼리지에서 열린 영국 여성해방운동 개회식에 참석해서 내 삶의 대부분을 형성하는 여자들과의 우정과 대화에서 큰 영감을 얻었다. 그러나 더 현실적이고 시급해 보이는 다른 의제에 밀려 우정은 아예 안건에도 없었다. 여성운동은 남성의 취약성보다 권력에 중점을 두느라 남자와 여자가 우정을 나누면서 함께 무엇을 이룰 수 있는지에 관해서는 아직 탐색하지 않았다.

내가 옥스퍼드 현대 유럽사 시리즈에 프랑스에 관한 책을 써달라는 요청을 받고《프랑스 정감의 역사A History of French Passions》라는 책에 우정과 사랑에 관한 긴 분량의 장을 넣어 보내서 편집자들에게 실망을 안겨주었을 당시만 해도 대학의 수업 계획서에 이렇게 사적으로 보이는 주제가 들어가는 것은 생각할 수 없는 일이었다. 하지만 그 뒤로 여러 여론조사에서 우정의 중요성이 사랑에 상당히 근접한 것으로 나타났다. 인터넷에는 얼굴을 한 번도 본 적 없는 친구들이 넘쳐나고 이제 그날 하루의 '친구들'을 고용할 수도 있지만 이렇게 모방된 우정 때문에 진정한 친구를 만나고 싶은 욕구가 줄어드는 것은 아니다. 여자들은 남자들이 경청하지 않는다고 불평한다. 우정은 경청 위에 성립된다. 나는 성의 전쟁을 침묵의 전쟁이라고 번역한다. 침묵할 때 세상은 경직된다.

우정을 나눈 사이에는 서로 의견이 달라도 적대감을 느끼지 않고 우정을 맹세하면서도 체면이나 이익을 잃지 않을 수 있다. 역사적으로 남녀의 우정이 중요한 이유는 전쟁과 경쟁이 남자다움의 증표라는 낡은 관념의 대안을 제시하기 때문이다. 합의가 문명을 통합하는 유일한 접착제는 아니며, 이기고 지는 것이 없는 교류가 가장 고무적인 것으로 드러났다.

한쪽 성만 해방된다면 소용이 없다. 성의 전쟁은 작은 양보로도 휴전으로도 종식되지 않는다. 또 남자나 여자에게 즐거움을 주지 않는 직업과 사회 관습을 조금 고치는 정도의 단편적인 협상으로도 끝나지 않는다. 남자들도 다양한 형태의 해방을 기다린다.

18장

/

소울메이트의 부재를 무엇이 대신할 수 있을까

영혼의 동반자는 원래 서로가 서로의 반쪽이고 한 사람을 완전하게 만들어주는 존재로서 하늘이나 운명이 점지해준 사람이었다. 그러나 더 이상 사람들은 다른 존재 안에서 자기를 잃는 것을 원하지 않는다.

❖

    사람들이 서로를 좋아하기가 더 어려워지고 있을까? 스스로 독립심이 있다고 자부하거나 매우 복잡하거나 인습에 얽매이지 않거나 농담을 잘 하거나 이단아라고 여기는 사람이 너무 많아진 걸까? 완벽한 배우자이고 앞으로도 그렇게 남아줄 영혼의 동반자를 찾는 일이 너무 어려워졌을까?

    한때 다르다는 것은 소수집단에 속한다는 뜻이었지만 새뮤얼 어거스터스 매버릭Samuel Augustus Maverick, 1803~1870의 이야기는 다른 결론으로 이어진다. 매버릭의 조상들은 1624년에 뉴잉글랜드에 터를 잡고 잘 살았다. 매버릭은 큰 부자가 되기로 마음먹고 노예 45명과 말 20필을 이끌고 텍사스로 떠났다. 텍사스에서는 남들처럼 소에 낙인을 찍지 않겠다고 고집해서 전설적인 인물이 되었다. 그는 왜 세상을 따르지 않았을까? 그가 낙인찍는 것을 잔인한 관행으로 생각해서라고 말하는 사람들도 있고, 낙인찍히지 않은 소를 모두 자기 것이라고 우기기 위한 술책이라고 말하는 사람들도 있었다. 혹은 어쩌면 샌안토니오의 시장이자 주 상원의원으로서 러시아의 차르 이후 세계에서 가장 넓은 땅을 소유한 사람이라는 소문이 널리 퍼진 터라 관행을 무시할 만큼 기고만장해서였을 수도 있다.

    어쨌든 그의 명성 덕에 미국 언어에 'maverick'이라는 단어가 낙인이 없는 한 살짜리 새끼동물이라는 뜻으로 등장했다. 다음으로 이 단어는 정당 꼬리표를 달지 않은 정치인을 가리키는 뜻이 되었다. 1886년에 샌프란시스코의 신문《캘리포니아 매버릭》에서는 매버릭을 "당파성에 물들지 않은 사람"으로 정의했다. 1905년에 한 정치인은 매사추세츠에서 '매버릭(무소속)'으로 공직에 출마하면서 "아무도 내게 낙인을 찍지 않았다"라고 말했다. 최근에 미국의 한 작가는 이렇게 단언했다. "오늘날 매버릭은 미국의 이상이자 자기만의 길을 가는 사람으로 환영받는다. 고독한 사람 loner(1907년에 처음 미국 언어에 등장한 단어)은 괴짜일 수 있지만 매버릭은 독립적으로 생각하는 사람이다."

매버릭의 시대

실제로 새뮤얼 매버릭은 내성적이고 신중한 변호사로 수수한 옷차림에 소박한 인물이었다. 그런 그가 독불장군의 상징이 된 것이 이상해 보일 수 있다. 땅을 사고파는 재간이 뛰어난 그는 12만 헥타르 이상의 부동산을 보유했다. 그보다 열다섯 살 어린 아내도 혁명가 부류는 아니었다.

그녀는 이렇게 적었다. "여자에게 지식과 과학이 금지된 것이 납득이 가지는 않지만 사랑하고 존경하고 순종하라고 말하는 유서 깊은 관습에 따라 사는 것이 좋다." 하지만 두 사람 다 '모험가'를 자처했다. 남편은 스스로를 변경의 사나이라고 부르면서 "어슬렁거리며 모험하는 삶", "땅을 사랑하는 열정", 이주민들과 협상하고 미지의 땅에 도전하는 삶을 즐겼다. 그의 아내도 "우리가 모험가 집안이라는 것을 알고 (……) 미국인이 갈 수 있는 극한까지 가보는" 데서 자부심을 느꼈다. 다만 그녀에게 모험이란 종교를 가정의 중심으로 삼고 세계를 여자들이 도덕적이고 영적으로 돌보아야 할 "거대한 가정"으로 간주한다는 의미였다.

이들 부부가 주고받은 편지에는 "둘이 같은 방향"을 향해 가면서 서로 협력하는 마음이 고스란히 담겨 있었지만 두 사람이 그 마음을 명확히 표명한 적은 없다. 남편은 "나는 아무것도 두렵지 않소"라고 적었다. 그는 두려움을, 적어도 특정 유형의 두려움을 경멸하면서 부분적으로는 관행을 따르지 않는 사람이 될 수 있었다. 그에게는 고루한 사람과 모험심 넘치는 사람이 공존했다. 매버릭은 그저 작은 변화나 삶의 어느 한 분야에서의 반짝이는 용기만으로 어떻게 '평범한' 사람이 독립심의 화신이 될 수 있는지를 보여주었다. 반대로 관행을 거스른다고 자처하는 사람이라고 해도 삶의 여러 국면에서는 대체로 관행에 따른다.

매버릭의 시대 이후 과학자들이 살아 있는 유기체가 무생물과 다른 점은 개체마다 다르다는 사실이라고 인식하면서 '다름'이라는 개념 자체가 위험에 처했다. "소금 알갱이는 모두 똑같지만 유기체는 모두 고유하다." 당신과 나는 99.9퍼센트 동일하고 "우리의 유전체에서 1000개 중에 하나만 다르지만 (……) 30억 개의 글자로 이루어진 유전체에서 1000개 중 하나가 다르다면 우리가 서로 300만 가지로 다르다는 뜻이다."

동일한 재능이 있다고 해도 개인마다 독특한 방식으로 재능을 결합하기 때문에 서로 다르다. 면역계는 외부 개체가 아무리 비슷해도 외부 개체의 침입을 거부한다(예외는 거의 없다). 인간은 아주 다양해서 어떤 사람들은 단지 생명을 유지하는 데만도 남보다 두 배의 에너지를 필요로 한다. 인간의 뇌는 조금씩 다르고 각자의 경험이 그 차이를 크게 만든다. 정상적인 유전자 배열은 없다. "우리는 모두 돌연변이다."

암을 일으키는 돌연변이는 환자마다 다르게 나타난다. 기존의 의학에서는 개인을 같은 병에 걸린 환자의 범주로 분류했지만 요즘은 개별적인 변이성을 거대한 수수께끼로 간주한다. 따라서 모두에게 적합한 치료법은 없다. 바빌로니아 시대부터 사람마다 지문이 다르다는 사실을 알았고, 요즘은 컴퓨터를 이용해서 사람 얼굴의 100가지 부분이 100가지로 다를 수 있음을 밝혀냈다. 일란성 쌍둥이도 후천적으로 변화를 일으켜서 신체적으로 완벽히 동일하지 않은 것으로 밝혀졌다. 정상성은 이제 새로운 의미가 되었다. 개인이 저마다 다르므로 남과 지나치게 비슷한 것이 오히려 비정상이다.

오늘날에는 정확히 무엇을 따라야 할지 파악하기 어려워져서 누구나 적어도 삶의 일부 영역에서는 관행에 따르지 않는 사람이 될 수밖에 없다. 다양한 사회 계층과 범주를 명확히 정의하기 어렵다. 합의를 도출하기 위해 설립된 기관에서도 독립적인 생각을 장려하고 획일성을 배척한다. 가족도 과거에는 재산과 명예를 중시했지만 요즘은 자율성과 감수성을 기르는 것을 더 중시한다. 교사도 개인의 재능과 자립심의 표현을 중요한 정신으로 격려하고 더 이상 교과목의 신성함을 설교하지 않는다. 직장에서는 복종만큼 개인의 진취성을 요구한다. 선진국의 월급쟁이들은 대개 현실에서는 매달 꼬박꼬박 들어오는 월급의 달콤함에 굴복하면서도 언젠가 자기 사업을 시작해서 주인의 신발을 핥지 않아도 될 날을 꿈꾼다. 개인의 영성이 종교의식에 참여하는 것 이상으로 중요해진다. 이제는 독립적으로 생각하는 사람들이 화형에 처해지지 않고 유력한 사업가들은 큰돈을 들여서 '독창적으로 생각하는 법'을 훈련받는다.

"사람들의 생각은 얼굴만큼이나 서로 닮지 않았다"

이것이 서양에만 해당하는 결론이고, 개성보다 가족과 공동체를 중시하는 동양적 사고와는 대조적으로 보일 수 있다. 하지만 고대 중국인들은 고대 그리스인들만큼 개성에 관심이 많았다. 개인의 성격에 대한 인식은 플라톤 아카데미아에서 아리스토텔레스의 뒤를 이어 교장을 지낸 테오프라스토스 Theophrastos, 기원전 371~287가 쓴 《성격론Ethicoi Charakteres》에서 유래한 것으로 보인다. 그는 "같은 하늘 아래 있고 같은 교육을 받는데도 왜 우리는 이토록 다채로운 성격을 가지게 되었을까?"라고 물었다. 그러나 이 질문에 그가 내놓은 답은 피상적이었다. 재미없는 작자, 아첨꾼, 험담꾼, 천치들에 관한 우스꽝스러운 촌극을 제시한 정도였다. 아테네인들은 놀랍도록 독립적인 정신을 길렀다. 그런데 한편으로 아테네 시민들은 도덕적이고 이성적인 시민상을 원하고 또 그런 시민상을 정의하는 데 상당한 에너지를 쏟으면서 소크라테스가 지나치게 개인주의적으로 생각한다고 비난하고 시민의 자질을 갖추지 못한 다수의 아테네인들에게 시민권을 허락하지 않았다.

중국인들은 이미 기원전 6세기에 중요한 문헌에 "사람들의 생각은 얼굴만큼이나 서로 닮지 않았다"라는 생각을 남겼고, 4세기의 한 항의서는 "사람은 자기 성향을 따라야지" 그렇지 않으면 "쇠고랑을 차고 옥에 갇힌 것과 같다"고 선언했다. 오랜 세월 유교를 신봉했으나 1세기와 4세기 사이에 청년들이 실의에 빠진 사람들의 지지를 등에 업고 저항운동을 일으켜서 기존의 사회 질서에 반기를 들었다. 그 결과 일부 사람들은 개성을 더 많이 발휘해서 살아보려 하고 스스로를 "남다르고 뛰어나려고 경쟁하면서 자기만의 고유한 행동으로 남을 능가하고" 싶어했다.《세설신어世說新語》(430)는 역사적인 인물 600여 명의 특이한 언행과 '사담私談'을 적은 책이다. 공자는 이런 사소한 이야기를 잡설로 치부했지만 이제는 이런 잡설이 특별한 인물을 이해하기 위한 열쇠로 간주된다.

이를테면 사람들이 실제로 어떻게 말하는지, 무례함과 낭비벽, 분노, 심취, 비열함을 비롯한 갖가지 성향을 어떻게 드러내는지를 세심히 관찰할 만한 가치가 있다는 것이다. 과거에는 도덕적 행동을 존경하고 난세에 사람들을 이끄는 능력과 용기를 높이 샀지만 이제는 심미적이고 심리적인 특성이 더 흥미를 끌었다.

이런 변화가 더 독창적인 이유는 태도와 감정을 담백하게 표현해서 자기를 진솔하게 밝히고 이방인을 오랜 친구처럼 대하고 "자연 그 자체만큼 자연스러운" 능력이 중요한 가치가 되었기 때문이다.《세설신어》는 이후 수백 년 동안 읽히고 거듭 모방되었다. 성격을 고정된 것으로 간주하고 추상적인 미덕이나 결함에 초점을 맞추지 않으며 개인을 사람들과의 거침없는 대화와 만남으로 기술하면서 '내면의 자질'뿐 아니라 외부 세계에 대한 반응에도 주목해서 인간을 다양한 각도로 바라보았다. 전에는 개인의 성격을 권력자의 자리에 적합한지 여부로 판단했다면 이제 귀족계급에서는 개인의 복합적인 성격에 관심을 갖고 이런 복합성을 이해하는 능력을 삶의 중요한 요소로 여겼다.

청년들뿐 아니라 부질없는 정치 참여에 환멸을 느끼고 반대 의견을 억압하는 행태에 분개한 사람들과, 상상력과 기지를 발휘할 더 큰 자유를 원하는 사람들이 '청담清談'〔중국 위진魏晉시대에 지식인 사회에서 현학과 함께 나타난 철학적 담론의 풍조로, 노장사상을 기초로 세속적 가치를 초월한 형이상학적인 사유와 정신적 자유를 중시했다)을 나누는 모임을 조직하기 시작했다. 청담문화는 18세기 유럽의 살롱salon(여성을 배제하지 않았다)의 이른 전조라 할 수 있고, 어떻게 보면 20세기 반문화counter-culture의 전조이기도 했다. 청담에 참여한 사람들은 기존 질서를 전복하고자 했고, 때로는 일부러 술을 진탕 마시고 기이한 행동을 했다. 그들의 목적은 사리사욕을 채우는 것이 아니라 진리를 탐구하고 솔직함과 독립심, 시와 성性에 관해 자유롭게 논하며 그들이 심연深淵이라고 부르는 것에 도달하는 데 있었다. 이는 중요한 변화의 가능성을 의미했다. 그러나 청담운동은 한때 유행하다 소멸했고, 다시 복종의 회색 구름이 사회를 뒤덮어 독립적인 사고의 불온한 빛을 차단했다. 하지만 그 뒤로도 독립성의 불꽃은 간간히 다시 살아났다.

자기만의 의견을 갖는 것

서양만 개인에게 관심을 가졌을 거라는 믿음은 종교의 역사에서도 허위로 드러난다. 여러 종교에서 집단적인 충성을 넘어서 개인의 영성을 기르도록 장려했고, 개인은 진리를 이해하기 위해 각자의 방식으로 탐색하고 자신의 선택과 행동을 설명해야 했다. 초기 이슬람교인 수피교도들은 "기존 제도가 도덕적으로 얼마나 타락했는지 보여주기 위해 기이한 행동과 역설로 사람들에게 충격을 안겨주기를" 좋아했다. 때로는 일부러 초라한 행색을 하고 다니며 사람들에게 경멸을 샀으며, 성별과 신분을 무시하고 "자유는 마음의 자유이지 다른 무엇도 아니다"라고 설파했다. 수피교도는 자기만의 '길'을 걸었다. 역사적으로 그 길은 무신론에 가까운 철학부터 유아론唯我論까지, 금욕주의부터 정치적 야망, 정권 참여, 군사적·세속적 추구까지, 극기克己부터 음악, 춤, 약물, 술을 빌려 "신의 친구"이자 "남들이 잘못을 비춰보는 거울"이 되는 방식에 이르기까지 다양한 모습으로 나타났다. 그리고 수피교도는 대립하는 수많은 성향에 따라 여러 종파로 갈라졌다.

이집트의 수피교 성자인 둘 눈 알미스리Dhu'l Nun al-Misri, 796~859년경는 지배층을 조롱하고 학문을 독점한다는 그들의 주장을 비웃으면서 "나는 어느 노파에게서 진정한 이슬람교를 배우고 어느 물 긷는 사람에게서 진정한 기사도 정신을 배웠다"라고 말했다. 루미Rumi, 1207~1273가 쓴 6만 행의 시와 노래는 모방과 순응을 거부했다. 그는 "확실한 것을 원한다면 불길에 뛰어들어라"고 노래하고 "창문을 여는 것, 그것이 종교의 역할"이라고 단언했다.

수피교는 겉으로 드러난 순응과 대비되는 이슬람교의 감춰진 측면이다. 문명을 자세히 들여다볼수록 일탈이 더 많이 눈에 띈다. 아마르티아 센은《논쟁을 좋아하는 인도인The Argumentative Indian》에서 논쟁이 정교해져서 사교생활의 즐거움이 된 과정을 소개했고, 인도 외에도 자기만의 의견을 갖는 것을 높이 사는 나라들이 있다.

16세기 무렵에 유럽의 화가와 조각가들은 자신의 작품에서 개인이 어느 한 유형을 대표하는 것이 아니라 저마다 고유한 존재라는 사실을 표현했다. 요즘은 사진으로 누구도 남과 똑같이 생기지 않았다는 사실이 증명된다. 문학은 등장인물을 인간의 유형이 아니라 각자 고유한 존재로 묘사하는 데 공을 들인다. 이제는 시인 포프Alexander Pope가 "여자들에게는 대체로 성격이 없다"고 한 말이나 카를 마르크스Karl Marx가 프랑스의 농부들을 보고 "자루 속의 감자"처럼 "발달의 다양성도 없고 재능의 다양성도 없으며 사회적 관계도 풍부하지 않다"라고 한 말을 감히 입에 올릴 사람은 없다. 누구도 사람들이 타고난 소질과 특성에 영원히 얽매이거나 세상을 향해 쓴 가식을 영영 벗어던지지 못할 거라고 생각하지 않는다.

개성을 잠식하는 제도

자유의 승리에 관한 무수한 논의에도 불구하고 세상은 언제나 과도한 독립성이나 솔직한 의사 표현마저 제약해왔고 점점 더 그렇게 되어간다. 영국 정부가 이라크에 군대를 주둔시키겠다고 결정하자 영국군 참모총장은 정부의 판단에 의문을 표하고는 황급히 자기는 "매버릭이 아니고" 보수적인 입장에서 영국군을 구하는 것이 목표라고 덧붙였다.

한편 세계에서 가장 성공한 어느 투자 은행가가 매버릭으로 불리자 은행 홍보팀은 그의 명성에 흠집이라도 날까 봐 급히 그를 옹호하고 나섰다. 그는 개인적으로 업무와 경영 회의가 지겹다고 말할 수도 있다. 휴가나 여가 시간에만 그림이나 철학이나 신학에 대한 관심을 채우고 젊을 때 꿈꾸던 무용안무에 다시 관심을 가질 수도 있다. 하지만 이것은 모두 사적인 행위로만 허용되고 공적으로 매버릭이 되면 위험하다. 어느 사장이 직원들에게 창의성을 키우라고 강조하면서도 사적으로는 직원들이 그의 자리를 넘볼까 봐 창의성을 제약해야 한다고 말한다면, 왜 사람들은 그의 위선을 폭로하지 않을까? 왜 재계의 거물은 사적으로는 인정이 많은 사람이면서도 직장에서는 용서를 모르는 냉혈한일까?

그 이유는 제도가 인간의 방종을 길들이도록 고안되었고 여전히 대부분의 제도가 사람들은 고유하거나 불가해하지 않고 범주로 분류할 수 있으며 반드시 분류해야 한다는 전제에서 성립되었기 때문이다. 과거의 계급이나 성별이나 인종 같은 낡은 기준은 아니라고 해도 심리검사와 기타 '행동지표'로 분류할 수 있다는 것이다. 따라서 요즘은 직무 내용을 직업의 이상에 맞게 작성하기 때문에 사람들이 최대한 직무에 맞추면서 개인의 취향이나 기질은 잊고 독립성이 짓밟힐 수 있다는 점을 감수해야 한다. 모든 국가가 여전히 사람들을 분류하고(학교에서, 직장에서, 모든 사회적 교류에서) 그들이 속한 범주에 따라 보상해주고 잘못 분류되면 위로해주는 절차에 예산의 상당 부분을 투입한다. 독창성을 높이 사는 경향이 강해지고 있지만 남들과 같은 척하거나 적어도 존경받는 사람인 척하도록 유도하는 장려책이 여전히 힘을 발휘한다. 사실 산업 전체가 사람들에게 남들처럼 믿고 물건을 사라고 부추기는 데 전념한다. 이제는 사회 계층의 위로 올라가는 것이 궁극의 목표가 되었다. 사람들이 상류층의 집착을 차용한다는 뜻이다.

하지만 어떤 집단에 '소속'되고 싶은 갈망이 그 어느 때보다 커지는 반면에, 전통적인 충성심은 깨지거나 흩어지고 있다. 영국 정부는 학교에서 영국 역대 왕의 이름과 시대를 가르쳐서 '영국다움Britishness'을 심어주어야 한다고 주장하지만 영국인의 13퍼센트만 그들이 태어난 공동체에 소속감을 느낀다고 답한다. 스스로를 영국인으로 말하는 것이 가장 적절하다고 생각하는 사람은 절반도 안 된다(44퍼센트). 3분의 1은 살면서 소속감이 크게 달라졌다고 말한다. 자기를 소개할 때 직업을 언급하는 것이 적절하다고 생각하는 사람도 22퍼센트에 불과하다. 자원봉사에 헌신하는 마음은 오래 가지 않고 쉽게 변한다. 남성의 15퍼센트와 여성의 5퍼센트만 자기가 지지하는 정당을 삶에서 중요한 요소로 여긴다. 노동조합에 속한 데서 자부심을 느끼는 사람은 15퍼센트다. 축구팀의 팬이 되는 것이 종교적 신념보다 더 중요한 충성 서약이 될 때가 많다. 그러나 65퍼센트는 사회를 결속하는 것은 우정, 곧 친구를 만들어 관계를 영원히 지속하는 것이라고 답하고, 88퍼센트는 가족을 가장 중요한 애착 대상으로 꼽는다. 하지만 가족은 갈수록 우정의 성격을 띠고 애정이 식거나 무르익는 사이 끊임없는 유지보수와 재창조를 필요로 한다.

영혼의 동반자

순응하는 사람과 순응을 거부하는 사람들의 전쟁이 역사를 지배하면서 막대한 혼란을 야기했지만 이제는 탄약이 떨어지고 있다. 더 이상 양쪽 군대가 대치하는 형국이 아니다. 그보다는 70억 명의 게릴라 전사 혹은 게릴라 희생자들이 쉽게 변하는 불만과 불확실한 목표와 예측하기 힘든 현실과 마주한다. 이제는 남들처럼 평범한 사람이 되는 것이 새로운 의미를 띤다. 남들과 달라진다는 의미다. 역사는 이런 분열의 암시를 거부하거나 유예하거나 외면하려고 노력해왔지만 이제 분열된 파편으로 어떻게 흥미로운 무언가를 구성할지 고민하는 것이 가능해졌다.

우선 인간의 욕구 중 가장 근본적이고 매혹적이고 까다로운 욕구, 그러니까 영원한 동반자를 찾고 싶은 욕구를 충족시키는 것이 결코 수월하지 않다는 것이다. 유니세프에 따르면 오늘날 세계 결혼의 55퍼센트는 여전히 부모가 정해주고 이혼율은 6퍼센트에 불과하지만 각국에서 부모의 의사와 무관하게 배우자를 찾는 사람이 늘어나면서 부모가 정해주는 짝과 결혼하는 사람들도 줄어들고 있다. 인구의 50퍼센트가 도시로 이주하는 것도 중대한 변화다. 인간은 하늘에서 낙하산을 타고 내려오면서 어디로 착지할지 모른 채 미지의 영토 위에 떠 있는 신세다. 완벽한 배우자란 무엇이고 영혼의 동반자란 무엇인지에 관해 지금처럼 의견이 분분했던 적이 없다. 영혼의 동반자는 원래 서로가 서로의 반쪽이고 한 사람을 완전하게 만들어주는 존재로서 하늘이나 운명이 점지해준 사람이었다. 그러나 더 이상 사람들은 다른 존재 안에서 자기를 잃는 것을 원하지 않는다. 상호존중이라는 고치 안에 안전하게 들어가서 얻는 즐거움도 크지만 결국 대화할 소재가 떨어지고 틀에 박힌 일상이 설렘을 밀어내면 폐소공포증에 사로잡힐 수 있다. 모두가 설렘을 원하는 것도 아니고 오히려 그 반대이지만, 교육이 비판과 호기심을 자극하고 문화가 낯선 대상을 탐색하고 관습적인 의례에서 얻는 위안 그 이상을 추구할수록 개인은 타인을 발견해서 자기에게 없는 능력과 감수성을 습득하고 누군가의 반쪽이 되기보다는 스스로 흥미로운 사람으로 인정받고 싶어한다.

사회학자들은 영혼의 동반자를 만났다고 확신하는 사람이 결국 더 쉽게 헤어지는 경향이 있다고 말한다. 그런 사람일수록 상대에게서 단점을 발견하는 순간 자신의 선택을 후회하고 다시 시도하면서 규정하기 어려운 이상을 좇는 모험을 끝없이 되풀이한다는 것이다. 심리학자들은 여자들이 자기와 다른 남자의 냄새에 끌리지만 경구피임약을 복용할 때는 자기와 유사한 남자를 선호하는데, 그 이유는 화목하게 같이 살 수 있는 사람의 아기를 낳고 싶어하기 때문이라고 추측한다. 이와 같은 모든 불확실한 모습은 정신없이 사랑에 빠지고 적어도 한 사람에게는 세상에서 가장 아름답고 멋진 사람으로 숭배되는 것이 행복한 삶의 근간이라는 통념을 강화할 뿐이다.

사랑을 찾는 법과 사랑을 잃지 않는 법과 욕구와 소유와 타협에 대처하는 법에만 집중하다 보면 사랑의 경험 자체가 주는 것을 놓치게 된다. 사랑하지는 않지만 알고 싶은 사람들에 대한 이해가 어떻게 깊어지는지 말이다. 사랑은 상대의 눈으로 세상을 보게 해주고 타인의 감정을 느껴보는 것이 어떤 의미인지 맛보기로 알려주는 경험이기도 하다. 인간관계는 깨진 관계를 보수하는 것 이상의 더 많은 실험을 시도할 여지가 있다. 두 사람의 사랑은 연민의 감정을 자신에 대한 걱정 너머로, 나아가 자녀로 인해 생기는 이기심 너머로 넓혀준다. 그리하여 마침내 개인이 혼자서는 마주하지 못할 삶의 불행을 야기하는 근원적인 공포, 곧 거부와 상실과 무능함의 공포를 비롯하여 행복한 모습의 이면에 감춰진 온갖 공포와 마주할 용기를 불러낸다.

개인의 독창성이라는 르네상스의 이상은 인정과 박수갈채에 대한 갈증에 시달릴 만큼 허술하기 때문에 더 이상 충분하지 않다. 계산적이거나 엄격한 이성의 제약으로부터의 황홀한 해방이라는 낭만주의적 이상은 결국 상상의 산물의 노예가 될 때가 많다. 우리의 심신을 쇠약하게 만드는 불확실성에 대한 20세기의 해독제(자기인식의 자아도취)인 정체성의 이상은 우리가 자기를 들여다보느라 끊임없이 동물의 우리를 맴돌면서 의심에서 벗어나지 못하게 만든다. 따라서 전통적인 의미의 영혼의 동반자를 만나지 못했다고 해서 통탄할 일은 아니다. 나에게 동의하고 나와 닮은 사람들에게 둘러싸여 나의 개성을 보호하다 보면 결국 이런 질문에 도달한다. 삶은 우리에게 가장 소중한 것인데도 우리가 삶의 모든 형태에 관심을 갖지 않는 이유는 무엇일까? 인간은 대체로 불가해한 존재라서 본능적이고 초보적인 반응으로 다른 사람을 윙윙거리면서 무는 벌레쯤으로 여기고 무조건 쫓아내는 게 상책이라고 생각하기 때문이다. 합의와 조화를 좇다 보면 차이를 존중하기보다는 복종을 주입하고 모방을 부추기게 된다.

차이와 불가사의가 마땅히 찬사를 받는 영역은 미식 美食의 영역이지만 여기서에도 여전히 관습이 지배한다. 오직 용감한 사람들만 보스턴의 변호사 제프리 스타인가르텐Jeffrey Steingarten, 1942~의 뒤를 따를 것이다. 그는 변호사를 그만두고 음식 평론가가 되었다. 그리고 이내 "공포증이든 갈망이든 음식에 대한 확고한 기호"를 떨쳐내지 않으면 음식 평론가로 성공하지 못하리라는 사실을 깨달았다. 그래서 싫어하는 음식을 마구 먹으면서 좋아하지는 않아도 적어도 그 음식의 진가를 알아보는 법을 익혔다. 사람들은 좋아하지 않는 것을 피한다. 고대 그리스인들이 향수를 잔뜩 뿌려서 결점을 감추고 매력을 돋보이게 하는 것과 같다.

고대 그리스에서는 여자뿐 아니라 남자도 몸의 부위별로 다른 향수를 발랐다. 발은 "기름진 이집트 연고에 담그고, 턱과 가슴에는 진한 야자유를 바르고, 팔에는 달콤한 박하 추출물을 바르고, 눈썹과 머리카락에는 마저럼을 바르고, 무릎과 목에는 백리향을 빻아 만든 진액을 바른다." 만찬에 손님들을 초대해서 음식만 대접하는 것이 아니라 갖가지 향수를 뿌려주었고, 극장을 찾은 관객에게도 향수를 뿌리고 개와 말에게도 향수를 뿌렸다. 가장 기억에 남는 것은 키스의 향기였고, 그리스 신들은 향기를 먹고 살았다. 페르시아의 왕 다리우스 3세Darius III, 기원전 380~330의 사절단에는 조향사가 열네 명이나 있었다. 평등이 최고의 가치로 자리 잡은 뒤에야 데

오도런트가 개발되어 악취와 특이한 냄새가 난다는 이유로 더 이상 차별을 받지 않아도 되었다. 남성성이 위협받는다고 느끼던 시기에만 향수를 여자의 전유물로 여겼다.

영혼의 동반자를 만날 거라는 희망은 곧 어딘가에는 나를 이해하는 사람이 한 명이라도 존재한다는 희망이다. 온갖 장애물이 존재하고, 실제의 자기가 아닌 다른 사람인 척하라는 압박이나 위협을 받을 때가 적지 않다. 사생활은 그런 압박으로부터의 도피처가 되어야 하지만 실제로 얼마나 그런지는 알 수 없다.

19장

/

새로운
성혁명을
이룰 수 있을까

성을 단지 자연의 힘이나 사랑의 표현이나 도덕성의 기준이나 권력 투쟁이나 유전자
와 호르몬이 주연인 극장으로 간주한다면 너무나 많은 것을 놓치게 된다. 성혁명은
또한 한 개인이 혼자서는 해낼 수 없는 것에 관한 문제이기도 하다.

❖

    1763년, 중국 청나라의 수필가이자 화가인 심복沈復이 쉬저우徐州에서 진운陳芸과 결혼했다. 둘 다 열일곱 살이었다. 심복은 《부생육기浮生六記》에 이렇게 썼다. "우리는 서로를 존중하면서 서른두 해를 함께 살았고, 세월이 갈수록 우리는 더 가까워졌다. (……) 우리는 떨어질 수 없는 사이였다." 진운은 이렇게 적었다. "세상에 우리만큼 사랑하는 부부가 또 있을까." 진운은 임종을 맞았을 때 남편 심복에게 이렇게 말했다. "당신의 아내로 살아서 행복했어요. (……) 당신은 나를 사랑해주고 항상 내 마음을 헤아려주고 내가 잘못을 해도 내친 적이 없었죠. 당신처럼 좋은 친구를 남편으로 맞아서 여한이 없어요."

    심복은 열세 살에 진운을 처음 본 순간 결혼하기로 마음먹었다. 진운의 외모에 반해서가 아니라(심복이 진운의 외모에 관해 남긴 말이라고는 눈이 예뻐서 뻐드렁니가 감춰진다는 말뿐이었다) 진운의 시를 높이 평가해서였다. 진운은 남자형제들의 책으로 혼자 글을 깨쳤다. 시를 좋아했지만 여자라는 제약을 벗어나지 못한 채 평생 자수를 놓는 재주로 가족의 생계를 도와야 했다. 중국에서 '여자女'라는 글자는 빗자루를 든 사람의 형상을 본뜬 것이다. 여자는 평생 집안일을 해야 할 팔자라는 의미였다. 심복은 뒤늦게야 아내가 너그럽고 온화하고 한편으로는 "지나치게 감상적이라 온전히 행복하지 않은" 사람이라는 것을 알았다.

    심복은 과거시험에 낙방하고 오랫동안 직업도 없이 지냈다. 어쩌다 일자리를 구해도 주인이나 동료들과 마음이 맞지 않아 그만두었다. 작은 가게를 열었지만 장사가 잘되지 않았고, 그림으로 생계를 꾸리려고도 해보았지만 신통치 않았다. 동업자들과 다투고 "아버지를 행복하게 해드리지 못한" 불효를 부끄러워했다. 가난에서 벗어나지 못하고 가진 걸 죄다 전당포에 잡히고 속옷만 남은 지경에 이르기도 했다. 하지만 그는 "불행의 슬픔"에 무겁게 짓눌리지는 않았다. "나는 나만의 견해가 있고 남들의 인정이나 반감에는 관심이 없다. 시나 그림을 논하면서 시류를 좇지 않고 남들이 무시하는 것이라도 내가 좋으면 그만이다. 유명한 경치도 마찬가지다. (……) 남들에게는 명승지이지만 내게는 시시한 곳도 있고 아무도 모르지만 내게는 더없이 아름다운 곳도 있다. 남자의 명예는 스스로 독립할 수 있는 능력에서 나온다. (……) 나는 평생 정직하게 살았다."

그는 현실의 어려움을 잊은 채 온종일 아내 진운과 위대한 문학 작품을 논하고, 함께 시골길을 거닐면서 "저희끼리 누가 제일 아름다운지 겨루는" 꽃을 감상하고, 달빛 아래서 아내와 손을 잡고 술을 마시며 호방하게 웃었다. "아내는 내 눈이 무엇을 말하는지 알고 내 눈썹의 언어를 이해했다. 아내는 내 표정만 보고도 척척 알아서 해주었고, 아내가 하는 일은 모두 내가 바라던 그대로였다." 따라서 심복은 전통적으로 남편이 아내에게 기대하는 것을 바랐고, 그러면서도 자신은 남자가 해야 할 일, 곧 가족을 부양하는 역할을 제대로 하지 못했다. 그럼에도 아내와 함께 하는 삶에 관한 "진솔한 감정"과 "신혼방의 기쁨"과 "멀리 배회하는 즐거움"을 글로 남겨서 실패를 영감으로 바꾸는 놀라운 성과를 이루었다. 그의 글은 사후 60년 만에 출간되어 중국인들이 좋아하는 사랑 이야기가 되었다. 부부의 사랑만으로도 갖은 역경을 극복하는 모습을 보여주는 이야기였다.

여기에는 더 깊은 의미가 있다. 이들 부부는 다른 사람들의 시각으로 그들의 관계를 판단했다. 진운은 남편이 부모의 사랑을 잃은 것은 다 자기 탓이므로 스스로를 실패한 인생이라고 여겼다. "나는 좋은 며느리가 되려고 최선을 다했지만(중국에서는 남편에게 좋은 아내가 되는 것만큼 시부모에게 좋은 며느리가 되어야 한다) 뜻을 이루지 못했다." 심복의 부모는 아들 스물여섯 명과 딸 아홉 명을 입양했다. 부모가 그들을 기억해줄 자손을 많이 두어서 불멸에 가까이 다가가는 방법이었다. 진운은 자식 둘을 키우고 남편의 옷을 짓고 검소한 살림을 예술의 경지로 올려놓아 남편을 기쁘게 해주려고 닥치는 대로 일하면서도 무언가 더 원했다. 남자에게만 허락된 일을 하고 싶어서 남편을 따라 돌아다니며 세상을 더 보려고 했다. 무엇보다도 부부의 사랑의 범위를 확장하고 싶었고, 그 범위가 사람뿐 아니라 장소에도 미쳤다. 진운은 남자들이 누리던 자유를 얻지 못했지만 만약 자유를 얻었다면 만족했을까? 진운은 남자라고 자유로울 거라고 생각하지는 않았다. 심복이 "나는 혼자 외딴 곳을 찾아내서 답사한 적이 없다"라고 말한 것은 당시 남자들이 할 수 있었던 것의 한계를 드러낸다.

이것은 성혁명이 다음에 어디로 나아갈 수 있는지를 보여주는 단서다. 성을 단지 자연의 힘이나 사랑의 표현이나 도덕성의 기준이나 권력 투쟁이나 유전자와 호르몬이 주연인 극장으로 간주한다면 너무나 많은 것을 놓치게 된다. 성혁명은 또한 한 개인이 혼자서는 해낼 수 없는 것에 관한 문제이기도 하다.

심복과 진운 부부의 실험

어느 날 진운은 남편에게 집안에 첩을 들여서 같이 살자고 제안했다. 심복은 가난한 형편에 어떻게 그런 사치를 부릴 수 있겠느냐고 물었다. 첩을 들이는 관습은 욕망 때문이 아니라 투기를 부리지 않는 순종적인 아내의 동의를 얻어서 후사를 보기 위한 방편이었다. 특히 부유층에 널리 퍼진 관습이었고 황제가 고관대작에게 첩을 하사하기도 했다. 심복은 "우리 부부는 아주 행복하잖소. 어찌 다른 여자를 들인단 말이오?"라고 말했다. 그러나 진운은 단념하지 않고 "아름답고 매력적이고 (……) 눈이 가을 연못의 수면처럼 예쁘고" "문학에도 조예가 깊은" 젊은 처자를 찾아냈다. 진운은 "저도 그 아이를 좋아해요"라고 말하면서 첩과 자매처럼 지내겠다고 약속했다. 심복은 진운에게 이어李漁, 1610~1680의 유명한 희곡에서 아내가 어떤 여자와 사랑에 빠져서 그 여자를 남편의 첩으로 들이는 여주인공을 따라 하려는 것이냐고 물었다. 진운은 "그렇다"고 답했다. 소설가이자 극단 단장이자 배우였던 이어 역시 과거시험에 낙방한 사람으로 성적 묘사(와 미식)를 과감하게 분석하고 독창성과 창의성을 옹호했다. 그는 "취향으로 오해를 받는다고 해도, 스스로 키운 오해라면 그것은 더 이상 오해가 아니다"라는 메시지를 전했다. 결국 남편은 첩을 들이자는 아내의 제안을 거절했다. 진운은 평생 가난하게 살다가 돈이 없어서 의사를 부르지도 못하고 마흔 살에 세상을 떠났다.

진운은 시부모 집에서 나와 심복과 둘이 살면서 뜻하지 않게 선구자가 되었다. 심복의 부모는 당시 관습대로 여러 대가 한 집에 모여 살고 간혹 일꾼과 하인들까지 같이 살았다. 현대의 부부들은 이런 관습 대신 독립과 사생활이라는 이상을 추구하면서 뜻하지 않은 유행병에 걸리게 되었다. 유행병이란 더 이상 할 얘기가 없는 권태로운 상태다. 오락산업은 이처럼 자꾸 재발하는 병에 잠시나마 위안을 주려 했지만 진정한 치료법은 아니다. 오락도 결국 지루해질 수 있기 때문이다. 진운처럼 다른 사람을 집에 들여서 경험의 범위를 확장하려는 해결책은 대체로 거부되었고, 부부는 제3자를 배제하면서 스스로를 정의했다.

여론조사에 따르면 미국 여성의 대다수는 결혼하면 친한 이성 친구와 만나지 않는 편이 현명하다고 생각한다. 괜히 남편의 질투를 부를 필요가 없다고 생각하기 때문이다. 유사 이래 질투심 없는 부부가 되는 것은 항상 어려운 숙제였다. 기원전 1750년경 메소포타미아의 대화는 연인이 나눈 대화의 최초의 기록이다. 어떤 여자가 사랑하는 남자가 다른 여자에게 눈길을 준다고 의심하고 남자를 다시 빼앗아오겠다고 다짐하는 내용이다. 여자는 이렇게 말한다. "아니, 그 여자는 당신을 사랑하지 않아. 나는 나의 연적을 이길 거야. (……) 내 사랑을 되찾을 거야. (……) 내가 원하는 건 당신의 사랑이야." 하지만 두 사람이 아름다운 관계를 이루는 과정에서 질투가 유일한 장애물은 아니다.

'침실'에 갇힌 성의 혁명

성혁명은 현대의 창작이 아니다. 3세기에 중국의 도덕주의자들은 사람들이 "음탕한 쾌락"을 좇고 양가집 규수조차 "스스럼없이 외설적인 농담을 하고 음주가무를 즐긴다"라고 개탄했다. 지방 부유층은 중앙의 권력에서 배제되고 황제와 조신들의 무능과 부패에 염증을 느낀 나머지 정치의 야망을 이루는 대신 성을 정복했다. 이들에게 성의 정복은 국가가 강요하는 도덕으로부터의 독립과 적어도 여자를 상대로 능력을 과시하는 방법이자, 그들만의 작은 권위의 영역을 만들고 가슴 설레는 목적을 발견하는 방법이었다. 그러나 야망이 좌절된 상류층과 새로운 부자가 된 상인들의 쾌락을 위해 그 어느 때보다 매춘산업이 번창하는 결과만 낳았다. 도교가 성을 우주론적 경험으로 바꿔놓으면서 정교한 성 의식과 의례, 마사지, 갖가지 성교로 장수를 약속하던 시대에도 간혹 여자에게 적극적인 역할을 부여한 예가 없지는 않지만 대체로 여자들을 비하했다.

'방탕'은 남자와 여자가 서로에게 원하는 것에 관해 많은 의문만 남길 뿐 실질적인 해답은 거의 내놓지 않았다. 위나라의 사상가이자 시인이었던 완적阮籍, 210~263은 전통적인 성 도덕이 시대에 뒤떨어진 것이냐고 물었다. "전통적인 의례가 우리 시대의 사람들을 위한 것인가?" 동진 사람 사안謝安, 320~385의 아내는 "성행위의 규칙을 남자가 아니라 여자가 썼다면 달라졌을 것이다"라고 말했다. 집에서는 옷을 입지 않은 것으로 유명한 진晉나라의 유령劉伶, 221~300은 최초로 사생활에 대한 권리를 선언했다. "내 집의 방은 내 바지저고리입니다. 여러분, 내 바지저고리 속에 들어와서 뭣들 하시는 겁니까?" 어느 부인은 남편을 존대하는 호칭으로 부르지 않는다고 책망을 듣자 대담하게 "당신과 친해서 당신을 당신이라 부른 겁니다"라고 대꾸했다.

그 뒤로 수백 년 동안 사람들은 국가에 대한 존경심이나 두려움을 잃고 개인의 행동에 대한 제국의 통제를 무시할 수 있다는 자신감이 들 때마다 성혁명을 시도했다. 황제들은 권위를 되찾으면 어김없이 성적 자유의 시대에 종말을 고했다. 이처럼 성적 자유와 억압을 오가는 현상이 반복해서 나타났다. 20세기 마오쩌둥의 시대에는 성에 관한 담론을 차단하고 모든 역량을 경제 발전에 쏟았지만 마오쩌둥의 시대가 끝나자마자 성 담론이 다시 고개를 들고 성적 기교를 상세히 설명하는 '방중술房中術'과 사회 조사에 관한 저작물이 다채롭게 출판되었다.

이런 성혁명의 목적은 사생활을 공적인 삶과 구별하고 공적인 비판에서 자유로워지는 데 있다. 하지만 자유는 지나치게 제한된 목표인 것으로 드러났다. '성해방'은 거듭해서 청교도적 반발을 불러일으켰고, 성적으로 해방된다고 해서 남자와 여자가 서로를 더 잘 이해한다거나 애정이 깊어진다거나 그런 삶이 무엇을 줄 수 있는지에 관한 생각의 폭이 넓어진 것도 아니었다.

심복과 진운이 살던 시대에 유럽의 일부 지역에서도 그와 유사한 삶의 영고성쇠를 경험했다. 이들 부부가 태어난 1763년에 영국 의회의 의원과 런던 시장을 지낸 바 있고 영국과 미국 식민지 자유를 위해 앞장선 유명한 활동가 존 윌크스John Wilkes는 이렇게 썼다.

삶이 줄 수 있는 것은
그저 몇 번의 괜찮은 성교에 불과하고,
그다음에 우리는 죽는다.

행복을 추구하는 것이 삶의 가장 중요한 목적임을 극단적으로 표현한 글귀다. 그전에는 불온한 것으로 비난받던 성욕을 이제 일각에서는 "삶에서 가장 강렬하고 황홀한 쾌락"이라고 찬양하기 시작했다. 남성의 성욕이

규제에서 풀려났다. "열두 명에게 즐거움을 준 여자라고 해서 (……) 열세 번째 남자에게는 선뜻 승낙하지 않는 것은 아니다." 영국의 헬파이어클럽Hellfire Club은 "하고 싶은 대로 하라"는 모토를 내걸고 점잖은 성직자, 정치인, 장교, 귀족, 상인, 학자들을 끌어모아서 벌거벗은 여자들에게 추파를 던지고 외설물을 읽고 서로 성기를 비교하고 "남근을 찬양하는 정교한 의식"으로서 자위행위를 하게 했다.

하지만 중국의 경우처럼 방탕의 시대가 지나가고 1800년에는 경건함과 정숙함이 다시 유행했다. 1920년대와 1960년대에 성적 자유를 부르짖는 시대가 부활했지만 역시나 반발이 뒤따랐다. 2012년에 알랭 드 보통Alain de Botton은 "성이 우리에게 주는 딜레마는 해결책이 거의 없고" 인간은 실망을 안고 사는 법을 배워야 한다고 결론 내렸다.

사실 오늘날 개인은 과거보다 더 엄격하게 성적 지향으로 분류된다. 유명인 가운데 17세기 초에 제임스 1세와 버킹엄 공작이 봉인하지 않고 편지를 주고받은 것처럼 공개적으로 관계를 유지하는 사람은 없다. 제임스 1세는 젊은 공작에게 "나의 사랑하는 아이이자 아내"라고 부르고 "그대의 친애하는 아버지이자 남편"이라고 서명했으며, 공작은 답장에서 "저는 어서 사랑하는 아버지이자 주인의 다리를 끌어안을 생각에만 빠져 있습니다"라고 쓰고 "폐하의 가장 하찮은 노예이자 개"라는 말로 글을 맺었다.

중국과 반대로 인도에서는 성적 쾌락을 추구하는 것이 신의 뜻임을 명시했다. 따라서 자유를 위해 싸울 필요도 없고 종교적 규율에 따르면 곧 사회구조도 존중해준다는 의미였다. 힌두교 경전 《카마수트라》(1800년 이전에 쓰였을 것으로 추정된다)에서 64가지의 사랑 행위가 어떻게 예술과 종교의 경지에 오를 수 있는지 보여준 덕분에 인도는 양심과 성교를 화해시키는 지점에서 어떤 나라보다 앞선다는 명성을 얻었다. 몸짓 하나 포옹 하나 자세 하나에 의미가 깃들고, 오르가슴은 남자와 여자의 신비한 결합이며, 성교 중의 정교한 연기는 다툼을 연극으로 바꿔놓고, 체액의 교환은 속죄 의식이 되었다. 나아가 사원에는 성교를 신을 찾는 과정에 비유한 선정적인 예술품이 가득했다. 유럽에서 온 사람들은 성적 가르침의 정교함과 다양성에 감탄하면서 자기네 성행위는 "단조로움이 권태를 낳은"지 오래라서 마침내 간음을 치료할 묘약을 발견했다고 믿었다. 인도에서는 "한 명의 아내와 살면서 서른두 명의 여자와 사는 것처럼 아내에게 다채로운 만족을 주어 권태를 느끼는 것이 불가능할" 것처럼 보였다. 유럽인들은 인도 여자들이 "20분 안에는 만족하지 못한다는" 데 아연했다.

그러나 침실 밖 사회의 위계질서는 변함없었다. 개인의 행동에 대한 고대의 제약은 모호할 때가 많고 오히려 더 공고해질 때도 있었다. 그러나 기원전 9세기로 거슬러 올라가는 산스크리트의 대서사시 《마하바라타Mahabharata》는 상황이 달랐을 수도 있다고 암시한다.

아내는 남편의 반쪽이고 제일 친한 친구 (……)

남편은 아내와 함께 용기를 찾고 (……)

사랑의 기쁨과 행복과 미덕이 아내에게 달려 있다.

그러나 10세기 후 《아르타샤스트라》에서는 아내가 할 것은 순종밖에 없다고 명시했다. "여자는 집에서도 혼자서는 아무것도 해서는 안 된다. 어릴 때는 아버지에게 속하고 젊을 때는 지아비에게 속하고 지아비가 죽으면 아들에게 속해서 절대로 독립을 누려서는 안 된다. (……) 정숙한 아내는 남편을 신으로 섬겨야 한다."

성적으로 친밀해졌다고 해서 남녀 간의 장벽이 허물어진 것은 아니었다. 라마누잔A.K.Ramanujan, 1929~1993의 〈아내를 위한 연시〉는 "우리를 갈라놓는 것은 함께 하지 못한 어린 시절"이라는 시구로 끝난다. 서로 자란 환경이 다르다는 뜻이다. 《힌두스탄 타임스Hindustan Times》의 설문조사에 따르면 오늘날 인도에서 25세 미만 인구의 4분의 3이 중매결혼을 선호하는 것으로 나타났다. 발리우드 영화에서도 대체로 사랑이 가족을 이기지 못한다. 여성 학대는 심각한 사회 문제다. 성적 자유만으로는 남자와 여자의 관계가 달라지지 않는다.

쾌락의 해방 너머에 무엇이 있는가

번영과 사치로도, 문명의 발흥과 쇠망으로도 남녀 관계는 달라지지 않는다. 관능의 문명이 안고 있는 문제는 더 많은 관능 너머에 무엇이 있느냐는 것이다. 가령 기원후 2세기 동안 로마제국이 전성기에 이르자 모든 것을 소유한 사람들이 육체적 쾌락이라는 이상에 반발하고 기독교도 이에 동참해서 스토아 철학에 종교적 권위를 부여했다. 기독교 설교자들은 육체는 죽지만 영혼은 영원히 산다고 설파했고, 영적 쾌락이 더 중요해졌다. 금욕을 찬양하는 세계적인 수도원 운동은 단지 성에 관한 것이 아니라 인간이 어떠해야 한다는 것에 관한 새로운 생각의 표현이었다. 수도승과 수녀와 은둔자들은 영웅적인 실험을 시도했다. 신에 대한 완전한 믿음에 의탁하여 노년에 자기를 돌봐줄 자식을 필요로 하지 않은 것이다. 그들은 세계의 종말이 임박했다고 믿었다. 그들은 자연의 모든 유혹을 거부하는 의지력으로 스스로를 단순한 동물과 구별하고 배우자 한 명이 아니라 모든 인간을 사랑하고 싶어했다. 성의 지배에서 자유로워지려는 염원은 훗날 돈의 지배에서 자유로워지려고 시도한 공산주의자들의 야망만큼 대담했지만 그만큼 힘든 길이었다.

이집트의 수도사로서 서양의 수도원 제도를 정립한 파코미우스Pachomius, 292~346는 쉰 살부터 일흔 살까지 아무리 기도에 집중하려고 해도 여자를 갈망하지 않고는 하루 밤도 하루 낮도 그냥 지나간 적이 없다고 고백했다. 이집트의 수도원 제도를 유럽으로 도입한 성 요한 카시아누스Joannes Cassianus, 360~435는 6개월 동안 완벽한 순결을 약속할 수 있다고 주장했다. 욕정과 욕구와 과식을 없애려면 하루에 빵 두 덩어리만으로 연명하면서 산다는 것의 의미를 바꾸는 수밖에 없다고 말했다. 고통을 이기는 능력을 시험하기 위해 고통을 받아들이고 영적 보상을 위해 성욕을 견딘다는 개념은 수 세기에 걸쳐 존경받았고, 육체가 죽음을 상기시키고 성욕은 신을 섬기는 길에서 인간의 나약함을 상징한다는 이유로 다른 사람과의 육체적 접촉을 거부했다. 여자들은 예수의 신부로서 금욕주의를 수용했다. 하지만 가톨릭 사제들이 보통 사람들의 성생활에 참견하면서 1년에 184일이나 185일만 성교를 허용하려고 시도하고 고백성사를 이용해서 비정통적인 성행위를 처벌하려고 들면서 힘의 한계에 부딪혔다. 대신 오늘날의 경제체제는 어느 정도 자제력을 거부하는 토대 위에 세워졌다.

삶이란 무엇인가에 대한 관점을 바꾸는 것은 성혁명을 이루는 한 가지 방법이다. 하지만 성에 대한 해석을 바꾸는 방법도 있다. 1905년에 '섹시sexy'는 성에 몰두한다는 뜻이었고, 1923년에 처음으로 매력적이라는 뜻이 되었다. 오늘날 '섹시한' 사람은 양성의 복잡성을 이해하는 사람이라는 뜻이 될 수 있을까? 중국에서는 이런 관점을 권장한다. 20세기 이전에는 성性이라는 단어가 좀 더 폭넓은 의미로 쓰이고 구체적으로 생식기를 가리키기보다는 개인의 전인격을 가리키는 말이었다. 하지만 전인격도 애초에 인간이 서로에게 끌리는 요인과는 거리가 멀다.

이런 문제까지도 수치로 표현하고 싶어하는 연구자들에 따르면 사람들은 먼저 외모에 끌리고(55퍼센트), 그다음으로 말하는 방식에 끌리고(38퍼센트), 이보다 훨씬 낮은 비율로 말의 내용에 끌린다(7퍼센트). 이런 결과가 또 하나의 성혁명에 관한 새로운 단서를 제시할까? 1511년에는 '대화conversation'라는 단어가 성교를 뜻하는 말이었다. 18세기에는 '범죄적 대화criminal conversation'가 간통을 의미했다. 21세기에 '친밀한 대화intimate conversation'는 사람들이 서로에게 끌리는 매력이 언제나 몸의 구멍에 삽입하려는 욕구의 산물만은 아니고 함께 마음과 취향과 경험을 즐겁게 탐색하는 데 있다는 점을 상기시킨다. 흥분과 오르가슴을 유도하는 방법을 알려주는 섹스 매뉴얼은 결국 기계적인 효율성을 신봉하는 기묘한 의식이 되고 남의 지시대로 말하고 행동한다면 그 사람의 그림자밖에 되지 못한다는 사실을 일깨워준다.

결혼생활의 딜레마

중국의 진운은 알지 못했을 테지만 그녀가 남편 심복과 대화를 나누던 때와 거의 같은 시기에 프랑스 혁명 제헌국회의 한 의원이 "인간을 공적

생활에서 자유롭고 행복하게 만들어주는" 인권선언 이후에도 "사생활에서도 자유와 행복을 보장해야 한다"라고 주장했다. 그 결과로 이혼을 허용하는 법과 성인이 된 자식에 대한 아버지의 권한을 폐지하는 법이 제정되었을 뿐이다. 정치인들은 프랑스의 소설이 전에는 권위적인 아버지에게 대드는 반항적인 자식을 다루었지만 점차 자식에게 사랑을 갈망하는 아버지를 그리게 될 줄은 예상하지 못했다. 선거 공약에서 사랑을 주는 행위를 중요하게 다루는 예는 없고, '전쟁이 아니라 사랑을 나눠라'라는 구호는 사랑을 나누면 정말로 사랑이 생기는지를 알아보기 위한 연구에서 끌어낸 결론이 아니다. '사랑'이라는 말은 세계인권선언에도 나오지 않고 자유와 평등과 박애의 이상도 사랑에는 관심이 없다. 당국은 여전히 "성을 사랑하는 만큼 덕을 사랑하는 사람을 본 적이 없다"라고 말한 공자에게 동의하는 듯하고, 그들이 국민들에게 사랑받고 싶어하면서도 모든 축복 가운데 가장 진지하게 갈망하는 사랑을 고취시키는 문제에서는 무력하다는 사실을 인식한다. 권력이나 돈을 가진 사람에게는 모두를 행복하게 해줄 방법에 관해 나름의 생각이 있다. 권력과 돈을 모두에게 나눠주면 된다. 하지만 권력도 돈도 없는 사람은 서로에게 느끼는 매력과 혐오감 같은 신비한 끌어당김의 힘을 좀 더 창조적으로 활용할 수 있다.

장애물은 공고하다. 남자와 여자는 각각 고대의 특권에 저항하면서도 고수하려 한다. 성은 여전히 정복이나 지배와 관련이 있고, 비무장지대가 조성될 기미는 보이지 않는다. '35개 문화에 대한 설문조사'에 따르면 전 세계 남성의 4분의 3이 하룻밤의 섹스를 갈망한다. 의무가 아니라 사랑으로 맺어진 결혼생활에서조차 여자가 남자를 돌보고 사랑은 전통적인 가사 노동을 지속하기 위한 구실이 될 뿐이다. "남편을 사랑하지 않았다면 그의 양말을 빨지 않았을 거야." 100년 전에는 돈을 벌어오는 남편이 있는 것이 남편의 모욕과 폭력과 부정을 견딜 만큼 중요했고, 토요일 밤의 부부싸움이 부끄러운 일은 아니었다. 하지만 오늘날 경제적으로 독립한 여성들도 여전히 미묘한 형태의 모욕에서 항상 자유로운 것은 아니다. 이런 고질적인 갈등을 해결할 처방이 정말 없는 걸까?

당국의 노력은 거의 성공을 거두지 못한다. 평범한 부부들이 사적이고 개인적인 실험에서 좀 더 나은 성과를 거둘 수 있을까? 그들이 성과 사랑에서 무엇을 원하는지 명확히 알고 좀 더 만족스러운 대화 양식을 만들어 낼 수 있을 때만 가능하다. 진운은 그들만의 긴밀한 부부관계를 개방하려는 시도에 실패했고, 심복은 그가 믿던 대로 남자답게 영웅적이고 독립적으로 처신하는 데 실패한 것이 사실이다. 하지만 200년 뒤였다면 두 사람은 그들의 딜레마에서 벗어날 방법을 발견했을지도 모른다.

최근 미국의 한 여론조사에서는 남자와 여자가 가장 크게 반감을 느끼는 문제는 배우자에게 속는 것으로 나타났다. 불륜을 숨기는 것이 널리 용인되던 40년 전에 비해 거의 두 배나 증가한 결과다. 하지만 오늘날에는 91퍼센트가 배우자 몰래 바람피우는 행위를 이혼, 혼전 성관계, 혼외임신처럼 과거에는 개인적인 수치심과 공적인 질책으로 처벌받던 모든 금기보다 훨씬 질 나쁜 죄악으로 간주한다. 사랑하는 사람들 사이의 솔직함은 19세기 초에 지적인 여자들이 권태로운 결혼생활을 유지하기 위해 처음 고안한 처방이지만 남자들은 아직 준비가 되어 있지 않았다. 따라서 여자도 남자들이 누리는 권리를 쟁취하는 쪽으로 초점을 옮겨갔다. 그렇다고 여자가 남자처럼 되는 것이 바람직한 결과는 아니다. 여전히 감정을 표현하거나 친밀감의 복잡성을 이해하고 싶지 않거나 이해할 능력이 없는 남자들이 많다. 대화가 거의 없는 연인도 아주 많다.

부부 간의 대화를 조사한 어느 희귀한 연구에서는 조사 대상자의 절반이 사랑을 나누는 동안 아무 말도 하지 않고 나머지 절반은 '다정한 말을 나누는' 것으로 나타났다. 전문가들은 연인들에게 '낭만적인 대화'를 나누라고 조언하고, 일부 전문가는 시시한 말들로 구성된 적절한 대화 목록을 제시하기도 한다. 마치 성관계를 모두가 좋아하는 기도문을 똑같이 반복하는 종교 예배로 여기는 것 같다. 전문가들도 성교 중에 종종 나타나는 기이한 생각과 평소답지 않은 성적 환상에 당황한다. 그나마 드물게 이루어진 한 과학 연구에서는 이런 성적 환상을 불안과 같은 병리 현상으로 이해하려 할 뿐, 상상력의 흥미로운 도입부이자 각 당사자가 종종 이해하지 못하거나 생각지도 못한 대화로 초대하는 장치로 바라본 연구는 없다. 성교의 육체적, 정서적 쾌락과 약에 취한 것 같은 도취 상태에는 주목하면서도 성교가 상호존중과 애정과 활력을 불어넣는 데 어떤 역할을 할 수 있는지에 관해서는 아직 밝혀지지 않은 것이 많다.

사생활의 새로운 혁명

더 이상은 성욕을 음식에 대한 허기에 비교할 필요가 없다. 요리가 성보다 더 발전한 이유는, 요리는 개인의 식욕을 채우는 데만 목적이 있는 것이 아니라 공동체의 화목한 분위기를 조성해서 다양한 손님들에게 기쁨을 주고 매료시키고 놀라움을 선사하고 다양한 음식과 취향에 관한 지식을 나누는 기회로 만드는 데에도 목표를 두기 때문이다.

그에 반해 성은 사적이고 은밀하다. 아주 옛날에는 성이 보편적으로 공동체의 화목한 분위기의 중심에 있었다. 모두가 만물의 번식을 흥겹게 축복해서 들에 씨를 뿌리는 행위를 존중하듯이 성교를 공개적으로 찬양했다. 곡식이 자라는 것과 아이가 태어나는 것이 매한가지였다. 이제는 더 이상 자식을 많이 낳는 것이 성교의 주된 목적이 아니다. '생산적으로 번식하는' 목적보다는 쾌락과 사랑을 추구하고 오랜 세월 출산에만 역할이 국한되어 왔던 인류의 절반에게 동등한 기회를 제공해야 한다. 따라서 남성성과 여성성에 관한 낡은 신화도 폐기처분해야 한다. 그러나 결코 단순한 문제는 아니다. 성에 관한 고정관념이 뿌리 깊은 데다 유혹은 사람을 빠져들게 하는 게임이라서 남녀의 관계가 앞으로도 오랫동안 끈질기게 되풀이되는 연극이 될 수 있다. 남자가 아니라 여자들이 성의 규칙을 만들었다면 많이 달라졌을 거라던 4세기 중국의 한 여인의 기대와 달리, 아직 그런 일이 일어나지 않았을 뿐 아니라 결과가 어떨지도 명확하지 않다.

그나마 새로운 요인은 더 이상은 사생활을 공적인 삶보다 열등하거나 하찮거나 이기적인 것으로 간주할 필요가 없다는 점이다. 사생활은 단지 공적인 삶의 도피처이자 세속의 위선으로 감춰진 진실의 은밀한 후견인 노릇만 할 필요가 없다. 오히려 공적인 삶을 지탱하는 모두 관계가 형성되는 곳이자 다채로운 애착이 자라는 곳이며, 공감과 호기심이 생성되고, 정서적·지적으로 연결되거나 때로는 연결이 끊기는 분주한 작업장이다. 따라서 사생활은 평등을 조장하는 데 중요한 역할을 하지만 정치학과 경제학의 모든 노력에도 불구하고 여전히 신기루로 남아 있다. 개인의 외모나 성격이나 재능의 차이는 사적인 애정을 통해서만 가치 있는 장점이 될 수 있다. 어떤 법도 보물도 약도 한 개인에게 고통을 안겨주고 결국에는 그 사람에게 주어진 삶이 얼마나 되는지 결정하는 공포를 평등하게 만들 수는 없다. 온갖 공포와 결핍을 극복하는 데 성공이 달려 있다면 기회의 평등은 공허한 약속일 뿐이다. 불안의 불공평한 분배는 사생활을 이루는 애정의 불공평한 분배에 의해 심화된다. 사람들은 애정에 굶주린 나머지 애정을 받는 것뿐 아니라 애정을 주는 기회도 갈구해서 한 번도 만난 적 없는 유명인사에게 애정을 퍼주고 아무것도 돌려받지 못해도 불평 한마디 하지 않는다. 사생활은 애정을 길러주는 공간이 될 때 평등의 촉매가 된다.

사회적 약자의 고통을 줄이는 데 관심이 있는 정부와 독지가가 하는 일 이상으로 개인적으로도 박애의 의미를 강화할 수 있다. 누구에게나 박애 정신이 필요하다. 형제애를 나누고, 자존심의 벽 너머로 자기가 가진 것을 나누어주고, 한 번도 경험해보지 못한 감정을 느껴보고, 다른 사람들의 생각 속으로 들어가 보고, 감히 상상도 못할 가능성을 꿈꾸어보기 위해서다. 무엇보다도 사람들은 사적인 대화를 통해 전에는 생각도 못한 일을 시도할 위안과 용기를 얻고, 혼자서는 불가능한 일을 할 수 있게 해주는 배우자를 만나고, 다른 사람들을 발견하고 다른 사람들에게 발견되며, 서로 주고받을 때 충만하게 살아 있다는 느낌을 받는다. 공감과 애정과 활력은 사생활이 공적인 삶에 더해줄 수 있는 요소다. 정치혁명에서는 그동안 이런 사생활을 간과해왔다. 성혁명에서는 커플의 개념을 확장해서 두 사람이 직면한 문제를 삶의 모든 영역에 영향을 미치는 보편적인 문제로 간주해야 한다.

심복과 진운의 이야기는 미완의 이야기다. 두 사람이 한 쌍이 되어서 얻는 결실은 아직 다 밝혀지지 않았다.

20장
/
예술가는
자기표현 이상의
다른 무엇을
목표로 삼을 수
있을까

예술 작품은 하나하나가 개별적이지만 의사소통의 한 모험으로서의 예술은 다른 사람들의 생각과 감정을 자극한다. 따라서 예술은 용기를 키우는 작업이자 공포를 다스리기 위한 작은 발걸음이다.

❖

　계급사회였던 중세 일본에서 지배계급인 사무라이들은 시를 쓰면 부지불식간에 온화해지고 낯선 사람을 대하는 태도도 달라진다는 사실을 깨달았다. "우리는 처음 만나도 (……) 서로 친밀감을 느끼고 (……) 사촌만큼 가까워진다." 두 사람 또는 그 이상의 사람들이 번갈아가며 시를 읊는 렌가連歌의 거장 소기宗祇, 1421~1502의 말이다. 소기는 여러 명의 시인을 섬세하게 연결하는 측면에서 타의 추종을 불허하는 뛰어난 재주로 인류의 기억에 한자리를 차지한다. 그는 남다른 매력으로 의외의 사람들을 결합해서 함께 아름다움을 찾았다.

　시를 친밀한 대화로 여기기 시작한 때는 "가난한 남자와 극빈한 남자의 대화"라는 시가 지어진 9세기 이전으로 거슬러 올라가지만 소기는 여기서 한 발 더 나아간다. 그는 지필묵만 싸들고 전국을 떠돌면서 초가집에서 잠을 청하고 시 모임을 조직했다. 정치적 격변으로 초토화된 나라에서 예술이 어떻게 낯선 사람들을 이어줄 수 있는지 몸소 보여준 것이다.

　아마추어 시인들은 공동창작에서 즐거움을 얻었고, 소기는 "다음 생에도 우리가 함께 할 수 있으리라"라고 읊었다. 시 모임에 참석한 사람들은 "아랫사람들과 어울리는 데 불편해하지 않고, 명문가 출신들도 신분이 천한 사람을 꺼리지 않았다." 누구나 익명으로 모임에 참석해서 평등을 보장받았다. 다들 헐렁한 옷을 걸치고 얼굴을 다 가릴 정도로 챙이 넓은 밀짚모자를 써서 신분을 숨겼다. 벚나무 꽃그늘에 앉아 감상하는 자연에 대한 공감이 공동체 의식에 새로운 차원을 열어주었다. 소기는 평소 좋아하는 연노랑 들장미를 보고 "렌가의 본질은 마음이 부족한 것에 마음을 주고 말 못하는 것이 말하게 해주는 것"이라는 영감을 얻었다.

예술은 무엇을 할 수 있는가

소기의 시는 스포츠에서 같은 팀 유니폼을 입으면 잠시나마 모두가 평등해지는 것처럼 계급이 한데 섞이게 한다는 점에서 스포츠의 전신으로도 볼 수 있다. 다만 시를 지을 때는 미학적 정서를 표현하고 다른 참가자들의 감정에 섬세하게 반응하면서 더 깊은 차원의 교감이 이루어졌다. 일본의 '예술적인 방식의 철학', 곧 예도론藝道論은 낯선 사람들과 어울리는 기술이었다. 하지만 정해진 규칙에 따라 시를 지어야 해서 각자의 본연의 색깔이 잘 드러나지 않고 개인의 독창성을 장려하기보다는 이질적인 요소로 일관된 전체를 구성하는 데 중점을 두었다. 이것은 단지 개인의 개성을 모호하게 만드는 장치로서 낯선 사람들을 끌어들여서 낯선 사람에게 영감을 얻는 과정의 첫 단계였다.

두 번째 단계에서는 낯선 사람이 되는 경험을 누구나 갈고닦을 수 있는 미덕으로 삼았다. 역시 예술을 매개로 직업이나 신분의 장벽을 제쳐두고 신분을 무시하도록 장려했다. 사람들은 예술 행위를 통해 두 가지 삶을 사는 법을 습득할 수 있었다. 하나는 출신과 직업과 재산으로 규정된 공적인 삶이고, 다른 하나는 예술 활동이 중심이 되는 사적인 삶이었다. 공적인 삶에서는 주어진 의무를 이행하면서 윗사람에게 예의를 갖춰야 하지만 사적으로는 예술 집단에 참여하여 사회적으로 교류하면서 자유를 누릴 수 있었다. 예술가들은 도덕 규범을 깨뜨리고 아무런 근심 없이 세련된 육체적 쾌락을 즐기고 함께하는 기쁨이 배가되는 대안 세계인 '이키오이勢(떠 있는 세계)'를 창조했다.

예술은 또한 정치적 저항의 대안이 되었다. 17세기 일본에서는 귀족계층 주변부의 청년들(평화시대라 전쟁에서 공을 세울 가망이 없고 주인도 없는 사무라이나 하급 사무라이)이 '스킨헤드'가 되었다. 이들은 앞머리와 관자놀이 쪽의 머리를 깎고 정수리에서 상투를 틀지 않고 머리를 길게 늘어뜨리고는 공공장소에서 담배를 물고 어정거리고 길거리에서 춤추고 노래하고 옷깃에 벨벳을 댄 짧은 기모노에 넓은 허리띠를 맨 최신 유행의 복장을 뽐냈다. 개중에는 동성애를 숨기지 않고 전통적인 충절을 내팽개친 부류도 있었다. 이들은 '비뚤어지거나' 유별난 사람이라는 의미에서 '가부키かぶき'로 불렸다.

다음으로 독립적인 여자들이 저항을 좀 더 급진적으로 발전시켰다. 이들의 선봉에 이즈모의 오쿠니出雲阿國가 있었다. 오쿠니는 일본 최초의 여성 예능인으로서 2003년에 교토에 동상이 세워지면서 마침내 의의를 인정받은 인물이다. 동시대의 셰익스피어처럼 오쿠니를 둘러싼 허황된 전설이 많지만 고전 문헌에는 오쿠니가 거의 신처럼 묘사되었다. "세상에 둘도 없는 특이한 얼굴에 손재주가 뛰어나고 감정을 노래로 표현할 줄 알며 온화한 마음씨가 심오한 빛깔을 띠었다. 오쿠니는 꽃을 들고서 달빛 아래의 어느 연인의 속삭임을 암시할 수 있다. (……) 진정한 시인이었다."

다른 문헌에서는 이렇게 전한다. "세상 최초의 여인이라 불릴 만하다. 그러나 나는 세상 최초의 남자가 될 수 없다. 이 여인과 대등하지 못해서 수치스럽고 파멸한 기분을 느낀다." 원래 오쿠니는 불당의 시종이었지만 불당을 수리할 돈을 구하기 위해 멀리까지 가서 공연했다. 오쿠니는 불교 경전을 "지루하고 난해한 설교를 통해서가 아니라 가무로 황홀경에 빠지게 하는 방법으로" 대중에게 전달할 수 있다고 믿던 일부 승려들에게 영향을 받았다. 오쿠니는 곧 전국에 명성을 떨치며 최초로 가부키歌舞伎 극장을 세웠다.

가부키는 원래 우스꽝스러운 촌극으로 구성된 저속하고 풍자적이고 선정적인 가무극이었다. 여자들만 출연하는 극이라서 여자들이 우아한 남자 의상을 입고 '비뚤어진(가부키)' 남자들을 흉내 내고 조롱했다. 그러나 막부幕府가 풍속을 어지럽힌다는 이유로 극장을 폐쇄하는 바람에 아름다운 소년들이 대신 무대에 올랐다. 가부키 배우들은 남녀를 막론하고 화려한 의상과 머리 모양으로 유행을 선도했다. 이에 따라 대규모 패션산업이 꽃을 피웠다. 외모에 집착하고 비단을 살 형편이 안 되는 사람들은 줄무늬 목면으로 최신 유행을 흉내 내기도 했다. 유행을 좇는 것은 상스러움에서 도망치는 방법이었다. 예술은 감성과 고상한 성적 표현을 확장해주었다. 평민들은 반항심을 '떠 있는 세계(이키오이)'와 미학적 반항으로 승화해서 냉정한 '현실' 세계의 열등한 지위를 감내할 수 있었다. 그들은 '아녀자들의 글자'로 사적인 감정을 표현하여 유럽의 라틴어처럼 공식문서에서 한자를 쓰던 관리 계급과 차별화시켰다. 일찍이 남자와 여자는 서로 역할을 바꿀 수 없는 이방인이라는 통념에 도전한 사례다.

일과 예술의 분리

하지만 예술가들은 개인들 사이뿐 아니라 서로 이방인으로 여기는 문명들 사이에서도 중요한 중개자로서 외교관보다 더 섬세하고 지속적인 영향력을 미쳤는데도 이제껏 그들이 성취할 수 있는 결과는 제한적이었다. 저녁시간이나 일하지 않는 시간에는 떠 있는 세계에서 관능적이고 온화한 삶을 누린다고 해서 예술의 후원자들이 권력이나 이익을 위한 일상의 투쟁에서 덜 무자비한 것은 아니었다. 오히려 쾌락은 일과가 끝난 뒤에 추구해야 하고 일할 때는 더욱 진지하고 실용적인 목적을 추구해야 한다는 믿음이 정당성을 얻으면서 일에서는 참담한 결과가 나왔다.

과거에는 사람들이 혼자 있는 시간을 다르게 생각했다. 아메리카로 건너간 초창기 유럽인들은 인디언들이 아침부터 밤까지 온종일 아무것도 하지 않는 것을 보고 놀랐다. 이 때문에 어떤 사람들은 본국에서 살 때보다 "인디언들처럼 적게 일하고 더 많이 즐기면서 풍요롭게 살" 수 있다고 말했다. 산업혁명 이전의 영국에서도 빈곤과 계절 실업이 발생하고 지금은 필수로 여기는 모든 안락이 없었지만 후대보다 노동이 더 일상적이고 사교적이었으며 사람들이 자주 일손을 놓고 쉬면서 잡담도 나누고 술도 마셨으며 일하는 시간이 길어지면 그만큼 쉬는 날도 많았다. 일이 일상과 동떨어지지 않고 일상에 통합되었다. 일본인들은 예술을 통해 여러 가지 정체성을 자유자재로 오가면서 미학적으로는 모호성과 취약성을 수용하면서도 일에서는 위계와 복종을 내세웠다. 그 덕에 서양의 낯설고 신기한 문물을 받아들이면서도 전통을 고수할 수 있었을 것이다. 하지만 예술로는 역부족이었다.

오늘날 일본은 여러 분야에서 놀라운 발전을 이루었지만 일본인의 80 퍼센트가 과로사할 것 같다고 말한다. 조국을 위해 기꺼이 목숨을 바치겠다는 애국심에서 멀어진 동시에 일에서도 멀어진 듯하다. 만화에서는 화장실을 과거에 존경의 대상이던 아버지들이 평화롭게 신문을 볼 수 있는 유일한 공간으로 그리고, 여성지에서는 여자들이 더 이상 남자들을 질투하지 않는다고 당당히 밝히며, 여성의 3분의 2가 아들보다 딸을 원하고, 다양한 오락이 떠 있는 세계를 더 흥미롭게 만들어준다. 그런데도 여론조사에는 삶이 무의미하고 "컴퓨터보다 멍청해지고 있다", 다시 말해서 자기 나라에서 이방인이고 서로가 서로에게 이방인이라고 응답하는 사람이 갈수록 늘어난다. 사회 통합과 뿌리 깊은 전통에 대한 신념이나 세계 최고의 기술력이나 또 하나의 가족과 마찬가지인 산업처럼 예술도 그들을 지켜주지 못했다.

세계의 부자들은 마치 죄인이 속죄하기 위해 교회나 사원을 짓는 것처럼 대저택의 벽에 혁명적인 그림을 걸지만 그들이 예술과 종교의 후원자로서 힘을 기르게 해준 방법 자체는 굳이 바꾸려 하지 않는다. 다시 말해서 '문화'가 한쪽 구석에서 번성하고 이따금 찬란한 빛을 발하기도 하지만 인간 존재의 나머지 영역에서는 계속 잔혹한 폭력과 고루한 일이 지배할 수 있다는 뜻이다. 예술을 일에서 분리한 것은 역사의 비극이다.

우리가 낯선 사람들을 주로 만나는 곳은 일터다. 따분해 보이는 일을 흥미롭게 만들어주는 것은 낯선 세계로 나가는 문을 열어주는 낯선 사람들과의 만남이다. 일은 농업혁명과 산업혁명을 거치며 완전히 다시 설계되었다. 이제 현대인의 열망에 맞게 일을 다시 설계하려면 상업과 영성, 권력과 우정, 떠 있는 세계와 냉정한 세계의 구분을 뛰어넘어야 한다. 냉정한 세계가 상상 속의 떠 있는 세계보다 더 현실적인 세계인 것만은 아니다. 둘 다 존재하기는 하지만 서로가 서로에게 이방인이다. 슈퍼마켓과 사무실과 공장처럼 예술을 비용 삭감의 시기에 쉽게 제거할 수 있는 장식처럼 여기는 곳이라고 해서 언제까지나 그렇게 남아야 할까? 인간의 정력을 빨아들이고 낯선 사람들과 끊임없이 협상해야 하는 직업과 직장에서 단지 돈이 목적이 아니라 이해의 폭을 넓히는 관계를 발전시킬 수 있을까? 단지 '일과 삶의 균형'을 추구하는 정도를 넘어서 더 큰 꿈을 꿀 수 있을까? 다시 말해서 일 이외의 다른 활동에 높은 가치를 부여하고 여전히 많은 일이 특별한 소수를 제외한 모두에게 지루하기 짝이 없는 역할을 하는 현실에서 벗어나 더 나은 삶을 꿈꿀 수 있을까? 빈번히 찾아오는 일의 공허와 권태를 보상하기 위해 여가활동에 의존하지 않고 어떻게 더 호기심이 왕성하거나 모험심이 넘치거나 지적이거나 섬세하거나 예술적이고 싶은 사람들에 어울리는 일을 조직할 수 있을지 알아보기 위한 나의 실험을 소개하겠다.

예술가의 새로운 역할

세계의 중요한 의사결정을 내리는 사람들이 경영학과 결탁하고 예술은 여가시간의 오락을 위한 정부情婦쯤으로 취급하기로 결정한 것은 미래를 내다보지 못한 선택이었다. 그들의 관계는 (그들이 요즘 흔히 쓰는 표현대로) '지속 가능하지' 않을 것이다. 경영학의 핵심은 끊임없는 변화이지만 혁신이 잦을수록 미래에 대한 불확실성이 커질 테고 청년들은 조만간 쓸모없어질지도 모를 기술을 믿지 못하고 정신없이 돌아가는 무자비한 일에서 관심을 끊을 것이다. 그렇다고 해서 과거에는 보편적으로 일을 사랑했다는 뜻이 아니다. 그때는 사람들이 그저 타고난 팔자대로 주어진 일을 순순히 받아들였다. 일과 회사가 분리될수록 같이 일하는 동료들이 서로를 이해하지 못하는 이방인이 될 가능성도 커진다. 과학 기술이 발전하면서 여가시간이 늘어날수록 걱정할 시간도 늘어난다. '나는 어떤 일을 하고 싶은가'만이 아니라 '나는 어떤 세계를 원하는가'까지 걱정하게 된다.

사람들이 주어진 일에 만족하는지 여부는 이 질문에 답할 시간이 얼마나 많은지, 그리고 이 질문을 얼마나 진지하게 파고드는지에 달려 있다. 막스앤스펜서의 한 경영자는 내게 그런 좋은 회사에 몸담고 있어서 자랑스럽고, 언젠가 사장이 그의 의견을 물어봐주었을 때는 얼마나 영광스러웠는지 모른다고 말했다. 하지만 두어 시간쯤 회사에 대한 찬사를 늘어놓더니 불쑥 "사장이 싫습니다"라고 내뱉더니 그가 좋아하는 연극 활동을 어떻게 직업으로 발전시킬지에 관한 계획을 털어놓았다. '선진국'에 사는 특권층의 의심은 다른 무엇보다도 중요한 경고다.

프랑스 사람들의 의심은 그들이 1789년에 유럽에서 가장 막강하고 번창한 나라였는데도 번영과 권력 이상의 다른 무언가를 추구하며 혁명을 일으킨 사람들이라는 점에서 특히 주목할 만하다. 혁명은 빈곤과 억압에서만 일어나는 것이 아니라 비슷한 비율로 성공하고 의심하고 다른 무엇을 목표로 삼을지 묻는 사람들의 의심에서도 발생한다. 프랑스인들은 여전히 세계에서 가장 부유한 사람들이고 인류의 대다수보다 적게 일하지만 여전히 무언가 더 갈구한다. 물론 자기 일을 사랑하고 자기가 가진 기술에 자부심을 느끼는 사람도 많고, 즐겁고 특권을 주는 일도 많다. 하지만 "당신 삶에서 무엇이 중요한가?"라고 물으면 가족이 단연 최우선(63퍼센트)이라고 답하고, 여가(18퍼센트)와 일(12퍼센트)이 한참 뒤에 나온다. 여전히 참을 수 없을 만큼 단조로운 일도 있고, 많은 사람이 일 때문에 진심으로 원하는 목표를 포기하기도 하며, 일하느라 인생을 다 써버리고 새로운 일을 시작하기에는 너무 늦어서 후회하기도 한다. 일이 사회적 지위와 목적의식, 사회적 즐거움, 능숙한 기술을 제공하는 것만으로 충분할까? 일은 왜 간신히 연명하고 세금을 내거나 대출금을 갚거나 필요하거나 필요하지 않은 물건을 사들이거나 이웃에게 좋은 인상을 주어 이방인으로 취급당하지 않기 위해 돈을 버는 수단으로 전락했을까?

예술이 단지 기분 전환을 위한 수단이 아니라 다른 역할을 수행할 수 있을까? 예술은 숭배에 몰두하던 고대와 자기표현에 집착하는 현대를 뛰어넘을 수 있을까? 예술은 고통스러운 노동의 일상에서 우리를 구제해줄 만큼 새로운 용기가 싹트는 모판이 될 수 있을까? 예술은 직업적인 경쟁과 질투로 인해 동료들을 이방인으로 돌려세우지 않도록 도와줄 수 있을까? 굳이 개인의 무능을 지적해서 일의 즐거움을 망치면서까지 그 사람을 그 자신에게조차 이방인으로 만들어야 할까?

예술에 너무 많은 것을 요구하는 것처럼 들릴 수 있다. 하지만 예술은 흔히 생각하는 것보다 인류의 업적에 훨씬 많이 기여했다. 예술은 단지 사소한 장식이나 오락만은 아니었다. 예술의 도움이 없었다면 어떤 종교나 이념도 널리 퍼지지 못했을 것이다. 예술은 편견을 깨뜨리고 독립적인 창조성을 옹호하며 '인간 정신이나 상상이나 기분이 창조하는 것은 무엇이든' 존중하는 데 막대한 영향을 미쳤다. 예술의 명성은 자기표현이 자기숭배로 전락하거나 스스로 생각하는 '천재성'에 남들이 동의하지 않는다는 사실에 좌절할 때도 살아남았다. 예술가의 역할은 아직 남아 있다.

예술가의 전기가 흔히 투쟁과 고통, 드라마와 좌절의 긴 서사시가 되는 이유는 그들이 사람들과 다른 존재 양식을 탐구하는 데 전념하기 때문이다. 오늘날 예술가들의 이런 탐구가 과거 어느 때보다 더 활발해졌다. 사람들이 교육을 많이 받을수록 예술적인 삶에 관심이 많아진다. 다만 은퇴한 이후에, 너무 늦게 예술적인 삶을 탐색하는 사람이 많다. 하지만 지금은 직접 작품을 만드는 장인들의 이상화된 세계를 부활시키려는 시도보다 추구할 목표가 더 많다. 삶을 하나의 예술 작품으로 만드는 것은 새로운 도전이다.

예술이 제시하는 단서를 보면 예술이 예측 가능한 목적과 능숙한 손재주 이상을 추구한다는 점을 알 수 있다. 작품이 만들어지는 과정에서 작가의 세계관이 표현되므로 새로운 것이 발견되면 탐색의 방향과 관점과 목표도 달라질 수 있다. 그리고 이것은 미지의 세계로 가는 모험이다. 지침이나 설명서에서는 준비 단계에 필요한 기술 이상을 가르쳐주지 못한다. 예술 작품은 하나하나가 개별적이지만 의사소통의 한 모험으로서의 예술은 다른 사람들의 생각과 감정을 자극한다. 따라서 예술은 용기를 키우는 작업이자 공포를 다스리기 위한 작은 발걸음이다.

테일러주의의 장벽을 넘어서

아이들에게 그림을 가르쳐서 '창의력'을 길러주려고 하면 제한된 결과 이상을 얻지 못한다. 아이에게 자신감은 심어줄지 몰라도 어차피 학교를 졸업하면 상상력을 마음껏 펼쳐보지도 못한 채 조직에서 특정 작업을 수행하는 일을 하는 수밖에 달리 선택의 여지가 없다. 창의력은 목표로 삼기에 적절하지 않다. 쓸모도 없고 오히려 해로울 수 있다. 그보다는 출산이 더 흥미롭다. 두 가지 상상을 연결해서 양쪽 모두에 놀라운 무언가를 창조하면서 원하는 결과가 나올 때까지 실험을 지속하기 때문이다.

일과 예술의 결별은 프레더릭 윈슬로 테일러Frederick Winslow Taylor, 1856~1915가 인류에 헌정한 것이다. 그의 '과학적 관리법' 개념이 20세기 전반부에 세계의 상상력을 지배했고, 헨리 포드의 조립라인보다 더 영향력 있는 개념이 되었다. 제조업에 국한된 포드의 개념과 달리 테일러의 '정신혁명Mental Revolution' 개념은 교육과 원예에 이르기까지 모든 형태의 일에 적용되었다. 테일러는 인간이 어떻게 일해야 하느냐는 문제의 해답을 과학에서 찾을 수 있다고 믿었다. 그는 초시계를 이용하여 작업에 소요되는 시간을 측정하고 가장 효율적인 작업 동작을 면밀히 연구해서 노동자들이 하루 종일 작업에 집중했을 때 해낼 수 있는 '표준 작업량'을 제시했다. 그는 작업량 달성을 고무하기 위해 임금의 두세 배에 달하는 성과급을 제시했고, 인상적인 결과를 얻었다. 가령 한 제지공장에서는 생산량이 하루에 20톤에서 36톤으로 증가하고, 비용이 75달러에서 35달러로 감소하고, 인건비가 1톤당 30달러에서 8달러로 줄었다. 따라서 모두가 더 행복하고 부유해졌어야 한다. 테일러는 방대한 잉여의 부가 창출되어 부의 분배를 놓고다툴 필요가 없어지므로 고용주와 노동자의 갈등이 사라질 거라고 주장했다.

하지만 테일러 시스템에서는 모든 주도권이 노동자에게서 전문 관리자에게 넘어갔다. 노동자들은 굴욕감을 느끼고 노예의 처지로 전락하며 단순한 기계가 되어간다고 불만을 터뜨렸다. 어느 노동조합 지도자는 물건을 더 많이 생산할 수 있을지는 몰라도 "인간에게는 파멸을 의미한다"라고 성토했다. 테일러가 쓸모없는 동작이나 몸짓이나 불필요한 휴식으로 치부한 시간은 알고 보면 노동자에게 "새로운 생각의 신성한 불꽃"이 번뜩이는 순간일 때가 많았다. 하지만 테일러 시스템에서 노동자는 생각해서는 안 되었다. 노조 지도자에 따르면 테일러 시스템은 잠깐의 휴식을 취하던 중 주전자 물이 끓는 것을 관찰해서 증기기관에 관한 혁신적인 아이디어를 떠올린 제임스 와트James Watt의 선례를 무시한 결과였다. 테일러는 노동자에게 주는 성과급을 점점 늘려서 노동을 극대화하도록 집요하게 밀어붙였지만 노동자들에게서 돌아오는 답은 너무 지쳐서 삶이 피폐해지고 아내가 떠나겠다고 협박한다는 말뿐이었다.

돈만 많이 주면 뭐든 다 하겠다고 나서는 사람들조차 우려스럽기는 마찬가지였다. 테일러는 이렇게 적었다. "그들은 사치스럽고 방탕해졌다. (……) 우리의 실험에서는 그들에게도 다행스럽게도 대대수 노동자를 신속히 부자로 만들어주지는 못하는 것으로 나타났다." 동시에 그는 노동자들에게 그들이 일하는 목적은 주인에게 큰 이익을 안겨주는 것이라고 일깨워주고 "이 사실을 절대로 잊어서는 안 된다"고 강조했다. 숙련 기계공은 그저 기계를 따라가는 "게으름뱅이"들로 대체되었고, 많은 노동자가 교사나 간병인이 되라는 소리를 들으며 정리해고를 당했으며, 노동자와 동떨어진 새로운 사무직 관리자 계층이 출현했고, 현장감독의 폭넓은 역할이 몇몇 전문가에게 나뉘어서 모두가 정확한 규칙에 따라 행동해야 했다.

1910년에는 효율성이 미국의 새로운 이상이 되었다. 당시 철도회사가 요금 인상을 요구하면서 전국적인 논쟁이 일었지만 테일러의 과학적 관리법을 이용하여 비용을 절감해서 수억 달러를 남기면 요금을 인상할 필요가 없다는 반론에 부딪혔다. 노동이 힘들어지고 정리해고가 뒤따랐는데도 생활비를 줄이자는 표어가 인기를 끌었다. 유럽과 일본도 발 빠르게 미국의 전철을 밟았다. 느긋하게 일하던 전통적인 방식과 개인의 손재주에 대한 자부심은 비효율적인 것으로 치부되어 더 이상 살아남지 못했다.

테일러의 시대 이래로 과학적 관리법은 여러 가지 교훈을 얻었고, 요즘은 과학적 관리법이라고 하면 다른 의미를 떠올린다. 일의 목적은 주인에게 막대한 이익을 안겨주는 것이라고 지적한 테일러의 경고도 더 이상 예전처럼 상세히 설명하지 않아도 된다. 노동자들은 힘든 노동을 거부한다는 이유로 함부로 해고되지 않고, 누군가 일의 중압감을 견디지 못하고 스스로 목숨을 끊으면 국제 뉴스의 머리기사를 장식한다. 그럼에도 과학적 관리법이 어떻게 더 변화할 수 있고 어떻게 예술의 영향을 받을 수 있는지 생각해볼 가치가 있다. 어쨌든 시인은 문자 그대로 만드는 사람이자[시인poet은 그리스어로 '만드는 사람'이라는 뜻의 'poētēs'에서 유래했다] 새로운 세계를 짓는 사람이다.

21장
/
리더가 되는
것보다
더 흥미로운 것은
무엇인가

리더십을 추종하는 문화에는 위험이 도사린다. 지도자가 요구하는 역할에 충실한 배우로 전락할 수 있기 때문이다.

❖

　삶의 난관을 해결하는 데 리더십이 필요하다는 데는 이견이 없다. 지도
자는 영웅으로 추앙받지만 어디까지나 실패하기 전까지의 이야기다. 따
라서 나는 지도자가 이룬 성공의 이면을 살펴보고자 한다.

　프랜시스 베이컨 경Sir Francis Bacon, 1561~1626은 리더십의 이면을 보여준 최
초의 인물이다. 토머스 제퍼슨은 베이컨을 '지금까지 살았던 가장 위대한
세 인물' 중 한 사람으로 꼽았고, 출중한 재능 덕에 셰익스피어 희곡의 실
제 작가라는 주장까지 나왔다. 베이컨은 과학 연구를 혁신했다. 이전까지
사색으로 탐색하던 과학 연구의 관행을 '인류의 고통을 줄이기' 위한 실용
적인 발명을 목적에 둔 실험 연구로 바꿔놓은 것이다. 나아가 베이컨은 미
국 식민지 건설의 선구자이자 종교의 자유와 법 개혁에 관한 새로운 비전
을 제시한 인물이었다. 그는 손을 댄 모든 일에서 지도자가 되어 결국 지
금의 영국 총리에 해당하는 대법관의 자리까지 올라갔다.

　하지만 그의 삶은 한편으로 재앙이었다. 부패 혐의로 공직에서 물러나
면서 유죄를 시인하고 용서를 구하고 스스로 "신뢰를 저버린 사람"이라고
고백했다. 서른한 살 어린 아내는 낭비벽이 심해서 그가 그녀의 사치스러
운 취향을 만족시켜줄 만큼 돈을 벌어다주지 않는다고 불평하고 외도를
일삼다가 결국 남편을 버리고 떠났다. 베이컨은 평생 빚에 시달리다가 빚
더미에 앉은 채 세상을 떠났다. 그가 남긴 빚은 현재 가치로 300만 파운드
가 넘는다. 베이컨은 존경받는 위인인 동시에 위선과 배신으로 악명 높아

서 혐오와 불신의 대상이기도 했다. 그리고 실각한 후에는 "가장 현명하고 가장 명석하고 가장 인색한 인간"으로 풍자의 대상이 되었다.

"야심가는 환자다"

오늘날 베이컨이 중요한 인물로 남은 이유는 자신의 불행과 거리를 두고 보편타당하고 명료한 태도로 야망의 문제를 분석할 수 있었기 때문이다. 그는 그가 설교한 미덕과 정의의 원칙을 따르지 못한 사실을 스스럼없이 인정했다. 두 가지 별개의 삶을 살았다면서 그의 이상이 보이지 않는 유혹 때문에 좌절되었다고 말했다. "내 영혼은 나의 순례길에서 이방인이었다." 야망으로 얻은 보상은 그가 기대한 것이 아니었다. 그는 뒤늦게야 경솔히 "권력을 추구하고 자유를 잃거나 남들에게 권력을 행사하고 스스로에 대한 권력을 잃는 이상한 욕구"에 짓밟힌 삶이었음을 깨달았다. 하지만 자신이 왜 그랬는지, 또 많은 사람이 왜 그런 이상한 욕망에 사로잡히는지 설명하지 못했다. 이상하게도 고위직에 오를수록 틀에 박힌 행정의 "종"으로 전락했다. 권력을 차지하는 과정은 "때로 비열하고", 권력을 지키는 과정은 "교활하며", 권력을 잃는 것은 "더 이상 자신이 아니라는 느낌이 들어서 삶의 의욕을 앗아가기 때문에 우울한 일"이다. 성공은 엄청난 비용을 치러야 한다. "치욕을 당하고 존엄을 얻는다." 사실 그는 권력에 대한 야망으로 권력자들에게 굴복하고 한때는 친구였지만 더 이상 쓸모가 없어지면 배신하는 데 일가견이 있었다. 그는 권력이 그를 남들로부터 소외시킨다고 생각했다. 그는 누구보다 먼저 남의 결점을 발견하지만 자신의 결점은 가장 늦게 알아챘다. 권력의 가장 안타까운 수수께끼는 "[권력자들에게는] 육체적이든 정신적이든 건강에 관심을 가질 여유가 없다"는 사실이었다.

그로부터 250년 후 런던 동부의 글을 모르는 가난한 집에서 태어난 로버트 발로 경Sir Robert Barlow, 1891~1976은 다국적기업인 메탈박스컴퍼니Metal Box Company를 설립했다. 종업원을 5만 명 이상 둔 포장업계의 거물인 이 회사를 능가하는 상대는 아메리칸캔컴퍼니American Can Company밖에 없었다. 그러나 아메리칸캔컴퍼니와의 경쟁에서 무릎을 꿇은 적은 없었다. 발로는 교활하고 용감하고 잔인하고 무자비하고 관대하고 친절한 태도를 적절히 조합해서 "그에게 상처 입은 사람들조차 애정 어린 마음으로 평가하게 만드는 매력적인" 인물이었지만 그를 "악랄한 인간"이라고 부르는 사람들도 있었다. 그는 그 시대에 가장 명석한 사업가로 칭송받았지만 "그런 칭찬이 전혀 반갑지 않다"고 말했다. 그는 항상 경쟁자들과 싸웠고, 동료들로부터 도전을 받았다. "내가 왜 이 짓을 계속하는지 모르겠다. (……) 이런 생활이 지긋지긋하다. 모두가 나를 무너뜨리려고 공모한다. (……) 야망을 품지 마라. 비참한 결과만 따를 수 있다. 나와 같은 일을 하지 마라. 차라리 죽는 게 낫다." 그러면서도 그는 자신을 끌어내리려는 시도에 일일이 대응하면서 "회사 이사진의 마음속에 광범위하게 퍼져 있던 개인적인 갈등"과 회사 내부의 "불길한 분위기"와 "개성의 충돌"에 격분했다. 그는 평생 엄청난 성공을 거두었지만 세상을 떠나자마자 심각한 타격을 입었다. (1976년에) 그의 업적은 "소비자 사회의 바람직하지 않은 징후로서 유통 과정에 불필요한 포장과 비용을 추가하고 부족한 자원을 사치스럽게 남용하고 쓰레기로 미관을 해치며 특히 식품산업에서 자연스럽지 않은 방식으로 재배하고 가공한 식품으로 맛을 떨어뜨리는 데 기여했다"
라는 비난을 받았다. 사회적 기대가 이렇게 달라질 줄은 그도 예상하지 못
했을 것이다.

야망의 역사에서 영웅과 성자들이 필연적인 지위를 누리지만 여러 시
대에 걸쳐 야망은 종교의 가르침에 따라 운명에 순응하는 태도를 거스르
므로 위험한 것으로 간주하는 사람이 훨씬 더 많았다. "야심가는 환자다."
1841년에 어느 의사가 쓴 글이다. 이때는 아직 야망의 기회가 적어서 공
업에서는 직업의 1퍼센트만 관리자이고 상업에서는 7퍼센트 정도만 관리
자이던 시대였다. 높은 자리에 오르겠다는 야망이 보편적인 열망이 되고
'성과급'이 최음제가 된 것은 최근의 일이다. 20세기에 영국에서는 관리
자가 일곱 배 증가했고, 세계의 군대에서도 장교의 비율이 서너 배 증가했
다. 예를 들어 중국의 군대에서는 3분의 1이 장교이고 3분의 1이 하사관
이다. 지금은 야망이 위기에 처한 시대다. 상관이 부하보다 많아서 명령을
내릴 대상이 없다. 귀족이 한없이 늘어나 능력주의 사회의 엘리트층이 된
다고 해도 높아진 기대치를 채우기가 훨씬 어려워진다.

자기기만의 승리자

토머스 홉스Thomas Hobbes는 모든 차이가 우월함과 열등함을 암시하고
"모든 인간이 존중받는다면 아무도 존중받지 못하므로" 모두가 동등하게
존중받을 방법은 없다고 주장했다. 그의 냉정한 주장에는 아직 답이 없다.
우선 성공한 사람과 권력자와 부자들의 약점을 홉스만큼 냉정하고 면밀

하게 고찰한 사람이 없다. 권력자와 부자들이 이익을 가져오기보다 해악을 끼칠지에 관해 홉스만큼 많이 질문한 사람도 없다. 이런 부류는 빈곤에서 벗어나려는 국가에서만 선망의 대상이다. 이런 부류가 몇 배로 늘어나면 이들의 마법도 깨진다.

2000년에 MIT의 한 경제학 교수가 성공의 기준을 간단히 정리했다. "갈수록 부가 개인의 가치를 측정하는 유일한 기준이 되었다. (……) 패기를 증명하고 싶은 사람이 뛰어들고 싶어하는 유일한 게임이다. 거대한 리그다. 게임에 나서지 않으면 자동으로 이류로 밀려난다. (……) 부는 우리가 원하는 일을 할 수 있게 해준다. 부유할수록 더 행복해진다."

그러나 이것이 최종 판결이 아닐 수도 있다. 거물들도 하고 싶은 일을 다하지 못한다는 것이 명백해졌다. 대규모 회사나 기관을 운영하는 사람들은 권력이 마음처럼 손에 잡히지 않을 때가 많다는 사실을 깨닫는다. 그들의 명령이 끊임없이 다르게 표현되고 재해석되고 저항을 받는다. 그들의 문제는 너무 어려워서 해결되지 않을 때가 많다. 그들은 자신을 위협하는 문제를 걱정하는 데 점차 많은 시간을 쓴다. 그들은 '지도자'를 자처하지만 이제는 베이컨이 말하는 '종'의 처지에도 못 미친다. 더 큰 수익을 내라고 쥐어짜는 주주와 주식 분석가와 연금기금 관리자의 포로일 뿐이다.

정치 지도자들은 기적을 행하지도 않고 선거 공약도 실천하지 않아서 국민들에게 실망을 안겨준다. 요즘은 모든 지도자가 민낯을 드러내지 않으려는 듯 '이미지'를 만드는 데 많은 시간을 들인다. 일부 지도자는 순전히 만들어진 인물, 곧 위선이나 자기기만의 승리자가 된다. 그들이 어떤 주제에 관해 얼마나 촌철살인의 주장을 펼치든, 얼마나 상냥하고 겸손해 보이든, 정신이 온전한 보통 사람이라는 사실을 인증이라도 하려는 듯이 시를 쓰거나 새를 관찰하든, 결국 불가피한 실수 하나로 한순간에 파멸할 때는 그들만큼 취약한 사람도 없다. 아무리 특권을 누리고 책임자로서의 흥분과 성취감을 즐기는 사람이라도 해도 지속적인 스트레스와 사생활의 파괴는 면하기 어렵다. 야망을 성취하면서 치러야 할 대가가 미리 정해진 것은 아니다. 볼테르는 "문학을 하면서 기대할 수 있는 보상은 실패할 때의 경멸과 성공할 때의 질시뿐"이라고 불평했다. 원래 모두가 성공하도록 도와주는 교육은 상상력의 목을 조르는 동시에 상상력이 꽃피게 할 수 있다.

현대의 소피스트들

2500년 전에 아테네는 최초로 민주주의를 정립하면서 느린 야망과 빠른 야망 사이에서 갈등했다. 철학자들은 아테네 시민들에게 도덕 규범을 지키면서 공공선公共善을 위해 진리와 미덕을 존중하려고 노력해야지 당장 보상이 주어지기를 바라서는 안 된다고 강조했다. 그런데 떠돌아다니며 가르침을 전하던 소피스트들은 이상을 현실에 적용할 방법을 제시하고 아테네의 민주주의 발전에 영향력을 행사했다. 하지만 소피스트들 가운데 인내심이 부족한 일부는 인간이 쾌락과 부에 열중하고 열정과 사적인 이익에 따라 움직이므로 강자가 약자를 지배하는 것이 불가피하고, 따라서 인간은 원하는 것을 얻어낼 방법만 알면 되는데 바로 설득의 기술이 마법의 도구라고 가르쳤다.

소피스트들은 성공을 가르치는 최초의 성공 전문가로서 남들이 자기를 따르도록 설득할 방법을 누구나 배울 수 있다고 주장했다. 소피스트들은 물리학과 수학이 아니라 설득의 기술에만 주목했다(경영학과도 거리가 멀지 않다). 그들은 권력이 감정을 통제하는 데서 나온다고 가르쳤다(이것은 수백 년 후 '감성지능'이라는 개념으로 부활한다). 그들은 웅변술만 익히면 아주 빠르게 영향력을 얻을 거라고 약속하고 어떤 주장이든 관철시킬 수 있다는 사실을 직접 증명해서 학생들을 끌어모았다. 소피스트들은 사람들이 돈을 낸 것에만 가치를 둔다는 믿음을 몸소 보여주듯이 다른 철학자들과 달리 수업료를 받았다. 하지만 수업료가 터무니없이 비싸서 추문에 휩싸였다. 당시 판사가 하루에 반 드라크마를 받은 데 비해 소피스트들은 50드라크마까지 받았다. 1만 드라크마를 받은 소피스트도 있었는데, 아테네에서 가장 유명한 조각가 열 명이 버는 돈보다 더 괜찮은 수입이었다. 부자들만 비싼 수업료를 감당할 수 있었기에 대중적으로 인기를 끌지는 못했지만 그렇다고 해서 그들의 매력이 줄어든 것은 아니었다.

소피스트들은 아테네 시민을 문명의 등대가 아니라 해양업의 중심지에서 사치와 향락을 위해 부를 축적하는 사람들로 생각했다. 소피스트의 글은 현재 남아 있지 않다. 현대의 비즈니스 서적 저자들과 달리 그들은 후대를 위해 글을 쓰지 않았다. 로마 시대에 제2의 소피스트들이 나타났다. 로마제국을 돌아다니면서 즉흥적인 설득의 기술로 엄청난 군중을 끌어모으며 큰 성공을 거둔 그들은 오늘날 동기부여 연설가들의 선구자격이다. 소피스트는 실용주의자이지 이상주의자가 아니었다.

소피스트의 시대 이래로 사람들을 야망으로 안내하고 야망을 부추기는 곳으로 경영대학원이 가장 눈에 띈다. 50년 전에 하버드 경영대학원의 한 졸업생은 "우리는 지적인 엘리트도, 세습 엘리트도, 예술적이거나 창의적인 엘리트도 아니다. 우리는 경쟁적인 엘리트가 되려고 준비하는 사람들이다. 우리는 파티에서 정신을 똑바로 차리도록 훈련받는다. 우리에게는 밖에 나가서 사업을 주도할 도구가 주어지고", 이것은 "아스피린이나 다이너마이트처럼 모든 것에 작용하는" 도구라고 말했다.

하지만 이런 겸손과 오만이 묘하게 결합된 태도는 결국 부적절한 것으로 드러났다. 경영대학원의 본래 목적은 경영자와 상인을 좀 더 존중받고 세련되고 괜찮은 직업인으로 변화시키는 데 있었지만 금융과 경영에만 치우치고 문화를 망각해서 사실 경영대학원 출신 경영자들은 항상 수익을 내는 데만 집착하고 다른 지지기반으로 넘어가지 못한다. 그러니 경영대학원은 다시 생각해야 한다.

리더십 교육의 몰락

1977년에 경영자가 되는 것이 성공의 최고봉은 아니고 진정한 목표는 '리더'가 되는 것이라는 개념을 처음으로 널리 알린 사람은 하버드 경영대 교수 에이브러햄 잘레즈닉Abraham Zaleznik, 1924~2011이다. 그는 "프로이트의 정신분석학이 어떻게 좋은 경영자를 더 나은 리더로 만들 수 있는지"에 관해 책을 쓰기도 했다. 그는 관리자들이 철두철미하게 합리적이고 인간미가 없으며 개념과 직관과 공감보다는 효율성과 절차만 중시한다고 비판했다. 그는 그들에게 "다시 태어나서" 자존감을 회복할 기회를 주었다. 그러려면 우선 "자신이 내린 결론의 타당성을 남들에게 설득하는" 방법을 써봐야 한다고 주장했다. 또 그렇게 할 수 있으려면 재능을 발휘하지 못하게 만드는 무의식적 의심으로부터 벗어나서 "스스로에게 권한을 부여해야" 한다고 말했다. 경영자들이 흔히 안고 있는 문제는 대부분 실제로든 은유적으로든 아버지상의 부재로 인한 불안 때문에 불확실성을 통제하고 "다시 태어나려는" 갈망에서 나타난 결과였다.

잘레즈닉은 이 개념을 1980년대에 유행한 영감의 두 번째 원천과 결합했다. 이 영감은 바로 산업에서 서양의 주도권을 위협하던 일본에서 나왔다. 그는 전자업계에서 자수성가한 기업가로 파나소닉의 회장 마쓰시타 고노스케松下幸之助, 1894~1989를 우상으로 삼았다. 마쓰시타의 경영철학은 PHP연구소(번영을 통한 평화와 행복 연구소Institute of Peace and Happiness through Prosperity, 1946년 설립)에 고스란히 간직되어 있다. 하버드 대학이 마쓰시타의 기부금으로 설립한 이 연구소에서 잘레즈닉의 후임으로 소장을 맡은 사람이 마쓰시타의 전기를 썼다.

그 뒤로 리더십 과정은 줄곧 지배계급의 변화하는 정서와 기대치의 지표가 되었다. 새로운 화두나 이념을 리더십과 결합한 책과 논문이 매년 수천 편씩 쏟아져 나오고, 현재 구글에서는 관련 자료가 2억 8400만 개나 검색된다. 리더십 과정에서는 리더가 되지 못한 사람들의 좌절을 덜어주지는 못하기 때문에 평등주의적 리더십을 추가해서 누구나 (일종의) 리더가 될 수 있다고 제안한다. 리더를 '따르는 사람'도 리더만큼 중요한 사람으로 간주한 것이다. 어차피 리더가 실수를 범하지 않도록 막기 위한 교육은 없고 리더의 잘못을 바로잡아줄 조력자가 주위에 있는지 여부로 리더의 성공이 좌우되기 때문이다. 지위는 낮아도 실제로 '일을 수행하고', '변화를 일으키는' 사람이 바로 리더라는 새로운 정의도 등장했다.

리더십은 원래 군사 개념이었다. 하지만 경영대학원이 군대에서 빌려온 리더십 개념은 장교들이 폐기처분한 낡은 개념이었다. 미국 육군은 다음 전쟁을 준비하면서 1945년에 리더십 심리학을 연구하기 시작했다. 그러나 베트남 전쟁에서 패한 후 군대의 사기가 떨어진 데다 웨스트포인트 사관학교에서 대규모 부정행위가 발각되면서 리더십 개념도 완전히 바뀌었다. 그 뒤로 장교는 군사 지식뿐 아니라 광범위한 지식을 습득해야 하고, 과학과 기술 관련 주제 열여섯 가지와 인문학 관련 주제 여덟 가지가 교과목에 도입되었다. 새로운 필독서 목록은 1910년의 목록에 전쟁 서적 48권이 주를 이루고 일반 역사서 3권과 《로제 동의어사전Roget's Thesaurus》과 '자주 잘못 발음하는 단어'가 포함된 것과 대조를 이루었다.

육군의 리더십에 관한 최근의 논의에서는 장교들이 점차 비전투원 역할을 겸하고 기술과 외교술, 경영 능력까지 겸비해야 한다고 강조한다. 그리고 제너럴리스트generalist만이 조화로운 역할을 수행할 수 있기 때문에 스페셜리스트specialist 훈련으로는 새로운 요구를 충족하지 못하지만 제너럴리스트 훈련은 아직 요원한 이상이라고 지적한다.

그러나 경영대학원은 이런 논의까지 도달하지 못했다. 따라서 요즘은 군인이 비즈니스 리더보다 더 존경받아 마땅하고 대통령 후보로도 더 유리하다. 회사의 계통 관리line management는 경영이 군대에서 물려받은 모호한 유산이다.

2008년에 금융위기가 발생하면서 경영 리더들이 세계적 재앙에 책임이 있다는 사실이 명백해졌다. 소련의 붕괴 이후 공산주의를 가르치던 교수들처럼 리더십을 가르치는 교수들은 교수 내용을 전면 재고해야 했다. 하버드 경영대학원 학장은 경영 리더들이 "그 많은 사람에게 그런 엄청난 고난을 안겨주면서 (……) 정당성을 잃었다"라고 고백했다. 그들의 실패는 기업의 경제적 몰락뿐 아니라 "도덕적 몰락"과 "그들이 야기한 부수적인 혼란과 의미 상실"로도 드러났다. 그는 리더십 교육이 "학문적으로 정확성을 결여"했을 뿐 아니라 중요한 문제의 답도 제시하지 못하는 허술한 학술 연구를 토대로 한다고 혹평했다.

하버드 행정대학원의 리더십 교수는 '리더십의 종말'을 선언하지만 무엇이 그 자리를 대신할지는 언급하지 않았다. 리더십 개념은 어디서도 폐기되지 않았다. 심지어 리더십 연구자들은 그들이 연구한 리더들이 "어쩔 수 없이 개입해야 하지만 잘 모르는 문제에 부딪힐 때는 무지하거나 어리석거나 능력의 한계를 드러낼까 봐 두려워한다"라고 보고하기도 했다. "리더들은 (조직 내부와 외부 양쪽 모두의) 무수한 요구를 들어주느라 에너지가 소진되고 주의가 분산되어 정작 중요한 성과를 올리지 못한다." 리더들은 믿을 만한 정보를 구하고 그들에게 현실을 전달해줄 수 있는 "비공식적 채널을 끊는" 것이 "무척 어렵다"는 사실을 알지만 고위 간부로서의 권위가 침해될까 봐 "정보를 구할 상대를 신중히 골라야" 한다. "표면적으로는 그들이 시간의 주인이지만 실제로 그들의 시간에 대한 요구가 무한하다." 그들은 "무리하게 약속하거나 후회하는 일에 시간을 쓸 때가 많다." 그들은 부하들에게 책임을 떠넘긴다. "리더들이 가장 많이 후회하는 것은 실적을 내지 못하는 간부를 더 빨리 교체하지 않은 것이다." 하지만 리더 자신도 끊임없이 책임을 추궁당하고 기대가 빈번히 실망으로 바뀐다는 이유로 매몰차게 쫓겨난다.

리더가 조직에 미치는 영향을 조사한 한 연구에서는 좋은 쪽으로든 나쁜 쪽으로든 리더의 영향이 크지 않다고 주장한다. 정확성을 기했다고 강조하는 이 연구에 따르면 리더의 영향력이 활동 분야에 따라 2퍼센트에서 21퍼센트로 평균 14퍼센트 정도이고, 이보다 더 회의적인 결과를 제시하는 연구도 있다. 한 연구에서는 조직의 맨 윗자리에 강력한 리더보다는 명목상의 우두머리를 앉히는 편이 더 현명할 수 있다고 결론지었다. 같은 우려를 반영하듯 여론조사에서는 미국인의 77퍼센트가 '리더십의 위기'를 느낀다고 응답했다. 17세기에 유럽이 시달린 '귀족의 위기'만큼 극적인 몰락이다.

"지도자는 사랑받기를 기대해서는 안 된다"

리더의 목표는 상당히 모호하다. 하버드의 공식 목표는 '세상에 영향을 미칠 리더의 양성'이고, 스탠퍼드의 목표는 '세상을 변화시키는 교육'이며, MIT의 목표는 '세상을 개선하는 교육'이다. 그런데 어떻게 그렇게 한다는 것일까? 서양의 지도자들은 불확실성에 사로잡히고 정상에 오르는 데 치러야 할 희생이 그만한 가치가 있는지에 의구심을 품었지만 신흥 공업국에서는 이런 측면을 걱정하지 않았다. 《중국청년보China Youth Daily》에서는 독자들의 3분의 2가 리더를 꿈꾼다고 소개하고 모든 청년의 91퍼센트가 같은 야망을 품고 있다고 밝혔다. 대학과 기업에서는 꾸준히 리더십 훈련 기관과 프로그램을 양산하지만 과연 리더십이란 것이 가르칠 수 있는 기술인지, 지혜와는 크게 달라서 일주일 과정이나 1년의 단기코스로 배울 수 있는 것인지에 관한 의구심이 커지고 있다.

미국에서 가장 존경받는 인문학적 리더십의 저자인 워런 베니스Warren Bennis, 1925~는 개인적인 리더십 경험을 남달리 솔직히 밝혔다. 그는 "내가 아는 사람들처럼 되고 싶지 않아서" 리더가 되고 싶었다고 말한다. 그는 어려운 환경과 성공하지 못한 이민자 아버지 밑에서 '우울한' 성장기를 보냈다. 여유가 생기자 당장 정신분석부터 받았다. 3년 동안은 일주일에 다섯 번, 3년 동안은 일주일에 네 번씩 총 6년 동안 정신분석을 받았다. 나중에는 뉴에이지 권위자인 베르너 에르하르트Werner Erhard가 개발한 '변신의 기술' 강의에도 참여했다.

베니스는 이상적인 부모상을 원했다. 그보다 열 살 많은 형이 타고난 리더로 보였다. 베니스는 어릴 때부터 리더가 될 방법을 고민했다. 군대에서는 대위를 본보기로 삼았고, 안티오크 대학교에 다닐 때는 대학 총장(심리학자 더글러스 맥그리거라는 교수로 4년간의 학부 교육보다 4년간의 정신분석이 더 가치 있다고 말한 인물)을 존경했다. "나는 어떻게 해서든 그분을 닮으려고 애썼다. 나는 스승에게 아첨하는 것이 부끄럽지 않았다. 내가 지극히 평범한 사람이라서 그런지 비범한 인물에게 끌렸던 것 같다." MIT에서는 "학부생들에게 심리학을 가르치기 시작하면서 (……) 교수들을 본받고 동료 대학원생 중에서 가장 똑똑한 친구들을 따라 했다. 그때는 내가 어떤 사람인지 몰랐다. 그러다 문득 내가 완전히 사기꾼이라는 생각이 들었다." 그는 "남의 기분에 맞추려는 치명적인 욕구" 때문에 괴로워했다. 당시 미국의 심리학을 주도하던 학자들은 주로 히틀러 치하의 독일을 탈출해서 미국으로 건너온 유대인으로서 카리스마 넘치는 리더십의 그늘을 직접 경험한 터라 자연히 모든 지도자에게 의구심을 품었지만 베니스는 '구조와 지지', 곧 권위와 사랑이 결합된 완벽한 아버지가 필요하다고 생각했다.

힘없는 젊은 교수이던 베니스는 권력을 꿈꾸었다. "심각한 불확실성에 사로잡힌 내게는 안전하다는 느낌을 주는 이해의 환상이 필요하다." 그는 확실성을 발견한 듯 보이는 사람, 설득력 있는 비전을 제시하는 사람, "시화적으로 말하려는 나의 타고난 욕구"를 충족시킬 수 있는 사람에게 끌렸다. "나는 비전이라면 사족을 못 쓰는 사람이다." 따라서 그는 교수직에서 행정직으로 옮겨서 버펄로 대학교의 교무처장을 맡았다. 총장은 버펄로를 "동부의 버클리"로 만들려는 "꿈을 가진" 인물이었다. 학생시위가 한창이던 1970년대의 일이었다. 그 꿈은 "끝내 대학본부 밖으로 나가지 못했다. (……) 우리는 우리가 가장 원하던 바로 그 일을 폄하했다. 우리의 행동, 심지어 우리의 방식까지도 우리가 제기한 변화로 가장 큰 영향을 받을 사람들을 소외시켰다." 긴 시간이 흐른 뒤 그는 리더십에 관한 그의 시도를 이렇게 정리했다. "나는 친밀감을 야망과 통합하는 법을 배우지 못했다. 지금도 마찬가지다."

하지만 그는 뭔가를 배웠다. "역사가 없다면, 연속성이 없다면 변화는 일어날 수 없다." 그는 너무 서두르느라 전통을 간과했다고 판단했다. 그래서 다시 신시내티 대학교의 총장으로 가서 새로운 시도를 했다. 하지만 새로운 난관이 그의 열정을 무너뜨렸다. "나는 힘이 가장 커졌을 때 그 어느 때보다 심각한 무력감에 빠졌다. (……) 1년 후 나는 이렇게 말했다. '내가 이곳을 운영할 수 없거나 이곳이 아예 남아 있지 않을 것이다.' 나는 현재 상태에 변화를 주려는 모든 시도를 가로막는 음모의 피해자가 되었다. 불행히도 공모자들 중 하나는 바로 나였다." 관료체제 안에서는 진지하게 성찰하거나 근본적으로 개혁할 여유가 없었다. "나는 사람들이 나를 잘 알면 나를 좋아하게 될 거라는 허황된 꿈을 꾸었다. (……) 리더는 사랑받기를 기대해서는 안 된다." 베니스는 심장마비로 쓰러졌다. 석 달 동안 요양하면서 시를 쓰던 그는 리더가 되려는 시도를 중단해야 하고 조직의 리더는 결코 행복하지 않다는 확신을 얻었다. 대신 남들에게 리더가 되는 법을 가르쳐주는 책을 쓰기로 했고, 그 결과 큰 성공을 거두었다. 베니스의 자서전은 특권층이 남 앞에서는 자축의 노래를 부르고 속으로는 자기회의에 빠져 있던 20세기에 바치는 위령미사였다.

경쟁과 성공의 압박에서 벗어나는 길

베니스가 평생 리더십에 집착하고 리더십을 진지하게 관찰한 끝에 도달한 결론은, 리더가 되는 것은 결국 품위 있는 인간이 되는 일이라는 점이었다. (하지만 비즈니스나 정치가 품위 있게 처신하기에 알맞은 영역일까?) 그는 또한 삶의 우선순위가 잘못된 사실을 깨닫고 "나의 세 아이들이 무엇보다 중요하다"고 판단했다. (그러면 왜 일 때문에 가정생활을 소홀히 해야 할까?) 그리고 무엇보다도 그는 리더에게 '비전'이 없다면 제대로 된 리더가 아니라고 주장했다. 그가 제시한 유일한 비전은 "너 자신이 되어라"였다. (자신의 무능을 우울하게 통감하는 사람들에게도 충분한 비전이 될 수 있을까?)

나는 누구나 생계를 유지하는 방법을 자유롭게 선택할 수 있는 나라에 살고 있지만 노동인구의 57퍼센트가 잘못된 직업을 선택했다고 말한다. 미끄러운 피라미드의 꼭대기까지 기적적으로 올라가서 카리스마 있는 리더로 추앙받는다고 해서 사정이 달라지지는 않을 것이다. 이런 식의 성공에는 대안이 있다. 베이컨과 발로와 베니스는 리더가 되기를 갈망하는 사람들의 삶에 어떤 위험이 따르는지 보여주는 몇 가지 사례일 뿐이다. 리더십이 조직에 불러온 결과만으로 리더십을 판단하면 리더십이 리더의 성격에 어떤 관련이 있는지는 무시하게 된다.

17세기 후반에 마르코 폴로Marco Polo가 "단연코 세상에서 가장 훌륭하고 고귀한 도시"라고 불렀던 중국 항저우에서는 교육받은 여자들이 생사生絲로 지은 옷을 입고 장신구도 하지 않고 머리는 쪽을 찌고 초원시사蕉園詩社에 모여서 삶에서 무엇이 중요한지 사색하거나 그들의 표현대로 "사물을 면밀히 살펴서" 권력을 다투며 도덕군자를 자처하는 남자들이 모두 사기꾼이라는 결론에 이르렀다. 하지만 초원시사에 모인 여자들은 "화장과 성장盛裝에 몰두하는 다른 여자들"에게서도 지지를 얻을 방법을 모른 채 그런 여자들을 그저 "안타깝게만 생각했다." 그리고 정직하게 일하는 방법에 대한 그들의 이상이 '이루지 못한 꿈'이라고 판단했다. 그들은 남자들의 집착을 무시하고 예술을 수행하고 아름다운 정원을 가꾸어 그들만의 '심미적인 삶'을 추구하기로 했다. 그 뒤로 여자들이 돈을 받고 일하는 조직에 미치는 영향은 제한적이었다. 남자들은 여전히 권력욕과 그에 대한 보상이 여자들에게 매력적으로 보일 거라고 믿었다. 또 실패와 굴욕을 위로받으려고 여자를 찾는 전통을 답습하는 남자들도 있었다. 중세 프랑스의 귀족 기사들이 전투에 패한 후 "우리는 그 일에 관해서 부인들의 방에서 이야기할 것이다"라고 말한 것과 같다. 남자들은 여자를 기쁘게 해주고 싶은 마음에 고상한 예절을 익히기도 하지만 그렇다고 부와 권력을 향한 투쟁을 멈추는 것은 아니다. 여자들이 사생활에서 고리타분한 리더십을 지워나갈 때마다 이런 "도달 불가능한 이상"이 서서히 도달 가능해지기는 하지만 여전히 생계를 유지하기 위해 하는 일과는 연결되지 않는다.

리더십을 추종하는 문화에는 위험이 도사린다. 지도자가 요구하는 역할에 충실한 배우로 전락할 수 있기 때문이다. 누구나 지도자로 불러주는 것은 모두를 무슈 Monsieur나 세뇨라 Señora로 불러서 귀족의 지위로 끌어올리는 것과 마찬가지다. 이케아IKEA의 최고경영자 안데르스 달비그Anders Dahlvig는 사람들에게 인정받는 것이 중요하고 인정은 "인간의 가장 중요한 동력"이라고 솔직히 털어놓았다. 하지만 자기가 제대로 인정받고 평가받는다고 생각하는 사람은 거의 없다. 공적인 인정은 허울 좋은 외관일 뿐이고 한없이 이상화되었다가 한 번의 실수로 무너질 때가 많다. 사적인 인정은 그보다 훨씬 깊이 들어가지만 만약 거짓이라면 무가치해진다.

그 밖에 세속적인 야망을 멀리한 예언자와 현자, 성인, 수피, 구루, 자디크 같은 지도자들은 그들이 높이 사는 자질(지혜, 영적 해방, 충성, 도덕성, 타인의 행복을 위한 헌신)을 기업의 재무제표에 대입할 방법을 아직 알아내지 못했다. "네가 하기 싫은 일을 남에게 강요하지 마라"는 공자의 말은 직업의 세계에서 실제로 벌어지는 현상과는 정반대다. 여전히 성공에는 큰 희생이 따른다. 그리고 희생은 심리 치료로 완화되고 무비판적인 치료 원칙에 의해 비판으로부터 보호받는다. 사람들이 왜 계속 타인에 대한 권력을 추구해서 정작 자신의 자유를 잃어야 하느냐는 프랜시스 베이컨의 질문은 여전히 답을 찾지 못했다.

리더가 되려는 야망에는 대안이 있다. 우선 중개인이 되어 명령을 받지도 하지도 않으면서 지식이나 돈이나 상상력이나 기회가 적은 사람들이 여유 있는 사람들에게서 도움을 받도록 연결해주는 방법이 있다. 서비스 사회는 중개인에게 낙원일 수도 있지만 자칫 탐욕이나 기만에 물들기도 한다. 하지만 현재 세계 경제가 수많은 젊은이들을 모두 수용하기 어려운 상황인 데다 여성들에게 인색하게나마 부여되는 역할이 조금도 매력적이지 않아서 여성들의 실망이 커지고 있다. 그러니 이제 야망을 다시 생각해야 할 때다.

농업과 공업과 서비스업은 모두 대규모의 급격한 인구 폭발에 의해 발생했다. 앞으로 100세 시대가 올 거라고 예견하는 사람들은 경력의 사다리를 오르고 내리는 일은 긴 인생을 보내기 위한 즐거운 방법이 아니고 (심오하든 허울뿐이든 최근에 일어난 모든 변화에도 불구하고 경쟁자와 적을 물리치고 살아남은 우두머리 전사의 유산을 완전히 버리지 못한 채) 리더가 되는 것은 미지의 세계를 탐험하는 우주비행사 같은 존재가 제시하는 최근의 개념에 비해 그리 흥미롭지 않다고 생각할 수 있다. 일의 의미를 쓸모 있는 기술을 활용하는 것 이상으로, 사람들과 협력하는 즐거움 이상으로, 안정이나 지위를 추구하는 대가로 받는 돈 이상으로 생각한다면 일을 통해 자유를 새롭게 정의한다는 뜻이다. 이것은 우리 시대의 위대한 모험이 될 수 있다.

경쟁에 임하는 자세를 바꾸는 모험이 있다. 일례로 여자 테니스의 역사에서 이런 변화를 발견할 수 있다. 1974년부터 1981년까지 세계 챔피언이던 크리스 에버트Chris Evert는 경기에서 어떻게든 이겨서 상대를 물리치는 것이 목표였다. 에버트의 경쟁자였던 마르티나 나브라틸로바Martina Navratilova는 조금 달랐다. 이민자이자 획일주의와는 거리가 먼 동성애자 해방운동의 영웅으로서 상대 선수들과 친구가 되고 관중에게 사랑받으려 하고 남다른 관점에도 불구하고 새로운 국가의 일원으로 받아들여지고 싶어했다. 수전 렝글렌Suzanne Lenglen, 1899~1938은 발레리나 같은 동작과 세련된 의상과 신발로 테니스 경기에 우아한 아름다움을 더해서 여자 테니스를 새로운 경지로 끌어올렸다. 스포츠(와 야외활동과 자연과의 관계)의 아직 밝혀지지 않은 잠재력에 관해서는 다른 책에서 다루기로 하고, 일단 다음 장에서는 계속 이어서 경쟁과 야망의 문제를 살펴보겠다.

22장
/
분주할
가치가 있는
일은 무엇인가

사람들이 일에서 무엇을 기대하는지가 더 이상 그렇게 뚜렷하지 않다. 덕분에 일이
무엇인지 다시 생각할 새로운 기회가 열렸다.

◆

　"나는 그다지 사색적인 사람이 아니다." 월마트의 설립자 샘 월튼Sam
Walton, 1918~1992이 한 말이다. 현재 그의 가족은 종업원 200만 명 이상을 둔
세계 최대의 사업체를 소유하고 있다. 하지만 월튼은 "내 삶에서 나를 변
화시킨 한 가지"를 분명히 알았다. 그것은 "경쟁의 열정"이었다. 그는 "어
떤 경쟁이든 위대하다"고 말했다. 그는 테니스를 칠 때도 인정사정없이
상대를 이기려고 했다. 미식축구에서도 그가 뛴 팀은 패한 적이 없다고 자
랑했다. 메추라기 사냥 대회는 그에게 궁극의 스포츠였다.

　그는 농부이자 은행가이던 아버지가 "사람들에게서 마지막 1달러까지
쥐어짜내면서" 모든 것(말, 소, 집, 농장, 차)을 기꺼이 흥정하고 이득만 된
다면 당장 시계라도 풀어서 돼지와 맞바꿀 분이라며 존경했다. 변호사인
장인에 관해서는 한마디로 "훌륭한 장사꾼이고 내가 만나본 사람 중 가
장 설득력 있는 분"이라고 표현했다. 월튼은 넘치는 에너지로 사람들에게
그들이 원하는 것을 갖게 해주겠다고 설득했다. 그는 "판촉을 사랑했다."
"나의 절대적인 열정은 판촉에 있었다. (……) 나는 물건에 가격을 매기는
일을 사랑한다. 가장 기본적인 상품을 구매하고 그 물건에 관심을 불러일
으킨다. 우리는 물건을 대량으로 구매해서 이익을 극대화한다 (……) 나는
많은 사람들 앞에 나서서 뭔가 말하는 것이 정말 좋다." 성공적인 사업은
단지 경비를 줄이고 효율성을 높이는 것만이 아니라 어떤 물건이든 "영리
하게 정체성을 부여하고 열심히 홍보하면 큰 가치와 수익을 낼" 수 있는

방식을 포착하는 일이었다. 쉴 새 없이 일하며 모든 이익을 빈틈없이 챙긴다고 자부하는 그는 남들이 제시하는 가격보다 더 낮은 가격에 물건을 팔아 수익을 내는 데 사활을 걸었다. 병사에게 전투가 그렇듯이 경쟁은 그에게 살아 있다는 느낌을 주었다.

"야망에 한계를 둘 이유가 없다"

하지만 경쟁 자체를 목표로 삼을 수 있을까? 예전에는 가게 주인과 장인들이 경쟁을 피하고 서로의 영역을 지켜주었다. 하지만 샘 월튼은 빠른 속도로 큰 성공을 거두면서 경쟁자들의 물건을 사재기할 정도로 부유해졌고, 경쟁자를 하나씩 점유하거나 무너뜨리면서 짜릿한 흥분에 사로잡혀 "우리는 무엇이든 정복할 수 있다"고 믿었다. 정복이라고 표현한 것은 그가 자체의 윤리를 만들었다기보다는 군사 윤리에서 차용했다는 뜻이다. 샘 월튼의 후손들은 현재 15개국에서 소매전쟁을 벌인다. 독일을 침공했다가 격퇴당하면 인도 같은 다른 국가로 시선을 돌렸다. 샘 월튼은 야망에 한계를 둘 이유가 없다고 믿었다. 그가 원한 것은 돈이 아니라 흥분이었다. 월튼을 잘 아는 친구는 한마디로 그를 "최고의 자리에 오르고" 싶어하는 사람이라고 표현했다. 사실 그는 신중하고 겸손하게 최고가 되기를 원했다. 그는 사치품으로 돈이 많다고 자랑하는 백만장자들을 경멸했다.

샘 월튼은 남들과 다르게 사업하면서 다른 사람의 규칙을 깨고 남보다 빈틈없이 일하면서 그의 규칙에 도전하는 독불장군들에게도 호의를 베풀었다. 하지만 독창성에 가치를 둔 것이 아니었다. 그는 르네상스형 인간이 아니라 중세 사람이었고, 경쟁자들의 아이디어를 차용하는 데서 기쁨을 느꼈으며, 경쟁자들을 자세히 관찰하고 그들의 사업장을 끊임없이 방문해서 결국 남들이 만든 발명품으로 자신의 제국을 건설했다. 가령 셀프서비스를 채택한 회사를 발 빠르게 모방했고, 직원들에게 회사의 지분을 나눠주는 정책은 존 루이스 파트너십에서 차용했으며, 일본에 다녀와서는 팀워크를 권장했고, 대형 쇼핑센터는 카르푸 모델을 따랐다.

말년에 그는 이렇게 말했다. "내가 현재의 자리에 오르는 과정에서 아직도 다 이해하지 못한 커다란 모순이 있다. 나는 여러모로 매우 보수적인 사람이다. 그런데 어떤 이유에서인지 사업에서만큼은 항상 체제에 반기를 들고 혁신하고 기존의 관행을 바꿔나갔다. 사회에서 나는 기득권층이지만 시장에서는 늘 판을 흔들어 약간의 무정부 상태를 조장하는 개척자였다. 가끔은 기득권층에 분노하기도 한다."

모순은 아니었다. 그는 현대의 도구를 이용해서 현대성으로부터 스스로를 보호했고 회사의 실행 계획 이면에서 그가 통달한 놀라운 최신 기술은 전통적 가치를 지키는 데 목적을 두었다. 그는 고객들에게 필요하지도 않은 물건을 사라고 설득하면서 물건을 정상가보다 훨씬 저렴하게 팔아서 그와 고객이 모두 사실상 돈을 쓰는 것이 아니라 절약하는 것이라고 믿게 만들었다. 고객들은 스스로 전통적인 검약의 미덕에 충실하다고 믿으며 흡족해했다. 게다가 가족을 위해 물건을 구입하는 것이므로 소비자에게 탐욕스럽거나 이기적이 되라고 부추긴 것도 아니었다. 현대의 부도덕의 맹공격으로부터 가족을 지키는 것이야말로 그와 고객이 공유한 임무였다.

월튼에게 미국의 소도시는 종교와도 같은 곳이고 인구 1만 명이 넘는 번잡한 도시에서는 못 산다고 고집한 그의 아내에게도 중요한 곳이었다. 월마트 본사는 지금도 아칸소 주의 아주 작은 도시 벤튼빌에 위치한다. 월마트 모델은 가족을 경제단위로 보는 낡은 개념에 기반을 두고, 오랫동안 지역 주민을 대규모로 채용해서(서른 명이나 되는 친척들이 한 매장에서 일하는 경우도 있었다) 지역에 봉사했다. 월마트는 냉정하거나 강박적인 소비 지상주의를 부추기는 것이 아니라 남에게 존중받는 데 필요한 물건을 제공하는 데 목표를 두었다. 샘 월튼은 "나는 본래 친근한 사람이라 길에서 만나는 사람들에게 먼저 말을 건넨다"라고 말했다. 그는 항상 헬리콥터를 직접 조종해서 미국 전역의 매장을 둘러보았다. 헬리콥터에서 내리면 월마트 매장 계산대에서 판매원을 거들거나 물건을 포장하면서 잡담을 나누고 직원들이 하는 말을 귀담아들었다. 직원들도 그가 진심으로 들어준다는 느낌을 받았다. 입사 지원자를 자택으로 불러 면접하고 배우자와 아이들까지 초대하기도 했다. 그리고 직원들에게는 고객에게 "그들의 닭, 돼지, 소, 아이들"에 관해 묻고 언제나 정중하게 대하라고 조언했다. 하지만 이렇게 엄청난 매력을 발산하다가도 가끔 호되게 꾸짖기도 했다.

샘 월튼의 과거에 대한 애착은 소도시의 "단조로움과 싸우기" 위해 권장한 전통적인 오락에도 반영된다. "우리는 항상 삶을 흥미롭고 예측 불가능하게 만들기 위해 말도 안 되는 일을 벌여서 주민들의 관심을 끌고 또 주민들이 직접 놀라운 일을 생각해내도록 유도했다." 그는 지역의 재능 있는 아마추어들을 주축으로 갖가지 기발한 장난을 꾸미고, 괴상한 의상을 입고 치어리더들과 함께 거리를 행진하고, 축제를 열어서 일상의 틀을 깨고, 심지어 토요일 오전 관리자 전략회의에서는 뜬금없이 노래나 코미디로 분위기를 풀어주었다. 해마다 주주 1만 명을 벤튼빌로 초대해서 주말에 야생에서 시끌벅적한 오락을 제공해서 월스트리트의 낯선 사람들이 "우리를 알고 이해해주기"를 바랐다.

샘 월튼은 독실한 신자는 아니었지만 교회와 주일학교를 안정의 기둥으로 중요하게 생각했다. 그러나 직원과 고객들은 점차 그들이 사회에서 맡은 초라한 역할을 정당화하는 월마트의 종교적인 태도를 알아차렸다. 월마트는 세계 최대의 광고회사 BBDO의 설립자 브루스 바튼Bruce Barton, 1887~1967이 전파한 서번트 리더십Servant Leadership을 경영원칙으로 채택했다. 목회자인 바튼은 루스벨트와 뉴딜에 반대한 완고한 보수주의자의 아들이었다. 예수를 사업가로 그린 그의 베스트셀러에서는 사업은 영적인 소명이므로 고객과 판매원은 공장에서 명령에 따르는 로봇과 같은 노동자가 아니라 기독교 예배에서 다른 신자들을 돕듯이 이웃에게 봉사하고 가족이 안락한 삶을 영위할 수 있도록 도와주어야 한다는 개념을 널리 퍼뜨렸다.

월마트는 종교와 사업을 결합하여 기독교 관련 상품의 최대 판매처로 자리를 잡았으면서도 사업에 철저해서 일요일에도 문을 열었다. 고객들이 택한 종교에서는 성서에서처럼 남자의 우월성을 지키면서도 모성애를 칭송해서 여자들을 위로하고, 가정생활을 기독교 의식儀式의 수준으로 끌어올리고, 남자들에게 가족을 소중하게 여기라고 설득하고, 낙태와 동성애는 가족에 중대한 위협이라고 비난했다.

월마트는 다른 대규모 사업체와 협력하여 작은 기독교 대학들을 지원해서 저항적이고 반反권위적인 주요 대학들과 맞서게 했다. 샘 월튼은 자선사업을 못마땅하게 여기고 직접 지역에 기부하는 방법을 선호했다. 월마트의 저렴한 가격이 고객들의 돈을 절약해주므로 공공의 후원자 역할을 수행한다고 간주한 것이다.

월튼은 월마트가 '변화의 동력'이 되기를 바란다고 말했지만 월마트가 이룬 가장 중요한 변화는 성장이었다. 또 남들과 다르게 사업하는 데서 기쁨을 찾았지만 사실 전 세계에 56가지 이름으로 운영되는 월마트 매장 8500곳은 자기복제일 뿐이다. 노동조합은 기피의 대상이 되었고, 대다수 종업원이 최저임금을 받고 그들에게 돌아가는 수익이 미미하다는 불평은 받아들여지지 않았다. 노동조합은 지역사회에 일자리를 제공한다는 월마트의 주장에 반박하면서 실제로는 경쟁 매장을 파산시켜서 더 많은 일자리를 없앤다고 주장한다.

현재 미국 인구의 3분의 1이 월마트 고객이다. 주로 부자가 되려는 경쟁에서 탈락하고 도시의 익명성 대신 근린관계라는 낡은 가치에 천착해서 겨우 자존심을 붙들고 사는 사람들이다. 21세기에 이들의 4분의 3이 조지 W. 부시 대통령에게 투표했다. '월마트 맘'〔대형 할인매장에서 식료품과 생필품을 구입하는 서민층 기혼 여성을 지칭하는 말로, 대체로 준교외 지역에 거주하면서 교육 및 경제 수준이 낮은 편에 속한다〕은 하나의 정치세력이다.

월마트가 변해야 할 이유가 없어 보일 수도 있다. 금융 전문가들은 월마트에는 안정적인 수익을 올리고 불황에 더 큰 수익을 올리기 위한 승리 공식이 있다고 확신한다. 월마트의 광고비 지출은 경쟁사의 4분의 1 수준이지만 매출은 여섯 배나 높아서 공급업체로부터 더 큰 폭으로 할인을 받아낼 수 있다. 비용 절감 면에서도 기술적으로 완벽해서 매장의 온도 조절 장치까지 벤튼빌 본사에서 통제할 정도다. 월마트는 세계에서 가장 성공한 기업이 되었지만 그만큼 적도 가장 많아서 시위와 소송에 자주 휘말리고 위선적인 태도로 비난을 샀다.

가령 월마트 직원이 이익 배당금을 받을 자격을 얻으려면 2년을 근무해야 하는데 그때쯤이면 직원들이 저임금을 견디다 못해 그만두므로 실제로는 대다수가 배당금을 받아본 적이 없다. 1950년대에 성공적인 비즈니스 모델인 GM의 최고경영자가 생산라인 노동자보다 임금을 135배 받은 반면에, 50년 후 월마트의 최고경영자는 일반 직원의 1500배를 더 받았다. GM의 공장 관리자는 근로자 2000명에서 3000명을 책임지면서 임금을 다섯 배 더 받았지만, 월마트의 지역 점장은 일반 판매원의 열 배를 더 받는다. 소매업 임금이 제조업 임금의 절반 수준이었지만 현재는 5분의 1 수준으로 떨어졌다.

월마트에 대한 유럽의 대안

세계에서 가장 성공한 기업이 우리가 지상에서 시간을 보내는 최선의 방법을 제시하지 못한다면, 그리고 대다수 사람들이 여전히 일한 만큼 보상을 받지 못한다고 느끼고 생계를 유지하는 데 평생을 바쳐도 원하는 결과를 얻지 못한다면, 과연 생계를 유지하는 일의 대안은 무엇일까? 돈 버는 데 에너지를 다 써버리고 남들이 하는 대로 맹목적으로 따르면서 어렵게 모은 알량한 재산으로 '언젠가는' 평생 접해본 적도 없는 삶을 누릴 수 있기를 꿈꾸는 삶의 대안은 무엇일까?

월마트에 대한 유럽의 대안, 곧 이케아의 선례를 따른다면 우리는 어디까지 갈 수 있을까? 열일곱 살에 이케아를 설립한 잉바르 캄프라드Ingvar Kamprad, 1926~는 월튼처럼 스웨덴 남부 외딴 지역의 소도시 출신이고, 이케아 본사도 아직 그 도시에 남아 있다. 캄프라드도 그 지역의 전통적인 가치인 근면과 검약을 중시했다. 다만 샘 월튼의 '사업을 일으키기 위한 열 가지 원칙'에서는 헌신을 중심에 놓고("나는 업무에 쏟는 순수한 열정으로 나의 개인적인 단점을 모두 극복했다") 동료들을 인정하고 그들과 함께 성공을 기뻐하면서 고객들에게 원하는 것 이상을 제공하라고 강조하는 반면에("내가 글로 써본 가장 중요한 두 단어가 월마트의 첫 번째 간판에 있다. 만족 보장Satisfaction Guaranteed"), 캄프라드의 '가구회사의 아홉 가지 원칙'에서는 '발견의 즐거움'이라는 비전을 추가해서 "스스로 인간으로서 발전하고" "자유로운 인간이 되어 (……) 자연스럽고 얽매이지 않는 삶을 누리면서 (……) 금전적으로 제약이 있는 사람들에게 좀 더 나은 삶을 만들어주어" "세계의 민주화"에 기여하고 오랫동안 즐길 수 있는 "활기차고" 아름다운 물건을 생산한다고 밝힌다.

캄프라드는 "왜 가난한 사람은 추한 물건을 참고 살아야 하는가?"라고 물었다. 아름다운 물건을 부자들만 누리는 것은 공평하지 않다. "나는 늘 미국 자본주의의 가혹함을 싫어했다. 나는 사회주의 원칙을 일부 수용한다는 사실을 인정한다. (……) 영리회사의 장점을 지속적인 인간 사회의 비전과 결합할 수 있다."

캄프라드가 스웨덴 시골의 소박한 삶에 향수를 느낀다고 해서 미래를 두려워하고 근사한 미래에 대한 비전을 찾는 노력을 외면한 것은 아니었다. 그는 모든 것을 성취하고도 "아직 많은 일이 미완성"이라고 말하곤 했다. 그는 늘 "영광스러운 미래"를 기대했다. 탐욕스러운 투자자들에 휘둘려 그가 세운 목표에서 멀어질까 봐 회사의 지분을 팔지 않았다. 투자자들의 요구로부터 자유로운 입장을 지키려고 했다. 그렇게 해서 주주들에게 배당금을 지급하는 대신 저축해서 경쟁사들이 몰고 오는 위험에 휩쓸리지 않으려 했다. "항상 어려운 때를 생각하고 대비하라." 그가 입버릇처럼 한 말이다. 잉여 수익을 비영리재단에 비축하고 난해하고 복잡한 법적 장치를 마련해서 정부의 조세와 그가 두려워하는 민족국가의 몰락으로부터 회사를 영구 독립시켰다. 그는 과거를 보존하려는 것이 아니라 그가 평생 이룬 성과를 보호하고, 그의 영혼이 아니라 회사의 불멸을 보장하며, 그가 '성스러운 개념'이라고 부른 이상을 위해 '영생'을 보장하고 싶어했다. "우리는 철학이 있는 기업이다. 우리의 철학을 지키면 절대 죽지 않는다." 부는 한 개인이 감당하기에 "너무 부담스럽다"고 생각해서 자식들에게 이케아의 주요 역할을 물려주었지만 소유권은 재단에 묶어놓았다.

이케아에는 종교를 대신하는 것이 있었다. 종교적이지 않고 신비주의적이지 않으며 겸손을 좌우명으로 삼고 온건한 평등주의의 바이킹 전통을 기업의 의식 儀式으로 삼은 문화였다. 샘 월튼이 직원들을 '동료'라고 부른 반면에 캄프라드는 스스로를 '협력자들'의 아버지로 여기고 리더십을 '사랑'으로 정의했다. 그가 가장 행복한 시절로 기억하는 이케아의 설립 초기에는 "작은 가족처럼 일했다"고 말한다. 캄프라드의 가족의 이상은 샘 월튼의 이상과 미묘한 차이가 있다. "우리는 사랑에 빠진 것 같았다. 에로티시즘과는 관계가 없었다. 우리는 그냥 서로를 끔찍이 좋아했다." 그는 마음에 드는 사람들을 협력자로 선택했다. 직원을 뽑을 때는 하루 종일 대화를 나누고 가끔은 밤늦게까지 대화를 나누었다. 무엇보다도 사회의식과 무슨 일이든 직접 해보려는 자세를 높이 평가하면서 서류상 자격보다는 상식이 마음에 드는 사람을 선택했다. 회사의 재정을 책임지는 경제 전문가가 실제로 회사를 운영하는 주체는 회계사들이라는 분위기를 풍기면 당장 해고했다. 캄프라드에게 이케아는 가족이었다. 혈연이나 지연으로 맺어진 가족이 아니라 기업의 사회적 책임 의식을 공유하는 사람이면 누구나 속하고 한없이 커질 수 있는 가족이었다.

이케아의 회의는 정감이 넘치고 진지했다. 캄프라드는 직원들을 포옹하면서 야단스럽게 애정을 표현하고 흥겹게 민요를 부르고 직원들의 손을 맞잡고 연대감에 대한 본능적인 기쁨을 표현했다. 그는 모두가 우러러보는 회장이지만 늘 자신의 '부족함'을 인정하고 젊은 시절에 친나치 사상에 경도되었던 '어리석음'을 사죄했다(그의 집안은 그가 태어나기 30년 전에 독일에서 스웨덴으로 이주했다. "나는 독일인 할머니와 독일인 아버지의 손에 자랐다.").

첫 번째 결혼은 이혼으로 끝났다. "내가 한심한 인간인 탓이었다." "자신감이 부족하고 우유부단하고 조직력이 형편없고 감수성이 심각하게 떨어지는 것은 나의 단점이라는 것을 잘 안다. (……) 나는 만족한 적이 없다. 내일은 더 잘해야 할 것만 같다. (……) 초조해하는 성격이어서 넉넉잡고 한 시간 반 전에는 공항에 가 있어야 마음이 놓이고 회의시간에 1분이라도 늦으면 몹시 부끄럽다." 그는 알코올 중독("망각하는 좋은 방법")에 난독증이라고 솔직히 인정했다. 그가 자신에 관해 내세운 거라고는 그저 "사업을 알아보는 감각과 시골뜨기의 상식 수준"이라는 정도였다.

캄프라드는 직원들에게 혁신하고 자신의 판단력을 믿으라고 격려했지만 실제로 직원들은 엄격한 규칙에 둘러싸였다. 따라서 이케아도 월마트처럼 꾸준히 성장하면서도 변화가 없었다. 사실 이케아가 세계적인 기업이 된 이유는 스웨덴 경쟁사들이 이케아가 경쟁적으로 가격을 떨어뜨린다면서 배척한 탓이었다. 살아남으려면 외국에서 공급처를 구하는 수밖에 없었기에, 처음에는 폴란드에서, 그다음에는 다른 저임금 국가에서 훨씬 저렴한 가격에 제품을 공급받았다. 다만 캄프라드는 월튼보다 국제적인 사안에 관심을 보였다. "나는 러시아 탱크가 학생시위대를 짓밟아 세계적인 공분을 샀을 때 프라하에 있었다. 베를린 장벽이 무너지고 이틀 뒤에 도착했다." 그는 폴란드 사람들의 "선량한 마음씨와 뛰어난 재주를 사랑했고", 그에게 폴란드는 "제2의 고향"이었다. 그는 자식들에게 네 개 국어를 가르쳤다. 하지만 낮은 가격이라는 만병통치약은 가난한 나라의 저임금에 의존한 터라 영원히 지속될 수는 없었다. 세계의 대다수 사람들은 여전히 이케아 가구를 살 형편도 못 될 정도로 가난하다. 검약의 가치관과 고객에게 가능한 한 많이 소비하도록 유혹해야 하는 사업적인 갈등을 해소해야 했다.

캄프라드는 고유 브랜드를 만들기 위해 회사의 정체성을 철저히 스웨덴적인 것으로 고집했지만 우아한 아름다움에 대한 관점이 다른 문명의 모든 사람에게 매력적으로 다가간 것은 아니다. 인도의 공급업자들은 대체로 자국의 전통으로든 서양 전통으로든 교육 수준이 높은 사람들이라서 이케아의 바이어가 납품 날짜와 가격에 관해서만 상의하고 친구가 되지 않으려 하고 결혼식에 초대하면 자칫 뇌물과 부패로 비칠 수 있다면서 거절한다고 싫어했다. 캄프라드는 회사가 계속 성장하면서 이케아를 하나로 연결하는 정서적 유대가 점점 사라진다고 우려하면서도 다른 한편으로는 회사가 더 크게 성장하기를 바랐다. 그러고는 바라던 결과가 나오지 않았다고 개탄했다. 규모의 경제와 대량생산은 세계 곳곳의 매장 풍경이 거의 비슷하고 똑같은 제품을 취급한다는 의미였다.

분주할 가치가 있는 일은 무엇인가

캄프라드는 이렇게 말했다. "내가 마가레타(한때 초등학교 교사였던 캄프라드의 아내)만큼 교양 있는 사람이면 좋겠다. 아내는 소설을 읽는다. 나는 고작 카탈로그나 훑어볼 뿐이다." 그는 무언가 빠진 건 알았지만 문화가 상업에 구체적으로 어떤 역할을 할 수 있는지는 알아채지 못했다. 비즈니스와 예술의 교류가 아직 무르익지 않아서 둘의 차이가 다른 어딘가로 이끌어줄 수 있는지에 관해, 비즈니스와 예술이 함께 무엇을 이룰 수 있을지에 관해 생각해보지 못한 탓이었다. 상업은 구매와 판매뿐 아니라 소통을 의미하는데, 소통은 바로 문화가 추구하는 것이기도 하다. 비즈니스에서는 돈 버는 것만 중요한 것은 아니다. 사실 비즈니스business라는 단어는 원래 불안을 의미했고, 물론 여전히 불안이 비즈니스를 지배한다. 거래되는 가장 귀중한 상품은 금이 아니라 매일 가장 유용하게 할 수 있는 일이 무엇인지를 결정하는 시간이다. 하지만 문화는 대체로 일에 의미를 부여하는 요소라기보다는 퇴근 후의 오락거리나 위안을 주는 역할로 한정되기 때문에 비즈니스는 방대한 문화적 경험에서 얻을 수 있는 영감을 표현하려는 노력을 거의 하지 않았다. 비즈니스를 '기술'로 간주하는 한, 삶의 목적이 무엇인지에 관한 통찰력인 '철학'을 제시하지는 못한다. 기술은 과제를 수행하는 절차인 데 반해, 철학은 개인의 특정한 직업 이상으로 이해의 폭을 넓히는 평생의 과정이다. 비즈니스가 대차대조표에 집착하는 한 지혜가 없는 부는 물 없는 빵과 같고 갈증은 허기보다 더 빨리 사람을 죽인다는 점을 망각한다.

돈을 많이 번다고 해서 도덕적 권위가 생기는 것은 아니므로 비즈니스는 이념을 빌려와서 그 위에 위신을 세우려 했다. 가령 군사 전통에 따라 시장을 '정복'하거나 비즈니스 관행을 사회과학 언어로 포장하거나 비즈니스의 목적에 따라 종교 교리를 재해석했다. 여전히 일에 대한 모순된 태도가 매복해 있다. 가령 여가가 궁극적인 일의 목표일지, 어떤 일이 다른 일보다 고귀한지, 한 가지 기술에 통달한다고 해서 성취감을 맛볼 수 있는지는 아직 밝혀지지 않았다.

비즈니스는 아직 청소년기라서 이전 세대를 뛰어넘으려는 청춘의 대담하고 화려한 기교를 즐기는 중인지도 모른다. '분주함busy-ness'이 무엇인지, 곧 분주할 가치가 있는 일은 무엇이고 시간을 어떻게 써야 할지에 관해 폭넓게 성찰할 때 온전한 성인기에 진입할 것이다. 효율성이라는 미명 아래 시간을 절약하고 시간이 부족하다는 이유로 시간과 싸우며, 시간이 너무 느리게 가서 시간을 죽이고 시간이 돈보다 더 소중해서 시간을 돈처럼 쓰는 것은 모두 '분주함'의 수수께끼를 푸느라 시간을 낭비하는 셈이다. 삶의 매 순간의 무한한 다양성이 얼마나 의미 있고 인상적인지에 관해 아직 다 밝혀지지 않았다.

지금은 2차 세계대전이 끝난 후 월마트와 이케아가 야망을 품던 시대가 아니다. 인간의 수명이 지금처럼 길었던 적이 없고(1900년보다 30년 이상 늘어났다) 인간이 여가시간을 이렇게 오래 누려본 적도 없다(주당 37~48시간의 노동을 주말과 휴가까지 포함해서 1년으로 나눠보면 하루에 네다섯 시간 정도만 일하는 셈이다). 그리고 지금처럼 이목을 끄는 다양한 유혹에 시간을 많이 빼앗겨본 적도 없다. 노동자들이 구체적으로 규정된 작업만 할당받는다면 다양한 직업에서의 시간의 다양한 특성을 경험하지 못한다. 비즈니스는 일과 삶의 균형을 강조함으로써 일이 삶은 아니라고 전제하는 난국에 봉착했다. 사람들이 일에서 무엇을 기대하는지가 더 이상 그렇게 뚜렷하지 않다. 덕분에 비즈니스를 새롭게 정의하여 비즈니스의 목표와 의미에서 새로운 장을 열고 일이 무엇인지 다시 생각할 새로운 기회가 열렸다. 비즈니스 앞에는 문화적 경험과 결합하고 온전히 살아 있는 삶에 기여하며, 모든 고객들이 가진 다양한 형태의 기억과 호기심과 상상력으로부터 혁신을 이룰 기회가 놓여 있다.

'소비자 사회'는 끊임없이 새로운 물건을 만들어내는 소수의 독창성에 의해 앞으로 나아가는 사회이므로 새로운 물건을 사줄 구매자가 적을 때 번번이 위기에 빠진다. 대안은 없어 보인다. 실제로 영적 가치관의 적인 물질주의가 서양뿐 아니라 동양에서도 온갖 불평을 딛고 500년 이상 살아남았기 때문이다. 사치스럽고 화려한 번영의 시기마다 불평의 목소리가 다시 터져나오지만 소비자는 한편으로 그들이 생산한 물건을 팔아줄 구매자를 절실히 필요로 하는 노동자이기도 하므로 이런 목소리가 실제로 효과를 거두는 일은 거의 없다.

게다가 쇼핑은 이제 우리가 남에게 어떤 사람으로 비춰지고 싶은지를 드러내며, 우리가 구입한 물건으로 이웃에게 강렬한 인상을 남기고, 우리의 선택을 통해 개인의 취향이나 집단 결속력을 드러내주는 침묵의 언어로 자리 잡았다. 누군가 삶을 윤택하게 해주는 물건을 남보다 많이 소유하는 한 소비자 사회는 결코 매력을 잃지 않을 것이다. 하지만 새로운 경험에 대한 허기가 갈수록 심해지고 기존의 관행에 관해 끊임없이 질문이 생기면 소비자 사회에 내적, 외적으로 도전하는 다른 사회들이 나란히 출현할 수 있다.

23장
/
생계를
유지하는
더 즐거운 길이
있을까

지속 가능한 지구를 만드는 것은 시작에 불과하다. 다음으로 우리는 그저 살아남아 몸을 따뜻이 유지하기 위한 목적으로 돈을 버는 팍팍한 현실을 극복해야 한다.

❖

　이케아의 설립자 잉바르 캄프라드가 그의 아내처럼 소설을 읽었다면 어떻게 됐을까? 그의 '가구회사의 원칙'은 안 그래도 이미 소설에 가깝다. 더 아름다운 세계를 그리는 강렬하고 낭만적인 이 소설에서는 작은 집단의 사람들이 "지위와 관습에서 탈피해서" 젊음의 정신과 "정복당하지 않는 열정"을 보존하기로 다짐하고, 언제나 "서로 도와줄" 준비가 되어 있고, 항상 "친절과 관용"을 베푸는 자세로 서로 대화를 나눌 시간을 내고, 돈만을 위해 일하기를 거부하고, 축구팀을 협동정신의 모범으로 삼고, 고유성을 소중히 여기고, 창문 공장에서 탁자 재료를 구하고 셔츠 공장에서 제일 싼 쿠션 덮개를 구하는 식으로 항상 새로운 해결책을 발견하고, 실수할까 봐 겁먹지 않고, "우리에게는 똑같은 매장이 없다"는 원칙을 지키고, "회사를 몰락시키는 가장 흔한 원인"인 위원회와 관료체제와 통계수치와 "과장된 계획"에 끌려 다니지 않고, 아이디어를 훔쳐간 경쟁자를 소송으로 응징하기보다는 더 좋은 새 모델을 개발해서 갚아주고, 무엇보다도 불가능하다는 말을 거부하고 항상 새로운 모험을 기다리는 모습을 그린다.

　'리스타lista'는 캄프라드가 좋아하는 옛 스웨덴어 단어로서, 꼭 해야 할 일을 최소의 자원으로 한다는 뜻이다. 낭비는 "인류의 가장 심각한 질병"이다. 따라서 캄프라드는 '지속 가능성sustainability' 이념을 쉽게 도입했다. 하지만 이케아가 확장될수록 캄프라드는 그가 강하게 비난하던 제약에 얽매였다. 반면에 고객들은 캄프라드가 처음 이케아를 설립할 때처럼 소비주의의 초보자가 아니다. 그들은 일의 미래에 관한 캄프라드의 비전과 융합하여 사회적 기업의 새로운 국면을 선언할 수 있는 이상향을 개발했다.

고객들의 새로운 열망

일이 꼭 지금과 같은 방식이어야 하는 것은 아니다. 생계를 꾸리기 위한 싸움이 이렇게 힘겨워야만 하는 것도 아니다. 비즈니스에서도 사생활처럼 새로운 관계 유형을 장려할 수 있다. 청년들이 그들에게 더 적합한 일을 창조할 수 있다. 소규모 실험을 실시하여 조직 전체의 구조를 해치지 않으면서도 어떻게 다르게 접근할 수 있는지 알아보고 유토피아적 유혹에 현혹되지 않을 수 있다.

내가 보기에 잉바르 캄프라드의 삶은 미완성이다. 그의 기억에는 이케아 매장이 피라미드 같은 거대한 기념비이지만 그가 실제로 더 큰 포부를 품었다고 해도 이제는 경영 구조를 바꾸기가 어려워졌기 때문이다. 캄프라드가 가구를 공급하는 집은 더 이상 예전의 집이 아니다. 이케아의 9500가지 다양한 탁자와 의자, 침대와 살림살이로는 집을 채우기에 역부족이다. 집은 단순히 소유물을 보관하는 장소가 아니라 편히 쉬면서 서로를 인정하는 사람들이 고민과 기쁨을 나누는 소중한 공간이 되었다. 집은 다른 사람을 보살피고 보살핌을 받는 곳이자 친구와 친구가 될 사람들을 대접하는 곳이자 위험을 의식하지 않고 속내를 서슴없이 드러내고 생각과 감정을 표현할 수 있는 공간이다. 또 집은 고독한 공간도 될 수 있다. 지금의 집은 모든 인간이 평생 쌓아올리고 무너뜨리지 않으려고 안간힘을 쓰는, 개인적으로나 집단적으로나 위대한 예술품이다. 한마디로 집은 문화적 건축물이다. '더 나은 삶'을 약속하는 가구회사는 이런 변화를 고려해서 단순히 가구가 배치된 48가지 방 모형으로 집의 물리적 모습만 제시하면 안 된다. 이케아의 고객들이 돈이 없어서 품위를 보여주는 물건을 사기 어렵던 시대에는 가격 경쟁이 효과가 있었지만 문화적으로 다채로운 열망을 품은 고객들을 상대할 때는 조금 다르게 접근해야 할 것이다.

백화점은 물건을 파는 곳이 아니다

200년 전의 영국에는 지금보다 점포가 다섯 배나 많아서 인구 50명에 한 개꼴이었다. 하루에 손님을 두세 명만 받는 상점도 있었고 장사로는 부수입만 올리는 상점도 많았다. 런던의 상점 주인들 절반이 하숙을 쳤다. 19세기 말 프랑스 북부 마을에서는 세 집 중 한 집이 와인이나 증류주를 팔았다. 미국에서 시골 잡화점은 지역의 농산물과 수공예품을 취급했다. 최초의 백화점은 물건만 파는 곳이 아니라 중산층의 열망의 중개소로서 콘서트와 전시회를 열고 여자들이 혼자서도 안전하게 외출해서 사람들을 만나고 새로운 유행을 접하고 마음껏 돈을 쓸 수 있는 공공장소였다. 1881년에 "이렇게 지갑을 터는 악덕에 중독된 여자들"을 본 《뉴욕타임스》의 남자 편집자들은 "조국의 미래를 체념"했다. 하지만 1909년에 런던에 백화점을 열고 《쇼핑의 설렘The Romance of Shopping》이라는 책을 출간한 고든 셀프리지Gordon Selfridge는 쇼핑을 필요가 아니라 즐거움을 추구하는 활동으로 표현하면서 이렇게 답했다. "이곳은 상점이 아니라 공동체다. 여자들이 이곳을 찾는 이유는 여기가 집보다 훨씬 환해서다." 예부터 동양의 시장 거리는 비공식적인 의회였다. 오늘날 영국의 중고품 자선 가게는 사람들이 점심시간마다 딱히 할 일이 없어서 공원에 가듯이 그저 잡담이나 나누려고 들르는 곳이다. 지금까지 상점은 창조적으로 변모해왔고 앞으로도 언제까지나 지금과 같은 모습으로 남으리라는 보장이 없다.

이케아가 매년 수많은 신규 매장을 내느라 분주한데도 캄프라드는 그의 동료들에게 "목표를 달성했다고 생각하는 회사는 이내 침체의 늪에 빠질 것이다"라고 경고했다. 이케아 매장을 방문하는 연간 6억 명의 고객은 이케아에 그저 물건을 사러 가는 것이 아니다. 이케아는 이런 고객에게 더 적극적으로 다가갈 만큼 성숙했다. 이케아의 고객들에게는 가구만큼이나 정서적, 지적, 도덕적 열망도 중요하다. 고객마다 사연이 있고 '더 나은 삶'을 찾기 위해 풀어야 할 숙제가 있다. 고객의 다채로움이야말로 캄프라드가 꿈꾸었지만 이루지 못한 독창성을 이케아의 매장에 불어넣을 수 있는 열쇠다. 휘황찬란한 도시의 불빛이 외로움의 안개에 점차 흐릿해지고 끝없이 늘어선 진열품 사이로 양처럼 묵묵히 지나게 만드는 매장 통로는 고객들이 애초에 쇼핑하러 나온 주된 목적 중 하나, 곧 집의 고독이나 권태에서 벗어나려는 열망을 만족시켜줄 수 없다. 대형 매장은 그저 물건을 사기 위해서가 아니라 사람들과 어울리고 거래하고 일꾼을 찾고 배우자 감을 만나던 도시 광장과 시장을 대신하는 곳으로서의 역할을 망각하고 있다. 대형 매장은 그저 고객에게 더 많은 물건을 떠안기려고 혈안이 될 것이 아니라 고객의 삶을 더 풍요롭게 해줄 사명을 띠고 문화와 교육의 중심지로서의 역할을 고민해야 한다.

가구를 사고파는 것 외에 이케아 매장에서
할 수 있는 또 다른 일

내가 이케아의 한 매장에서 허락을 받고 어떻게 이런 변화가 일어날 수 있을지 알아보기 위해 실시한 실험에서 고객들은 서로 모르는 고객들을 만나고 싶어하는 것으로 나타났다. 그리고 낯선 사람과의 대화를 주선하면서 단순한 잡담이 아니라 그들에게 가장 중요한 안건을 토론하고 다른 사람의 경험에서 어떤 도움을 받을 수 있는지 논의하도록 구성된 대화 메뉴를 제공하자, 그런 만남에 "영원히 감사할" 거라는 의견까지 나왔다. 대형 매장들은 다양한 상품을 진열하여 고객을 만족시키는 데 중점을 두지만 사실 사람들은 결국 물건보다 사람에 관심이 많다. 포인트 적립카드와 할인은 좌절된 사교활동에 대한 얄팍한 치료법이다.

고객들은 이케아를 그저 파란색과 노란색 건물로만 보지 않는다. 그 안에는 여러 국가에서 물건을 제조해서 이케아에 공급하는 수많은 사람이 있기 때문이다. 그런데 이케아는 매장에 진열된 제품을 만든 노동자들의 땀과 눈물과 생각에 관해 침묵한다. 특별할 것 없는 전등갓도, 델리의 어느 공장의 여자 노동자 200명 중 한 명이 자식들에게 '더 나은 삶'을 물려주기 위해 하루 여덟 시간씩 작업대에 고개를 숙이고 만든 물건이라는 사실이 알려지면 훨씬 흥미롭게 다가올 수 있다. 단순한 전등갓이 아니라 미래의 희망을 품은 전령이 되기 때문이다. 제품의 원산지를 추적하는 기술이 이미 존재하므로 구매자가 손쉽게 생산자에게 고마운 마음을 전하고 그 물건을 제조하는 데 사용된 기술을 배울 수도 있다. 고객이 전등갓의 가격만 따질 거라고 여긴다면 그들을 과소평가하는 것이다. 공급자들이 가격과 납품 날짜 얘기만 하고 싶어할 거라고 생각하는 것도 오해다.

나는 이케아의 대형 매장에서 실험을 진행하면서 외국인과 이민자를 위한 언어 수업과 대화 연습 프로그램을 만들었다. 호의적인 사람들끼리 이야기를 나눌 장을 마련해줄 뿐 아니라 고객들이 다른 나라의 고통과 희망에 관해 충분히 이해하도록 돕기 위해서였다.

부모들이 물건을 살지 말지를 고민하는 동안 뒤에서 몸을 가만히 두지 못하고 돌아다니는 아이들은 우쿨렐레를 연주하고 노래를 부르는 프로그램에 재미를 느낄 수 있다. 주차장이 꼭 우울하고 따분한 아스팔트여야 하는 것도 아니다. 주차장 벽을 빙 둘러 화분을 매달아서 정원처럼 꾸미고 바닥에는 아름다운 카펫을 깔 수도 있다. 온라인 상거래가 증가하고 상점은 그저 사람들이 인터넷에서 더 싸게 파는 물건을 직접 만져보려고 찾는 박물관이 되고 있지만, 각 상점들이 상품이 만들어진 문명의 연극과 춤을 소개하면 '쇼핑 경험'의 개념 자체를 바꾸어놓을 수도 있다. 상점들이 스스로 교육체계의 일부이자 오락산업의 경쟁자가 될 수 있다는 점을 인식할 때 문화 활동이 상업에 진출할 명분이 생긴다. 상점은 단지 거래를 숭배하는 소비의 성전이 되어야 하는 것이 아니다. 이웃 간의 화목한 분위기라는 더 큰 이상을 가진 쇼핑객들이 만나는 장소도 될 수 있다. 종교개혁이 새로운 의식과 낡은 의식이 통합된 결과였듯이 교육과 상업을 결합하면 소비자 사회에 새로운 성격을 부여할 수 있다.

판매원의 교육 수준과 목표가 높아지고 한편으로 효율성을 이유로 인원 감축의 위협이 도사리는 가운데 판매원들은 아직 발휘하지 못한 재능을 보여줄 기회가 더 많아지기를 바란다. 나의 실험에서 침구 담당 여성 직원은 은행원이자 학교의 회계 담당자로 일한 적이 있고 여행도 많이 다

넜으며 점심시간에는 아이들에게 책을 읽어주는 자원봉사를 시작했다. 사무용 가구를 판매하는 남성 직원은 원예학 석사학위를 딴 사람답게 집에서 키우는 열대식물에 관해 아주 유창하게 설명했다. 케이크 매장의 여성 직원의 특기는 양재이고, 마케팅 책임자는 영적 치유에 관심이 많았다. 다들 고객에게 물건을 사라고 권유하는 역할 이상을 할 수 있는 사람들이었다.

이케아는 40여 개 국가에 매장을 열어서 젊은 판매원들에게 일자리를 마련해주지만 거기에 더해 새로운 국제적인 교육 기회를 제공할 수 있다. 상업이란 게 어쩔 수 없이 수익에 집중해야 하지만 평판도 중요하다. 그리고 매장 관리자는 직원들과 함께 더 많은 사람의 삶에서 중요한 역할을 하면서 공동체에 봉사하고 있다는 보람을 느꼈다. 상업이 꼭 "고객은 항상 옳다"는 말만 되풀이하며 고객에게 아첨해서 스스로 품위를 떨어뜨릴 필요는 없다. 오히려 고객에게 새로운 아이디어를 제시할 수 있다. 소매점 마케팅 담당자라고 해서 반드시 고객들 사이의 관계보다는 고객과 익명의 기업 간의 관계에만 치중해야 하는 것은 아니다. 세계의 도시가 국제적인 소매점의 똑같은 매장과 끝없이 반복되는 브랜드 슬로건으로 갈수록 비슷해져야만 하는 것은 아니다. 고객은 사람이지 지갑이 아니다.

무엇이 먹고사는 일의 지난함을 구원할 수 있을까

끝없이 쏟아져 나오는 탐나는 물건을 사기 위해 더 열심히 일해야 한다는 압박은 우울한 자유를 낳는다. 많은 사람이 회사 밖에서만 자유와 창조성을 추구하도록 강요받는 지금, 대기업은 개인의 자유와 창조성을 끌어낼 원천으로 거듭날 방법을 아직 마련하지 못했다. 소비자 사회는 원래 숙명과 순종에 반발해서 일어난 혁명이자, 신분을 거부하고 불평해봤자 달라질 것은 없다는 가르침에 대한 저항이었다. 소비자 사회는 개인의 욕구가 가장 중요하다고 선언했다. 그러나 욕구가 반드시 개인을 해방시키는 것은 아니고 오히려 노예로 만들기도 했다. 비즈니스가 다른 목표를 위한 수단이 아니라 온전한 문화생활의 중심이 되려면 사람들에게 소비에 대한 욕망을 불어넣고 직원들을 생계를 위해 일하는 노예로 전락시키는 것 이상으로 관심사를 넓혀야 한다. 이미 명예와 안락한 삶을 누리고 있는 성공한 사업가들은 지적이거나 예술적이거나 영적이거나 도덕적인 성취에 관심이 없을 수 있지만, 자식들이 부모의 뒤를 따르지 않고 뭘 해야 할지 몰라서 갈팡질팡하는 현실을 마주하면 현재 그들이 추구하는 것들이 자식 세대에는 무의미해질 수 있다는 사실을 깨닫는다.

이런 의미의 몰락이 과거 수백 년 동안 청년들을 새로운 모험으로 내몰았다. 다만 모든 청년은 아니고, 위험한 계획을 감행하는 사람은 언제나 소수였다. "자연으로 돌아가라"는 더 이상 선택지에 없다. 자연의 소박한 삶을 옹호했던 헨리 소로Henry David Thoreau, 1817~1862조차 자연은 '숭고한' 동시에 '심술궂다'고 인정하지 않을 수 없었다. 하지만 환경 파괴의 공포가 커지면서 먹거리가 풍부하고 동물을 기를 수 있던 숲과, 먹거리를 직접 키우던 생활에 대한 향수가 되살아난다. 런던의 스테프니에 있는 정원에서 252종의 식물을 키우던 헨리 대니얼Henry Daniel, 1315~1385년경은 사무실과 공장이 자연과 결별하고 도시와 시골이 분리되면서 우리가 무엇을 잃었는지 일깨워주었다. 지속 가능한 지구를 만드는 것은 시작에 불과하다. 다음으로 우리는 그저 살아남아 몸을 따뜻이 유지하기 위한 목적으로 돈을 버는 팍팍한 현실을 극복해야 한다.

하지만 기술은 우리가 다른 방식으로 식량을 구하고 집을 짓고 옷을 입을 수 있다고 암시한다. 도시 사람들은 고층건물에서 수경 水耕 재배나 수기경 水氣耕 재배 정원을 만들고 층층이 자동 관개 작물을 재배해서 들에서 재배하는 작물보다 스무 배 이상을 생산하면서도 기존의 농경법에 필요한 물의 8퍼센트만 쓸 수 있다. 우주비행사는 미항공우주국NASA의 '제어된 생태학적 생명 유지 시스템'으로 척박한 행성에서 식량을 자급자족할 수 있다. 20세기에 집 안에 화장실을 들여놓았듯이 언젠가는 작은 아파트 안에 수직형 텃밭을 갖추지 않으면 화장실이 없는 것처럼 허전한 날이 올지도 모른다. 먹을 수 있지만 아직 발견되지 않은 식물도 많고 그냥 버려지는 식물도 많으므로 이제 식량혁명이 일어나야 하고 배고픔과 식욕에 대해 아직 시도하지 않은 여러 가지 방법을 모색해야 한다.

가령 우리가 먹는 음식을 바꿀 뿐 아니라 어디에서 누구와 함께 먹는지도 바꾸어야 할 수 있다. "우리는 먹기 위해서가 아니라 함께 먹기 위해서 식탁 앞에 앉는다." 고대 로마의 전기 작가 플루타르코스가 한 말이다. 대다수 사람들은 평생 극소수의 선별한 사람들하고만 식사하기 때문에 음식의 미래는 물리적 자원과 생산성 증가의 문제만이 아니라 화목한 분위기의 문제이기도 하다. 현재 유럽에 번지고 있는 '놀라운 먹거리Incredible Edible' 실험(도시와 마을의 노는 땅을 이용해 과일과 채소를 공동으로 재배하는 방식)은 생계 유지를 위한 일에 수반되는 끊임없는 압박과 그로 인한 사회 분열에서 벗어나고자 하는 욕구의 신호다.

집을 사려면 25년 동안 임금의 3분의 1을 대출금을 갚는 데 써야 하는 데, 이것은 7년 징역형에 해당한다. 일본에서 집을 사는 것은 간혹 100년 이상 자손들이 대출금을 상환한다는 점에서 새로운 형태의 세습 농노제를 의미한다. 주택 가격의 격차가 커지면서 부자와 가난한 사람들이 각자의 게토로 분리되었다. 임금노동자들은 제각각 떨어진 상업, 공업, 오락, 주거 공간을 오가느라 수명이 단축되어 마치 영원히 북극의 겨울에 살아야 하는 것 같다. 레닌은 공산주의가 공짜로 집을 나눠줄 거라고 약속했지만 결국 소비에트의 가정을 공동아파트의 단칸방에 몰아넣는 수준에 그쳤다. 인구가 증가하고 삶의 질에 대한 기대치가 높아지면서 해마다 어쩔 수 없이 주택난이 심각해지고 있다. 교외 주택과 고층 아파트가 창조적인 건축의 궁극의 성과물이 되지 못하고 콘크리트와 유리가 궁극의 재료가 될 수도 없다. 새로운 재료로 새로운 형태의 주거지를 짓거나 새로운 이주 양상을 만들거나 새로운 형태의 교통수단을 개척해서 지난 세대의 양식을 혁신할 사람은 누구일까? 의복은 또 어떤가? 100년 된 복식이 젊음을 되찾기를 기다리고 있다. 조만간 섬유혁명이 일어날까? 대다수 사람들에게는 돈이 넉넉한 날이 없기 때문에 기술이 궁극적으로 우리를 기아와 노숙의 위협, 돈의 횡포, 생계를 위한 고되고 단조로운 일에서 벗어나게 해줄 수 있는지 여부가 중요하다.

새로운 길, 새로운 일자리

예전에는 청년들이 일자리를 얻지 못하면 다른 대륙으로 이주했다. 지금은 일자리를 구하지 못하면 사는 곳에서 새로운 일자리를 창출해야 한다. 그들에게 주어지는 일자리가 적성에 맞지 않고 재능을 모두 발휘하게 해주지 않으며 마음에 드는 일자리가 충분할 때가 없으므로 청년들은 더 이상 선배들을 뒤따르고 싶어하지 않는다. 경험도 없고 자격도 없으니 쓸모없는 존재라는 말을 들을 때 청년들에게 남은 길은 상상력으로 새로운 삶의 방식을 창조하는 것뿐이다. 새로운 게임, 새로운 기계장치, 새로운 노래를 만들듯이 새로운 일자리도 창조할 수 있다. 포기하고 떨어져 나가는 것은 새로운 길이 아니다.

청년들은 농업이나 공업, 서비스업(상업적이든 인도주의적이든)의 요구만 일을 지배하는 것이 아니라 아직 널리 알려져야 할 인권이 일을 지배해야 한다고 주장할 수 있다. 인권의 확대는 세상과 무한한 삶의 형태를 성찰하고 인간이 발전시킨 무수한 기술을 더 많이 경험하고 개인의 고치를 벗어나 충만한 삶을 누리면서 남들도 그렇게 살도록 도와주고 싶어하는 청년들의 정당한 목표다. 존경받는 전문가가 되는 것도 근사하지만 이제는 몇 가지 분야의 개념과 언어와 기술을 이해하지 못하고서는 한 가지 전문직업의 지식을 따라잡지 못한다. 전문화가 수많은 기술과 지식을 발전시킨 원동력이기는 하지만 현재는 서로 연결되지 않은 듯 보이는 여러 전문 분야의 방문자들에 의해 수분受粉될 때에만 결실을 맺을 수 있다. 어느 한 가지 직업에 목매는 것은 각자가 성城에 속하거나 정해진 운명대로 살아야 한다고 믿는 낡은 태도다. 아직은 비즈니스가 영토를 정복하고 경쟁자를 물리치고 전리품을 가져온다는 용어로 성과를 설명하면서 군대의 이상에 머물러 있지만 그 너머로 이동할 여지는 충분하다. 비즈니스가 지금처럼 사생활과 모호한 관계를 유지해야 하는 것도 아니다. 비즈니스는 무엇이 추구할 만한 가치가 있고 무엇이 가치가 없는지 명확히 설명하고 낯선 취향을 평가하고 세습된 편견을 제거한다는 의미에서 미식에 비유될 수 있다.

대학 주변부의 경영대학원이 중개자로 나서서 모든 학부의 학생들에게 학과를 막론하고 다양한 직업의 사람들과 만나서 대화할 기회를 마련해서 일이 어떻게 사람들의 호주머니뿐 아니라 머리와 가슴을 채워주었고 현재 무엇을 해주며 앞으로는 어떻게 달라질 수 있을지 다시 생각해보게 할 수 있다. 대학과 경영대학원은 청년들의 취업 준비를 도와주는 것이 아니라 분야와 직업을 막론하고 모든 사람에게 '더 나은 삶'을 탐색하게 하는, 종합적이고 상상력 넘치는 실험실이 될 수 있다. 제도에 변화를 도입하는 것만큼 어려운 일도 없지만 세상에는 언제나 상상할 수 없는 일을 상상하고 싶어하는 용감한 사람들이 존재했다.

24장
/
호텔에서
할 수 있는
더 흥미로운 일은
무엇인가

변화의 대안은 발견이다. 다만 발견은 이제껏 상상도 못한 목표로 향하는 길을 제시
한다는 점이 다르다.

동시대인의 지혜에 귀를 기울이면 누구나 자기 자신이 되고 자기를 알고 더 나아가 자기를 사랑하라는 말을 끊임없이 듣는다. 그리고 무수한 전문가들이 우리에게 자기를 제대로 알지 못하고 있고 문제가 많으며 자기를 바로잡아서 교육하고 수준을 높이고 교양을 갖추고 사회화하고 외모까지 가꾸려면 도움이 필요하다고 조언한다. 하지만 전문가들 사이에서도 그런 많은 문제의 올바른 치료법은 무엇이고 애초에 문제가 무엇인지에 관해서조차 입장이 갈린다.

온갖 모순 앞에서 우리는 어떻게 해야 할까? 한 사람이 서로 모순되는 성격과 자질을 가지고 있을 때, 우리는 그를 어떻게 이해해야 할까? 인간은 "거짓되고 이중적이고 모순된" 존재라는 파스칼의 말에 동의하든, 모든 모순은 해소할 수 있다는 마오쩌둥의 말에 동의하든, 모순은 우리 삶의 일부다. 따라서 모순을 모른 척하기보다는 더 자세히 살펴보는 편이 흥미로울 것이다.

평생토록 자기 자신을 비롯하여 인간의 모순에 관한 화두를 안고 살았던 도스토옙스키Fyodor Mikhailovich Dostoevsky, 1821~1881를 살펴보자. 그를 선택한 이유는 그가 모순된 몇 가지 이상을 지지했기 때문이다. 그는 이런 이상을 어느 쪽을 선택해야 할지 결정하기 힘든 연인으로 생각해서 이상을 버리더라도 잊지는 않고 결국에는 혐오하게 된 이상까지도 그 매력을 명확히 알았다. 그의 소설은 인간의 딜레마에 관해 대립되는 진단을 해결하려고 애쓰면서도 어떤 입장에도 전적으로 동의하지는 않는 인물들 사이의 대화다. 희망의 불덩이가 언뜻 번쩍였다가 순식간에 꺼지면서 미묘하게 색조가 달라지는, 의심과 우울과 죄책감으로 어두운 하늘을 그만큼 섬세하게 묘사한 작가도 없을 것이다. 도스토옙스키의 작품이 170개 언어로 번역된 사실로 미루어 보아, 전 세계의 생각이 깊은 무수한 사람들이 도스토옙스키처럼 서유럽의 모순된 이념 앞에서 매혹과 당혹감과 혐오감을 오가는 모양이다. 이런 혼란 앞에서 달리 어떤 반응을 보일 수 있을까?

'의심과 불신의 자식', 도스토옙스키

도스토옙스키는 스물여덟 살에 사형선고를 받고 총살당하기 직전에 형 집행이 중지되어 극적으로 살아남았다. 이후 그는 살아 있다는 것이 무엇이냐는 물음에 유독 강렬하게 매달렸다. 간신히 죽음을 면하고 "삶에 대한 강렬한 애착이 샘솟고" "스스로 삶에 몰두하고" 싶은 욕구가 생기고, 삶은 "아무리 힘들어도 희망을 놓지 않는다는 뜻이고 그것이 삶의 의미이고 목적"이라는 확신을 가졌다. 시베리아 유형지에서 보낸 4년은 그와 전혀 다른 사람들, 그가 지배계급의 일원이고 냉정하고 무뚝뚝하고 의뭉스럽다는 이유로 그를 배척하던 "거칠고 잔인하고 성마른" 죄수들과 어울릴 수 있던 시간이었다. 그가 솔직히 털어놓은 것처럼 한순간도 혼자 있지 못하는 "끔찍한 고문"에 시달리며, "산 채로 매장되고 관 속에 갇힌" 느낌에 시달린 희귀한 경험이었다. 그는 그 죄수들 몇몇과 조금씩 친해지면서 그들을 이해하게 되었다. 끊임없이 그를 괴롭히던 "150명의 적들"에 둘러싸인 처지를 비관하기보다는 교육받은 엘리트가 무지렁이들에게서 배울 점이 많다고 생각하기에 이르렀다.

"나는 악한들 틈에서 인간을 알아보고 그들에게서 강인하고 아름다운 본성을 알아보고 거친 땅 속에서 금을 발견하는 기쁨을 알아보는 법을 배웠다. (……) 얼마나 멋진 사람들인가. 내 시간은 헛되이 버려지지 않았다. (……) 나는 아주 다양한 보통 사람들의 유형을 얻었다. (……) 책을 쓰고 또 쓰기에 충분했다." 그리고 한동안 그는 교육에 오염되지 않은 그들이 타락하고 부패한 세상을 구원할 수 있다는 확신에 사로잡혔다.

도스토옙스키는 낭만주의자이기도 하고 사회주의자이기도 하고 보수주의자이기도 하고 민족주의자이기도 하고 신앙과 불신을 모두 인정하는 정통파 기독교도이기도 한 다채로운 삶을 살았다. 그는 유럽의 사상에 영향을 받았으면서도 그 사상이 병들었다고 비난하기도 했다. 그는 물질주의를 경멸했지만 그의 삶은 돈의 지배를 받았다. 항상 돈이 모자랐다. 빚을 갚기 위해 맹렬히 글을 써내고 심지어 신문 연재 마감에 쫓기면서도 소설 두 편을 동시에 쓰기도 하고 그렇게 번 돈을 도박으로 탕진했다. "돈이 없으면 어느 쪽으로든 한 발짝도 나아가지 못한다." 그는 모든 것의 비용을 계산했고, 전통적인 방법으로 돈을 벌지 못하는 사람들이 범죄로 돈을 버는 방식에 매료되었다. 동시에 그는 돈에 대한 집착을 러시아의 관용과 형제애와 영성의 전통을 거역하는 세태라고 개탄했다.

그는 전통적인 가치관을 높이 평가하면서도 전통적인 가족에 의문을 제기하고 가족이 낳는 비극적 오해에 주목했다. 네 아버지가 "너를 잉태했고, 너는 그분의 혈육이니 그분을 사랑해야 한다." 하지만 그는 이렇게 답한다. "아버지가 나를 잉태했을 때 나를 사랑하셨는가? 그분이 과연 나를 위해 나를 잉태했는가? 아버지는 나를 알지도 못했다. 어째서 아버지가 나를 잉태하고 평생 나를 사랑하지 못했다는 이유만으로 그분을 사랑해야 할까?" 도스토옙스키는 한 인물의 입을 빌려서 "아버지가 죽기를 바라지 않는 자가 있을까?"라고 묻는다. 그러나 다른 한편으로는 "아무리 가족이 싫어도 가족을 사랑하는 것은 우리의 의무다. 그것이 우리에게 모든 인간을 사랑하는 법을 가르쳐준다"라고 말한다.

또 이렇게 적었다. "나는 의심과 불신의 자식이다. 언제나 그랬고 관 뚜껑이 닫힐 날까지 그럴 것이다." 그러나 그는 늘 무언가 믿고 싶은 절박한 갈망에 사로잡혔고, 갈망이 심할수록 그 믿음에 반박하는 주장도 강했다. 저널리스트였던 그는 단호하고 독단적으로 민족주의를 설파하고 이성과 과학적 방법론에 기대기를 거부했다. 러시아는 유럽을 문명화시키고 유럽이 이루지 못한 소명을 실현하고 여러 민족의 생각을 통합하고 무신론과 사회주의로부터 유럽을 해방시키는 과업을 이루어야 했다. 그러나 러시아가 전쟁에서 패하고 파산하자 그는 결국 "유럽이 우리를 경멸한다"면서 유럽에 등을 돌렸다. 대신 러시아가 아시아에서 문명화의 사명을 다해야 한다고 주장했다.

하지만 소설가 도스토옙스키는 독단과는 정반대로 문제의 모든 측면을 바라보고 죄인에게서도 성인聖人의 가능성을 엿보고 고통의 잔혹함과 고통이 만연한 현실을 보면서도 고통에서 '구원'의 힘을 보았다. 그는 범죄를 자유나 호기심이나 용기의 표현이 될 수 있는 죄의 여러 형태 중 하나로 보았다. "누구나 날마다 죄를 짓고 산다. 두 가지 선이나 두 가지 악 중에서 선택해야 할 때가 많다." 악은 치료할 수 있는 병이 아니라 인간조건에 내재한다. 어떤 주장도 진실을 날조할 수는 없고 진실은 난해해서 말로 옮길 수 없다. 따라서 그는 사물의 아름다움을 드러내는 식으로 세계를 보는 법을 배워서 진실을 발견하는 예술가가 되고자 했다. "한 줄기 햇살이 한 인간에게 해줄 수 있는 것은 놀랍다."

도스토옙스키는 삶의 복잡성을 노래하는 시인이자, 해소되지 않는 딜레마를 그리는 화가이자, 녹아내리는 얼음에 인류의 소심한 희망을 새기는 조각가다. 그가 죽은 후에 세상은 지식이 늘어나고 기대치가 다양해지고 어느 한 집단이 지식을 독점한다는 확신이 줄어들면서 훨씬 더 복잡해졌다. 따라서 나는 좀 더 세속적인 방법으로 개인의 불가사의와 모순에 접근할 것이다. 이를테면 사람들이 그들에게 주어진 모든 기회를 동원해서 아직 표현되지 않은 사고의 미로 속으로 파고드는지 물어볼 것이다.

마침 2012년에 세계의 관광객 수가 10억 명에 이르렀다. 과거 어느 때보다 많은 이방인이 서로에 관해서나 자기 자신에 관해서 어떻게 생각하는지 밝히지도 묻지도 않은 채 말없이 서로를 스쳐 지나갔다는 뜻이다. 그들에게 호텔은 의회와 가장 가까운 곳이다. 여기서는 누구나 국적이나 외모, 그 밖의 사소한 증거로 조금씩 오해받기 때문이다. 호텔에서는 잠깐의 피상적인 만남만 이루어지므로 재소자들이 서로 범죄의 이면에 감춰진 더 깊은 복잡성을 서서히 발견할 수 있는 감방과는 다르다. 그러나 서로의 모순을 이해하는 것이 바람직한 인간관계를 형성하는 데 필요하다면 엄청난 인구가 호텔을 거쳐 가는 요즘 같은 시대에는 호텔이 수수께끼 같은 이방인과 신비에 싸인 이웃을 더 잘 이해할 수 있는 장소가 될지 고민해볼 수 있다. 여러 도시에서 호텔이 한때는 주요 기념물이었기 때문에 전혀 터무니없는 제안은 아니다.

이방인들의 아고라

19세기 미국인들은 호텔이 신생국가에서 어떤 기능을 할 수 있는지 알았다. 미국인들은 호텔을 모든 시민이 모이는 그리스의 아고라로 생각했다. 미국의 초창기 호텔은 '대중을 위한 궁전'으로서 민주주의의 이상을 건축으로 구현한 곳이었다. 넓은 회의장을 모두에게 개방하고 식당과 오락장뿐 아니라 선적보고서와 가격표와 신문이 구비된 비즈니스 서재까지 마련되어 있었다. 권위주의적인 군주제에서는 혁명을 모의할 것으로 의심해서 사적이든 공적이든 모임이란 모임은 죄다 두려워한 데 반해, 미국인들은 이방인들의 국가라는 자의식에서 공동의 목표를 추구하는 사람들이 모이고 연합할 권리를 헌법에 명시했다. 그들은 1840년에 에드거 앨런 포가 묘사한 《군중 속의 남자The Man of the Crowd》의 고독을 알았다. 이 작품은 도시에서 하루 밤낮 동안 어느 이방인을 쫓아가면서 아무도 만나지 않고 누구와도 대화를 나누지 않으며 심지어 아는 사람 하나 없는 남자의 일상을 보여준다. 1818년에 이미 피츠버그 사람들은 옆집에 누가 사는지도 모른다고 불평했다.

그래서 호텔은 다양한 활동을 위한 회합 장소가 되었다. 저녁식사는 공동식탁에 차려지고 누구나 같은 음식을 먹고 손님과 주민들이 함께 어울렸다. "도시를 찾는 매력은 휘황찬란한 응접실에서 잘 차려입은 200여 명의 사람들과 함께 식사하는 데 있다." 공공장소에서 함께 식사하는 것은 호텔이 주는 즐거움의 하나로, 유럽인들이 사생활을 철저히 보호하고 각자의 교양을 과시할 때만 공공장소에 나타나는 모습과는 대조를 이루었다. 사람들은 호텔에서 식사하면서 "일주일 굶은 폭스하운드 무리가 쓸데

없이 다투는 양 정신없이 먹기만 할" 때도 많았지만 고상한 척 점잔 빼느라 같이 식사하는 사람에 대한 관심을 억누르지는 않았다. 나중에 아르헨티나의 대통령이 된 도밍고 사르미엔토Domingo Sarmiento, 1811~1888 는 "남을 의식하지 않는 호기심"을 즐겼다.

영국의 한 여행가는 이렇게 썼다. "외투 단추에 돈을새김으로 사슴이나 말이나 수돼지 머리가 새겨져 있다면 그걸 본 알아본 사람들이 모두 다가와서 하나하나 찬찬히 살펴보고 당신을 이리저리 돌려가며 걸어 다니는 박물관인 양 뜯어볼 것이다. 호텔 시스템은 미국에서 가장 평등한 제도다." "사대주의"도 없고 "개인의 지위를 내세울" 여지도 없다. 이것은 많은 호텔이 (한동안) 재정을 확보했던 방식과 일맥상통한다. 부자들만이 아니라 평범한 직원도 지분을 사서 호텔을 모든 계층의 소유로 만드는 것이다.

그러나 이후 비즈니스의 이상으로 인해 이런 공생공락의 환상이 깨졌다. 미국 호텔의 두 번째 독창성은 대량생산 방식을 채택한 데 있었다. 스타틀러E.M.Statler, 1863~1928 는 헨리 포드가 자동차 산업에 대량생산을 도입한 것처럼 호텔 시스템을 표준화하고, 엄격한 지침을 도입해서 직원들이 해고되지 않으려면 달달 외우게 했으며, 가격을 낮추었다("욕실 딸린 1인실 방 하나에 1달러 50센트였다").

이렇게 저렴한 호텔이 생기는가 하면 정반대의 길을 택한 호텔도 있었다. 직원 600명이 고객 1000명을 응대하려면 효율성이 최우선이었다. 고층건물 호텔이 친밀한 분위기의 소규모 가족호텔에 도전했다. 호텔 경영은 대학 졸업장이 필요한 직업이 되었고, 호텔 체인은 이익의 중심점으로서 단 세 기업이 약 200만 개의 방을 소유했다. '환대산업hospitality industry'이 탄생했다. 환대가 상업화되어 친절이 곧 통화가 된 현실은 인간관계에서 또 하나의 중요한 혁명이었다. 거의 모든 문명에 만연한 믿음, 누구나 지나가는 나그네에게 공짜로 잠자리와 식사를 제공해야 한다는 믿음이 사라지고 한 시대가 막을 내렸다.

호텔의 결정적인 변화는 방 가격에 공동의 식사가 포함된 미국의 호텔 정책이 20세기 초에 사생활을 중시해서 식사를 따로 주문하고 비용도 따로 지불하는 유럽의 알라카르트à la carte〔단품요리를 주문하는 방식〕 호텔 정책으로 바뀌면서 일어났다. 스위스에서 가난한 농부의 아들로 태어나 식당 종업원부터 시작한 세자르 리츠César Ritz, 1850~1918는 왕족과 부유층이 즐겨 찾는 유럽 일류호텔의 소유주이자 지배인이 되어 미국식 호텔의 평등주의를 사치품과 두툼한 카펫, 금수도꼭지, 굽실거리는 서비스, 고급스러움으로 대체했다. 그는 "사람들에게 사는 법을 가르쳐주고 싶다"고 말했다. 상류층의 관습과 사치에 매료되고 상류층의 당당함에 열광하고 필사적으로 그들을 모방하려 했다는 뜻이다. 따라서 궁전을 본뜬 호텔을 지어서 돈 많은 사람들이 현실의 제약을 떨쳐내고 호사스럽고 화려한 귀족의 생활을 흉내 낼 수 있게 해주었다. 호화로운 호텔은 직원들이 충실한 하인이 되어 고객의 온갖 변덕을 다 들어주는 24시간 극장이 되었다. 이때부터 부유층과 중산층과 서민들이 각기 다른 호텔로 분리되었다.

사회적 기능의 축소, 침묵으로 이루어진 공간

하지만 오늘날의 호텔은 유엔의 축소판으로 세계 각지의 사람들을 고용하고 접대한다. 호텔이 좀 더 효율적으로 평화의 중재자가 될 수는 없을까? 호텔이 꼭 투숙객을 외부의 서민들로부터 보호해주는 값비싼 성채가 되어야 할까? 호텔은 도스토옙스키와 그의 음산한 공간, 곧 범죄자를 범죄와는 거리가 먼 사람들로부터 격리시키는 공간이자 그가 인간의 모순에 관해 많은 것을 배운 감옥으로부터 무언가 배울 수 있을까?

나는 연구자 네 명으로 구성된 연구팀과 함께 1년간 한 호텔 체인의 직원과 손님들을 인터뷰하면서 거대한 수수께끼를 밝혀낼 수 있었다. 직급을 막론하고 모든 직원들이 놀랄 만큼 다양한 재능을 가지고 있지만 손님들은 절대로 알아챌 수 없다는 점이었다. 객실 청소부는 주로 새로운 언어를 배우고 싶어하는 외국인들이고 개중에는 대학을 나온 사람도 있었다. 시설관리과 직원 중에는 간호사 수련생도 있었다. 한 바텐더는 회계사이고, 다른 바텐더는 MBA를 공부하고 있었다. 가방을 옮겨주는 직원은 본국에서 족장의 아들이었고, 프런트 직원은 세계 각국의 호텔에서 일하면서 소설에 쓸 소재를 모으고 있었다.

하지만 호텔의 '인적 자원' 데이터베이스에는 직원들의 간단한 정보와 칭찬과 불만사항 몇 가지만 기재되어 있었다. 호텔은 이직률이 매우 높은 직종이라 더 자세히 파악할 필요도 없다고 여기는 것 같았다. 호텔의 고위 간부가 피상적이든 아니든 고객과 친구가 되는 경우가 아주 드물게 있지만 대다수 투숙객들은 마주친 적도 없거나 말없이 스쳐 지나간 수많은 직원에게서 영감을 얻을 기회를 갖지 못했다. 직원들은 '고객 서비스' 원칙에 얽매여 '친근하게 대해서는' 안 되었다. 호텔은 엄격히 제한된 기능만 수행하는 곳으로 스스로를 한정하고, 직원들의 역량을 과소평가한다. 투숙한 고객에게 호텔 직원과 호텔은 그 도시의 경험을 풍성하게 만드는 독창적인 역할을 할 수 있는데도 시도하지 않는다. 호텔의 상업적 성공은 사회적 목적을 축소한 것과 함께 일어났다.

과거 영국의 펍pub은 공식 행사가 자주 열리는 장소로서 공공활동, 법적 활동, 군사활동, 사회활동의 중심 역할을 수행했지만 현재는 과거의 향수만이 그런 사실을 기억할 뿐이다. 1800년 이후 영국 인구가 여섯 배나 증가한 데 비해 펍의 수는 그대로였다가 요즘은 급속히 줄어드는 추세이고 올해만 해도 4000곳이 문을 닫을 예정이다. 런던 남부의 한 거리에는 펍이 죄다 사라지고 그 자리에 도박장 여섯 곳이 들어섰다. 사람들은 이제 중요한 대화를 나누러 펍에 가지 않는다.

한 맥주회사의 조사에 따르면 사람들은 펍 대신 집에서 배우자(74퍼센트)나 직장 동료(57퍼센트)나 친구(56퍼센트)나 부모(38퍼센트)나 드물게 상사(11퍼센트)와 대화를 나누며, 드물게는 맥주 매장 점원(2퍼센트)과 대화를 나누기도 했다. 대형 교회에 다니는 신도보다 펍에 다니는 손님이 더 많은 것은 사실이지만, 그중 3분의 2는 펍에서 낯선 사람들과 대화를 나누는 것이 부담스럽고 대체로 잡담이나 농담이나 시시한 이야기만 나눌 뿐이라고 답했다. 30분 넘게 대화가 이어지는 경우는 4퍼센트밖에 되지 않았다.

프랑스의 비스트로bistro도 가파르게 감소하는 추세다. 1900년에는 지금보다 열 배나 많았고, 지금은 인구의 5분의 1만 일주일에 한 번 비스트로를 찾고, 5분의 2만 비스트로를 사회적 관계에서 중요한 공간으로 생각한다.

일본의 료칸旅館은 역시 사람들이 서로를 발견하는 장소는 아니다. 오늘날 료칸은 스트레스에 시달리는 일중독자들을 과거의 훨씬 안정되고 조화롭고 사랑이 꽃피던 상상의 시대와 연결해주는 '유적지'에 가깝다. 718년에 문을 열어 48세대에 걸쳐 대대로 운영해온 한 료칸은 현재 8층짜리 콘크리트 건물에 450명을 수용할 수 있는 공간이지만 획일적인 세계화의 압박에서 피신하고 역사적 기억을 소생시키고 상상에서나마 동질감을 찾을 수 있고 친절하고 아름다운 존재를 상상할 수 있는 성지로서 가치가 있다.

일본에 강하게 남아 있는 다비旅 전통은 남을 발견하기보다 자기를 발견할 것을 장려한다. 다비란 속세의 경쟁과 질시를 멀리하고 자연과 교감하며 황야로 나가서 자신의 진정한 가치를 발견하는 도보 여행을 뜻한다. 현대의 여행객들은 료칸에 머물며 과거로 걸어 들어가 성공에 대한 욕망을 떨치고, 조상들의 고행과 불확실성을 인정하던 마음, 덧없음의 미학, 사람이나 장소와 헤어지는 슬픔을 되찾으려는 막연한 욕망을 실현한다. '획일화된 단체여행을 피하라'는 조언은 혼자 여행하는 사람과 다츠사라脫サラ〔탈샐러리맨이라는 뜻으로 월급에 얽매인 생활에서 벗어나 독립한 사람〕가 좋아하는 여행서《걸어서 세계를 여행하는 법The Way to Walk the World》에서 전하는 메시지이지만 사실 자기 자신과 고된 현실에서 벗어나봤자 아무 데로도 가지 못한다.

호텔에서 할 수 있는 더 흥미로운 일은 무엇인가

그래서 사람들은 호텔에 머물 여유가 없거나 호텔이 지루하거나 갑갑하다고 생각해서 자기만의 호텔을 만들었다. 그들은 낯선 사람들을 만나고 관광객들이 찾지 않는 곳에 가보고 싶어한다. 19세기에 세계를 여행한 하지 사이야흐의 후예들이 오늘날 수백만 명에 이른다. 이들과 단체관광객 사이에는 접점이 없다. 각국 정부는 새들에게 지정된 곳에서만 똥을 싸라고 명령하는 법을 만드는 수준으로 이런 여행객들을 통제할 수 있을 뿐이다. 그리고 도시 설계자들은 주민과 기업의 요구를 더 중요하게 여기므로 실제로 도시에 생명을 불어넣고 도시를 교외 주택가와 차별화해주는 요소는 국가에서 공식적으로 홍보하는 명소만 찾는 관광객들과는 다른 이방인들이라는 사실을 애써 외면해야 한다.

현재 관광과 여행은 세계에서 가장 빠르게 성장하는 산업으로, 전체 고용의 10분의 1을 차지하고 자동차 산업보다 GDP에 더 많이 기여한다. 그런데도 호텔은 여전히 낡은 통념에 얽매여서 더 근사한 수도꼭지와 상류층이 애용하는 장식으로 겉모습을 치장하는 데 들어가는 비용을 충당하느라 당장 수익을 내는 데만 급급하다. 호텔은 19세기와 20세기에 신분이 상승하고 '전문가'가 되어 호화로운 생활을 꿈꾸던 사람들이 많던 시대에 머물러 있다. 비조합원의 진입을 철저히 통제하던 중세 길드의 유산이 여전히 현재의 직업 세계를 지배하므로 미몽에서 깨어나기가 쉽지 않다. 오늘날 호텔 경영은 별도의 전문직이 되어야 한다. 각자가 잘할 수 있는 역할을 하도록 놔두어야 한다는 뜻이다. 계절을 타던 과거의 소작농과 달리 겨울철 농한기에 농사와 전혀 상관없는 생산활동을 시작하고 싶은 사람은 없다.

호텔은 아직 한가한 계절을 날 방법을 찾지 못했다. 사실 일부 호텔은 비수기에 빈방이 많고 성수기에도 다 차지 않는다. 호텔이 꼭 침대와 식사만 제공해야 하는 것은 아니다. 또 '변화'만이 해결책이라는 20세기 컨설턴트들의 말을 신봉해야 하는 것도 아니다. 다만 변화는 항상 수익과 행복을 목표로 삼지만 충분히 수익을 올리고 충분히 행복하다고 만족한 적이 없기 때문에 변화는 항상 다른 변화로 이어진다. 변화의 대안은 발견이다. 다만 발견은 이제껏 상상도 못한 목표로 향하는 길을 제시한다는 점이 다르다. 이런 발견이 기술 분야에서는 익숙한 개념이지만 정통 비즈니스에서는 항상 예측 가능한 결과를 원한다.

관광이 폭발적으로 증가하고 노동자들이 이주하면서 호텔은 점차 국제적인 공간이 되었고, 호화로운 침대에서 뒹구는 것이 아니라 새로운 사람을 발견하고자 하는 여행객이 몇 배로 늘어났다. 가격을 높이기 위해 사치품으로 단장하는 데 엄청난 돈을 쓰지 않아도 되는 대안이 있다. 개별 여행객의 지식과 상상력과 야망에 더 관심을 갖는 방법이다. 호텔은 고객들 사이에, 고객과 현지인들 사이에, 고객과 호텔 직원들 사이에 좀 더 가깝고 친밀한 관계를 맺어주는 중개자의 역할을 할 수 있다. 초창기 미국 호텔들이 신대륙 이주민들 사이에 개인적인 만남을 장려해서 화합시키는 데 일조했듯이, 오늘날 호텔은 그와 유사하면서도 다른 방법으로 사람들이 국적과 직업에 가려진 다양성과 복잡성과 모순을 좀 더 명확히 인식하게 해줄 수 있다. 세계적인 호텔 체인이 있지만 그들이 세계적인 역할을 수행하는 것은 아니다.

호텔 고객은 택시 기사와는 가끔 대화를 나누어도 최저임금을 받고 호텔방을 청소하는 객실 청소부와는 기억에 남는 대화를 거의 나누지 않는다. 호텔방은 마음대로 나갈 수 있으니 감방은 아니지만 투숙객은 재소자처럼 어디로 도망쳐야 할지 모를 때가 많다. 내가 연구한 호텔 체인의 고객 중 절반은 도시에서 업무에 얽매어 혼자 있고 싶어했지만 나머지 절반은 업무를 마친 후나 약속을 기다리는 동안 비는 시간이 많아도 아는 사람이 없어서 누구를 만나러 나가지 못했다. 일행이 있을 때는 현지 가족을 만나고 싶어하고 혼자일 때는 직업에 유용한 무언가를 가르쳐줄 수 있는 그 지역의 전문가를 만나고 싶다고 응답했다. 그들로서는 호텔 로비에서 고작 몇 걸음 떨어진 곳에 관심사가 같은 고객이 말없이 앉아 있다는 사실을 알 도리가 없다. 호텔 안내인이 극장 관람권을 구해주거나 상점이나 음식점을 추천해줄 수는 있어도 고객이나 도시의 주민들에 관해 모르기 때문에 좀 더 흥미로울 수 있는 만남을 주선하지 못했다.

패키지 관광 덕에 일반대중이 낯선 장소에도 가보게 되지만 낯선 장소를 이해하는 데는 어려움이 있었다. 튀니지의 해변 휴양지에서 휴가를 보내는 호텔 투숙객 대다수는 일에 지쳐서 고객과 다른 무언가를 해보고 싶어하지 않고 현지인과도 대화를 나누지 않았다. 그들이 여행한 나라에 관해서 거의 아는 것 없이 돌아가는 사이 그들의 방을 청소해주고 식사를 차려준 현지인들은 그들의 무관심에 모욕감을 느꼈다.

멕시코 칸쿤에서 200곳의 호텔 고객들은 호텔 뒤편에 그만한 수의 빈민가가 폭발적으로 증가하는 현실을 전혀 알지 못했다. 그곳에 사는 사람들은 관광업으로 일자리가 생기고 돈이 들어오기는 해도 관광객들이 쓰고 가는 돈의 5분의 4가 외국의 관광회사로 다시 흘러나가서 새로운 형태의 식민주의가 뿌리를 내린다고 불평했다. "우리는 외부에서 지배당한다."

대중 관광산업은 독창성의 한계를 드러낸다. 사람들은 단지 본국의 현실에서 잠시 도피하는 데만 관심이 있는 것이 아니다. 섹스, 마약, 카지노, 술, 서구화된 현지 음식을 경험할 수 있는 휴양지만 원하는 것도 아니다. 독일에서는 이런 현상을 뜻하는 '프라이차이트스트레스Freizeitstress(자유시간 스트레스)'라는 신조어가 생겼다. 동방정교회에서는 "여행자의 물결에 휩쓸려 위기에 처한 사람들"을 위한 기도를 도입했다. 따라서 다른 선택권을 실험할 장려책이 있다.

내가 연구한 호텔 체인의 소유주는 "우리 호텔을 선생의 실험실로 쓰십시오"라고 말했다. 하지만 호텔은 실험실이 아니다. 호텔은 엄격히 규정된 서비스를 제공하기 위해 존재하지, 창조하기 위한 곳은 아니다. 호텔학교에서는 입증된 방법과 관행을 가르치지만 사실 이것은 고객들의 요구와는 다르다. 교육 수준이 높은 고객일수록 새로운 것을 배우는 데 관심이 많지만 호텔은 아직 교육을 장려하는 기관을 자처하지 않는다. 많은 호텔이 국제관계와 문명의 대화에서 중요한 역할을 수행할 수 있는 장소에 위치한다. 외교관은 국가 간 친선을 약속하는 조약에 조인할 수 있지만 일반 개인은 어떤 친구에게 전화할지 직접 결정한다. 호텔이 회의와 대담을 직접 조직할 수 있는데도 외부 기관에 회의실을 빌려주는 수동적인 역할에 머물 이유는 없다. 온종일 밖에 나가 고대 유적을 찾아다니는 관광객에게 침대만 제공할 것이 아니라 현지 주민과의 만남을 주선해서 양쪽 모두에게 인식의 변화를 일으킬 공감을 끌어내서 지금의 현실을 바꿀 수 있다. 그저 화려한 치장으로 고객을 극진히 대접하는 대신에 고객의 마음을 사로잡아 문화적 영감을 주는 원천으로 인정받을 수 있다. 호텔 고객이 사진과 기념품 말고는 아무것도 가져가지 않는 것이 아니라 여행한 나라의 사절이 되어 돌아갈 수도 있다. 이런 새로운 유형의 사절은 수백만 인구를 대표해서 말하는 사람이 아니라 그 나라 내부의 모순뿐 아니라 그들이 만난 개인의 내면에 존재하는 더 많은 모순을 인식하는, 역시 모순덩어리 개인으로 말하는 사람이다. 이런 제안을 실현하는 데 돈이 많이 들어서 호텔들이 망설이는 것이 아니다(사업계획에 따르면 특히 비수기에는 수익성이 있는 것으로 나타났다). 그보다 호텔 경영자들이 이런 계획을 구현할 만한 훈련을 받지 못한 탓이다. 일류대학에서 인문학을 전공한 사람들이 호텔 경영자가 되려고 하는 일은 드물지만 이런 사람이 늘어날 가능성은 있다. 불과 수십 년 전만 해도 유명 요리사가 되려는 사람이 이렇게 많아질 줄은 아무도 예상하지 못했다.

내가 연구한 호텔 체인은 전원 저택을 모델로 구세계의 안락함과 정중함을 제공한다고 자부한다. 하지만 원래 전원 저택은 안락함 이상의 훨씬 더 큰 것을 제공했다. 지배계층이 모여서 서로를 알아가는 사교의 장이었다. 사람들은 전원 저택에 가서 흥미로운 사람들과 대화를 나누면서 사교성을 기르고 도시의 미덕과 전원의 미덕을 모두 누리려 했다. 주인 내외가 예술과 문화로 손님을 매료시킬수록 그 저택의 평판도 좋아졌다. 앞 장에서 제시한 방법처럼, 호텔은 손님들에게 '대화 매뉴얼'을 제시하여 다양한 도시에서 모여든 사람들, 직업과 배경이 제각각인 개인들이 서로 더 잘 알아가도록 도울 수 있다. 또 직원들에게 '내면의 초상화'를 그리도록 장려해서 평소에는 드러낼 기회가 없는 다양한 관심사를 표출하고 손님과 교류하도록 도울 수 있다. 과거에는 호텔이 상류층 살롱이 아니라 좀 더 다양한 사람들의 대화의 장이 되는 것이 어려웠을 수 있다. 그러나 지금은 호텔 직원들 중에서 전원 저택의 주인 내외 같은 중요한 사회적 역할을 수행하는 데 관심이 많은 사람도 있고 세계 각지에서 놀라운 경험을 쌓은 흥미로운 사람들도 있어서 고객이 그들에게 배울 것도 많고 또 그들에게 가르쳐줄 것도 많다. 고객과 직원이 피상적인 대화만 나누는 것은 시대착오적인 편견 때문이다. 배움은 단순히 정보를 습득하는 과정이 아니다. 타인에게 관심을 가지고 그들에게서 배우거나 함께 배우는 과정을 의미한다. 배움은 다른 사람과 상호작용하는 과정으로 여전히 비즈니스의 주요 의제를 지배하는 '고객 서비스'의 이상을 대신한다. 호텔은 작은 선물과 자잘한 혜택을 제공해서 고객의 신뢰를 얻으려고 하지만 정작 고객은 그들만 줄 수 있는 것, 곧 지식과 경험을 호텔에 제공할 수 있을 때 더 신뢰한다.

새로운 언어를 배우고 싶어하는 호텔 직원이 많은데 호텔은 왜 어학학교가 되어주지 않을까? 객실 청소부가 하루에 객실 열네 개를 청소하느라 지쳐서 공부할 여력이 없기 때문만이 아니라 중간 관리자들이 교육을 호텔의 역할로 생각하지 못해서다. 한 관리자는 "나는 객실 청소부에게 객실 청소부가 되라고 교육합니다"라고 말했다. 대학 인근에 위치하는 호텔도 많고 시간제로 대학생을 고용하는데 왜 고객과 학생이 함께 할 수 있는 일을 도모하지 않을까? 왜 호텔은 전문가 집단이나 문화계나 자선단체와 좀 더 적극적인 관계를 맺으려 하지 않을까? 지금은 서로 가볍게 추파를 던지는 수준에 지나지 않는다. 양쪽이 용기를 내어 서로 연결해서 도덕적, 문화적, 영적, 지적 영감을 주는 원천이 되고 뮤즈로 인정받고, 그저 미슐랭 추천 호텔로 만족하지 않겠다고 마음먹으면 크게 달라질 것이다. 하룻밤 푹 자는 것도 근사한 혜택이지만 좋은 대화는 훨씬 더 오래 기억에 남고 더 소중한 결실을 맺을 수 있다.

25장

/

젊은이들이
나이 든 사람에게
무엇을 더 요구할
수 있을까

교육받은 새로운 세대는 점차 공포와 맞서는 다른 정서와 야망에서 동기를 얻는다. 이제 돈만으로는 부족하다. 그들에게는 충만한 삶과 따뜻한 인간관계가 가장 중요하다.

1831년에 트리에스테가 주요 자유무역항으로서 지중해의 홍콩으로 번창하던 시대에 여러 국적의 사람들이 모여 회의를 열었다. 사업을 위해 모인 자리였지만 흔히 그렇듯이 주된 관심사는 사업이 아니었다. 그중 한 사람은 그만의 '장점'을 발휘해서 히브리어로 시를 썼고, 이탈리아의 혁명가 두 사람은 훗날 조국의 정권을 전복하는 데 적극 가담했으며, 프랑크푸르트에서 온 사람은 귀족이 되겠다는 포부를 품었고 결국 헝가리의 남작이 되었다. 그들은 한 가지 거창한 사업 개념을 내놓았는데, "인간 삶에서 일어날 수 있는 모든 위험으로부터의 안전"을 보장한다는 것이었다. 그들은 해상손해나 자연재해를 대처하도록 보장해줄 뿐 아니라(이것은 다른 사람들도 이미 해오던 일이었다) 미래에 관한 전반적인 걱정거리를 제거하고자 했다. 그들이 설립한 제네랄리 보험회사Generali Insurance Company는 이후 20년 만에 알렉산드리아부터 중국과 미국까지 세계 각지에 지사를 냈다.

창립자들에 관한 개인적인 이야기는 거의 알려진 바가 없고, 이 회사에서 일하는 사람들의 기억에서도 지금은 거의 흔적 없이 사라졌다. 게다가 이 회사에 평생을 바친 사람들(현재 8만 5000명에 달한다)의 행복에 회사가 어떤 역할을 했는지에 관해서는 더더욱 알려진 것이 없다. 세상의 기억에 남은 직원이라고는 프란츠 카프카Franz Kafka, 1883~1924밖에 없고, 그는 보험회사라는 거대한 기계의 톱니로 사는 것에 대해 묘사한 보기 드문 사람이었다. 오든W. H. Auden은 카프카를 "20세기의 단테"라고 일컬었고, 사실 보험은 단순한 산업이 아니라 공포를 없애는 데 전념하는 종교에 가까워서 인류의 상당수가 기꺼이 정기적으로 보험회사에 헌금을 바친다.

카프카가 보험회사로부터 배운 것

카프카는 보험의 '매우 흥미로운 면'을 발견했다. 그는 공장 사고 담당이었고, 그 자신이 '안정적이고 성실한 모범'으로 존중하던 동료들에게 인정받았다. 카프카 역시 근면성실한 사람으로 주어진 역할을 남달리 효율적으로 이행했다. 하지만 그 일을 "지긋지긋한 일"이라고 싫어했다. 그는 "자기 관 값은 벌어야겠지"라면서 마음을 다스리려 했지만 결코 쉽지 않았다. 1년 후 그는 "유독 공격적으로 질책당하는" 동료를 보면서 혐오감을 느끼고 다른 보험회사로 자리를 옮겼다. 회사는 그의 사직을 납득하지 못하고 "극심한 심장 흥분증과 연관된 기력 상실"로 설명했다. 하지만 새로 옮긴 회사도 업무 시간이 줄어들었을 뿐 나을 것이 없었다. 카프카는 여전히 회사에서 졸리고 퇴근 시간쯤에는 극도의 피로감에 시달렸다. 그는 사무실 창밖을 멍하니 내다보고 여자 생각을 하고 농담하고 문학을 토론하면서 보내는 시간이 많았다. 그는 뭘 하고 살아야 할지 몰라서 법률 자격증을 따두었지만 그가 하는 일은 삶이 아니었다. "매일 아침 회사에 나가면서 나는 나보다 더 강인하고 집요한 인물이 아무렇지 않게 자살할지 모른다는 절망감에 사로잡히곤 했다." 보험업을 하면서 외국에 나가서 "사무실 창문 밖으로 사탕수수 들판이나 이슬람의 묘지를 내다보고 싶다"는 꿈은 끝내 실현되지 않았다. 그래도 그의 정력이 사라진 것은 아니었다. 일단 사무실을 나서는 순간 벌써 "다시 이곳에 돌아와야 한다는 생각에 기분이 울적했지만" 번잡한 사교생활과 숱한 연애관계를 유지하고 사창가에도 드나들고 포르노를 즐기면서도 친구의 증언에 따르면 "성욕으로 극심한 고통에 시달렸다." 그는 유독 카바레에 빠져 있었다. "나는 카바레를 깊이, 아주 깊이 이해하고 맥박이 고동칠 만큼 즐기는 것 같다." 하지만 그가 "피를 나눈 형제"를 발견한 것은 문학이었고, 문학으로 그가 느끼는 부조리와 악몽을 표현했다. "나는 글쓰기를 통해 삶을 붙잡았고", "글을 쓰는 것은 과도할 정도로 자기를 드러낸다는 뜻이다." 아니면 그에게 글쓰기는 "일종의 기도"였다.

보험회사에 다니면서 카프카의 공포가 치유된 것도 아니고 누구를 만나든 자기를 추악한 인간으로 여길 거라는 두려움이 사라진 것도 아니지만, 대신 그 덕에 공포에 맞서서 무엇을 할 수 있을지 성찰할 수 있었다. 그는 공포가 "어쩌면 나의 가장 괜찮은 부분"일 수도 있다고 결론지었다. 공포에 맞서 보험에 가입하는 것이 최선의 답은 아닐지 몰라도 "자유로운 것보다 족쇄를 차는 것이 더 안전할" 때가 있다고 인정했다. 보험이 아직 본연의 소명을 발견하지 못했을 수 있을까?

재해보험과 기회보험

보험이 종교에 가깝다면 왜 종교개혁이 일어나지 않았을까? 보험회사는 아직 18세기 창립자들을 따르고 있다. 보험회사는 계몽주의 철학의 자식으로서 무슨 일이 일어나든 신의 뜻이고 신에게 도전하면 천벌을 받는다는 믿음을 과감히 떨쳐낸 시도였다. 그들은 새로운 과학적 접근을 지지하면서 자연을 지배하고 예측 불가능한 자연의 변덕을 물리치려 했다. 하지만 보험은 합리적이고 수학적으로 계산된 안전을 보장하는 동시에 마음 깊은 곳의 정서, 곧 공포에 호소했다. 보험은 공포를 완화시켰다. 그리고 갈수록 커지는 공포를 막는 동시에 전에는 생각지도 못한 불안을 자극했다. 요즘은 인간의 거의 모든 활동이 잠재적 위험 요인이자 보험으로 보장받아야 할 활동으로 간주된다. 보장받는 직업과 대상에서 나오는 수익보다 공포에 대한 보험에서 나오는 수익이 더 클 것이다.

하지만 교육받은 새로운 세대는 점차 공포와 맞서는 다른 정서와 야망에서 동기를 얻는다. 젊은 세대는 갈수록 독립적이 되고 일상의 욕구를 당장 충족할 방법을 찾으면서 과거 모든 문명의 토대가 된 검약에 크게 관심을 두지 않는다. 안전을 보장하려는 젊은 사람도 있지만 나머지 다수는 모험과 흥분을 추구해서 연금이나 저축 따위에는 관심이 없을 수 있다. 게다가 이제 돈만으로는 부족하다. 젊은 세대는 돈으로 살 수 없는 것을 더 많이 원한다. 그들에게는 충만한 삶과 따뜻한 인간관계가 가장 중요하다.

이것은 보험회사가 아직 따라잡지 못한 정서다. 보험회사는 젊은 세대와는 최소한으로 접촉한다. 어차피 젊은 세대는 돈이 없으니 보험에 들라고 권할 만한 가치가 없다고 판단하는 것이다. 젊은 사람들은 음악과 패션, 휴대전화와 비디오게임 같은 산업에는 돈을 많이 쓴다. 모두 개인적인 관계를 발전시키는 데 도움이 되기 때문이다. 보험회사는 반항적인 청년들이 역사적으로 자부심을 느끼고 기성세대로부터 인정받고 더 큰 자유를 누리고 삶의 지평을 넓히고 가족이 채워주지 못하는 우정에 대한 허기를 달래려고 싸워온 사실을 간과했다. 게다가 보험회사는 인류의 수많은 발명품에 영감을 준 에너지를 활용하지 않았다. 그저 부정적인 보호 장치를 제공하면서 젊은 세대의 포부와는 무관하게 사고 후의 금전적 보상만 약속한다. 젊은 사람들의 관심을 끌면서도 현대적인 목표의 변화에 부응하고 사전에 대책을 마련하는 보험이 개발되지 않는 이유는 무엇일까? 재산을 보호하고 노년에 대한 공포를 줄여주는 재해보험 대신에 차단된 기회에 접근하기를 갈망하는 사람이 점점 늘어나는 지금, 기회보험을 제공하지 않는 이유는 무엇일까?

관료화가 낳은 상상력의 빈곤

보험회사가 세상에 출현하기 전에도 지금의 보험회사를 능가하는 혜택(과 불이익)을 갖추고 사전에 대책을 마련하는 보호제도가 존재했다. 가족과 교회, 조합과 공제회에서 오늘날에는 비용이 아주 많이 드는 몇 가지 서비스를 제공했다. 이들의 공통점은 돈이 아니라 사적인 소통을 중시한다는 점이다. 이들은 실질적인 도움과 정서적인 위로, 사교행사와 의식儀式을 제공했다. 하지만 오늘날은 과거보다 가족의 규모가 작고, 사람들이 더 많이 자립하며, 종교가 지배적인 지위를 상실한 나라에서 상호부조와 소속감을 제공하던 공제회마저 사무적인 복지국가에 의해 파괴되었다. 이런 이유에서 근본주의 종교단체가 가장 빠르게 성장하는 보험 집단이 되어 나이와 직업을 막론하고 모든 사람을 끌어들이는 것이다. 그들은 계약서도 쓰지 않고 대규모 해결책도 제시하지 않고 일과 집, 우정, 사회적 승인, 의미, 목적을 향한 개인의 특정한 요구에 맞게 일대일의 사적인 도움을 제공한다. 반면에 보험회사는 사무적이고 기업적이고 익명성을 띠고 요식적이고 요구 조건이 많아서 모든 거래를 서류와 회계로 진행하면서 과거의 공생공락의 분위기와 결별했다.

카프카의 판결은 외부의 적대적인 비판자의 시각이 아니라 보험업의 규칙에 따라 성공적으로 게임에 임하는 사람의 시각으로, 보험업이 왜 그런 식으로 진화했는지 이해한 결과였다. 그는 관료주의가 "인간을 고정된 코드번호로 바꿔놓는 식으로 삶을 변형했고", 사람들이 안전한 사무직을 즐길 수는 있지만 상상력을 옥죈다는 이유로 염증을 느낄 수도 있다고 주장했다. 보험의 심각한 제약은 고정된 규칙 뒤에 감춰진 부조리와 비이성에서 나오고 그로 인한 불합리와 불평등에 대한 무관심에서 나온다. 보험회사가 그들 자신과 고객의 상상력을 억누르지 않으려고 좀 더 주의한다면 보험이 다른 어떤 방향으로 나아갈 수 있을까?

젊은 사람들은 무엇으로부터 공포를 느끼는가

보험회사는 수익을 보장하는 수학 계산을 근거로 마음의 평화를 약속하는 클로로포름(마취제의 일종)과 같은 돈을 창출했다. 그리고 번영이 온갖 불안을 동반하던 시기에 번창했다. 가진 것이 많을수록 잃을 것도 많고, 안락한 삶을 누릴수록 계속 더 안락을 갈망한다. 그래서 특정 유형의 보험을 의무화하는 법안이 통과되고 비과세 특혜를 제공하는 더 매력적인 보험도 있다. 보험과 연금은 막강한 투자자로서 문명의 형태를 결정하고 안전하게 금전적 수익을 내면서도 고객에게는 다른 무엇을 원하는지 묻지 않는다. 오직 돈에만 관심을 가지고 돈이 문제를 바로잡을 수 있으며 삶이 시계처럼 정확히 흘러가도록 보장할 수 있다고 전제한다. 하지만 세계 인구의 절반은 25세 미만이고 이들은 돈이 전혀 혹은 거의 없고 이들의 열정은 성격이 다르다. 어떻게 보험과 젊은 사람들이 서로 다른 행성에 살지 않게 해줄 수 있을까?

기존의 보험업이 스스로 고루한 습성을 바꾸기를 기대하기는 어렵지만 지금처럼 다수의 사람들이 보험에서 소외당하고 일하는 세대가 감당하지 못할 만큼 노년 인구가 증가해서 보험의 지속성과 존립 자체가 위협받는 시대에는 다른 방법을 시도할 수 있다. 기존의 절차와 병행해서 소규모의 실험을 통해 어떤 대안이 있는지 정도만 알아본다면 현재의 보험에는 위협이 되지 않는다. 과학과 기술은 항상 실험을 거치지만 조직화된 직업은 기득권의 포로가 될 때가 많다. 하지만 보험회사는 경고의 화신이면서도 지난 150년 동안 사회의 훌륭한 가치관을 침해하지 않고 나름의 길을 개척해왔다.

앗시쿠라치오니 제네랄리Assicurazioni Generali는 해상보험업자로 일하다가 지주, 은행가, 자산관리사, 산업 자문, 개인 가사도우미 공급자, 심지어 회사의 독일 지사에서 유럽 최대의 기술대학을 세웠을 때는 교육 전문가로도 활동했다. 하지만 그의 회사도 그렇고 다른 보험회사도 마찬가지로 보험업이 젊은 사람들의 사소해 보이는 야망에 개입할 수 있으리라고는 생각하지 못했다. 그래서 그의 회사는 젊은 사람들에게 가장 무서운 공포인 권태와 외로움과 인정 결핍을 막아주는 보험을 제공하는 휴대전화 산업에 뛰어들었다. 2006년에 젊은 세대의 휴대전화 시장가치가 1000억 달러를 넘어섰을 때 보험업자들은 이런 획기적인 산업과 보험의 관련성을 인지하지 못했다. 말하자면 수많은 젊은 세대가 소셜네트워크에서 절박하게 친구와 동지를 찾아 헤매고 그들에게 가장 시급한 일은 좋은 직장을 구하거나 더 좋은 교육을 받거나 해외여행을 마음껏 다니기 어려운 현실에서 오는 좌절로부터의 자유라는 사실을 이해하지 못한 것이다. 돈이 전부가 아니었다. 돈만으로는 젊은 세대에 도움을 주고 그들의 미래를 흥미롭게 만들어줄 수 있는 힘을 가진 사람들과 젊은 사람들을 연결해주지 못했다. 젊은 세대가 자기 나라를 벗어나 넓은 세상을 볼수록 도움을 구할 사적인 연줄이 더 많이 필요해졌다. 하지만 젊은 세대는 그들이 갈망하는 삶에 다가가게 해주는 기회보험을 어디에서도 발견하지 못했다.

새로운 세대를 위한 지식과 경험의 네트워크

지금까지는 약관을 핑계로 약속을 교묘히 회피하는 보험회사의 작태를 불평할 때를 제외하면, 피보험자들끼리 이야기를 나눌 일이 없을 거라고 여겨졌다. 하지만 제네랄리(혹은 다른 경쟁사들)가 피보험자들이 서로 소통하면 혜택이 생길 수 있다는 점을 깨닫는 모습을 상상할 수 있다. 3000만 명의 보험 계약자야말로 미개척 자산이다. 그들에게는 젊은 세대가 당장의 걱정거리를 해결하도록 도와줄 지식과 경험과 네트워크가 있기 때문이다. 세대 간에 지식을 재분배하려면 혁명을 도모할 것이 아니라 사람들이 깨어 있는 시간을 어떻게 보내는지 다시 생각해야 한다.

보험회사가 인터넷 사회관계망 사이트보다 유리한 점은 보험회사는 본래 고객의 기대수명을 지원한다는 신뢰를 얻을 때만 존재할 수 있다는 사실이다. 그러나 지금까지는 이런 목적을 좁은 의미로만 해석해서 스스로를 금전 거래를 다루는 금융기관으로만 규정했다. 하지만 1년에 한 번 정도나 보상금을 청구할 때만 소통하는데도 보험회사의 성공은 신뢰를 쌓는 데 달려 있다. 사실 개인의 재능을 인정해주는 것만큼 신뢰를 쌓는 방법도 없다. 보험 계약자는 모두 저마다의 재능이 있지만 보험회사 안에서 재능을 발휘하거나 상호이익뿐 아니라 공익을 위해 지식을 교류하는 공동체에 속해 있다는 느낌을 받을 기회가 없다.

물론 보험회사는 '핵심' 사업에 집중하는 편이 안전하다고 생각한다. 하지만 항공사들은 과감하게 무료 항공여행을 제안하고 그 대신 고객들에게 다른 서비스를 팔아서 수익을 올리는 방법을 고안했다. 주요 석유회사는 휘발유 판매로 버는 돈보다 주유소에 딸려 있는 상점에서 더 큰 수익을 올린다. 구글의 수입은 성공적인 검색엔진에서 나오는 것이 아니라 광고업자를 끌어들여서 나온다. 영화관은 영화표가 아니라 기다리는 시간에 스낵을 판 수익에 의존한다.

보험회사들은 스스로 직업과 교육과 여행이라는 삶의 세 가지 필수요소에 관해 아직 사용되지 않은 방대한 정보의 저장고를 가지고 있다는 점을 인지하지 못한다. 알다시피 인맥을 통해 직장을 구하는 경우가 많고, 또 특정 직업의 장점은 내부 정보 없이는 잘 드러나지 않는다. 하지만 보험계약자들에게는 서로에게도 유용하고 보험보다는 당장의 문제에 관심이 많은 다음 세대에게도 유용한 기회가 주어지지 않는다. 젊은 세대가 적합한 일자리를 구하기 어려워질수록 현실을 직접 경험한 사람의 도움이 필요하다. 오늘날 구직자들이 평생 한 회사에 몸 바치는 관행을 피하면서 인맥이 점점 더 중요해지고 있다. 제네랄리의 고객들은 왜 일자리가 있는 사람과 없는 사람들 사이의 침묵을 깨지 못할까?

또 교육받은 사람과 교육받으려고 안간힘을 쓰는 사람들 사이의 침묵을 깨지 못하는 이유는 무엇일까? 외국에서 공부하려는 사람은 늘어나지만 현지에서 안내받을 방법이 한정적이라서 친구 하나 없이 낯선 땅에 도착하면 결국 동향 사람들하고만 어울릴 때가 많다. 공식 안내책자는 적절하지 않은 정도를 넘어 엉뚱한 길로 유도하기까지 한다. 학생들은 자신이 죽은 뒤에 자식들에게 무슨 일이 생길지에 관한 걱정은 미룰 수 있지만 당장 돈이 부족한 문제를 해결하고 정규직이든 시간제든 이왕이면 흥미로운 일자리를 구해줄 사람을 찾아야 한다. 중국에서는 학생 400만 명(전체 학생 인구의 4분의 1)이 빈곤 상태로 분류된다. 인도의 한 은행은 개인적인 조언이 현금이나 대출보다 더 유익하다고 밝혔다. 보험회사 간부들은 보험업과는 상관없는 일이라고 주장한다. 하지만 젊은 세대가 정말로 그들의 사업과 무관할까?

젊은 사람들이 이국적인 경험을 원해서든 뜻밖의 난관이 주는 짜릿함을 원해서든 더 과감한 여행을 감행할 때 위험에 대비한 보험에는 관심이 없다. 그들이 미지의 세계를 탐험하고 이방인의 비밀을 파헤치고 일부러 위험을 찾아다닐 때는 피곤에 지친 직장인들을 위해 안락한 호텔과 안전한 해변과 여행자 보험을 갖춘 패키지 관광에는 관심이 없다. 그들은 어디를 여행하든 어느 집 문을 두드릴 수 있는지 알아야 한다.

노년층도 사정이 다르지 않다. 영국인의 3분의 1은 해외에서 노후를 보내겠다는 목표를 세우고, 5분의 4는 은퇴 후 해외로 여행을 떠나고 싶어 한다. 재난에 대한 보상으로는 충분하지 않다. 희망이 더 중요하다. 특히 돈으로 살 수 없는 종류의 희망, 각자의 지식과 경험이 평소 만나지 못하는 사람들에게 도움이 될 수 있다는 희망, 흥미로울 거라고 생각도 해본 적 없는 타인에게서 배울 수 있다는 희망이 중요하다.

보험회사의 새로운 소명

보험회사는 아무런 의미도 없는 이름 뒤에 숨으면 이익을 보지 못한다. 중세에 대학이 처음 생겼을 때는 대학에서 제공하는 교육 과정에 스투디아 제네랄리Studia Generali(일반학교)라는 이름을 붙였다. 오늘날 대학에서 가르치는 내용과 달리 보편적인 지식, 곧 당시에 접할 수 있는 모든 정보를 소개하는 과정이었다. 제네랄리 그룹은 이런 우연의 일치를 이용할 수 있었고, 다른 보험회사들도 실제로 남들과 차별화되는 속성을 드러내는 이름을 선택하기 시작했다. 제네랄리의 고객이 되면 세속적인 상업활동뿐 아니라 사람들의 시야를 넓혀주고 편협한 환상에서 해방시켜주는 데 전념하는 새로운 공동체의 일원이 된다는 의미일 수 있다.

보험회사는 한편으로 세계에서 가장 부유하면서도 가장 비밀스러운 기관이다. 제네랄리의 자산에는 유럽에서 가장 중요한 몇 가지 역사 기념물에 대한 소유권도 포함된다. 고객이 제네랄리에 투자하면서 자신이 문화 행위를 하고 있고 문화유산의 수호자가 되어 문화유산에 대한 이해 수준을 끌어올린다고 느낀다면 단순한 비즈니스를 한참 뛰어넘는 것이다. 특히 사교활동으로 모호해진 보험의 정체성을 다시 밝히고 고객과 주주와 직원 사이의 사회적, 지적 연결을 구축하는 기회를 제공하는 행사를 연다면 더 바람직하다. 현대의 사무적인 비즈니스는 과거의 모든 지혜를 거스르는 새로운 현상이다.

회사원들을 우리에 갇힌 동물로 취급하고 어쩌다 한 번씩 업무 관련 회의나 연수에만 내보내야 하는 것은 아니다. 기업대학이 우후죽순으로 생기지만 아직은 대학을 어설프게 모방한 수준에 지나지 않는다. 기업대학은 정신에 생기를 불어넣기보다는 측정 가능한 수치로 수익을 달성하는 수준에 머물기 때문이다. 보험회사는 좀 더 광범위한 문제를 고민할 만큼 포부를 키우지 않는다. 사실 보험회사는 일과 비즈니스를 인류의 이상에 부합하도록 새롭게 창조할 방법을 진지하게 고민해서 외부인들도 주목하고 경청하고 참여하고 싶게 만들 수 있다. 그래서 그 회사가 판매하는 상품과 별개로 대중에게 평가받는 기관으로서 명성을 얻을 수 있다.

도박은 보험료의 비공식 경쟁자다. 사람들이 야망을 실현하지 못하고 좌절하는 사이 도박은 당장 일을 그만둘 수 있다는 기분 좋은 환상을 심어준다. 사람들이 도박에 쓰는 돈은 세계적으로 연간 1조 달러로 추산되는데, 이는 세계의 군사비 지출에 맞먹는 금액이다. 도박은 보험보다 더 빠르게 확산되고 있다. 예를 들어 프랑스에서는 지난 25년 동안 도박 판돈이 두 배로 뛰었다. 유럽의 여러 국가에서 GNP의 1~2퍼센트가 도박으로 흘러들어가고, 중국과 일본에서는 더 높을 것으로 추정된다.

하지만 보험은 승자를 훨씬 더 많이 낼 수 있다. 보험회사는 장의사가 아니다. 살아 있는 사람들을 위해 일하고 지금처럼 기업의 사회적 책무라는 명목으로 할당하는 형식적인 돈이 아니라 수익의 상당 부분으로 청년들의 장학금과 여행과 모험을 지원할 수 있다.

언젠가 우디 앨런이 이렇게 말했다. "죽음보다 더 나쁜 것이 있다. 보험 외판원과 저녁시간을 보낸 적이 있다면 무슨 말인지 알 것이다." 보험회사가 단지 익명으로 보험료를 받아가기만 할 것이 아니라 사람들의 상호이해를 높여서 상부상조하도록 도와주려고 노력한다면 공포와의 싸움에 새로운 방향을 제시할 수 있을 것이다. 우리가 "두려워할 것은 두려움 그 자체뿐"이라는 말이 해결책은 아니다. 두려움을 영원히 없앨 수는 없지만 새롭고 흥미로운 모험에 몰두하면 두려움을 누그러뜨리거나 잊을 수 있다. 이것이 바로 공포에 대한 보험을 드는 것으로는 충분하지 않고, 보험회사가 불완전한 이유이며, 소외되고 걱정 많고 희망을 버리지 않는 이들에게 새로운 기회를 열어주는 사람들에게 미래가 있는 이유다.

26장
/
마음이 젊으면 노화를 피할 수 있을까

지금은 사람들에게 나이를 묻는 대신 얼마나 생생히 살아 있는지, 언제부터 더 이상 새로운 생각을 하지 않게 되었는지 알아내는 것이 더 유용하다. 나이는 핑계일 때가 많다.

브라질의 건축가 오스카 니마이어Oscar Niemeyer, 1907~2012는 104세를 일기로 생을 마감할 때까지 매일 사무소에 나가면서 훌륭한 건축물을 꾸준히 설계했다. 그는 늙는 것을 두려워하는 사람들에게 모범이 되었을까?

니마이어는 젊을 때 자기가 무엇을 원하는지 알았고 그때의 가치관에 변함없이 충실했다. 그는 건축가로서 건물을 네모반듯하게 짓는 직각의 틀에서 건축을 해방시키고자 했다. 그는 이런 의문을 품었다. 왜 집에는 풍경과 꽃과 여자와 자연의 모든 것처럼 곡선이 들어가면 안 될까? 왜 집은 '구조적 논리'와 '기능주의' 대신 아름다움을 추구할 수 없을까? 왜 집은 자연과 조화를 이루면 안 되고 단조로운 유리 상자를 재생산하는 대신 '놀라움을 선사하면' 안 될까? 그에게 건축은 쾌락을 위한 예술이었고, 그는 평생 '콘크리트의 예술가'로서 '순수창작'에 몰두해서 철근 콘크리트로 이룰 수 있는 기적을 보여주었다. 예술가로 사는 것은 자유롭게 설계한다는 의미였다. 그가 설계한 건물 외관을 보고 당혹해하는 사람들에게 그는 이렇게 말했다. "이런 형태는 여태 본 적이 없으시군요."

삶을 사랑한 건축가

니마이어는 예술을 창조할 뿐 아니라 '사회를 변화시켜서' 불평등과 부정과 빈곤을 타파하고 싶어했다. 그는 공산당에 들어가고 나중에 공산당이 쇠락하고 허약해질 때도 끝까지 신념을 지켰다. 그러면서도 인류애의 신념과 투철한 애국심을 결합했다. 브라질에 대한 애착이 강해서 남들이 브라질을 욕하면 불같이 화를 내면서 브라질에 흠이 있다면 신생 국가이기 때문이라고 주장했다. 따라서 수백 년에 걸친 유럽의 착취에서 벗어나 이제는 엄격한 전통에 얽매인 낡은 문명이 하지 못한 일을 해낼 가능성이 많은 나라라고 강조했다. 한마디로 브라질은 미래의 땅이라는 것이었다. 동시에 그는 인문주의에 관심을 가졌다. "나에게는 독서가 핵심이다. 독서의 중요성을 과소평가해서는 안 된다. 항상 책을 읽어야 한다. 특히 직업과 무관한 주제에 관해서도 읽어야 한다. (……) 기술 훈련이 창조적 직관을 무디게 하거나 부정적인 영향을 끼치게 놔두면 안 된다." 그리고 글쓰기도 독서만큼 중요하다고 했다. 그는 언어와 그림을 모두 활용하여 두 가지를 번갈아가면서 설계했다.

하지만 그는 삶에서 중요한 것이 무엇이냐는 질문을 받으면 언제나 가족과 친구를 먼저 꼽았다. 가족은 "평생의 친구다. (……) 우리 가족은 아주 가깝고, 서로의 편이 되어준다." 그는 부모님이 말씀하시면 자식들은 고분고분 따르던 어린 시절을 흐뭇하게 떠올렸고, 말년에는 건축사무소의 경영권을 손녀에게 물려주었다. 그의 자서전은 친구들에게 바치는 장편의 찬가로서 모두 저마다의 특별한 방식으로 얼마나 훌륭한 사람들인지 소개한다. "삶이 건축보다 중요하다. (……) 삶은 어떻게 행동할지 알고 다정하고 공정한 데서 기쁨을 얻는 것이다. (……) 삶은 당신 옆의 여자다."

그는 75년 동안 함께했던 아내가 세상을 떠난 지 2년 만인 아흔아홉 살에 재혼했다. 그는 나이가 드니 평정심이 생겨서 좋다고 말했다. "예전에는 내 아이디어에 반박하는 사람들과 자주 부딪혔다. 이제는 아니다. 어쨌든 그들도 훌륭한 건축가로서 나름대로 성취해온 일을 옹호할 자격이 있다. 세월이 흐르면서 나는 모든 종류의 건축을 기꺼이 받아들이게 되었다." 공산당 내부의 끝없는 갈등도 마찬가지였다. "서로 다르고 논쟁적인 사람들이 많으므로 위대한 동지애라는 공통분모만이 우리를 하나로 이어줄 수 있다. (……) 나이가 들면서 따스한 유대감이 가슴에 스며서 해묵은 원한이 녹아 없어지고 누구에게서나 장점을 보게 된다."

죽음, 떠나지 않는 걱정거리

나이가 들어야만 얻을 수 있는 지혜였을까? 아니다. 가식일 뿐이었다. 니마이어는 삶의 덧없음에 번민했다. "죽음은 항상 떠나지 않는 걱정거리였다. (……) 나는 열다섯 살에 이미 인간의 숙명을 알고 괴로워했다. (……) 시간이 흐르면서 점점 더 그 생각에 사로잡혔다. (……) 혼자 있을 때면 불안한 마음을 떨쳐내려고 안간힘을 써야 했다. 나는 젊음의 낙관주의와 전염성 강한 유머 감각이라는 가면을 썼다. 나는 활력이 넘치고 충동적인 성격으로 보헤미안의 삶을 사랑하는 사람으로 알려졌지만, 마음속 깊이 인류와 삶을 생각하면서 깊은 슬픔을 키웠다." 늘 변함없는 친구들만이 이런 우울을 달래줄 수 있는데, 노년의 비극은 나이 든 친구들이 하나둘씩 세상을 떠난다는 사실이었다. 그는 무신론자이면서도 죽음에 대한 종교적 집착을 끊지 못했다. 예술이 그를 구원했다. 하지만 한 가지 상상을 표현하는 예술은 고독의 예술이다.

니마이어는 더 나은 세상이 가능하고 목전에 와 있다고 확신하는 공산주의의 낙관주의를, 마치 기독교도들이 구세주 재림이 거듭 미뤄지는데도 실망하지 않는 것처럼 모든 실망을 딛고 다시 일어서는 공산주의의 태도를 사랑했다. 하지만 마음 깊은 곳에서는 사람들이 크게 변화할 수 있다고 믿지 않았다. 그는 더 나은 세상을 만드는 데 헌신하면서도 불쑥 찾아오는 '체념', 곧 삶은 "운명이 우리에게 부여한 것"이라는 생각에 사로잡혔다. 게다가 투철한 애국심에도 불구하고 브라질이 "친밀하고 단순한 사회의 전형적인 이미지"로 비춰질 자격이 있다고 믿지 않았다. 그리고 이렇게 물었다. "브라질은 언제쯤 우정과 연대의 땅이 될까? 우리의 노동자 형제들은 갈수록 가난해지고 있다." 설상가상으로 노동자들은 그의 원대한 비전에 동참하지 않았다. "처참한 빈곤 속에 사는 우리의 가난한 형제들은 그저 보잘것없는 헛간이라도 지을 만한 작은 공간을 원할 뿐이다." 대형 공공건물을 주로 설계하는 이유를 묻자 그는 가난한 사람들이 그런 건물 앞을 지나면서 건축의 미, 그러니까 "낯설고 어디서도 본 적 없는 형태"를 보고 힘을 얻게 해주고 싶어서라고 답했다. 그는 건축의 목적은 삶을 변화시키는 데 있다고 주장한 르코르뷔지에보다 더 신중했다. 니마이어는 건축의 목적이 아름다움을 창조해서 즐거움을 주는 데 있다고 믿었다. 그러나 '아름다움의 힘'에는 한계가 있었다.

니마이어는 실망을 너그러움으로 이겨냈다. 그는 사람들을 돕고 싶어 했다. 그의 재능이 영원히 바꾸어놓은 것은 없지만 잠깐의 행복은 주었다. 그는 "평생 돈을 하찮게 여겼다"면서 돈을 아주 조금만 받거나 아예 받지 않고 일할 때도 많았다. 은행 잔고가 바닥나자 그의 딸이 "아빠, 모두를 도와주는 일은 그만두세요"라고 불만을 터뜨렸다. 공산주의가 불법으로 규정된 후 경찰에 시달리다가 망명길에 오르면서도 그는 당당히 공산주의 동지들에게 변함없는 지지를 표명했다. 그는 신념을 지키고 끊임없이 저항하는 것이 중요하다고 말했다. 하지만 시간이 흐르면서 옛 친구들이 그저 똑같은 옛날이야기만 되풀이한다고 생각했다.

노화라는 '장애'

그는 인류의 오랜 염원인 건강하게 장수하는 꿈을 이루었지만 그 비결이 항상 젊은 마음을 유지해서는 아니었다. 그는 쾌활한 성격이었고 건축가로서 성공했음에도 불구하고 청소년기부터 시작된 우울증에 평생 시달렸다. 나이를 먹어도 젊은 마음으로 살라고 말하는 사람이 있다면 어릴 때 얼마나 큰 두려움에 시달리고 청소년기에는 얼마나 큰 불확실성에 사로잡혔는지 잊어버린 것이다.

내가 만약 로마제국이 몰락한 이후의 서고트족이었다면 예순다섯 살이 넘으면 나의 가치는 금화 100냥으로 열 살 미만의 아이와 동일하다. 열네 살 청소년은 140냥이고, 그 이상에서 쉰 살까지의 성인 남자는 300냥이며, 열네 살에서 마흔 살 사이의 가임기 여성은 250냥이지만 가임기가 지난 여성은 40냥밖에 되지 않고 예순 살이 넘은 여자는 거의 가치가 없다. 이런 가치 판단에는 여자의 역할은 자식을 낳는 것이고 남성의 역할은 강인한 전사가 되는 것이라는 사회 통념이 반영되어 있다. 하지만 다른 식의 가치 평가도 가능하다.

한때는 노인들이 세상을 지배하고 보편적으로 존경받았다는 말은 절반만 진실이다. 나이는 결코 권력자의 자질로 충분하지 않았다. 무능하거나 쇠약한 노인은 무시당할 때가 많았고, 실제로 문자가 없어서 기억으로 전통을 이어가던 사회에서도 노인이 죽임을 당하기도 했다. 고대 메소포타미아에서는 젊은이들이 노인들에게 도전했다는 기록이 있다. 아테네에서는 민주주의가 장로정치를 전복시켰고, 예순 살 넘은 노인들이 지배권을 계속 유지한 나라는 스파르타 한 곳뿐이었다. 아리스토텔레스는 일부 나이 든 철학자들을 존경하면서도 한편으로는 노인들은 대체로 비관적이고 의뭉스럽고 악의적이고 의심이 많고 옹졸하고 늘 옛날만 되돌아보면서 실패의 기억에 주눅이 들어 그저 살아남는 것 말고는 더 큰 포부를 품지 않는다고 적었다. 로마 귀족들은 아버지와 아들의 치열한 대립으로 얼어붙었다. 인도의 종교는 노인들에게 세속의 활동을 그만두고 죽음을 준비하라고 권했다. 구약에는 "늙고 어리석은 왕이 되느니 가난하고 현명한 아이가 낫다"라는 구절이 나온다. 지혜는 경험에서 나온다는 믿음에도 불구하고 고대 이집트인들은 노화라는 장애를 혐오했다. 가령 파라오의 재상 프타호테프는 기원전 2450년에 노화는 인간에게 나약함과 망각과 고통만 안겨준다고 말했다. 주름 방지 크림을 처음 만든 것도 바로 이집트 문명이었다.

젊다는 것은 어떤 의미인가

그러나 젊게만 사는 것은 나이 먹는 것만큼 괴로울 수 있다. 젊음은 늘 그렇듯 질시의 대상이면서도 모욕당하고, 사랑받으면서도 억압당하며,

지나치게 감상적으로 다뤄지는 동시에 저임금에 시달리고, 정력과 '순수'로 칭송받으면서도 때로는 반항과 부도덕과 경박함과 그 밖의 온갖 죄악으로 치부된다. 젊음을 유지한다는 것은 어떤 의미일까? 계속해서 성장한다는 뜻일까? 기성세대의 삶의 방식을 거부한다는 뜻일까? 노인들이 자신들의 삶의 방식에 자신감을 잃고 자식들에게는 행복해지는 법을 스스로 찾으라고 조언해서일까? 건강한 육체가 젊음의 조건일까? 그렇다면 선진국의 많은 젊은이가 건강을 잃고 비만이 되어가는 것은 어떻게 설명할 수 있을까? 한때는 아이들이 어른의 노동에 동원되었지만 이제 아이들은 냉혹한 현실로부터 보호를 받고 뛰어놀 수 있다. 하지만 그와 동시에 의무적으로 학교에 다니며 어른들이 요구하는 기술을 습득해야 하고 학교에 적응하지 못하면 벌을 받는다. 아이들에게 자기 자신이 되라고 격려하면서도, 한편으로 아이들의 문제가 무엇인지에 관한 이론을 계속 바꾸는 전문가들이 끊임없이 아이들을 교육해서 개선시키려 한다. 아이들에게는 자기들만의 '청소년 문화'도 없다. 상업화된 '청소년 문화'를 향유하려면 적지 않은 비용이 들고, 그 수익은 다른 어딘가로 흘러간다. 반항적이거나 창조적이거나 에너지가 넘치는 젊은이도 소수 존재하지만 사회 연구자들에 따르면 대다수 젊은이는 부모와 같은 가치관을 수용하고 동일한 종교적 신념을 물려받는다. 선진국에 진입하는 국가들에서는 많은 청년이 부모가 이루지 못한 부자가 되는 것 말고 다른 목표는 상상도 못한다.

최근에는 젊은이와 노인의 급격한 지위의 변화로 인해 두 세대의 차이도 혼동된다. 젊은 세대는 교육에 의해서, 노년 세대는 은퇴하면서 두 세대 모두 활발한 노동인구에서 배제된다. 몸이 건강한데도 직업 전선에서 열심히 일하지 않고도 연금을 받는 사람이 이렇게 많았던 적이 없다. 그런데 노년층은 건강과 재산 수준이 제각각이라 하나의 범주로 묶기 어렵다. 노인이라고 모두 공식적으로 쓸모없는 사람이라는 낙인이 찍히는 것을 받아들이지는 않는다. 은퇴는 일을 싫어한 사람에게는 해방이지만 사회활동에서 물러나고 싶지 않은 사람에게는 모욕이다.

연금의 의미는 끊임없이 변하고 있다. 연금은 19세기 말에 프로이센 지주들이 고안한 개념이다. 소작농들이 사회주의 혁명에 물들지 않도록 일종의 뇌물을 주는 의미로 시작되었다. 하지만 노동자들은 원래 전반적인 은퇴 개념을 거부했고, 미국의 노동조합도 반발해서 파업을 일으켰다. 노동조합에서는 어차피 빈곤층은 평생 고된 노동으로 건강이 상해서 연금을 오래 받는 사람이 드물 것이므로 가장 큰 혜택을 보는 계층은 중산층이라는 타당한 근거를 들었다. 수명이 늘어나서 연금제도가 위기에 처한 지금은 은퇴 개념이 은퇴하려고 준비하고 있다. 인간이 100년을 산다면 40년 일하고 40년 은퇴해서 살 수는 없다. 금융 전문가가 아무리 묘안을 짜내도 모두에게 돈을 대줄 방법은 없다. 다른 뭔가가 나와야 한다. 게다가 일부 국가에서는 젊은 세대의 절반이 일자리를 구할 수 없는 시대에 계속 젊은이로 남는다는 것은 불길한 의미를 띤다.

우리 뇌는 골동품점이다

젊은이와 노인의 구분이 유용할 때가 있지만 두 세대의 차이에 얽매이지 말고 얼마나 오래 살았는지가 아니라 어떻게 살아왔는지를 묻는다면 새로운 미래상이 보인다. 인간의 두뇌는 아주 오래전부터 전해오는 기억과 습관, 편견과 동화의 자잘한 장식품으로 가득한 골동품점이다. 개인의 삶은 과거에서 계승한 생각들의 다양한 조합으로 이루어지기도 하고 다양한 시대의 흔적과 정취가 어린 정서로 형성되기도 한다. 한 개인의 생각과 감성에는 한 시대가 아니라 여러 시대의 유산이 깃들어 있다. 몸이 서서히 나이 들면서 "시시각각으로 성숙했다가 시시각각으로 쇠약해지는" 것은 진실이 아니다. 이렇게 서서히 진행하지 않는다. 오스카 니마이어의 죽음에 대한 강박, 체념, 가족의 뿌리, 저항과 놀라움과 곡선에 대한 열정, 충성심, 너그러움, 인도주의에는 그가 다양한 고대 전통과 야망에서 얻은 자양분이 녹아들어 있다. 삶의 질은 기억을 정교하고 자연스럽고 우아하게 결합해서 각각의 기억이 따로 얻는 것보다 더 많은 것을 얻을 수 있는 경험을 끌어내는가에 좌우된다. 어느 하나도 한 사람이 살아온 햇수로는 가늠할 수 없다.

골동품점에는 항상 물건이 새로 들어오거나 그대로 진열된 채 먼지를 입는다. 사람의 신체 나이로는 생각의 나이를 가늠하기 어렵다. 생각은 시간의 경과를 거부하고 꾸준히 결실을 맺으면서 새로운 질문을 수용해서 새로운 생각을 낳거나 아니면 화석으로 굳어질 수 있다는 점에서 특별하다. 성적 생식력은 젊음의 꽃인 데 반해 지적 생식력은 과거와 현재와 미래 사이의 침묵으로 음악을 만든다. 공자는 이 점을 염두에 두고 제자들에게 "옛것을 익혀 새것을 알면 스승이 될 수 있다溫故而知新 可以爲師矣"(《논어》 2.11)라고 말했다. 사람들은 항상 과거의 생각에서 내려온 유물을 신봉하고 단절하고 무시하고 오해하다가 어쩌다 한 번씩 새로운 생각을 낳는다. 우리를 놀라게 하거나 도발하거나 자극하거나 진정시키거나 흥분시키는 '대화'는 머릿속의 이런 유물들을 재배치하고, 우리가 삶에서 무엇을 놓치고 있는지 깨닫게 해준다.

이 책의 각 장에서 나는 세상을 나와 다르게 바라본 과거의 인물과 만나고, 이전의 나의 신념을 뛰어넘어 생각해보려 했다. 20세기에 일부 국가에서는 불안을 줄이는 방법으로 자신의 개인적인 기억과 가족의 기억을 들춰내는 일에만 몰두하는 방법이 유행했다. 하지만 자신의 조상이리라고는 상상도 못한 사람들의 생각, 한 번도 가본 적 없는 먼 곳의 유산을 탐색하다 보면 더 흥미로운 결과를 얻을 수 있다. 자기를 아는 것만 목표로 삼으면 역사에서 메아리치는 외침에 귀를 막고 무엇이 기쁘고 무엇이 고통스러운지 구별하지 못하는 길을 선택하는 셈이다.

남들이 하는 말에 휘둘리지 않고 얼마나 빨리 자기중심을 찾는지는 그 사람이 얼마나 오래 살았는지가 아니라 얼마나 활기차게 살아 있는지를 알아보는 두 번째 기준이다. 아기가 엄마와 소통하고, 아이가 놀이친구들을 만나고, 청소년이 영웅을 만나고, 학생이 교사를 만나고, 연인이 제 짝을 만나는 것은 남들이 세상을 어떻게 보는지 알아가는 과정에서 결정적 단계다. 새로 친구를 사귀거나 새로운 관심사를 찾는 일을 어려워하거나 피상적인 관계만 맺는 사회관계망에 의존한다면 이 과정이 느려질 수 있다. 최근의 MRI 스캔에서는 만남의 가장 중요한 부분은 만남이 끝난 후 발생하는 것으로 나타났다. 이를테면 만남의 영향은 만남의 의미를 통찰하기 위해 얼마나 많이 성찰하는지에 따라 달라지고, 이런 성찰은 수면 중에 가장 진득하게 일어난다. 잠들어서 아무것도 하지 않을 때도 뇌의 여러 영역이 강렬히 활성화되어 신체 에너지의 20퍼센트를 사용하고, 깨어 있는 뇌가 구체적인 문제에 집중할 때 쓰는 에너지의 5퍼센트 미만만 사용한다. 뇌의 이런 활동은 과거의 기억과 현재의 경험과 미래의 가능성을 되새길 뿐 아니라 다른 사람을 이해하려고 애쓰고 미래에 일어날 일에 관한 가설을 끊임없이 평가하고 고통스러운 놀람을 피할 방법을 찾는 데 몰두하는 듯 보인다. 이로써 수면 중의 활동도 깨어 있을 때의 활동만큼 중요할 수 있다는 점뿐 아니라 사람들이 보고 들은 내용을 사색하는 데 시간을 충분히 들이지 않는다는 사실을 알 수 있다.

타인의 자극으로부터 자신의 개성을 만들다

따라서 오스카 니마이어가 던진 질문은, 그가 어떻게 그렇게 노년에도 적극적으로 살 수 있었느냐가 아니라 그가 104년 동안 살면서 만난 사람들과 생각에 의해 얼마나 변했고 얼마나 오래 자신의 생각과 다른 생각을 수용했으며 독서가 어떻게 그의 생각을 다듬어주고 새로운 생각을 주입했느냐는 것이다. 니마이어 자신은 이런 질문에 극히 일부만 답했지만 그가 어디로 가고 싶지 않은지 깨닫는 데 초기의 스승들이 얼마나 중요한 역할을 했는지 엿볼 수 있다. 무엇보다도 그들은 니마이어와는 다른 사람들로서 그들의 개성과 확신의 힘으로 니마이어에게 더 중요한 것이 무엇이고 그들이 하지 못한 어떤 일을 할 수 있는지 스스로 발견하게 해주었다. 니마이어는 도시 설계자인 루치오 코스타Lucio Costa의 제자이자 20년 선배인 르코르뷔지에의 추종자로 건축을 시작했지만 나중에는 자기만의 길을 개척하면서 더 자유로운 건축가가 되었다. 그는 다른 사람들의 자극으로 자신의 개성을 만들어나갔다. 콘크리트 기념물을 지을 때 그의 취향만 반영한 것이 아니라 스승과 직원과 재료와 상호작용했다. 르코르뷔지에는 본명이 잔느레Jeanneret였는데 모든 사람이 자기 자신을 창조해야 한다는 뜻에서 필명을 썼다. 하지만 혼자 힘으로 할 수 있는 일이 아니다. 이런 일이 어떻게 가능한지는 니마이어의 동료 예술가들을 보면 좀 더 명확히 알 수 있다.

니마이어는 입체파 그림이 처음 전시된 해에 태어났고, 그가 건축을 직사각형에서 해방시키는 사이 입체파 작가들은 그림을 원근법에서 해방시켰다. 조르주 브라크Georges Braque, 1882~1963에게도 니마이어의 이야기에 덧붙일 이야기가 있다. 브라크도 자신의 정체성을 찾아가면서 그가 찾는 것을 명료하게 비춰줄 거울, 스승, 뮤즈를 필요로 했다. 니마이어에게 르코르뷔지에가 있었듯이 브라크에게는 세잔과 피카소가 있었다. 브라크는 세잔을 발견하면서 "모든 것을 다시 생각하고", "우리가 알고 있던 대부분의 것들과 맞서 싸우게" 되었다. 브라크와 피카소는 6년 동안 거의 매일 저녁에 만나서 서로의 그림을 품평하고 함께 실험하고 나아가 서로 화법畫法을 바꾸어서 그림을 연습했다. 브라크는 이런 끝없는 대화를 통해 점차 그의 관심은 자연을 모방한 그림이 아니라 독립적인 개체이자 그 자체로 생명이 있고 액자도 필요 없는 캔버스를 창조하는 데 있다는 사실을 깨달았다. 따라서 그는 대상 자체가 아니라 대상들 사이의 관계에 관심을 가졌고, 나아가 사람들과 대상, 사람들과 그 자신 간의 차이와 연관성이 중요하다고 생각했다. 이런 인식의 변화는 단지 예술 분야에서만 새로운 유행이 아니었다. 사람이나 대상을 보면서 이상적인 형태의 아름다움이나 고결함과 얼마나 닮았는지가 아니라, 그들이 자기 자신뿐 아니라 타인과 맺는 관계와 우리가 스스로를 이해하고 행동하는 양식에 기여할 수 있는 면을 기준으로 감상하려는 욕구이기도 하다. 한 관람객은 브라크의 그림을 보고 이렇게 감탄했다. "나는 전시장을 둘러보면서 과연 모든 것이 브라크로 보인다고 말하게 된다." 세상에는 관습과 전통으로 인식할 수 있는 것보다 훨씬 많은 연결이 존재한다. 세상을 남들처럼 본다고 해서 한 세대가 보는 것과 똑같이 본다는 뜻은 아니다.

젊음을 흉내 내는 것보다 흥미로운 일

흔히 청춘을 노년보다 아름답다고 생각하는 것은 부정할 수 없다는 의미에서 서고트족의 가치 기준이 아직 남아 있는 셈이다. 나이 들어서 젊게 보이려고 애쓰는 사람은 실제로 젊은 사람만큼 아름다울 수도 있고 아닐 수도 있지만 다른 세대의 외모와 태도를 흉내 내는 것 말고 더 흥미로운 방법이 있다. 예를 들어 고대 문명은 화장과 의상으로 사냥꾼이나 전사나 초자연적인 존재와 소통하는 사람의 위엄을 드러내는 데 뛰어난 예술성을 발휘할 때가 많았다. 반면에 그 뒤로 중세에 이르러서는 화려한 치장을 버리고 정숙한 차림새를 했다. 마치 개인의 경험이 나머지 사회에 무엇을 기여할 수 있는지 더 이상 보여줄 수 없거나 보여줄 의지가 없는 것 같았다. 자신의 실패를 부끄러워하는 사람들은 다음 세대에 더 잘할 수 있는 기회를 넘겨주어 각자 자신의 길을 찾게 해주는 데서 기쁨을 얻는다. 과거에는 젊은 사람들이 나이 든 사람을 모방해야 했던 반면에 지금은 나이 든 사람들이 젊은 사람을 따라 하지만 젊은 사람이든 나이 든 사람이든 그들이 어디로 가고 있는지 모를 때가 많다.

젊은 외모가 각광을 받고 노년의 늘어진 얼굴 뒤에 무엇이 감춰져 있는지 알아내기가 더 어려워졌지만 누군가 그것을 알아낼 때마다 세상은 조금씩 다르게 보인다. 때로는 미소만으로 서로에 대한 이해가 달라지기도 한다. 언젠가 나는 파리 외곽의 벼룩시장에서 해진 신발 한 켤레를 내다놓고 파는 초라한 차림새의 노파를 보았다. 아무도 그 노파에게 눈길을 주지 않았고, 노파의 모습에는 빈곤과 절망이 고스란히 담겨 있었다. 하지만 내가 말을 걸자 노파는 눈빛을 반짝이며 서서히 달라졌다. 노파의 얼굴은 생기를 띠었고, 그 생기로 아름다워졌다.

1415년에 출판된 최초의 활판인쇄 서적인 《죽음의 기술 The Art of Dying》은 이후 수백 년 동안 유럽 전역에서 베스트셀러가 되었다. 죽음 이후의 세계는 누구나 알고 싶어하는 주제이기 때문이다. 인간은 누구나 죽는다. 하지만 지금처럼 늙거나 젊은 것이 중요한 시대는 없었다. 이런 구분은 연령집단에 대한 기대치가 강화되면서 세대가 점점 분열된 결과다. 중국 청나라의 순치제順治帝, 1638~1661는 열두 살부터 대제국을 다스렸고, 영국의 윌리엄 피트William Pitt, 1759~1806는 스물네 살에 총리가 되어 영국 역사상 가장 뛰어난 위인으로 꼽힌다. 이런 인물들에 비견할 사람은 더 이상 나오지 않는다. 지금은 사람들에게 나이를 묻는 대신 얼마나 생생히 살아 있는지, 언제부터 더 이상 새로운 생각을 하지 않게 되었는지 알아내는 것이 더 유용하다. 나이는 핑계일 때가 많다.

니마이어의 탁월한 유산은 그가 아주 오래 장수했다거나 청년의 두려움에서 벗어나지 못한 데 있지 않다. 그의 건축물에 살아 있는 것, 그가 아버지뻘인 르코르뷔지에와 공동으로 성취한 스스로에 대한 독창적인 재구성에 있다.

27장
/
알아야 할
가치가 있는
것은 무엇인가

지식에서 쓸모 있고 아름다운 무언가를 창조하는 과정은 벽돌로 집을 쌓아올리는 것과는 다르다. 그보다는 서서히 형태를 잡아가면서 그림을 그리는 과정에 가깝다.

❖

    나는 정보시대, 지식경제, 평생교육 사회에 살고 있지만 심각하게 무지하다는 느낌이 든다. 기술이 더 발전하고 관리와 교육이 더 향상되면 분명 나의 무지도 치료될 것이다. 하지만 그때까지는 시간이 걸릴 것이다.

    그때를 기다리면서 무지에 대처할 방법을 알고 싶다. 나는 나의 뇌의 습관에 관해 내가 아는 약간의 정보를 해독해서 다른 사람들도 자신의 뇌에 관해 아는 것을 밝히게 해주고 싶다. 뇌의 생활은 성생활보다 비밀이 많다.

    나는 아주 어릴 때부터 좀처럼 채워지지 않는 열정으로 지식을 탐구했다. 학교와 대학에서 교사와 작가와 연구자로서, 기업과 정부의 자문으로서 여러 방면의 지식을 습득해서 정보가 넘칠 만큼 쌓여 있는데도 나는 여전히 더 갈망한다. 그럼에도 나는 알아야 할 지식의 작은 한 조각조차 이해하지 못한다. 나는 배운 것의 절반을 기억하지 못한다. 내 제자들 다수는 아마 나머지 절반도 잊었을 것이다. 지금 나는 새로운 지식으로 생기를 되찾아 끊임없이 학생으로 되돌아가는 식으로 영원히 젊음을 유지할 수 있다고 믿는 사람의 고백을 쓰는 것이 아니다. 그보다는 지식에 관해 아무런 환상도 없는 무단결석을 일삼는 학생의 여정을 재구성할 것이다. 수 세기 동안 교육은 사실상 인간의 모든 병을 치료하는 만병통치약이었지만 그간의 놀라운 성과에도 불구하고 인류의 가장 어리석은 행동은 사실 교육 수준이 높은 개인과 국가에 의해 자행되었다. 머릿속에 정보가 가득 들어찼다고 해서 그 정보로 무엇을 할지 항상 알았던 것은 아니다. 지식을 관리하는 사람들이 속임수를 쓰지 않는 것은 아니다. 정치인들은 항상 '교훈을 얻었다'는 말로 비판에 대응하면서도 실수를 되풀이한다. 평생교육에 대한 믿음은 적어도 순자荀子, 기원전 298?~238?의 시대로 거슬러 올라간다. 순자는 지나치게 낙관적으로 "배움은 죽을 때까지 계속되고, 그제야 비로소 끝난다"라고 썼다. 배움으로 인해 미혹되지 않거나 배움을 분별력 있게 실천하는 것이 그렇게 어렵다면 희망은 어디에 있을까?

새로운 무지의 시대

내가 배워야 할 모든 것을 배우지 못한 데는 너무 늦게 태어난 죄도 있다. 1600년경에 태어났다면 매년 영어로 출간되는 책 400권을 다 챙겨봤을 것이다. 르네상스 시대 사람들은 우리보다 시간이 많았다. 그러나 현대의 나는 매년 새로 출판되는 책 20만 권에 더해서 각종 출판물과 학술지와 방송까지 접한다. 나의 작은 섬나라 밖에서 나오는 것은 제외한 수치다. 전 세계에서 매년 50만 권의 신간이 나온다. 그렇게 인류는 무지의 역사에서 새로운 단계에 진입한다.

나는 젊은 시절에 20년 동안 《프랑스 정감의 역사》를 집필하면서 거의 쉴 새 없이 읽어치웠다. 내 주제에 관해 중요한 사료는 웬만큼 봤다고 자신했다. 하지만 요즘은 그런 책을 쓰는 것이 불가능할 것이다. 새로운 증거가 너무 많이 발견되어 한 개인이 다 섭렵하기 어렵기 때문이다. 애초에 바로 이 점 때문에 모든 시대와 모든 문명에서 살아 있다는 것이 어떤 의미였는지 탐색하는 원대한 목표를 세우지 말았어야 했을지도 모른다. 하지만 남들처럼 나도 대학 교육의 폭발적인 증가로 인해 전 세계로 퍼져나간 거대한 무지의 구름을 예상하지 못했다. 박사학위 논문과 교수 논문의 쓰나미가 지식의 풍경을 바꿔놓았다. 학문적 관심이 여러 방면으로 확대되면서 아주 사소한 질문이라도 답을 찾으려고 하면 어김없이 답변의 급류와 상상도 못한 사실들의 허리케인과 각기 다른 관점에서 나오는 점차 기발해지는 설명의 맹공에 매장될 위험을 감수해야 한다. 정보가 늘어날수록 무지도 커진다.

정보는 무지를 몰아낼 수 없다

물론 이런 사실을 깨달은 사람이 내가 처음은 아니다. 인간은 늘 정보가 너무 넘쳐서 괴로워했다(누구도 충분히 알기란 불가능하므로 정보가 너무 적어서도 괴로워했다). 이 점을 가장 잘 보여주는 고대 유물이 백과사전이다. 내가 처음 백과사전의 마법에 걸린 것은 막 여덟 살이 되어 아버지에게서 백과사전 두 권을 선물로 받았을 때다. 그 뒤로 나는 사실과 의견을 선별하고 조작하고 표절하는 백과사전의 다양한 기준을 탐구하면서 즐거움을 얻었다. 가장 중요한 백과사전은 단지 정보를 이해하기 쉬운 형태로 나열하는 것이 아니라 정보에 의미를 부여해주는 사전이다. 이런 사전들은 사람들의 몸을 붓게 만드는 대신 충분한 영양분을 공급한다.

사실 자체는 가치가 없고 그저 해변의 모래알이나 뾰족뾰족한 해초에 불과하다. 이런 걸 주워서 먹을 만한 부분을 골라내고 조리해야 비로소 지식이 된다.

중국에서는 3세기와 18세기 사이에 백과사전이 600권 이상 편찬되었다. 이는 이집트의 피라미드 건설에 맞먹는 업적이다. 가령《영락대전永樂大典》(1408)은 학자 2169명의 공동작업의 결과이고, 1726년에서 1728년 사이에 편찬된《고금도서집성古今圖書集成》은 장장 85만 2408쪽에 달한다. 중국에서는 백과사전을 '유서類書'라고 부른다. 하늘, 땅, 사람, 사건, 예술, 과학에 관한 모든 지식이 담긴 고대 문헌을 엮은 이 책들은 나라를 다스리는 관료들이 따라야 할 전통과, 관직에 오르기 위해 과거시험을 준비하는 유생들(명나라 시대에는 과거를 준비하는 유생이 매년 100만 명이 넘었다)이 암기해야 할 정보를 담았다. 이런 백과사전은 별개의 사실들에 목적의식을 부여했다. 부연하자면 사실을 편집함으로써 체제 전복을 꿈꿀지 모를 학자들을 질문하는 전통이 아니라 문헌을 편집하는 전통으로 흡수하고자 했다. 정보를 일목요연하게 나열하면 관점과 메시지를 제시하게 되고, 황제는 메시지를 통제하는 데 많은 에너지를 쏟아야 했다.

중세 이슬람의 백과사전은 여기서 더 나아갔다. 이슬람의 백과사전은 메소포타미아, 그리스, 인도, 이란, 유대, 아랍 등의 모든 문화를 과감하게 통합하려고 시도하면서 동시에 학자들의 특정 의견을 제시했다. 예를 들어 가장 유명한 백과사전으로 10세기에 바스라에서 편찬된《청렴한 형제들Brothers of Purity》은 조만간 정부가 약해질 거라는 희망과 기대를 표현했다. 반면에 베이컨, 데카르트, 라이프니츠 같은 유럽의 철학자들은 새로운 사실을 발견하기 위한 접근 방법으로 정보를 제시하려고 시도했다. 27권짜리 디드로의 계몽주의 백과사전인《백과전서Encyclopédie》(1751~1772)는 기존의 문헌을 요약하지 않고 정부, 종교, 경제, 교육, 기타 여러 영역을 재창조하기 위한 독창적인 연구와 사회 비평을 담아서 전례 없는 수준의 전복을 꿈꾸었다. 하지만 성공은 제한적이었다. 글을 읽고 쓸 줄 안다고 해서 모두 철학자나 혁명가가 되는 것은 아니었다. 오늘날의 백과사전은 주로 모두가 믿는 사실, 사람들이 교양 있게 대화하는 데 도움을 주고 유행하는 이름과 '주의主義'를 수박겉핥기로 언급해서 무지를 숨기는 데도 유용한 지식을 소심하게 요약할 뿐이다. 해럴드 맥밀런Harold Macmillan은 백과사전을 출판하면서 그의 목표는 "당혹감을 덜어주는" 정도에 지나지 않는다고 밝혔다. 지식이 반드시 무지를 없애주는 것은 아니다.

인터넷은 이런 유구한 전통의 후예다. 인터넷은 훨씬 광범위한 대중에게 온갖 정보를 제공하지만 정보를 이해하지는 못한다. 위키피디아 Wikipedia는 중국의 '유서'처럼 활자화된 정보 외에는 다루지 않으면서 이전의 출판물에 각주를 달면 체면은 차리는 셈이라고 간주한다. 인터넷이 생겼다고 해서 한 권의 책에서 지식을 얻는 사람의 수가 줄어든 것은 아니다. 인터넷이 최고정보책임자와 지식 관리자의 현장에 등장하면서 기업의 성공과 정부의 생존에 도움이 되도록 자료를 재구성할 수 있게 되었지만 보통 사람이 좀 더 흥미롭게 살기 위해 알아둘 만한 가치가 있는 지식은 무엇이냐는 질문에는 아직 답하지 못하고 있다. 정보 전문가들은 정보가 저장되고 처리되는 과정에 관심이 있지, 도덕적 가치는 고사하고 세세한 내용에는 관심이 없다. 시를 음미하는 것은 그들의 일이 아니고, 그들은 미래를 내다보는 사람도, 현자도 아니다. 따라서 오늘날 인간이 선조들보다 더 지혜롭지 않은 것도 놀랄 일은 아니다. 지혜를 주지 않는다면 정보가 아무리 많다 한들 무슨 소용이겠는가? 누구도 지금을 지혜의 시대라고 주장하지는 않는다.

알아야 할 가치가 있는 것은 무엇인가

하지만 나는 한 치 앞도 보이지 않는 정보의 눈보라 속에 절망에 빠지지도 않고 고대의 평온과 단순성을 갈망하지도 않으며 배움의 흥분과 만족이 줄어든 느낌을 받은 것도 아니다. 사람들이 어쩌다 한 번쯤은 두려움을 잊고 머릿속의 보이지 않는 백과사전의 내용을 끄집어내기도 한다. 예컨대 1968년 파리에서 국가 권위가 한순간에 무너졌을 때 나는 생판 모르는 사람들이 서로 비밀을 털어놓고 평소에는 숨길 법한 이야기를 꺼내는 모습을 목격했다. 그러나 그들은 곧 다시 입을 다물었다. 나는 이 책에서 내 머릿속에 든 백과사전을 펼쳐 보이려 했다. 내가 남들의 머릿속에 든 내용도 알고 싶어하는 것은, 단지 내 백과사전의 고유한 면을 확인하기 위해서도 아니고 남들과 위험하게 충돌하는 것을 막기 위해서도 아니다. 내 생각만 안다면 온전히 살아 있다고 느낄 수 없어서다.

내 머릿속에 축적된 정보가 모두 같은 방향을 가리키는 것은 아니다. 그래서 불안하기는커녕 오히려 자유로워진다. 배움은 시작에 불과하다. 나는 역사책을 쓰면서 항상 가능한 한 정직하고 성실하게 진실을 탐구했지만 집필을 마치면 늘 허구의 책을 썼다는 사실을 깨닫는다. 내가 진실이라고 생각하는 정보의 단편들을 선별하고 나만의 방식으로 엮어서 내가 보기에 그럴듯한 그림을 그렸기 때문이다. 누구도 과거를 있는 그대로 재현하거나 기억할 수는 없다. 나는 세상이 겉보기보다 훨씬 더 크다고 제시하고 심오한 메시지를 추려내는 방식으로 세상의 요소들을 과감하게 재배치하는 예술가들에게 갈채를 보낸다. 나도 그들처럼 사건과 생각을 각기 다른 맥락으로 나란히 배치해서 보편적인 의미를 밝히는 방식으로 과거의 기억을 연대기의 속박에서 해방시킬 방법을 탐색했다. 나에게 과거는 일련의 이야기가 아니라 전체 인간 경험의 아름다움과 공포를 상상으로 창작한 것이다. 지식을 창조하는 것은 예술이다. 정보를 흡수하거나 무지를 없애는 것과는 크게 다르다.

어느 날 나는 중국의 한 경제지에서 스크랩한 기사 한 편을 받았다. 서양에서 온 유명한 손님으로 세계의 거의 모든 사람의 삶에 영향을 미친 보기 드문 사람의 인터뷰 기사였다. 그는 30년쯤 전에 내 수업을 들었던 사람으로 구글과 야후, 이베이처럼 훗날 세계를 뒤바꿔놓는 소규모 신생 벤처기업에 앞장서서 투자한 벤처 투자가였다. 그는 자신의 경력에 가장 큰 영향을 미친 사람이 누구냐는 질문에 내 이름을 대고는 내가 그에게 세상은 보이는 그대로가 아니라고 가르쳐주었다고 소개했다. 스승이 제자에게 이해받는 경우는 드물다. 하지만 그는 내 무지의 진정한 크기를 정확히 가늠했다. 나는 어떤 대상이나 사람이나 경험을 마주할 때마다 눈에 보이는 것만 보지 않고 다른 어떤 모습이 가능할지 생각한다. 나는 늘 이렇게 자문한다. 다른 어떤 모습이 될 수 있을까? 이것은 바로 인간을 현재의 모습으로 만들어준 질문이다. 이 질문이 없었다면 우리는 아직 나무 꼭대기에서 살고 있을 것이다. 그래서 나는 정보를 더 많이 습득하고 끝없이 배워서 무지에 맞서는 대신 무지에 관해 달리 무엇을 할 수 있을지 묻는 것이다.

"알아야 할 가치가 있는 것은 무엇인가?"라는 질문에 대한 내 답변은 이렇다. 내가 얼마나 많은 지식을 습득했는지만이 아니라 지식으로 무엇을 하느냐가 중요하다. 내가 습득한 지식에서 쓸모 있고 아름다운 무언가를 창조하는 과정은 미리 주문해서 받은 벽돌로 집을 쌓아올리는 것과는 다르다. 그보다는 서서히 형태를 잡아가면서 그림을 그리는 과정에 가깝다. 내가 색상과 윤곽을 넣고 빼는 사이 전에는 상상도 못한 가능성이 열리고 그러면 나는 얼른 그 가능성에 대한 이해를 심화시키고 새로운 영역을 탐구한다. 그래서 애초에 품은 어설프거나 단순한 생각에 관한 새로운 전경과 의미가 드러나기를 바란다. 대개는 결국 처음 예상한 것과는 전혀 다른 결과가 나온다. 나는 이런 식으로 궁금한 내용을 선별한다. 전에는 있는지도 몰랐던 곳으로 데려다주기 때문에 결과가 더 예측되지 않는 과정이다. 서로 무관해 보이던 사람들이나 장소나 생각이 결합되어 내게 새로운 통찰을 제시하고 남들에게도 새로운 통찰을 제시할 수 있을 때 흥분이 절정에 이른다.

지식은 불일치가 낳은 자식이다

내가 이렇게 관련성의 중요성을 이해하게 된 것은 나의 아내 디어드리 윌슨 덕분이다. 아내는 아리스토텔레스 이래로 의사소통에 관한 사람들의 통념을 뒤엎는 데 일조한 관련성 이론Theory of Relevance의 공동 창시자다. 의사소통은 메시지를 전송하고 상대가 발신자의 의도대로 해석하고 이해하게 만드는 단순한 과정이 아니다. 사람마다 지식의 배경이 제한적이고 메시지의 함의를 파악하려는 의지나 에너지의 양이 다르기 때문에 수신자가 메시지에서 얼마나 많은 관련성을 발견하는가에 따라 메시지를 이해하고 새로운 지식을 습득하게 된다. 메시지의 함의가 많고 함의를 파악하는 데 필요한 노력이 적을수록 관련성이 커진다. 남들이 우리에게 알아내도록 의도한 함의를 이해하려면 어쩔 수 없이 추측이 개입한다. 의사소통은 불확실성과의 싸움이다. 따라서 나는 내가 다루는 지식의 상당 부분이 가변적이거나 희석되어 있다는 사실을 안다. 나는 독단을 싫어한다. 그렇다고 모든 의견이 공평하게 존중받을 가치가 있고 모든 진실이 상대적이라고 생각한다는 뜻은 아니다. 우리가 발견한 것은 항상 수정될 여지가 있지만 이해력이 미치지 못하는 경우가 많아도 진실을 찾으려고 노력할 수 있다. 무지의 경계를 무한히 탐색하는 것은 낯선 음식에 대한 미각을 넓히는 것만큼 삶의 커다란 즐거움이다.

나는 예술의 은유에 빗대어 지식이 주는 상상의 가능성에 대한 흥분을 표현하면서도, 한편으로는 과학자들이 최근에 19세기의 확실성을 버리고 우주의 신비와 시적으로 소통하기 위해 채택한 태도와 유사한 입장을 견지한다. 베르너 하이젠베르크Werner Heisenberg, 1901~1976는 양자역학의 명성에 관해 이렇게 썼다. "물리학을 설명하기 위한 수학 공식도 어떤 의미에서는 자연의 경험을 우리 자신과 다른 사람들에게 알리고 이해시키기 위해 시도하는 언어의 그림일 뿐이다." 리처드 파인만Richard Feynman, 1918~1988은 여기에 이렇게 덧붙였다. "오늘날 우리가 과학 지식이라고 부르는 것은 확실성의 정도가 천차만별인 진술의 덩어리다. (……) 이런 무지와 의심을 인지하는 것이 무엇보다 중요하다. 과학의 제1원칙은 자신을 속이지 말라는 것이다. 자기 자신이야말로 가장 속이기 쉽기 때문이다. (……) 나는 항상 모르고 산다."

불확정성의 원리Principle of Uncertainty는 적어도 여섯 가지로 해석되는 것으로 보인다. 상보성의 원리Principle of Complementarity는 물리학 연감에서 획기적인 사건으로 간주되는, "여러 양자역학 이론가들에게 다양한 쟁점에 관한 몇 가지 공존하는 주장을 나란히 제시하다"라는 양자역학에 관한 가장 난해한 글로 발표되었다. 도스토옙스키만 '다성多聲 소설'을 쓴 것은 아니다.

따라서 나는 모호성을 적대시하지도 않고 불일치를 박멸해야 할 해충으로 보지도 않는다. 새로운 생각은 어김없이 불일치를 유발한다. 지식은 불일치가 낳은 자식이다. 나는 사람들이 내게 동의할 것으로 기대하지 않는다. 그래서 독자에게 설교하지도 않는다. 나는 역사학자 페르낭 브로델Fernand Braudel의 전기를 써달라는 요청을 받은 적이 있다. 그는 세상에서 그를 온전히 이해한 사람은 오직 한 명밖에 없다고 아쉬워했다. 오해는 대개의 인간관계에서 영원한 동반자라는 사실을 망각해서 나온 그답지 않은 태도였다.

낯선 생각과의 대화

나는 오랫동안 내가 받은 교육을 이해하지 못했다. 교육은 내게 비판능력을 갈고닦는 법을 가르쳐주었지만 오직 상상력만이 비판을 건설적인 사고로 만들어줄 수 있는데도 상상력에는 관심이 적었다. 학계는 다양한 종種의 마음들이 서로 성가시게 굴고 화를 북돋우면서 "나는 너를 좋아하지 않는 것 같아"라고 말하는 동물원이다. 모양도 다르고 의견이 정반대인 머리들이 남의 새로운 생각을 흡수하기란 쉽지 않다. 그래도 하이젠베르크가 말한 대로 "과학은 대화에 뿌리박고 있다." 대화 형식으로 된 그의 회고록《부분과 전체Der Teil und das Ganze》에는 '만남', '대화'라는 소제목이 있다. 20세기의 위대한 두 가지 발견인 양자물리학과 유전학은 다양한 관점을 가진 사람들의 기나긴 대화의 결실로 기록된다. "과학은 실험에 기초한다. 과학의 결과는 과학을 연구하는 사람들과 실험 해석에 관해 서로 자문을 구하는 사람들 사이의 대화를 통해 얻어진다." 완벽한 합의는 새로운 발견에 제동을 건다.

닐스 보어는 제자와 동료들과 끝없이 대화를 나누고 400명 이상의 사람들을 실험실로 초대해서 한 달 넘게 머물게 하면서 자신의 생각을 발전시킨 인물로 유명하다. 그는 생각은 남들에게 전달되고 이해될 때 비로소 생명을 얻는다고 주장했다. 나아가 "물리학의 과제는 자연이 어떤지 알아내는 것이 아니라 우리가 자연에 관해 무엇을 말할 수 있는지를 알아내는 것이다. 인간은 언어에 의존한다. 우리가 할 일은 실험과 생각을 다른 사람들에게 알리는 것이다. 우리는 언어 속에 떠 있다"라고 단언했다. 그리고 여생을 과학의 언어와 사람들이 소통하는 방식을 연구하는 데 바쳤다.

덕분에 내게도 어떤 생각이 떠올랐다. 나는 사소해 보이는 것에서 불현듯 중요한 무언가를 발견하는 과정을 즐기지만 대화나 책에서 배운 것은 아침의 숙취처럼 이해될 뿐이다. 어떤 고대인들은 문제의 해답을 꿈에서 발견했다지만 나는 아니다. 이해가 안 가는 정보를 고민하면서 잠들면 머릿속에 떠돌던 생각들이 연결되고 생각지도 못한 의미를 가정하고 다음 날 아침에 눈을 뜰 때 번뜩 생각이 떠오른다. 그러나 이렇게 별안간 나타난 직관이 꼭 모든 사실과 일치하는 답을 제시하는 것은 아니다. 이런 과정을 여러 번 거쳐야 일관된 무언가가 얻어진다. 내가 위대한 과학자를 예로 들면서 그대로 따라 하기를 바라지 않듯이 내 방법을 그대로 따라 하라고 말하는 것이 아니다. 다른 지성들이 겪은 갈등과 하나의 발견에 이르는 오랜 심사숙고의 과정을 읽다 보면 위로가 된다.

새로운 생각은 미지의 혈통에서 온다

따라서 알 만한 가치가 있는 것이 무엇인지 미리 알기란 불가능하다. 지식의 한 조각이 다른 한 조각을 만날 때만 서로 할 말이 있는지 알 수 있고, 이런 연결은 개인의 상상력의 예상치 못한 불꽃에 의해 발생한다. 현재로서는 인간의 머릿속에 떠오르는 생각들은 대부분 뮤즈가 되어줄 만한 대상을 만나지 못한다. 그래서 나는 매일 아침 세계 어딘가에서 어떤 주제로든 출판되고 저자가 보편적인 관심사에 관해 할 말이 있지만 특수성이라는 범주의 새장에 갇혀서 대다수 사람들의 관심 밖으로 밀려날 수 있는 신간을 1000자로 요약한 맛보기를 훑어본다. 두툼한 책 한 권을 쓰는 데 몇 년이 걸렸을 저자의 입장에서는 누군가 그의 책에서 관련성을 발견할 수 있도록 책의 메시지를 한두 쪽으로 정리하느라 고심했을 것이다. 그래도 매년 세상에 나오는 50만 권의 책들은 인류가 무지와 싸운 전쟁의 일부이고 내가 연결하고 싶은 세상의 일부다. 나는 아침식사의 생각을 내 홈페이지에 올리고 그것이 어디로 이어질지 살펴볼 것이다.

알 만한 가치가 큰 것은 바로 내가 머릿속에 집어넣은 사실들에 부여하는 양상의 형태이자 아주 많은 사실을 걸러내는 체의 형태다. 이 형태는 다른 사람들의 양상과 체와 비교해야만 드러난다. 그래서 독자 여러분이 좋아하는 주제에 관해 무엇을 알아냈고 무엇을 보고 무엇을 보지 않는지 내게 말해주어야 한다. 여러분도 다른 사람들의 체와 비교하기 전에는 알지 못할 것이다. 가령 채소를 기르거나 고장 난 물건을 고치는 실질적인 노하우는 글로 아무리 읽어도 체득하기가 어렵다. 나는 이런 다양한 기술을 숙달한 사람들과 기꺼이 함께 하고 일상을 괴롭히는 무수한 고장에 관한 뜻밖의 해결책을 찾는다. 추상적인 지식과 실질적인 지식을 구별하는 것만큼 해로운 태도도 없다. 1830년경까지 사람들이 누리던 중요한 혜택은 과학과 인문학의 여러 분야에 적극 참여할 수 있었다는 점이다. 가령 레오나르도 다빈치는 그런 풍토가 얼마나 이로운지 증명해주는 다양한 창작물로 유명하다. 요즘은 학문의 각 분야가 전문화되어 몇 가지 세세한 부분에 집중해야 하므로 아마추어의 기술과 전문가의 학습 사이의 소통이 그 어느 때보다 중요하다. 가장 영향력 있는 발견은 예기치 않게 나타나고, 사전에 정해진 목표로부터의 자유와, 사물이 있는 그대로 존재한다는 불가피성을 지나치게 확신하는 태도로부터의 자유에 의존한다.

평생학습 사회를 이루는 것이 궁극의 목표는 아닐 것이다. 끝없이 지식을 소비하는 것이 상당히 즐거운 일이기는 하지만 과도한 지식으로 비만이 되면 오히려 정신 건강에 해로울 수 있다. 학계에 대한 나의 대안을 시험할 기회가 생긴다면 아직 생각이 무르익지는 않았지만 실질적으로 시행착오를 거치고 있는 다른 주제들과 함께 다음 책에서 소개하겠다.

28장
/
살아 있다는 것은
무슨 뜻일까

두려움을 탐색하는 것은 삶의 사명이고, 두려움의 지도를 다시 그리는 것도 마찬가지다.

❖

고대 로마시대의 한 비문에 이렇게 적혀 있다. "이방인이여, 내가 하려는 말은 짧다. 가만히 서서 읽어보시라. 여기 사랑스러운 여인의 초라한 무덤이 있다. 여인의 부모는 이 여인을 클라우디아라고 불렀다. 여인은 지극정성으로 남편을 사랑했다. 아들을 둘 낳았고, 하나는 세상에 남겨두었다. 다른 하나는 땅속에 묻었다. 여인은 온화한 자태로 재미있게 말했다. 집안일을 하고 양모를 지었다. 내 이야기는 끝났다. 이제 갈 길을 가시오."

2000년이 지난 요즘의 묘비에도 거의 비슷한 문구가 적혀 있지만 대체로 한평생을 살았다는 것의 의미에 관한 내용은 줄었다. 오늘날 사람들은 달리 무슨 말을 할 수 있을까? 로마의 비문에는 삶의 목적은 삶이고 삶의 존속과 계승이라는 고대의 상식이 담겨 있다. 자연은 삶이 중단되지 않도록 어떤 수고도 아끼지 않는다는 사실이 담겨 있다. 여자는 200만 개의 원시난포를 가지고 태어난다. 남자는 한 번 사정할 때마다 정자를 4000만 개씩 만든다. 적어도 남자들이 공해로 불구가 되기 전까지는 그랬다. 보잘것없는 말벌은 난자 하나에서 800~3500마리의 새끼를 생산할 수 있다. 칭기즈칸이 아시아의 대부분 지역을 정복할 뿐 아니라 "적의 아내와 딸들을 품어서" 자식을 많이 낳는 것을 사명으로 여긴 것도 '자연스러운' 일이고, 현재 그에게 나온 후손이 1600만 명이라는 추산이 있다.

자연의 이단아들

하지만 인간은 또한 자연의 이단아다. 인간은 흔히 평생의 고작 4분의 1만 자식을 키우는 데 전념하고 육아의 많은 부분을 가족 이외의 전문가들에게 맡긴다. 인간은 자식들에게 단순히 부모를 닮지 말라고 가르치고, 새로운 세대는 매번 조금씩 다른 인류의 모습을 보여준다. 인간은 무엇보다도 가족에게 관심을 가져야 하고 자식은 가장 큰 기쁨을 주는 존재이며 자식을 잘 키우는 것은 무엇보다 자랑스러워할 일이라는 사실을 가끔 잊는다.

역사적으로 출산율이 갑자기 지속적으로 감소한 시기가 여러 번 나타났다. 메소포타미아의 인구는 전성기에 세 배 증가했지만 이어서 독창성과 낙관성이 소멸하자 전성기의 10분의 1 수준으로 줄어들었다. 이집트의 인구는 기원전 3000년에 100만 명 미만이었지만 예수의 시대에는 500만 명으로 증가했다가 기원후 1000년에는 다시 150만 명으로 감소했다. 멕시코의 인구는 스페인의 침략을 받고 질병뿐 아니라 절망으로 인해 과거 인구의 10분의 1로 감소했다. 중국의 한 자녀 정책은 자연스러운 본능에 대한 억압으로 간주되었지만 사실 (그리스. 이탈리아. 스페인 같은) 여러 나라에서도 자발적으로 중국보다 자녀를 훨씬 적게 출산했다. 독일에서는 여성의 30퍼센트가 자녀를 낳지 않고 대학 교육을 받은 여성의 경우에는 자녀를 낳지 않는 비율이 훨씬 더 높다. 수녀와 수도사가 된 인구도 어마어마하다. 자식을 낳지 않고 정신적인 자식만 낳기로 선택한 사람들의 명단에는 레오나르도 다빈치, 베이컨, 데카르트, 뉴턴, 로크, 버클리, 흄, 칸트, 케인스, 헨델, 베토벤, 차이콥스키, 루이 암스트롱, 마리아 칼라스, 조르주 브라상, 제인 오스틴, 윌리엄 블레이크, 러스킨, 올리버 웬델 홈스, 마그리트, 수전 B. 앤서니, 플로렌스 나이팅게일, 시몬 드 보부아르, 코코 샤넬, 캐서린 햅번, 그레타 가르보, 그리고 물론 예수도 있다. 이들은 가족이 없으면 "아무에게도 불만을 털어놓을 상대가 없으므로" 가족이 없는 사람을 불쌍히 여기던 철학자 맹자의 경고에 대응할 다른 방법을 찾았다.

비가 많이 오고 별안간 사막에 꽃이 피어 먹을 게 풍성해지면 메뚜기가 급격히 불어난다. 개체수가 증가하면 서로 몸이 맞닿게 되고 다리도 닿을 때가 많아지는데 그러면 더 흥분해서 마치 패션과 화장으로 치장한 것처럼 몸 색깔이 평소의 담갈색에서 노란색과 주황색과 검정색으로 변한다. 어릴 때는 무리에 끼어들고 성충이 되면 떼를 지어 다니며 수천 킬로미터 이내의 식물을 모조리 먹어치우고 결국 아무것도 남지 않아 굶어 죽는다. 인간도 인구가 불어나서 지상의 숲을 초토화시키고 바다의 생물도 멸종시켜왔지만 번영의 시기가 끝나면 메뚜기 떼처럼 소멸할 거라고 생각하지 않는다.

삶에서 무엇을 기대하는가

인간의 고유성은 그들이 (혹은 대다수가) 삶은 죽음에서 시작된다고 믿는다는 데 있다. 모차르트가 삶의 목적은 죽음이라고 말했을 때 지상의 삶은 다른 어딘가의 영원한 사후세계로 가는 짧은 여행이라는 뜻이다. 그 여행이 천국으로 이어진다고 믿는 사람도 있고, 다른 육신으로 환생한다고 믿는 사람도 있다. 고대 이집트인들은 사람이 죽으면 날마다 태양을 따라 여행하는 우주여행자가 된다고 믿었다. 부처는 삶의 목적은 삶과 불가피한 고통에서 벗어나는 것이지만 몇 번의 죽음을 거쳐야 비로소 해탈할 수 있다고 말했다. 유대교 예언자들은 삶의 보상은 "아버지 쪽으로 모이는 것"이라고 말했고, 많은 문명에서 조상들에게 살아 있는 후손을 수호하는 역할을 맡겼다. 죽음은 지고의 예술로서 삶보다 더 어려운 것이었다. 스페인의 극작가 칼데론Caldéron은 "인간의 가장 큰 죄는 태어난 것"이라고 말했다. 출산과 사후세계를 중시하는 태도는 결혼이 서른 살로 늦춰지고 100세까지 살 가능성이 높아진 시대보다는 삶이 한낱 촛불 같던 시대에 더 강렬한 의미를 띠었다.

하지만 인류의 가장 파괴적인 저항은 '삶의 의미'가 자연이나 신에 의해 영원히 정해져 있고 평범한 인간의 소망과는 별개로 존재한다는 신념을 뒤엎으려는 시도였다. 인간은 각자 삶이라는 선물을 자신의 이상과 욕구에 맞게 해석하는 법을 배워야 한다는 새로운 확신이다. 따라서 "무엇을 받아들여야 하는가"라는 질문 대신 "삶에서 무엇을 기대하는가, 그리고 삶을 어떻게 만들어나갈 것인가"라고 바꾸어 물어야 한다. '삶'이 아니라 당신 자신의 삶에서 무엇을 목적으로 삼고 싶은가? 따라서 삶의 목적이라는 개념이 무의미해진다. 자기 삶에 목적을 부여하는 것은 자기 자신이기 때문이다. 욕구가 순종을 권좌에서 몰아낸다.

그러자 갑자기 진보의 개념이 힘을 얻는다. 진보는 지독히 외로웠을 개인의 투쟁에 의미를 부여할 수 있는 틀을 제시하기 때문이다. 과거에는 부모처럼 일하고 결혼하고 먹고 옷을 입으면서 부모처럼 살 거라고 기대했다. 지금은 혼자 힘으로 더 나아져야 한다. 삶은 이제 태초부터 유유히 흐르던 강물을 타고 흐르는 여행이 아니다. 대신 삶은 길고 가파른 사다리의

미로이고 우리의 미래는 그 사다리를 타고 올라가서 떨어지지 않는 능력에 달려 있다. 자기를 조상과 후손으로 이어진 기다란 사슬을 이루는 한낱 연결고리로 여기는 것이 아니라, 가족이 꿈꾸던 것 이상의 자격을 갖추고 성취하기 위해 경쟁해야 한다. 그런데 어떻게 선택할까? 앞으로 한 달, 1년, 10년을 어떻게 보내야 할까?

왜 모두 베토벤이 되면 안 되는가?

서던캘리포니아 대학교의 한 교수에 따르면 인간에게는 135가지 목표가 있다. 이렇게 많은 목표에 대처하는 한 가지 방법은 인간의 욕망을 단순한 피라미드 형태로 표현한 에이브러햄 매슬로Abraham Maslow, 1908~1970의 분류법을 따르는 것이다. 피라미드의 맨 아래 칸에 음식, 성생활, 수면 같은 생리적 욕구가 있다. 다음에는 안전의 욕구가 있고, 한 단계 더 올라가면 사랑의 욕구가 있고, 그다음에는 존중의 욕구, 마지막 단계에서는 '자아 실현'의 욕구가 있다. 말하자면 인간의 궁극적인 목표는 내면에 감춰진 모든 자질을 발현하는 데 있지만 예비 단계의 욕구를 충족하느라 모든 자질이 드러나지 못할 수도 있다는 뜻이다. 매슬로는 "인간에게는 무한한 잠재력이 있고 제대로 활용하기만 하면 인간이 꿈꾸는 천국에 사는 것처럼 살 수 있다"라고 말했다.

매슬로는 유명한 영웅들의 전기를 연구해서 그들이 위대한 능력을 발휘한 과정을 알아냈다. 그는 "왜 모두 베토벤이 되면 안 되는가?"라고 물었다. 누구나 사실상 베토벤이 되거나 그에 비견할 만한 수준에 이를 수 있다는 뜻으로 들렸고, 그 덕에 매슬로의 이론은 크게 성공했다. 신경증적 기억에 대한 프로이트의 심각한 경고보다는 긍정적인 말이 사람들을 기분 좋게 만들었다. 게다가 매슬로는 단지 상아탑 안의 교수만은 아니었다. 그는 교육을 거의 못 받고 미국으로 건너왔지만 일곱 자녀는 잘 살게 해주어야 한다고 다짐했던 유대계 러시아 부부의 아들로 태어났고, 가족이 소유한 캘리포니아의 와인통 공장에서 일한 경험이 있었다. 매슬로의 업적은 자유를 어떻게 쓸지 모르던 세대에게 더 나은 삶을 향한 막연한 열망을 다섯 가지 욕구로 압축해서 정리해주었다는 것이다. 그의 분석은 오늘날 일과 비즈니스의 이념부터 교육과 페미니즘에 이르기까지 거의 모든 영역에 적용된다.

매슬로는 저자의 메시지가 (흔히 그렇듯이) 제자들에 의해 지나치게 단순화되는 현상을 잘 보여주는 사례다. 사실 그는 개인적으로 현실에서 자아실현을 한 사람을 거의 찾기 어렵다고 유감스러워했다. 아마 인구의 2퍼센트만 자아 실현의 단계에 도달할 수 있을 것이고, 그들마저도 자세히 들여다보면 안타깝게도 "불완전하고" "정서적으로 불안정해서" 불안과 죄책감에 시달리며, "상상을 초월할 만큼 무자비하면서도 아주 정확하고 냉철한" 사람들이라고 말했다. 그들은 좋은 연애 상대가 된다고는 해도 "상대의 험한 꼴을 기꺼이 받아주지 않는 한 좋은 결혼은 불가능하다." 반유대주의와 싸우고 독단적인 어머니에 맞서면서 어린 시절을 보낸 매슬로에게는 환상이 거의 남아 있지 않았다. 따라서 더 나은 세상을 만드는 데 전념하면서도 희망을 현실로 바꿀 수 있는지에 관해서는 회의적이었다. 그는 제자들이 그의 이상에 도달하지 못해서 실망하고, 히틀러나 독일인이나 공산주의자를 그의 이론에 어떻게 끼워맞출지 몰라서 답답해했다.

그뿐 아니라 그의 이론을 이해하는 사람이 거의 없다고 한탄했다. 유럽에서 건너와 미국에 정착한 유능한 교수들인 그의 동료들은 각자의 이론을 내놓고 다른 누구에게도 동의하지 않았다. 학계가 그런 식으로 비판적인 정신을 장려하는 분위기였기 때문이다. 그리고 서로에게서 각자의 목적에 부합하는 부분만 취했다. 신경학자 쿠르트 골드슈타인Kurt Goldstein, 1878~1965은 미국에서 '자아 실현'이라는 용어가 다른 의미로 대중화되기 얼마 전에 매슬로가 그의 용어를 도용했다고 비난했다. 사실 자아 실현이라는 개념은 아리스토텔레스까지 거슬러 올라가고 그 뒤로 수많은 철학자가 각양각색의 자아 실현을 주장했다.

매슬로는 그의 이론의 경험적 토대가 얼마나 '취약한지' 안다면서 고작 "30~40명을 대상으로 실험하고 100~200명을 대상으로는 그리 신중하거나 심도 깊지도 않게 진행한" 연구에서 얻은 이론이라고 밝힌 점에서 남달랐다. "나쁘거나 열악하거나 부족한 실험이었다. 나는 그 점을 순순히 인정한다. 아니, 적극적으로 인정하고 싶다. 나의 잠정적인 가설이 열정 넘치는 사람들에게 통째로 삼켜질까 봐 조금 우려스럽기 때문이다." 그의 이론이 실제에 적용되면서 많은 불확실한 부분이 드러났다. 그는 '자아 실현'을 이룬 창조적인 사람들이 제멋대로이고 반항적이고 "모든 참신한 생각은 처음에는 말도 안 되는 것처럼 보이기 때문에 제정신이 아닌" 경향이 있다고 인정했다. "나는 이 이야기를 어느 회사에 들려주었다. 경영자들이 걸핏하면 말썽을 일으키는 창의적인 사람들과 어떻게 일할 수 있을지 모르겠다. 그건 내 문제가 아니다." 그는 이 문제를 경영자들에게 떠넘겼다. 그러면서 그들이 경영을 "심리 실험"으로 생각하기를 바라고, 그들이 "다른 전문 용어"로 "강인하고 침착하고 이기적인 가면 속에 이상주의를 숨기는" 경우를 제외하고는 "직업적으로 종교적인" 시인이나 지식인만큼 "영적"이라는 생각으로 격려했다.

'자아 실현'이라는 환상

이렇게 의구심과 모호함이 존재하는데도 대다수 미국인과 이어서 세계 각국의 사람들이 자아 실현을 성공한 인생과 수익성 높은 사업의 핵심 요소로 간주하는 추세는 계속됐다. 마치 하루아침에 재능의 엘도라도(황금 도시)를 발견하여 모두가 엄청난 부자가 되고 성취감을 맛볼 수 있을 것만 같았다. MIT의 더글러스 맥그리거Douglas McGregor와 GM에 관한 연구로 유명해진 피터 드러커Peter Drucker 같은 새로운 세대의 경영 전문가들이 매슬로의 보편적인 만병통치약을 인정하자, 동서양을 막론하고 옛 성현들조차 무지몽매하고 죄 많은 사람들을 자아 실현의 귀감으로 바꾸지 못한 역사를 망각한 채 이제는 평범한 사람을 비범한 리더로 만들어준다고 장담하는 모든 인적 자원 교육 프로그램에 매슬로의 이론을 도입했다. 1960년대의 뉴에이지 구루들은 매슬로의 심리학을 신비주의 비법에 첨가할 수 있는 즉석 패스트푸드 형태로 만들었고, 매슬로의 이론은 이런 사람들을 통해 부와 행복과 명성을 약속하는 무수한 자기계발서에 스며들고 다양하게 희석되었다. 어느 광고에 나오듯이 "원하는 것은 무엇이든 될 수 있고 할 수 있고 가질 수 있다는 자각만 있으면 되었다."

베티 프리던Betty Friedan은 (매슬로의 인본주의 심리학이 유행하기 시작한 시기에 심리학을 전공한 인물로) 매슬로의 언어로 《여성의 신비The Feminine Mystique》라는 책에서 "이름도 없다는 문제(미국 여성들이 자신의 역량을 온전히 발휘하도록 성장하지 못한다는 단순한 사실)는 다른 어떤 질병보다 우리 조국의 신체적, 정신적 건강에 훨씬 더 심각한 타격을 준다"라는 유명한 말을 했다. '인본주의 심리학'의 후계자인 '긍정심리학'은 매슬로에게 영감을 받아 사람들에게 행복하라고 가르치고 "장점을 키우고" "최선을 다해 긍정적인 자질을 펼칠 수 있는 틈새를 발견하라"고 가르치는 독립적인 학문 분야로 발전했다. 특히 산업 지도자들은 매슬로의 욕구 5단계설 덕분에 직원들에게 일이 '자기계발'에 도움이 된다고 설득할 수 있었다. 자기를 긍정적으로 생각하고 자기 자신이 되는 것이 삶의 궁극의 목표가 되었다. 개인이 현재 온전히 소유한 것은 자신의 감정뿐이고 비판을 들으면 기분이 나빠지므로 비판으로부터 보호받아야 할 것만 같다. 하지만 개인의 정체성을 내세우고 옹호하는 것이 최고의 목표일까? 자존감을 높이면 어떻게 될까?

과거보다 현대에 베토벤이 많아졌는지, 폭군이 줄어들었는지, 어리석은 사람이 줄어들었는지는 알 수 없다. 많은 천재와 예언가와 예술가가 가난과 박해에 시달렸으므로 명성의 정점에 오르기 위한 최선의 준비 과정은 다락방이나 감방에서 빵과 물로 연명하는 것이라는 이론을 제시하는 사람은 아직 나오지 않았다. 역사적으로 인간이 홀로 여행길에 올라서 내면에서 의미를 찾은 예는 지금이 처음은 아니다. 공공제도가 불안한 마음을 달래주지 못하던 시대마다 나타난 현상이다. 20세기는 개인들에게 오직 고독한 자아만 벗 삼아서 외로운 정자와 불안한 난자가 서로 평화를 찾도록 놔두라고 설득한 나머지 여행이 더 험난해졌다.

자아 실현이 충만한 삶과 동의어는 아니다. 자신의 한계를 아는 사람이 타고난 알량한 재능만으로 아무래도 부족해 보이는 '잠재력'을 실현하는 정도 이상을 꿈꿀 수 없다는 데 만족할 수 있을까? 여러 나라에서 자아 실현이 '진정한 자기'를 찾는 데 방해가 되는 장애물로부터 개인을 해방시키는 정설로 인정받기는 했지만 이것은 인류의 최종 목표가 아닐 수 있다. 세계의 지도자들은 사람들을 행복하거나 부유하거나 자율적이거나 자유롭게 만들기 위해 다방면으로 시도했지만 그들이 원하는 모든 것을 제공하지 못한다면 조만간 다른 명약을 찾아나설 것이다. 행복한 사람들은 이 기적일 수 있다. 부유해진다고 해서 저절로 더 나은 사람이 되는 것도 아니다. 권력은 부패할 뿐 아니라 과대망상을 퍼뜨리는 바이러스다. 자유가 필요하다고는 해도 자유를 어떻게 누릴지 모른다면 위축될 수 있다. 인간의 복지를 개선하기 위한 공공의 처방으로 원하던 결과를 얻은 예는 극히 드물다. 피라미드를 오를 때 한 번에 한 계단씩 올라야 한다는 것은 삶을 한정하는 은유다. 나는 열두 살에 이집트의 대피라미드의 정상까지 올라가서 다른 모든 관광객처럼 꼭대기에 내 이름을 새겼지만 그러고 나자 다시 내려오는 일밖에 남지 않았다.

살아 있기 위해서는 끊임없이 연결되어야 한다

사람들이 각자 삶에서 무엇을 발견하고 무엇을 발견하지 못했는지 알기 전에 나는 삶이 어떤 의미인지 모를 것이다. 나는 그저 우주의 아주 작은 한 귀퉁이를 볼 수 있을 뿐이고, 남들에게는 무엇이 보이는지 알아내기 전에는 큰 그림을 시작할 수 없다. 살아 있다는 것은 그저 심장이 뛰기만 하면 되는 것이 아니고 다른 심장은 어떻게 뛰고 다른 정신은 어떻게 생각하는지를 알아채는 일이다. 삶을 공격하는 치명적인 질병은 '생전 경직rigor vitae', 곧 호기심을 다 태워버리고 반복적이고 무감각한 일상에 안주하는 정신의 경직 상태다. 이런 상태는 살아 있다는 착각을 주기 때문에 '사후 경직rigor mortis'보다 더 위험하다. 전에는 생각해본 적 없는 생각을 하고 다른 사람들의 생각에서 영감을 얻지 못한다면 그저 명목상으로만 살아 있을 뿐이다.

죽음에 대한 이해가 바뀌지 않는 한 삶에 대한 이해도 달라질 수 없다. 그런데 현미경으로 죽음의 과정을 면밀히 들여다볼 수 있게 되면서 드디어 변화가 일어났다. 죽음은 우리가 생각한 모습이 아니었다. 유익한 대화는 우리가 함께 하는 즐거움을 줄 뿐 아니라 조용하고 맨눈에는 보이지 않게 우리의 살과 피 속에서 일어나기도 한다. 육체의 생존은 우리 몸을 구성하는 세포들의 대화에 의존한다. 세포는 주변의 다른 세포들과 연결되면서 계속 살아 있다. 내 몸에서 매일 수십억 개의 세포가 죽지만 단지 노화로 인해 죽는 것은 아니다. 대다수 세포는 자살한다. 세포는 자살하는 기능을 가지고 태어나고 주변의 다른 세포들과 신호를 주고받지 못할 때 자살 기능을 발동시킨다. 그리고 다른 세포들과 결합해서 자기보다 더 큰 무언가를 만들 때 살아남는다. 세포는 자기와는 다른 주변 세포들과 결합해서 끊임없이 변형되고, 세포 속 단백질은 무용수가 발레에 참여하듯이 주변의 다른 단백질에 적응한다. 모든 세포가 단 몇 시간 만에 스스로를 파괴할 능력을 가지고 있고 주변 세포들과의 대화를 시도하다 실패하면 자살을 결정한다. 한마디로 주변 세포들과의 접촉을 완전히 차단하면 침묵에 대한 벌로 죽는 것이다. 우리 몸이 끊임없이 스스로 갱신하면서 가을에 낙엽이 지듯이 엄청난 양의 세포가 소멸한다는 뜻이다. 우리의 정신도 남에게서 빌려온 생각을 획득하기도 하고 폐기하기도 한다.

스스로 차단해서 자살을 감행하는 것은 비단 세포만이 아니다. 철학적 명상에 빠져드는 인간도 삶을 놓친다. 삶의 선물에는 무한히 다채로운 자연 세계와 타인의 상상력이나 독창성과 연결하라는 자극이 들어 있고, 이런 선물에 감사하는 마음이 사랑으로 발전할 수 있다. 그리고 사랑의 반경이 넓어지면 더 활기차게 살 수 있다. 내가 상대에게 흥미로운 자질을 발견하고 아무도 그 사람에게 주지 못하는 영감을 줄 때 나는 삶에 무언가를 보태는 셈이다. 두 사람이 피상적인 만남에 머물지 않고 만날 때마다 발견과 창조를 보태면 그 만남을 발전시킬 수 있다. 남들이 내게 두려움을 주고 내가 그들에게 말을 건넬 방법을 모르거나 그들이 내게 말을 건넬 방법을 모르거나 우리가 서로의 요구에 공감하지 못한다면 우리는 존재의 목적을 상실한 세포와 같다. 하지만 두려움이 배고픔만큼 불가피하다고 해도 두 가지 모두에 품위 있게 대응하는 방법이 있다. 두려움을 탐색하는 것은 삶의 사명이고, 두려움의 지도를 다시 그리는 것도 마찬가지다.

모두의 경험, 모두의 시행착오

기질, 분노, 권태, 사고로 얼룩진 변칙들과 그 밖에 날마다 일어나는 모든 불운을 바로잡는 것이 목적인 기관과 정부와 사업체는 여전히 개인들의 대화가 조직의 강령이나 행동 규범만큼 영향력이 크지 않다고 생각할 것이다. 선동가들이 별안간 군중을 메뚜기 떼로 바꿔놓을 때도 있다. 하지만 개인들의 소통이 정신을 선명하게 만들고 두려움을 누그러뜨리고 예기치 못한 시너지 효과를 낳을 수 있다. 말이 부족한 것이 아니라 말이 생각의 엔진이 되는 대화로 발전하지 못할 뿐이다. 지금은 과거 어느 때보다 소통의 기회도 많고 그만큼 장애물도 많다. 기술의 발명이 인간의 실패에 대한 두려움까지 없애지는 못했다. 그래서 모두의 경험, 모두의 시행착오가 삶을 이해하는 데 핵심이 된다.

1085년에 영국의 왕은 "조언자들과 진지하게 대화를 나눈 후 잉글랜드 전역에 사람을 보내서 영주들이 소유한 토지의 규모와 가축 수를 조사하고 그것의 가치는 얼마나 되는지 파악하게" 했다. 그렇게 해서 당시 가장 중요한 사안이었던 재산을 기록한 토지대장Domesday Book이 나왔다. 지금은 다른 종류의 조사를 실시할 여지가 있다. 남들이 나를 얼마나 이해하고 내가 남들을 얼마나 이해하는지가 내가 소유한 재산보다 더 중요하다. 개인이 무엇에 가치를 두고 무엇을 믿고 무엇을 두려워하고 무엇을 소망하는지에 관한 훨씬 더 긴 책이 아직 나오지 않았다. 사람들에게 투표권을 주는 것은 소심한 시작일 뿐이었다. 누구나 투표용지에 찍힌 X 표보다 훨씬 할 말이 많다. 여론조사에서 미국인의 81퍼센트는 책을 쓸 만한 아이디어가 있고 책을 쓰고 싶다고 답했다. 그런 바람이 한낱 몽상으로 남아야 하는 것은 아니다. 공공도서관은 대중의 독학에 결정적으로 기여한 곳으로서 문을 닫겠다는 위협을 그만두고 책을 빌려주기만 하는 공간이 아니라 사람들에게 책을 쓰도록 자극하는 공간이 될 수 있다. 도서관은 사람들이 삶에서 중요한 것과 남들이 알아주기를 바라는 것을 기록해서 자화상으로 그리게 하고 보관할 수 있다. 그리고 피상적으로만 알거나 전혀 모르는 이웃들의 재능과 희망에서 유익함을 얻을 방법을 알아내는 공간이 될 수 있다. 세계 대도시의 공공도서관 사서들은 이미 이런 모험을 감행하기로 동의했다.

　이 책은 나의 기증 도서다. 독자들이 나의 대화를 듣다가 끼어들어서 반박하고 싶어지고 자기만의 관점으로 직접 책을 쓰면서 자신에게 가장 의미 있는 과거를 불러내고 현재에 더 큰 희망을 주는 미래를 상상하고 싶어지기를 바란다.

정신의 자양분을
어디서 찾을 수 있을까

내가 만난 모든 사람, 친절하고 호의적이고 내게 문을 열어준 사람뿐 아니라 나를 혼란스럽게 하고 회피하게 하고 겁먹게 한 모든 사람, 살아 있는 사람의 책이든 죽은 사람의 책이든 내가 평생 읽은 모든 책, 내가 보거나 들은 모든 일이 이 책의 공저자다. 모두 내게 뮤즈였지만 다들 그 사실을 알지 못한다.

대나무만 먹으려고 하는 대왕판다와 달리 인간은 어디서든 정신적 자양분을 얻을 수 있다. 이 책은 나의 취향을 넓혀서 다른 사람들의 취향과 의견, 경험과 희망을 발견하려는 시도다. 나의 시도에 동참할 수 있는 실질적인 방법이 있다. 옥스퍼드뮤즈재단은 이 책에서 기술한 것과 같은 종류의 일과 문화에 관한 대화와 초상화와 실험을 장려하는 비영리단체다. 홈페이지www.oxfordmuse.com에 자세한 방법이 안내되어 있다. 삶을 괴롭히는 부조리와 잔혹성을 물리칠 힘이 없다는 생각이 들어도, 당신은 당신 자신과 당신의 사고방식에 관해, 남부럽지 않게 살 돈을 벌게 해주거나 그렇지 않은 직업의 예측 불허의 변화에 관해, 불운에 대처하기 위해 개발한 방법에 관해 사람들에게 알려서 세상을 조금이라도 더 낫게 만들 수 있다. 글을 읽고 쓸 줄 알면 누구나 작가인 동시에 독자다. 이 홈페이지는 당신에게 평소의 생각을 글로 써보라고 제안한다. 익명을 원하면 익명으로, 혹은 시각적 형태로 당신의 자화상을 만들어서 우리 미술관에 전시하면 당신도 누군가에게 뮤즈가 될 것이다.

이 홈페이지에서는 또한 인간을 구별하는 것은 생각하는 능력이고 생각이 오락만큼 흥미롭고 만족스러울 수 있음을 보여주는 새로운 프로젝트에 동참하도록 초대한다.

끝으로 여러분이 이 책을 산다면 과거를 더 유용한 방식으로, 과거의 업적뿐 아니라 환상까지 기억해서 여기저기 엇갈리는 이정표가 꽂힌 오래된 길의 움푹 팬 곳을 수리하는 역할 이상을 하는 데 목표를 둔 자선단체를 후원하는 셈이다.

옥스퍼드 뮤즈 홈페이지에는 오랫동안 우리의 활동을 다양한 방식으로 격려하고 기여한 많은 분에게 전하는 나의 감사의 마음이 자세히 실려 있다. 다만 모든 물건에는 마땅히 만든 이의 이름이 새겨져야 한다. 따라서 마지막으로 즐거운 상상력으로 내 글이 책으로 나오게 하고 출판을 즐겁고 흥미로운 경험으로 만들어준 분들을 소개하고 싶다.

크리스토퍼 맥클로스, 카타리나 비렌베르크, 오리올 비숍, 폴 잉글스, 베단 퍼거슨, 루시 헤일, 코리나 지프코와 동료들, 루쿤 아드바니와 마이클 살루, 앤드류 뉘른베르크와 동료들, 그리고 특히 이 책이 너그러운 독자를 만날 때까지 양부모 노릇을 마다하지 않은, 없어서는 안 될 서적상 여러분에게 감사드린다.

우리 시대의
창조적 지성이 던지는 28가지 질문

이 책은 철학적 질문의 답을 찾아 역사 여행을 떠나는 역사서이자 철학서다. 시어도어 젤딘이 던지는 철학적 물음은 두 가지다. 당신은 누구인가? 당신은 어디로 가는가? 우리 안에는 과거와 현재가 공존한다. 우리가 누구이고 어디로 가는지 알려면 우선 우리가 어디에서 왔는지 알아야 한다. 20세기 초에는 어린 시절의 기억을 끄집어내 분석하는 데 몰두하면서 과거와 현재를 연결하려고 시도했다. 젤딘은 기억의 범위를 더욱 확장하려 한다. 우리 자신의 기억, 우리 조상의 기억만이 아니라 타인의 기억과 인류의 조상의 기억으로 넓히고자 한다.

이 책《인생의 발견》의 원서에는 '과거를 기억하고 미래를 상상하는 새로운 방법'이라는 부제가 붙어 있다. 젤딘은 21세기 과학의 쾌거는 뇌에서 기억을 저장하는 영역과 미래를 상상하는 영역이 일치한다는 사실을 발견한 점이라면서 과거를 기억하지 못하거나 기껏 떠올린 기억이 일천하다면 그만큼 미래를 상상하는 능력에도 한계가 있다고 말한다. 미래는 예측 불가능한 미지의 영역이다. 다만 우리는 과거와 현재에 비추어 미래를 상상할 뿐이다. 한 개인의 기억은 조악하고 일천할 수밖에 없기에 좀 더 풍성한 미래를 상상하려면 기억의 저장고를 넓혀야 한다. 다른 이들의 기억이 필요하다. 젤딘은 과거에 살다 간 사람이든 오늘을 함께 사는 사람이든 타인의 기억에 닿기 위한 수단으로 대화를 제안한다. 젤딘의 역사서의 일관된 주제는 대화이고 대화에 앞서 경청의 중요성을 강조한다. 대화를 통해 사람과 사람 사이, 집단과 집단 사이의 난공불락의 성벽이 허물어지는 예로 젤딘이 강연이나 저서에서 자주 소개하는 일화가 있다.

> 언젠가 나는 이란의 어느 저명한 아야톨라[이란 이슬람교 시아파의 종교 지도자]를 만난 적이 있다. 그는 한 시간 동안 열변을 토하며 서구의 만행을 규탄했다. 말을 마치자 분노가 가라앉았는지, 빙긋이 웃으며 나를 안아주고는 "또 뵙고 싶소"라고 말했다.
> "왜죠?" 내가 물었다.
> "선생이 내 말을 들어주었으니까요."

에드워드 카는 "역사란 과거와 현재의 대화"라고 말했다. 역사는 고정된 사료만 의미하는 것이 아니라 사료와 역사가의 대화로 새롭게 해석된다는 뜻이리라. 젤딘은 여기에서 더 나아가 저마다 다른 기억과 경험과 신념을 가진 사람들이 나누는 대화가 서로의 벽을 허물고 미래를 연다고 강조한다.

이 책을 읽은 독자라면 알겠지만 역사라는 기억의 저장고를 탐색하는 저자의 서술 방식이 독특하다. 어떤 주제에 관한 정치적, 경제적, 사회적,

문화적 사실을 1차 사료에서 발견해서 주석을 다는 일반적인 역사 서술과는 사뭇 다르다. 젤딘도 원래 나폴레옹 3세의 정치체제를 중심으로 19세기 프랑스 정치사를 연구하면서 여느 역사가처럼 실증적인 서술 방식으로 출발했다. 그러다 옥스퍼드 현대 유럽사 시리즈의 프랑스 역사 편을 맡아서 20여 년에 걸쳐《프랑스 정감의 역사A History of French Passions》를 집필하면서 그만의 새로운 역사 서술을 시작했다. 1848년년부터 1945년까지의 프랑스 역사를 다룬 이 책에서 그는 옥스퍼드 편집자나 동료 역사가들의 예상과 달리 프랑스 정치사에서 혁명과 반혁명의 시대에 주목한 것이 아니라 당시 프랑스에 살던 사람들의 개인사를 중심으로 프랑스인의 감성의 영역을 재구성했다.

이어서 젤딘을 세계적인 역사가로 알린《인간의 내밀한 역사》도 특유의 역사 서술로 구성된다. 이 책은 현재를 살아가는 여성 28명의 사연을 소개하고 역사 속의 관련 사건이나 인물을 다루면서 현대인이 안고 있는 문제의 실마리를 탐색한다. 노예제, 고독, 사랑, 공포, 호기심, 연민, 우울, 대화법, 이성애, 동성애, 운명, 점성술, 섹스, 요리법, 가족제도, 가정의 위기를 비롯한 다양한 주제를 다룬다. 주인공들의 현실이 여간해서는 달라질 것 같지 않았지만 수백 년 혹은 수천 년 전에 같은 문제를 고민하던 인물들과 연결해보면 변화의 가능성이 보이기 시작한다. 이 책에서는 주인공들의 이야기가 한 편의 단편소설처럼 읽힌다. 누군가는 젤딘을 "소설가의 관심사와 역사가의 서술 기법을 접목시킨 인물"이라면서 "젤딘은 현대의 발자크이다. 다만 그는 자신의 주장을 통계수치로 뒷받침할 수 있다"라고 평했다.

이 책《인생의 발견》에서는 우선 현대를 사는 우리가 고민하는 다양한 철학적 질문을 던진다. 그리고 고대와 현대, 동양과 서양을 넘나들면서 개인의 감성이 담긴 이야기를 찾아내서 서로 연결한다. 이를테면 명말청초明末淸初의 학자로 시화와 음악에도 뛰어났던 모기령이 남긴 한마디에 주목한다. "나는 헛되이 살았도다." 새로 들어선 청조에 저항하다 실패해서 초야에 묻혔지만 다시 관직에 올라 출세하면서 화려하게 생을 마감한 인물이 왜 이런 말을 남겼을까? 그리고 만약 모기령이 중세 일본의 한 여인도 역시 헛되이 살았다는 회한에 젖은 사실을 알았다면 그가 말년에 내린 허망한 결론이 달라졌을까? 또 한 예로 세계 최고의 복지국가 덴마크에서 태어나고도 자기 나라에서 소외감을 느끼고 국외로 떠돌던 덴마크의 영웅들의 이야기를 소개한다. 동화작가 한스 안데르센, 소설가 카렌 블릭센, 최초의 여성해방운동가 마틸데 피비게르, 철학자 쇠렌 키르케고르, 세계적인 오디오 기업 뱅앤올룹센의 설립자 피터 뱅과 스벤 올룹센의 삶의 궤적을 따라가면서 이들이 만약 자기가 태어난 나라에서 만족하고 평생 살았다면 인류의 역사에 큼직한 족적을 남겼을지 묻는다. 낯선 땅으로 가서 이방인들의 생각에 귀를 기울이고 자신의 생각의 틀을 확장한 덕분에 창조적인 업적을 남길 수 있었다는 것이다. 젤딘은 이런 식으로 가난한 자와 부자, 신을 믿는 자와 믿지 않는 자, 같은 나라의 국민과 이방인, 그리고 인류의 가장 오랜 전쟁의 당사자인 남자와 여자가 함께 대화를 나누어 벽을 허물 방법을 찾는다.

책을 번역하다 보면 필연적으로 느리게 독서하게 된다. 그러다 보니 각 장이 끝날 때마다 사색하면서 자기만의 대화를 시작해보라는 저자의 제안을 충실히 따르게 되었다. 장마다 주제별로 무수한 상념이 떠올랐다 가라앉기를 반복했다. 그중에 역자 후기를 쓰는 지금, 또렷이 떠오르는 부분은 '세상의 모든 전쟁 가운데 가장 잔혹하고 가장 오래되고 가장 많은 희생자를 낸[여전히 희생자가 속출하는] 전쟁'을 다룬 장(17장)이다. 젤딘은 남녀의 전쟁을 침묵의 전쟁으로 규정한다. 침묵이 길어질수록 벽은 공고해지고 오해가 쌓여서 갈등이 극단으로 치닫는다. 과거 여성해방운동이 남자들과 같은 무기, 역사적으로 이미 실패작으로 증명된 무기를 집어들고 싸웠다면 이제는 경청을 토대로 우정을 나누어 침묵을 깨야 한다고 제안한다. 21세기 인류의 화두가 성평등이라고 하는데 젤딘의 제안대로 남녀가 서로의 말에 경청하고 대화하면 미래의 풍경이 어떻게 달라질지 궁금하다.

시어도어 젤딘은 이 책을 세상에 감사하는 마음으로 마련한 선물이자 그 자신이 누구인지 보여주는 자화상이라고 했다. 다시 처음의 물음으로 돌아온다. 당신은 누구인가? 그리고 어디로 가는가? 우리 시대의 창조적인 지성이 던지는 여러 질문들 중에서 가장 오래 잔상이 남는 질문 하나를 잡고 대화를 시작해보길 바란다. 그리고 각자의 기억과 상상력으로 자기만의 자화상을 그려보길 바란다.

2016년 12월
문희경

찾아보기

옮긴이_ 문희경

서강대학교 사학과를 졸업하고, 가톨릭대학교 대학원에서 심리학을 전공했다. 전문 번역가로 활동하고 있으며 옮긴 책으로는 《공간이 사람을 움직인다》《식탁 위의 세상》《밀턴 에릭슨의 심리치유 수업》《타인의 영향력》《플로팅 시티》《장사의 시대》《너브》《우리는 왜 빠져드는가?》《유혹하는 심리학》《공감의 뿌리》《빅 브레인》 등이 있다.

인생의 발견

초판 1쇄 발행 2016년 12월 15일
초판 10쇄 발행 2021년 7월 10일

지은이 | 시어도어 젤딘
옮긴이 | 문희경
발행인 | 김형보
편집 | 최윤경, 박민지, 강태영, 이경란
마케팅 | 이연실, 김사룡, 이하영
디자인 | 송은비
경영지원 | 최윤영

발행처 | 어크로스출판그룹(주)
출판신고 | 2018년 12월 20일 제 2018-000339호
주소 | 서울시 마포구 양화로10길 50 마이빌딩 3층
전화 | 070-8724-0876(편집) 070-8724-5877(영업) 팩스 | 02-6085-7676
이메일 | across@acrossbook.com

한국어판 출판권 ⓒ 어크로스출판그룹(주) 2016

ISBN 979-11-6056-006-0 03100

만든 사람들
편집 | 박민지
교정교열 | 오효순
디자인 | 여상우
본문조판 | 성인기획